Originalausgabe: THE WORLD OF TATTOO – An Illustrated History. Maarten Hesselt van Dinter
Graphic design & cover: InKahootz, Amsterdam
Production: Meester & De Jonge, Lochem

Published by arrangement with KIT Publishers B.V., Mauritskade 63, NL-1092 Amsterdam,
publishers@kit.nl, www.kit.nl/publishers

Arun-Verlag, Engerda 28, D - 07407 Uhlstädt-Kirchhasel,
Tel.: 036743/233-0, Fax: 036743/233-17,
info@arun-verlag.de, www.arun-verlag.de.
Satz & Layout deutsche Ausgabe: Sven Langheinrich.
Übersetzung aus der englischen Sprache: Frances Hoffmann.
Gesamtherstellung: Himmer AG, Augsburg.

ISBN 978-3-86663-026-0

Maarten Hesselt van Dinter

TATAU

Traditionelles Tätowieren weltweit

Arun

VORWORT UND DANKSAGUNG

Wenn mich dieses Buch eines gelehrt hat, dann ist es dies: Einige Autoren sollte man beim Wort nehmen. Charles Darwin schrieb, dass es seines Wissens nach kein Land auf der Erde gäbe, das nicht das Tätowieren oder irgendeine andere Form dauerhaften Körperschmuckes praktizierte. Getrieben von seinen Worten begab ich mich auf meine eigene Entdeckungsreise, wenngleich mir damals nicht bewusst war, dass diese Reise acht Jahre dauern und mich in die entlegensten Winkel der Welt führen würde, um seine Behauptung untermauern zu können.

In diesen Jahren galt es einige Opfer zu bringen. Als mir die Ausmaße dieses Projektes bewusst wurden, wurde mir klar, dass ich mich ihm voll und ganz verschreiben musste. Ich gab meine Stellung in einem großen Elektronik-Unternehmen auf, begann ein neues Studium und verkaufte meine halbe Einrichtung. Meine damalige Freundin hatte vermutlich recht als sie mit den Worten „Du musst verrückt sein" aus meinem Leben ging – denn für sie hatte ich nun auch keine Zeit mehr.

Selbst heute noch frage ich mich, was mir eigentlich damals die Kraft gab durchzuhalten. Ich erinnere mich, dass ich es für ein Verbrechen hielt, das große Erbe der vielen bedeutenden Forscher, Entdecker und Reisenden vor meiner Zeit nicht anzutreten.

Ein weiser Mann sagte einmal, ein jeder von uns sei es der Welt schuldig, mindestens ein Buch zu schreiben. Nachdem dieses Projekt mich so viele Jahre begleitet und ich die Mühsal, die es mir abforderte, so lange Zeit überstanden habe, würde ich diesen Mann gern zu seiner Beobachtung beglückwünschen.

Die gewaltige Menge an Material, die ich zusammengetragen habe, bestimmte schließlich die Struktur dieses Buches. Jedes geografische Gebiet wird in einem eigenen Kapitel behandelt, dennoch bin ich sicher, dass die Leser – ebenso wie ich selbst – erstaunt sein werden über die Ähnlichkeiten zwischen den verschiedenen Tätowier-Stilen der Kulturen aus entgegengesetzten Teilen des Erdballs. Obwohl ich viel Zeit darauf verwendet habe dieser Tatsache auf den Grund zu gehen, ist es mir nicht gelungen herauszufinden aus welchem Grund oder auf welche Weise die meisten dieser Ähnlichkeiten zustande kommen konnten. Dieses Rätsel wird mich wohl den Rest meines Lebens begleiten…

Doch meine Obsession blieb und ich war fest entschlossen dieses Rätsel zu durchschauen und ein Buch über indigene Tätowierbräuche vorzulegen, das eine möglichst große Menge an neuen Erkenntnissen und bislang unveröffentlichtem Bildmaterial zur Verfügung stellt.

Die ganze Zeit über wurde ich dabei von meinen Freunden und Mitarbeitern Huub Derksen und Joost Hölscher unterstützt.

Gleich zu Beginn wurden Dokumente aus mir unverständlichen Sprachen übersetzt von Djoeke van de Zandt, Guiseppina d´Angelo und Anne Cozanet. Diesen wunderbaren Damen entbiete ich meinen tiefsten Dank.

Das Institut für Anthropologie der Universität Amsterdam und verschiedene Abteilungen des Smithsonian Institutes in Washington gewährten mir großzügig uneingeschränkten Zugang zu ihren Archiven, wo ich unglaublich seltene Illustrationen ausgraben und einige erstaunliche Hintergründe entdecken konnte. Die niederländische Prinz Bernhard Stiftung finanzierte meine Reise zum Smithsonian.

Die Mitwirkung der Anthropologen Peter von Ham, Aglaja Stirn, David Howard, Eberhard Fischer, Reimar Schefold und Mick Pendergast war mir von unschätzbarem Wert. Matthias Holzapfel vom Kulturgeschichtlichen Bildarchiv Hansmann tat ebenfalls mehr als die Pflicht gebot, um für mich obskure Illustrationen zu finden.

Dem Königlichen Tropeninstitut in Amsterdam möchte ich dafür danken, dass sie dieses Projekt unterstützt haben und mich einen Nachmittag lang in ihren Fotoarchiven stöbern ließen.

Außerdem möchte ich meiner Partnerin Esther dafür danken, dass sie immer an mich geglaubt hat.

Viele, viele andere waren mir während meiner Forschungen eine große Hilfe und ich möchte hiermit all jenen Menschen und Organisationen danken, die ungenannt geblieben sind. Sie alle standen mir in schweren Zeiten mit moralischer oder finanzieller Unterstützung stets zur Seite und holten noch kurz vor Dienstschluss für mich verstaubte Akten aus den Regalen riesiger Bibliotheken und Museen.

Maarten Hesselt van Dinter
Amsterdam, 2005

INHALT

ARKTIS
Grönland
ARKTIS
Alaska
NORDAMERIKA
EUROPA
ASIEN
Sibirien
China
Japan
Maghreb
Indien
AFRIKA
Indonesien
OZEANIEN
LATEIN-
AMERIKA
AUSTRALIEN
ANTARKTIS

EINLEITUNG

„Nicht ein einziges großes Land von den Polargegenden im Norden bis nach Neu-Seeland im Süden kann angeführt werden, in welchem die ursprünglichen Bewohner sich nicht tätowiert hätten. Diesem Gebrauche folgten die alten Juden und die alten Briten. In Afrika tätowieren sich einige der Eingeborenen; es ist aber viel häufiger, Wucherungen sich erheben zu lassen dadurch, dass man Salz in, an verschiedenen Teilen des Körpers angebrachte, Einschnitte einreibt; und solche werden von den Einwohnern in Kordofan und Darfur ‚für große persönliche Reize gehalten'. In den arabischen Ländern wird keine Schönheit für vollendet angesehen, bis nicht die Wangen ‚oder Schläfe zerschlitzt sind'."

Man kann es sich heute gar nicht mehr vorstellen, doch dieses Zitat aus Charles Darwins großem Werk „Die Abstammung des Menschen" veranschaulicht, wie weit verbreitet das Phänomen des Tätowierens einstmals war. Es gab keinen Stamm, keine Bevölkerungsgruppe, deren Mitglieder ihre Körper nicht auf irgendeine Art und Weise schmückten, sei es mit Farbe, Tattoos oder Narben.
Heute sind die Stammesbräuche eines dauerhaften Körperschmuckes fast vollständig verschwunden und werden längst nicht mehr von Generation zu Generation weitergegeben. In einigen abgelegenen Regionen der Erde jedoch wird das Tätowieren auch heute noch auf die gleiche Weise praktiziert wie seit Hunderten von Jahren. Zu ihnen gehören das nordöstliche Indien, das Amazonasgebiet, Teile Indonesiens, Südostasien und das südliche China. Auch die Beduinen und Berberstämme im Mittleren Osten sowie die Fulani in Afrika erhalten die Tradition aufrecht.

Spanische Gräueltaten, Druck von Theodore de Bry, ca. 1550

DIE ZERSTÖRERISCHEN EINFLÜSSE DES WESTENS

Der Hauptgrund dafür, dass die alten Bräuche vielerorts verlorengingen, war das Ende ihrer nahezu vollständigen Isolierung. Nachdem die eingeborenen Völker jahrhundertelang ein Dasein als mehr oder weniger gleichwertige Kulturen fristen konnten, wurden sie nun von den herrschenden europäischen Seefahrernationen überrannt. Die technologisch und militärisch überlegenen Europäer führten ihr neues Wertesystem, basierend auf dem christlichen Glauben, ein. Wie die Griechen und Chinesen vor ihnen straften die Europäer die Praktiken der Bewohner der gerade erst entdeckten Lande mit Verachtung. So konnte den Einheimischen nicht entgangen sein, dass viele der – meist männlichen – Abenteurer den dauerhaften Körperschmuck der „ansonsten so attraktiven“ Frauen geschmacklos fanden. Gleichermaßen lehnten nun viele der grönländischen Inuit-Frauen die traditionellen Gesichtstätowierungen ab, weil sie fürchteten, die Männer vom Festland könnten sie reizlos finden.

In späterer Zeit fanden die europäischen Seeleute Interesse an Tattoos und kehrten nicht selten mit einem solchen nach Hause zurück. Es entstand ein Austausch zwischen den tätowierenden Kulturen, während dessen die europäischen Seefahrer indigene Motive mit ihren eigenen kombinierten. Doch zur Zeit der ersten Entdeckungsreisen verhöhnten die mit der Tätowierkunst völlig unvertrauten Europäer diesen Brauch und hielten ihn für fremdartig.

Es ist wenig überraschend, dass die ersten Tattoos, die verschwanden, diejenigen der indigenen Männer waren. Die stark tätowierten Krieger Mexikos und des östlichen Nordamerikas mussten erkennen, dass die Tattoos von Tomahawks, persönlichen Totems und Schutzgottheiten gegen die mit Musketen und Kanonen bewaffneten einfallenden europäischen Soldaten nichts ausrichten konnten. Noch ehe die Missionare damit begannen, die einheimische Bevölkerung zu bekehren, waren die Kriegertattoos bereits aus der Neuen Welt verschwunden. Im Gegensatz dazu verbanden die Bewohner des Südpazifiks ihre traditionellen Muster mit Symbolen der herrschenden europäischen Mächte.

Der Bekehrungszug der Katholischen Kirche

Die katholischen Missionare, die den Entdeckern und Eroberern folgten, betrachteten es als ihre heilige Pflicht, die Bevölkerung der neuen Territorien zum Christentum

Rechte Spalte: Sinnbildliche Darstellung der Mission, ca. 1890

Linke Spalte:
„Die letzten Azteken“,
ca. 1870

zu bekehren und sie zu „zivilisieren“. Ebenso wie Kannibalismus und Menschenopfer wurde auch das Tätowieren als barbarisch und heidnisch angesehen. Die maßlose Gewalt und die verheerenden Auswirkungen europäischer Seuchen führten dazu, dass ganze Volksstämme mitsamt ihren Kulturen verschwanden. Paradoxerweise wurden die Überlebenden dieses Angriffs mit Zeichen der Eigentümerschaft tätowiert und gebrandmarkt und auf karibische Zuckerplantagen oder in südamerikanische Silberminen abtransportiert. Die eingeborenen Stämme des Amazonasgebietes leisteten am hartnäckigsten Widerstand gegen fremdländische Einflüsse und so gibt es dort bis heute das Brauchtum des Tätowierens.

Vom achtzehnten Jahrhundert an spielte die katholische Kirche eine immer geringere Rolle im Verschwinden alten Brauchtums, in Südamerika war sie sogar eine Unterstützung der einheimischen Bevölkerung. Bischöfe verwalteten die Bezirke und trafen besondere Regelungen bezüglich der rechtlichen und sozialen Gegebenheiten. Im Gegensatz zu vielen nordamerikanischen Stämmen konnten die meisten südamerikanischen ihre ursprüngliche Kultur am Leben erhalten, dazu gehörte auch der traditionelle Körperschmuck. Noch bescheidener war der Einfluss der katholischen Kirche in der Südsee. Erst etliche Jahrhunderte später entdeckten Europäer und Amerikaner ihr größeres Interesse an Ozeanien und zu diesem Zeitpunkt war die Kirche bereits weitaus weniger erbarmungslos als sie es im fünfzehnten und sechzehnten Jahrhundert gewesen war. Bestenfalls beschleunigten die Missionare die Erschließung eines Gebietes. Durch die westlichen Einflüsse wuchs das Bewusstsein der Insulaner für alternative Wertesysteme. Die jungen Leute zögerten mehr und mehr, sich aufgrund einer Tradition, die allein auf ihrer Insel von Bedeutung war, einer schmerzhaften Prozedur wie dem Tätowieren zu unterziehen. Nur auf den Inseln, auf denen ein Missionsstützpunkt errichtet worden war, hatte die Kirche genügend Einfluss, um einen kontinuierlichen Rückgang der Tätowierpraxis zu erwirken. Doch selbst hier war der Versuch der Missionare, die Bevölkerung zu konvertieren, nicht immer von Erfolg gekrönt. Charles Darwin schreibt, dass in Neuseeland die Ehefrauen der Missionare versuchten, die Maori-Frauen davon zu überzeugen, sich nicht tätowieren zu lassen – schließlich würde eine europäische Frau niemals auf eine solche Idee kommen. Doch die Maori bestanden darauf, dass Tattoos unerlässlich waren, um den Zeichen des Alterns entgegenzuwirken, selbst wenn sie sich auf eine Anzahl

Rechte Spalte:
Wandgemälde von
Diego Rivera, ca. 1930,
Palacio Nacional,
Mexiko-Stadt

Gefangene Aborigines, Druck aus dem 19. Jh.

von Linien auf den Lippen beschränkten. Nicht nur in Neuseeland mussten sich die Missionare eingestehen, dass ihre Versuche, den Lebenswandel der Einheimischen zu verändern, zum Scheitern verurteilt waren. Auch auf Tahiti versuchten sie die traditionelle Haartracht zu unterbinden, die den kahlen Köpfen der Priester ähnelte. Die Tahiter sagten einfach, dies sei so Mode, und Darwin bemerkte dazu, dass diese Antwort in Paris wohl ausgereicht hätte. Tätowierte samoanische Jungen weigerten sich mit Nicht-Tätowierten am Unterricht der Missionsschule teilzunehmen, da sie sie für Feiglinge hielten, *pala´ai*.

Vor allem die kleineren Inseln der Südsee blieben außerhalb des Einflussbereiches europäischer Händler und Kleriker. Trotz allem waren viele dieser Kulturen dennoch dem Untergang geweiht, als eine weitere Großmacht, die ihnen viel näher war, die Bühne betrat. Japan begann seinen Vormarsch zu Beginn des zwanzigsten Jahrhunderts und besetzte große Teile Ozeaniens. Die Japaner waren um einiges strenger als ihre europäischen Vorgänger und verboten das Tätowieren. Innerhalb weniger Generationen verschwand der Brauch vollständig aus Mikronesien.

DIE GRENZEN DER FORSCHUNG

Als Darwin Mitte des neunzehnten Jahrhunderts auf der *Beagle* die Erde umschiffte, waren die traditionellen Tätowierbräuche bereits im Schwinden begriffen. Wie Darwin vermerkte, trugen nur noch die älteren Tahiter das traditionelle Sockentattoo, das zu Zeiten der ersten Kontakte mit den Europäern ein Jahrhundert zuvor noch weit verbreitet war. Die Forscher, Eroberer und Missionare, welche diese Kulturen als erste besuchten, blieben oftmals die einzigen Außenstehenden, die noch die echten Stammestätowierungen zu Gesicht bekamen und sie aufzeichnen konnten. Das bemerkenswerteste Beispiel hierfür ist der Forscher Von Langsdorff, der, als er im Jahre 1812 die Aleutischen Inseln besuchte, der erste und auch letzte Mensch des Westens sein sollte, der die einheimische Tätowierkultur beobachten durfte.

Glücklicherweise existieren viele exakte Beschreibungen der Tätowierverfahren und Muster weit entfernt lebender Völker. Anfang des achtzehnten Jahrhunderts beschrieb Evert IJsbrandt Ides eine bemerkenswerte Technik sibirischer Völker, mit deren Hilfe Tattoomuster „eingenäht“ wurden. James Cook berichtet von einer Methode auf Tahiti, bei der Farbpigmente direkt in die Haut gestochen werden. Dies wurde später als die „polynesische Technik“

Forschungen bei den Cree-Indianern, Druck aus dem 19. Jh.

bekannt. Nur wenig schrieben die europäischen Forscher über die tiefere Bedeutung der Tattoos, teils auch aufgrund von Sprachbarrieren. Nebenbei waren auch nicht alle Informationen der Europäer über die Einheimischen unbedingt seriös – ein Manko, das erhebliche Auswirkungen auf die späteren Forschungen hatte. Manchmal präsentierten sie ihre eigenen Interpretationen der alten Bräuche, um Eindruck zu machen auf neue Besucher oder einfach um ihre Unwissenheit zu verbergen.

Der Hochmut der Gelehrten

Vor Charles Darwin schenkten nur sehr wenige Gelehrte dem Körperschmuck der nicht-westlichen Völker ihre Aufmerksamkeit. Die meisten waren beschränkt auf die Denkmuster ihrer Zeit. Das Tätowieren galt als Zeitvertreib eines minder entwickelten Menschen; Tattoos waren ein greller Schmuck mit dem alleinigen Zweck, das andere Geschlecht anzuziehen und gelegentlich Feinden Angst einzujagen. Die meisten Gelehrten waren der Ansicht, dass das Tätowieren keinerlei tiefere religiöse oder mystische Bedeutung habe. Allzu schnell gingen sie über die ungeheure Vielfalt der Kulturen in den unterschiedlichsten Umgebungen hinweg. Darwin erkannte, dass jedes Volk dem Tätowieren seine ganz eigene Bedeutung beimaß und dass Brauchtümer für die Gruppenidentität äußerst wichtig waren.

In Europa war die wissenschaftliche Auffassung kaum freundlicher. Ihr Interesse wurde erst dann geweckt, wenn das Tätowieren geradezu epidemische Ausmaße unter gewissen Bevölkerungsgruppen des Westens annahm. Ironischerweise brachten dieselben Schiffe, welche die eifrigen Missionare in die Südsee beförderten, das Tätowieren mit nach Europa – nämlich in Gestalt von tätowierten Seemännern, schriftlichen Berichten und Illustrationen tätowierter Menschen und geschmückten Ozeaniern, die als Jahrmarktattraktionen ausgestellt wurden. So verbreitete sich der Brauch von den Häfen aus über die ärmeren Bevölkerungsgruppen „wie eine Seuche", wie es die Führungsschicht ausdrückte. Die Bevölkerung der großen europäischen Städte hatte zur Zeit der industriellen Revolution viel zu leiden. Viele zog es mit der Aussicht auf ein besseres Leben in die Städte, doch die Unterstützung und die Gemeinschaft der Familie, welche so charakteristisch sind für das Landleben, wurden vom städtischen Konkurrenzkampf, von der Anonymität und der Einsamkeit verdrängt. Die meisten hatten nur eine mäßige Ausbildung genossen und viele waren gänzlich ungebildet. Wirtshäuser und Religion waren nur ein schwacher Trost. Das neue Phänomen des Tätowierens war eine erschwingliche Methode, die Verbindung zwischen Menschen kenntlich zu machen, die das gleiche Gewerbe oder die gleichen Probleme miteinander teilten – Arbeiter, Seemänner, Prostituierte, Straßenkünstler und Soldaten. Ein Tattoo auf dem Arm, der Schulter oder dem Bauch galt als rau, wagemutig und vor allem kontrovers. Je stürmischer die Führungsschicht das Tattoo ablehnte, desto reizvoller wurde es. Während die Oberschicht ebenfalls dem Reiz des Tattoos erlag, betrachtete es der Mittelstand als Zeichen geringerer Herkunft und sogar krimineller Neigung. Viele Gelehrte jener Zeit stimmten dem zu und brachten ziemlich simp-

Linke Spalte: Im afrikanischen Hinterland

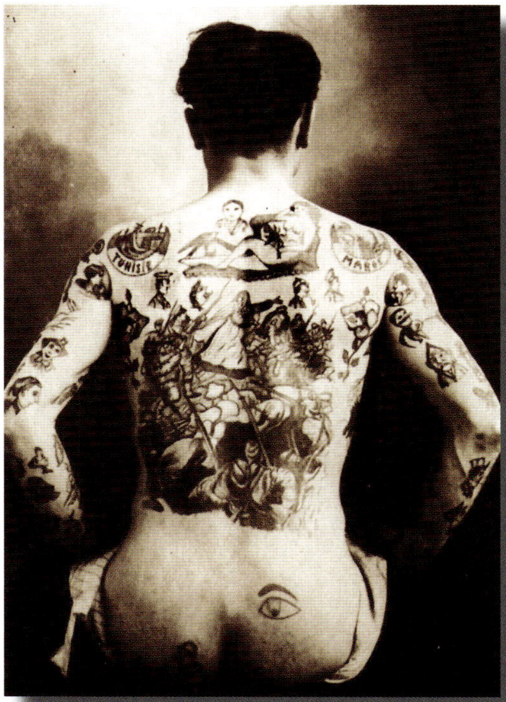

Rücken eines französischen Soldaten, spätes 19. Jh.

Rechte Spalte: Charles Darwin

le Theorien in Umlauf. Cesare Lombroso und Alexandre Lacassagne versuchten einen Zusammenhang zwischen kriminellen Verhaltensweisen und Tätowierungen nachzuweisen. Der Anthropologe Robert Fletcher behauptete, dass Tätowieren im Westen, ebenso wie unter den primitiven Völkern, ein Zeitvertreib der Müßiggänger sei.
Bedenkt man den Standpunkt der wissenschaftlichen Gesellschaft, überrascht es nicht, dass es nur wenige hochwertige Publikationen über das Tätowieren und jene Völker, die es praktizierten, gibt. Die bekanntesten Werke konzentrieren sich auf eine einzige Kultur, wie zum Beispiel die Bücher von Carl Marquardt und Karl von den Steinen, welche die Tätowierkultur Samoas beziehungsweise der Marquesas-Inseln erklären. Viel mehr war nicht möglich, nachdem, wie bereits erwähnt, die Tätowierbräuche im Zuge der großen Entdeckungsreisen recht schnell zurückgingen.
The History of Tattooing and its Significance von Wilodean Hambly wurde im Jahre 1925 veröffentlicht. In diesem Werk gibt Hambly kurze Beschreibungen aller bekannten Tätowierkulturen und stellt Theorien auf über deren Ursprünge, ihre Verbreitung und Bedeutung. Dieses Buch ist jedoch ausschließlich fachkundigen Lesern bekannt. Es ist als wissenschaftliches Werk angelegt, enthält sehr viele Anmerkungen, aber nur sehr wenige Illustrationen, die der Vorstellungskraft des Lesers auf die Sprünge helfen könnten. Überdies ist die Masse an Informationen so verwirrend, dass es schwierig ist, eindeutige Verknüpfungen herauszufiltern, die über die Ursprünge und die Verbreitung des Tätowierens Auskunft geben könnten. Wie es scheint, wurde das Tätowieren auf der ganzen Welt praktiziert und seine

Linke Spalte: „Der gute Samariter"; der Westen zeigt sich großzügig gegenüber den eingeborenen Stämmen

vielseitigen und verschiedenartigen Facetten treten erst dann zutage, wenn man es in seiner Gesamtheit betrachtet.

In den Fußstapfen der großen Forscher

Für meine Neubetrachtung der Entwicklung moderner und altertümlicher Tätowierkulturen – dieses Mal mit mehr Bildmaterial zur Veranschaulichung – waren die Ergebnisse von Darwin und Hambly meine wichtigste Inspirationsquelle. Mein Anliegen ist es, wirkliche Zusammenhänge zwischen den Tätowierkulturen der beschriebenen Völker offen zu legen. Meine Entdeckungsreise führte mich vor allem in die Regale der Bibliotheken und Museen der großen Kolonialmächte. Im Gegensatz zu berühmten Reisenden wie Cook und Tasman, die ganze Inseln und Völker entdeckten, waren meine größten Funde bestenfalls ein paar vergessene Textzeilen in einem unbekannten Werk. Ich begann meine Forschungen im Tattoo Museum in Amsterdam, das über eine Ausgabe von Hamblys Buch verfügte – heute aber leider schon wieder geschlossen ist. Dem folgten Besuche in der stilvollen Bibliothèque Nationale de France in Paris, den staubigen Archiven der herrlichen Bibliothek der Universität Oklahoma und der beeindruckenden Stadtbibliothek in New York. Nicht weniger wichtig waren meine Besuche in wesentlich kleineren Bibliotheken auf den abgelegenen Cookinseln und den Fidschis sowie in der Universität der Südsee, ebenfalls auf Fidschi.
Geld, Zeit und Sprachen begrenzten die theoretische „Feldforschung". Ich wäre gern noch einmal in die

Der Lesesaal des Britischen Museums

Bibliothek des Kongresses in Washington D.C. zurückgekehrt. Leider waren einige der augenscheinlich seltenen Werke, die ich angefordert hatte, gerade auf der anderen Seite des Landes und ich hatte nicht genügend Zeit, um auf ihre Rückkehr zu warten. Auch konnte ich nicht alle Werke – wie z. Bsp. aus dem Chinesischen, Arabischen oder Portugiesischen – übersetzen (lassen), auf die Hambly verwies. Trotz dieser Grenzen war es mir dank der Archive voller Bücher und Artikel, die ich während meiner achtjährigen Forschungszeit sammelte, möglich, einen neuen Überblick zu schaffen, der durch viele Illustrationen belegt wird. Einen Großteil des oben erwähnten Referenzmaterials kann man in der Literaturliste dieses Buches finden. Mein ursprüngliches Ziel war es, alle Völker zu beschreiben, die jemals das Tätowieren praktiziert haben. Ich bin von diesem Vorhaben abgerückt, denn allein die bloße Anzahl an Stämmen und Unterstämmen würde ein Werk von enzyklopädischen Ausmaßen erfordern. Das hätte die Lesbarkeit eingeschränkt und es mir erheblich schwerer gemacht, mein anderes Ziel, nämlich das Erstellen eines geordneten Überblicks, zu erreichen. So werden nur die überwiegenden Tätowierkulturen jeder Region unter Berücksichtigung ihrer Einflüsse auf die benachbarten Stämme erörtert.
Aus demselben Grunde ist es nicht möglich, auf die verschiedenen Tätowierstile innerhalb einer Kultur detailliert einzugehen. Wer sich eingehender damit beschäftigen will, sollte die Werke der bereits erwähnten Autoren Carl Marquardt und Karl von den Steinen zu Rate ziehen. Zeitgenössische Forscher wie Aglaja Stirn und Peter von Ham haben sich eingehend mit der Tätowierpraxis der verschiedenen indischen Nagastämme beschäftigt und Lars Krutak betrieb intensive Forschungen über die Tätowierkultur der Inuit.

ENTSTEHUNG UND BEDEUTUNG DER TATTOOS

Tattoo wird definiert als ein dauerhaftes Mal, das auf dem Körper fixiert wird, indem Farbpigmente unter die Haut appliziert werden. Es gibt viele Mutmaßungen darüber, wie diese Art des Körperschmuckes entstanden sein mag. Eine Geschichte berichtet von einem englischen Schornsteinfeger, der sich nach einem Absturz versehentlich selbst tätowierte, indem er mit seinen rußigen Händen über sein verletztes Gesicht wischte; dieser bedauernswerte Mann war sicher nicht sehr glücklich über diese unbeabsichtigte und dauerhafte Erinnerung an seinen Unfall. Diese kleine Anekdote deutet darauf hin, dass durchaus der Zufall eine Rolle gespielt haben könnte bei der Entstehung der Tattoos, eine Interpretation, der ich vollkommen zustimme.
Karl von den Steinen glaubte, dass sich das Tätowieren in Südamerika aus dem Brauch, den Körper mit Narben zu schmücken (Skarifizierung), heraus entwickelte. Pflanzensaft wurde in die Wunden gerieben, um das Bluten zu verhindern oder die Reizung der Haut zu steigern, damit mehr Narbengewebe entsteht, was eine Verfärbung der Narbe zur Folge hatte. Den daraus entstandenen Schmuck könnte man als Tattoo bezeichnen. Ein weiteres Beispiel findet sich in dem Buch *Missionary Travels and Research in South Africa* von dem Forscher David Livingstone. Er beschreibt, wie viele Afrikaner sich tätowierten, indem sie eine schwarze Substanz unter die Haut applizierten, wodurch

Schornsteinfeger

Rechte Spalte: Medizinische Tattoos auf dem Rücken der Gletschermumie Ötzi

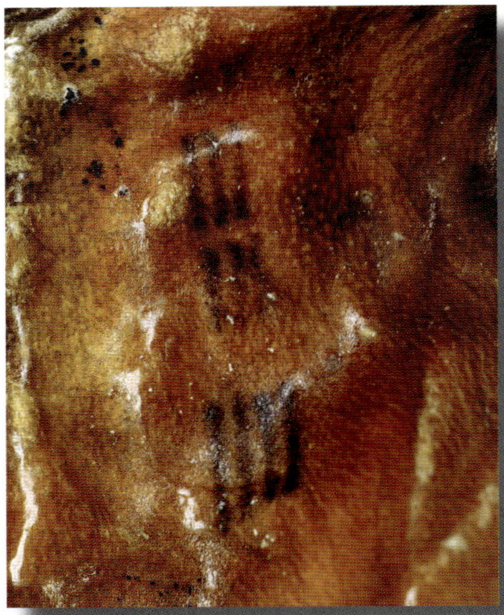

sich Narbengewebe bildete. Die Narbenbildung oder Zikatrisation (Lateinisch: cicatrix, ein Mal, das auf der Haut entsteht durch die Verheilung zerstörten Gewebes) wird durch das Einreiben einer Wunde mit einem Reizmittel, wie zum Beispiel Petroleum, hervorgerufen. Die Wunde infiziert sich und heilt nun langsamer, wodurch sich wiederum mehr Narbengewebe bildet. Die Verfärbung, die auf diese Weise zustande kommt, ist oft ein Nebeneffekt der Skarifizierung. Kreativität ist für eine Definition unerlässlich. Ein Tattoo ist ein bewusst platzierter Schmuck, der, wie jede andere künstlerische Darstellung, ein Produkt des menschlichen Geistes ist. Die Geschichte des Schornsteinfegers beschreibt eher einen Unfall, denn einen schöpferischen Akt und auch wenn die Verfärbungen während der Skarifizierung wahrscheinlich unbeabsichtigt waren, so bestand die Zielsetzung hierbei dennoch darin, ein Mal zu erzeugen.
Nordamerikanische Apachen- und Komantschenkrieger rieben sich Erde in ihre Schlachtwunden, um die Narben sichtbarer zu machen und sie im Stamm stolz zur Schau stellen zu können. Folglich wurden die Wunden, die eigentlich unbeabsichtigt waren, durch das bewusste Hinzufügen von Pigmenten zu Statussymbolen. Ein weiteres Beispiel gilt als umstritten: die medizinischen Tattoos der Pygmäen Neuguineas, die ihre Infektionen behandelten, indem sie Kräuter in die Einschnitte hinein rieben, woraus eine bleibende Narbe entstand. Viele Ethnologen, die auf einer streng wissenschaftlichen Definition des Phänomens bestehen, lassen diese sichtbaren Narben nicht als Tattoos gelten. Ich teile diese Meinung nicht ganz. Wenn dies der Fall wäre, würde das bedeuten, dass die Male auf dem Körper der Gletschermumie Ötzi (siehe Kapitel 1) nicht als Tattoos betrachtet werden könnten. Wir dürfen durchaus davon ausgehen, dass sowohl die Pygmäen als auch jene, die den Ötzi behandelten, über genügend medizinische Erfahrung verfügten, um zu wissen, dass das Hinzufügen von Pigmenten eine Verfärbung zur Folge haben würde.
In meinen Augen ist jede farbige Narbe ein Tattoo, wenn entweder das Mal selbst oder die Verfärbung absichtlich herbeigeführt wurde, vorausgesetzt dass Farbpigmente unter die Haut appliziert wurden. Das heißt, dass die dauerhaften Verfärbungen der Lippen bei den Srilankern keine Tattoos waren. Sie kauten verschiedene Tabaksorten, die ihre Lippen, Münder und Zähne schwärzten. In ihrer Kultur war dies eine Betonung der Schönheit im Gesicht, denn weiße Zähne waren etwas für Hunde und eine Schande für das Menschengeschlecht. Überdies legte man dabei keinen Wert auf die Gestaltung, weshalb man derlei Male kaum als Tattoos bezeichnen könnte.

Verbreitungstheorien

Derlei Geschichten weisen darauf hin, dass das Tätowieren an verschiedenen Orten durch die Praxis des Aderlasses, Skarifizierungs-Rituale, medizinische Behandlungen oder durch Zufall entstanden ist. Die gängige Hypothese, das Tätowieren habe einen einzigen Ursprungsort, das alte Ägypten zum Beispiel, ist widerlegt. Möglicherweise hat sich das Tätowieren durch Völkerwanderungen und nomadische Stämme von verschiedenen Orten aus verbreitet: Die Frauen vieler Zigeunerstämme aus Indien und dem Mittleren Osten waren spezialisierte Tätowiererinnen. Jahrhundertelang versorgten sie die Bewohner oder Pilgernde aus entfernten Gefilden wie Osteuropa mit ihren Tattoos. Gleichermaßen waren zu Beginn des Christentums die Skythen für die

Pygmäin

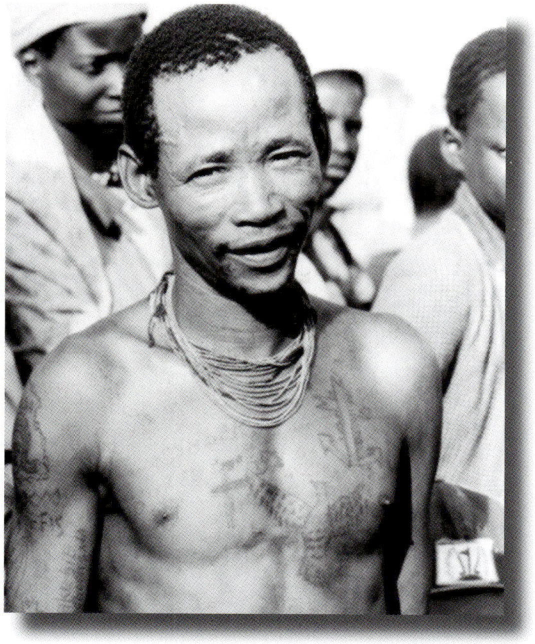

Linke Spalte: Sekele-Mann mit westlichen Tattoos

Verbreitung des Tattoos von Sibirien bis Osteuropa verantwortlich. Ebenso wie es Verwandtschaften von Sprachen und Dialekten über riesige Gebiete hinweg gibt, so findet man auch Ähnlichkeiten zwischen den Tattoomustern weit voneinander entfernt gelegener Gegenden. So hatten zum Beispiel in Südostasien viele Männer ein Hosentattoo, eine Verzierung, in der sich verschiedene östliche Motive vereinen und die sich von der Hüfte bis zu den Knien hinab zieht. In den Stämmen der Arktis und denen der Westküste Amerikas waren die Frauen an Kinn und Wangen mit ähnlichen Mustern tätowiert. Das am meisten anzutreffende Tattoo des gewaltigen und undurchdringlichen Amazonasgebietes war ein Punkt oder ein Band um den Mund, das von Stamm zu Stamm leicht variierte. In ganz Mikronesien und in Teilen Melanesiens trugen Männer und Frauen ähnliche Brust- und Beintattoos. Schließlich sind da noch die Fruchtbarkeitssymbole, die auf Kinn und Stirn der Frauen im gesamten Mittleren Osten und in Nordafrika tätowiert sind.

Es liegt in der menschlichen Natur, während eines Treffens miteinander Bräuche auszutauschen, sei es aus Freundschaft, Respekt, Neid oder Neugierde. Das gegenseitige Nachahmen von Tattoos unter europäischen Seeleuten und Südseeinsulanern ist ein großartiges Beispiel hierfür. Der Austausch oder die Freilassung von Gefangenen oder entführten Mädchen, die von den feindlichen Stämmen nach deren Bräuchen tätowiert wurden, führte ebenfalls dazu, dass Tattoomuster sich über weite Gebiete hinweg ausbreiteten. Die Männer Borneos und Mikronesiens sammelten Tattoos, wenn sie andere Stämme oder Inseln besuchten. Die Kajan-Frauen Borneos liehen sich hölzerne Tattoo-Stempel von den benachbarten Long-Glat, weil diese die schönsten Muster hatten.

Bedeutungen der Tattoos

Körperschmuck, einschließlich der Tattoos, war schon immer ein Mittel, um den Einzelnen in einer Gruppe und Gruppen innerhalb einer Gesellschaft hervorzuheben. Auf der persönlichen Ebene ist ein Tattoo Teil der Identität.

Es ist ein Ehrenmal, das mit Stolz getragen wird, wenn es für einen Erfolg oder als Zeichen für den Übergang zum Erwachsensein verliehen wurde. Es kann aber auch ein Schandmal sein, wenn es als Bestrafung angebracht wurde. Tätowierte Symbole können ihrem Träger innere Stärke verleihen – zum Beispiel die übernatürliche Macht oder der Geist *Manitu* – oder persönliche Totems darstellen, wie man sie auf der Brust der Krieger der nordamerika-

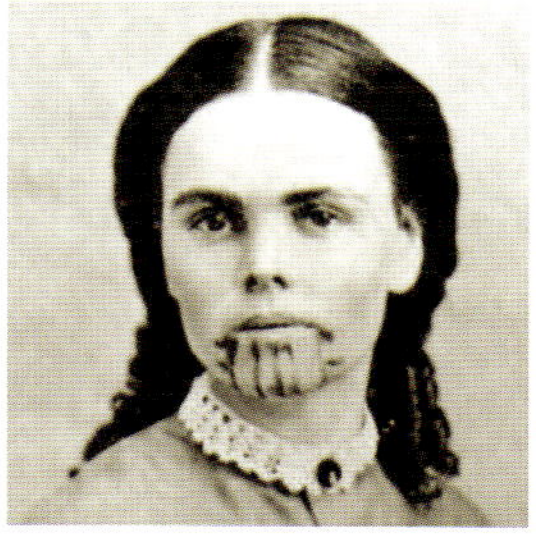
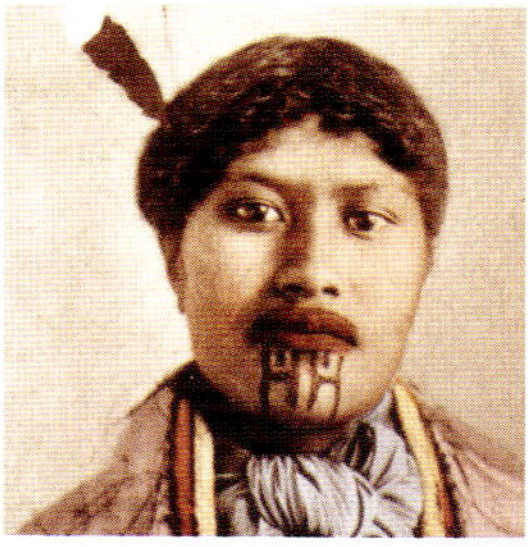

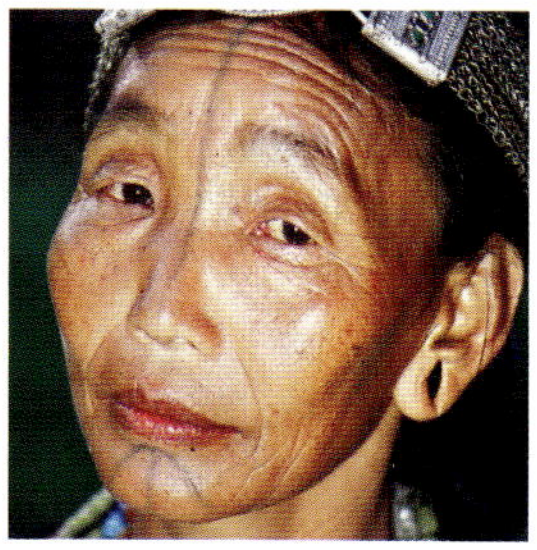

Rechte Spalte, von links nach rechts und oben nach unten: Inuit-Frau, 1654; weiße Frau mit einem Mohave-Sklaventattoo, ca. 1860; Maori-Frau, ca. 1900; ägyptische Frau, ca. 1880; Frau aus Neukaledonien, ca. 1750; Aka-Frau, Nordostindien

Rechte Spalte:
Kyan-Frau, Indien

nischen Indianer findet. Die Halbkreise mit Formeln und Zaubersprüchen auf den Rücken der Thai bieten magischen Schutz gegen Unheil und böse Geister. Krieger konnten hinter den Tattoos ihre Emotionen und ihr Alter verbergen und gewannen dadurch an Stärke.
Auf der Stammesebene können Tattoos Alter, Familienstand, Macht und Gesellschaftsschicht anzeigen. Oftmals werden das kollektive Bewusstsein und der kreative Geist einer Gruppe in einem Tattoomuster ebenso widergespiegelt wie in hölzernen oder steinernen Artefakten. Außerhalb der Gruppe kann ein Tattoo als Stammesmarkierung fungieren, um Freund von Feind unterscheiden zu können. Zusätzlich können Tattoos Gruppenmitglieder vor äußeren Angriffen schützen. Die Tattoos der neuseeländischen Maori oder der nordamerikanischen Creek und Cherokee riefen in ihren Gegnern Respekt und Furcht hervor. Die Gesichtstätowierungen der Frauen schützten sie vor möglichen Entführungen und die Chin aus Burma bedeckten die Gesichter ihrer Frauen mit dicken schwarzen Linien, angeblich damit der König das Interesse an ihnen verlor.
Innerhalb eines Stammes waren die Frauentattoos oftmals ein Zeichen für Schönheit und stellten gleichzeitig sicher, dass sie für benachbarte Stämme nicht von Wert waren. Ganze afrikanische Stämme verunstalteten ihre Körper mit Tattoos und Narben, um sie für die Sklavenhändler wertlos zu machen. Aus dieser Verunstaltung entwickelten sich schließlich dekorative Tattoos. Auf die gleiche Weise entstanden dekorative Tattoos in Japan aufgrund der Angewohnheit ihres Herrschers, Missetäter im Gesicht und auf den Armen

Shan-Frau, Myanmar

tätowieren zu lassen. Die auf diese Weise Bestraften hatten keine andere Wahl, als diese stigmatisierenden Male hinter dekorativen Mustern zu verbergen, die in ihrem sozialen Umfeld Bewunderung hervorriefen. Wie es heißt, kamen auch thrakische Frauen auf diese Weise zu ihren herrlichen Tattoos.

Entstehungsmythen und –legenden

Viele der ursprünglichen Bedeutungen von Tattoos sind verlorengegangen, nicht zuletzt aufgrund des mangelnden Interesses der neuen Generation an den eigenen Überlieferungen, eine Folge der Vorleistungen westlicher Einflüsse. In Amerika hat man sich bemüht, dieses Versäumnis wieder auszugleichen, indem man rasch die Kultur der schwindenden Indianerstämme Nordamerikas im Wesentlichen dokumentierte, leider war es dafür aber bereits zu spät. Die wenigen indigenen Frauen Kaliforniens, die sich noch immer tätowierten, konnten wenig mehr darüber sagen, als dass es Tradition sei. Nicht anders die Berber-Frauen in Nordafrika, welche die Frage nach der Bedeutung ihrer Tattoos im Wesentlichen damit beantworteten, dass es immer schon so gewesen sei, sich für seinen Mann schöner zu machen.

Linke Spalte: Aroani-Frauen in einer Kombination aus traditioneller und westlicher Kleidung

Es ist nichts Ungewöhnliches, dass die Hintergründe von Traditionen undurchsichtig werden. Kaum jemand weiß, seit wann oder warum bei einer Kapitulation gerade weiße Fahnen gehoben werden oder warum Männer Krawatten tragen. Was bleibt, sind Mythen, Legenden und Aberglauben, die etwas zur Aufrechterhaltung einer Tradition beitragen können.

Tattoos waren bei den meisten Völkern keine Pflicht, doch wurden die Männer und Frauen, die sich nicht trauten, sich tätowieren zu lassen, verspottet und ausgeschlossen. Philippinische Männer, die sich nicht tätowieren ließen, galten als Feiglinge: Wenn sie den Schmerz durch die freundlich gesinnten Nadeln schon nicht aushielten, wie sollten sie dann mit den Qualen zurechtkommen, die ein feindlicher Speer verursachen würde. In manchen Kulturen lehnten die Männer es ab, ein Mädchen zu heiraten, das nicht mit den traditionellen Stammestätowierungen geschmückt war. Legenden, Aberglauben und Rituale förderten den Brauch. Auf Fidschi war es Brauch, dass alle nicht tätowierten Mädchen die ersten waren, die die herrlichen Muster zu Gesicht bekamen, wenn der Schorf von der Haut eines frisch tätowierten Mädchens entfernt wurde. Wahrscheinlich tat man dies, um deren Wunsch nach einem eigenen Tattoo zu schüren. Beim Baden baten die jungen Mädchen die erwachsenen Frauen, ihnen ihre Tattoos zu zeigen. Manchmal jedoch geschah das Tätowieren eher aus Furcht denn aus einer Sehnsucht heraus. In einer Legende der arktischen Inuit heißt es, dass nach dem Tode die Götter die Schädel der nicht tätowierten Frauen als Auffangschale für Kerzenwachs benutzten, und so konnten es die jungen Mädchen kaum erwarten, alt genug für ihr erstes Tattoo zu werden. In Indien erzählte man sich, dass einem Mädchen der Eintritt in den Himmel verwehrt bliebe, wenn es nicht die richtigen religiösen Tattoos aufweisen konnte. Ähnliche Geschichten kursierten bei den Indianern Nordamerikas. Einer Person ohne Tattoos blühte nach dem Tode nur ein Rattenloch. Einige hatten so viel Angst, dass sie sich sogar noch auf ihrem Totenbett tätowieren ließen.

Oftmals wurden Tattoos während oder nach Initiationsritualen gestochen. Geburt, Pubertät, Heirat, Schwangerschaft und Tod ziehen enorme Veränderungen für Körper und Geist nach sich. Man glaubte, dass die Menschen während dieser Zeit besonders empfänglich für bösartige äußere Einflüsse wären. Die Tattoos erfüllten in dieser Hinsicht eine Schutzfunktion. Frauen wurden tätowiert, um während einer Schwangerschaft und der Geburt geschützt zu sein. Heranwachsende wurden tätowiert, um den Übergang vom Kind zum Erwachsenen sichtbar zu machen, und Erwachsene wurden tätowiert, damit ein sicherer Übergang zum Jenseits gewährleistet war. Das Tattoo bezeugte den neuen Status seines Trägers nach der Vollendung eines solchen Übergangsrituals. Im Gegensatz zur Skarifizierung war das Tätowieren gewöhnlich nicht Teil eines Initiationsrituals, sondern ein Ehrenmal, das an das Bestehen einer Prüfung erinnerte, wie zum Beispiel die Teilnahme an einer erfolgreichen Kopfjagd oder die Tötung eines Tieres. Die Jungen der afrikanischen Buschmänner erhielten erst dann ihr erstes Tattoo, nachdem sie sich als Jäger bewährt hatten, indem sie eine Antilope erlegten. Ein indischer Naga-Krieger durfte erst dann um ein Tattoo bitten, wenn er einen Kopf erbeutet hatte. Die Jugendlichen der Yámana auf Feuerland erhielten ein Tattoo als Nachweis dafür, dass sie das Initiationsritual des Wassertanzes absolviert hatten. Traditionell gehen derlei Rituale einher mit schwierigen oder schmerzhaften Prüfungen, welche die betroffene Person auf die Strapazen der nächsten Lebensphase vorbereiten sollten – Jagen, Kämpfen oder das Gebären von Kindern.

Rechte Spalte: Hawaiianisches Handtattoo

Schmerz ist ein unvermeidlicher Aspekt des Tätowierens und für viele Völker bestand die eigentliche Initiation im Ertragen eben dieses Schmerzes. Während die nordamerikanischen Stammesangehörigen es sich nicht nehmen ließen, ihre Männlichkeit unter Beweis zu stellen, wurden bei anderen Völkern die Betreffenden ruhig gestellt oder in Trance versetzt. In Südostasien rauchten die jungen Männer vor, während und nach der Prozedur Opium und die Tattookünstler von Uttar Pradesh mischten den Farbpigmenten Opium bei, um den Schmerz der jungen Mädchen ein wenig zu lindern.

High-Society-Beine

AKTUELLE TRENDS IM WESTEN

Die Praxis indigener Stammestätowierungen mag ja vielleicht weltweit so gut wie verschwunden sein, doch gedeiht das Tätowieren als Kunstform heutzutage mehr denn je. In Europa wie auch Amerika erfreut sich das Tattoo bislang nie da gewesener Beliebtheit. Stars aus Sport, Musik und Film setzen neue Trends und machen ein zuvor geschmähtes Phänomen plötzlich populär.

Die Menschen hatten immer schon ein Bedürfnis nach Zugehörigkeit, aber auch danach, sich abzugrenzen. Sie möchten sowohl als Individuen als auch als Teil einer Gruppe wahrgenommen werden, sie wollen aus der Masse hervorstechen und die Welt wissen lassen, dass es sie gibt. Das ist kein Leichtes in einer Welt, in der die Grenzen verwischen, in der Kulturen sich in einer stets wachsenden globalen Ökonomie verlieren und der Einzelne in einer anonymen Masse untergeht. Individuen und Gruppen

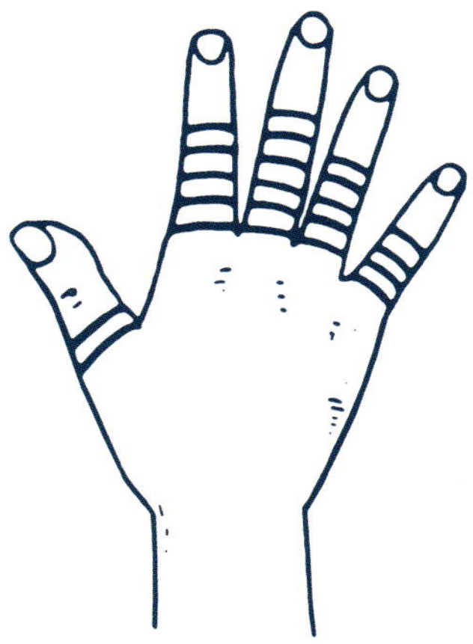

suchen nach neuen Wegen, sich auszudrücken und ihre Einmaligkeit zu unterstreichen. Einige von ihnen suchen ihre Antworten in nicht-westlichen Kulturen. Die indigenen Völker beginnen nun, nach Jahrhunderten westlicher Herrschaft, sich selbst wieder zu entdecken, altes Brauchtum wieder zu beleben und neue Bräuche zu erschaffen, weil viele der alten Traditionen in Vergessenheit geraten sind. Die Verjüngung verschiedener indigener Kulturen hat zu einem Wiederaufleben alter Tätowierkulturen geführt, besonders bei den Maori in Neuseeland, den Iban auf Borneo und den Tahitiern.

Die Klassenlosigkeit, Säkularisierung und der ideologische Zusammenbruch, welche für die westliche Gesellschaft charakteristisch sind, haben für die Entwicklung einer jugendlichen Identität kaum etwas zu bieten. Die Menschen sehnen sich nach Zugehörigkeit zu neuen Ideen, Gruppen und Individuen, um ihre eigene Identität zu gestalten. Während in Stammesgesellschaften der Einzelne, sein Körper und seine Seele, Eigentum der Gemeinschaft waren, glaubt die moderne westliche Gesellschaft in zunehmendem Maße, der Körper sei das persönliche Eigentum eines jeden Einzelnen, mit einer besonderen Identität. Plastische Chirurgie, Fitness, Aerobic und Diäten helfen dabei, eine physische Form aufrecht zu erhalten, die eine vor Selbstbewusstsein triefende Identität rechtfertigt.

Körperschmuck ist nur ein Teil dieses Phänomens. Er ist ausschlaggebend für eine einzigartige Persönlichkeit. Jedes Tattoo spiegelt einen Teil der Seele wider; seine Beständigkeit erzeugt eine Illusion von ewiger Jugend. So ist es wenig erstaunlich, dass sich Tattoos vor allem unter Prominenten besonderer Beliebtheit erfreuen. Auch wenn es widersprüchlich erscheinen mag, ist ein Tattoo für viele von ihnen eine Zurschaustellung der eigenen Unabhängigkeit in einer Umwelt, die sie mittels der Medien, der großen Konzerne und der Öffentlichkeit gefangen hält.

Das moderne Tattoo, seine Bedeutung, Form und Platzierung sind im Großen und Ganzen vom Einzelnen frei gewählt, wohingegen ein Stammestattoo im Allgemeinen einem Brauch folgte und mit Tabus und Magie in Verbindung gebracht wurde. Demzufolge könnte sich das moderne individualisierende Tattoo zu einem weit verbreiteten Trend entwickeln, eine persönliche Entscheidung, die auch die Zugehörigkeit zu diversen Subkulturen unterstreichen kann. Junge Menschen werden davon in Bann gezogen. Während es in vorangegangenen Zeiten die Eltern waren, die verzweifelt versuchten, die jüngere Generation zu einem traditionellen Körperschmuck zu ermutigen, ist die Situation heutzutage genau umgekehrt. Es bleibt ungewiss, wie lange dieses Revival des Tattoos andauern wird. In den letzten fünf Jahren gewann auch die Piercing-Kultur erheblich an Beliebtheit. Diese Art des Körperschmucks hat die gleichen Wurzeln wie das Tattoo, lässt sich jedoch auch wieder rückgängig machen, was sie um einiges attraktiver macht. Die Geschichte hat bereits gezeigt, dass das Tätowieren ein veränderliches Phänomen bleibt, vor allem in Europa, wo es eben nicht mit bestimmten Stammestraditionen seit dem frühen Mittelalter in Verbindung gebracht werden kann. Die lange Geschichte des Tätowierens, wie sie in diesem Buch dokumentiert ist, macht jedoch deutlich, dass es niemals ganz aussterben wird und jederzeit wieder auftauchen kann – an jedem Ort der Welt.

Hawaiianisches Revival

Pikten
Entdecker- Reisen
(17.-19. Jh.)
Samarten
(4. Jh. v.u.Z.)
Pazyryk & Skythen
(7.-6. Jh. v.u.Z)
aus dem Altai-Gebirge
(Sibirien)
Kelten
(4. Jh v.u.Z)
Gallier
Skythen
Ötztal
Bosnien
Thraker
Philippopolis
Römer
Loreto
Zigeuner
(13.-14. Jh.)
Griechen
Kreuzzüge & Pilgerfahrten
(11.-14. Jh.)

KAPITEL 1

EUROPA

Das Tribal Tattoo hat den Westen erobert. Viele der bei den alten Stammesgemeinschaften gebräuchlichen Tattoo-Designs zieren heutzutage nicht selten den modernen Weltbürger. Selbst wenn ein eher gewöhnliches Motiv gewählt wird, wie zum Beispiel eine rote Rose, so ziert den Hintergrund doch oftmals ein „Tribal". Tätowierer schöpfen beim Kreieren neuer Designs reichlich aus dem Erbe verschiedenster Kulturen. Heute sind ausgefallene Mischformen, wie die schachbrettartigen hawaiianischen Brusttattoos kombiniert mit einem philippinischen Schulterband, durchaus zulässig. Im Westen werden die dekorativen Eigenschaften eines Designs als wichtiger erachtet als seine ursprüngliche symbolische Bedeutung. Diese Beliebtheit exotischer und altertümlicher Designs ist doch ein wenig überraschend, wenn man bedenkt, dass es die Europäer waren, die bei ihrer Entdeckung neuer Kontinente die indigenen Tätowierkulturen an den Rand gedrängt haben mit der Begründung, das Tätowieren sei heidnisches Gebaren. Inzwischen wird eine Rehabilitierung des Tribal Tattoos sichtbar. Vor nicht allzu langer Zeit galt das Tätowieren in Europa noch als etwas, das man nur mit den untersten Schichten der Gesellschaft in Verbindung brachte. Dennoch wird das Tattoo heutzutage weitestgehend als Ausdruck eines modernen Lebensstils und als eine Art des Körperschmuckes akzeptiert und nicht, wie in der Vergangenheit, als soziales Merkmal betrachtet.

Britischer Offizier lässt sich in Japan tätowieren, spätes 19. Jh.

Mit ihren historischen Wurzeln hat die Tätowierkunst in Europa eine faszinierende Geschichte. Es ist die Geschichte einer stockenden Entwicklung. Der Kontinent wurde immer wieder von Einflüssen geprägt, die wie Wellen über das Land gingen und sich dann wieder zurückzogen, manchmal jedoch einen *Teich* zurückließen. Von einem gesellschaftlichen Standpunkt aus betrachtet, hat die Bedeutung von Tattoos sich immer wieder verändert. Manchmal war ein dekoratives Tattoo ein Statussymbol der Oberschicht, dann wieder war es ein Stigma von Gefangenschaft und Fahnenflucht. Das Christentum erklärte das dekorative Tattoo für eine Verstümmelung des Körpers und verhängte es mit einem Verbot, im Mittelalter jedoch kam die Pilgertätowierung auf, die mit Stolz davon zeugte, dass sein Träger eine Pilgerfahrt vollendet hatte. Diese polarisierten Reaktionen haben zweifelsohne mit der Ernsthaftigkeit des Tätowierens an sich zu tun.

Europa wurde immer schon beeinflusst von Kulturen jenseits der eigenen Grenzen. Im Altertum fielen plündernde asiatische Stämme in Osteuropa ein; seit dem sechzehnten Jahrhundert brachten Forschungsreisende Geschichten und geschmückte Eingeborene von den exotischen Koralleninseln des Südpazifiks mit; im neunzehnten Jahrhundert konnte die ausgefeilte japanische Tätowierkultur die Elite für sich gewinnen. Heutzutage bekommt man ein Berber Tattoo manchmal eher in Amsterdam als in den Bergen von Marokko. Die Tätowierkultur ist ein mächtiges Sinnbild für die Globalisierung – das scheint uns in unserer modernen Welt naheliegend, ist aber dennoch etwas Zeitloses.

ARCHÄOLOGISCHE FUNDE

Unser Wissen um die Tätowierkunst in Europa beginnt eigentlich erst mit den alten griechischen und römischen Geschichtsschreibern. Die einzigen noch älteren Quellen sind archäologische Funde – diese jedoch sind spärlich und lassen zudem noch jede Menge Spielraum für Interpretationen.

Möglicherweise existierten schon vor der letzten großen Eiszeit, also vor 12.000 Jahren, Tätowierkulturen in Europa. In der *Grotte des Fées* (Feengrotte) in Châtelperron, Frankreich, entdeckte man im Jahre 1867 Schalen mit Spuren schwarzer und roter Farbpigmente sowie scharfe Steinwerkzeuge, ähnliche Funde gab es in Höhlen in Portugal und Skandinavien. Form und Größe dieser Werkzeuge deuten darauf hin, dass man sie zum Tätowieren benutzt haben könnte. Auf prähistorischen Steinsäulen in

Linke Spalte: Prähistorische Figuren

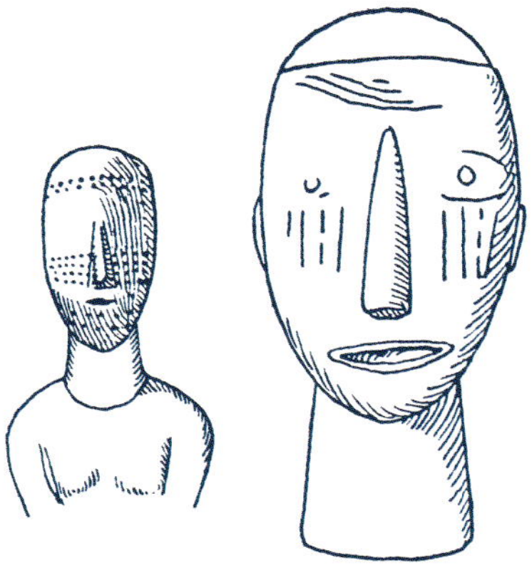

Rechte Spalte: Menhire aus Aveyron und Tarn, Frankreich

Linke Spalte:
Cucuteni-Statuette aus dem Donaugebiet

Aveyron und Tarn, Frankreich, fand man Darstellungen von Menschen, die, wie es scheint, mit vier horizontalen tätowierten Linien jeweils links und rechts der Nase verziert sind. Im rumänischen Donaugebiet entdeckte man tönerne Cucuteni-Figuren aus der Zeit um 5.000 v. Chr., die Spuren von Tätowierungen aufwiesen. Zeichnungen und Figurinen, die man in einem thrakischen Grabhügel in der Nähe von Philippopolis entdeckte, könnten tätowierte Menschen darstellen, allerdings ist es angesichts der Komplexität der Verzierungen wahrscheinlicher, dass es sich bei ihnen um Körperbemalungen oder fein gearbeitete Figurinen handelt. Derlei gelegentliche Funde sind kein ausreichender Beweis für die Existenz einer Tätowierpraxis in prähistorischen Zeiten. Den ersten überzeugenden Beweis entdeckten zwei Touristen im Jahre 1991 auf einem Alpengletscher in Tirol. Es war der 5.000 Jahre alte Körper eines Mannes mit tätowierten Zeichen auf der Haut. Man nimmt an, dass diese Tattoos medizinische Gründe haben, aber leider ist dies ein einzigartiger Fund und Ötzi, wie man den Mann nun nannte, kann uns keine Auskunft mehr darüber geben, ob diese Tattoos mehr als einen therapeutischen Hintergrund hatten.

ASIATISCHE EINFLÜSSE

Dank griechischer und römischer Geschichtsschreiber wissen wir heute, dass die osteuropäischen Stämme sich im Altertum tätowierten. Die Daker, Thraker und Illyrer schmückten sich mit Tattoos, die ihren Status hervorhob, ein Brauch, den sie wahrscheinlich von den asiatischen Skythen übernommen haben, die ihr Gebiet erobert hatten.
Eine Entdeckung im Hochaltai im westlichen und südlichen Sibirien gibt etwas mehr Aufschluss über die Tätowierpraxis im alten Europa. Im zwanzigsten Jahrhundert fand man in Grabhügeln des Pazyryk-Tals mumifizierte Körper. Zwei dieser Körper, ein Krieger und eine Kriegerin, tragen Tätowierungen. Die Körper lagen fast zweieinhalbtausend Jahre lang im Permafrostboden. Dies und komplizierte Balsamierungstechniken sorgten dafür, dass die Körper erstaunlich gut erhalten blieben und ihre Haut weitgehend unversehrt war. Die Kriegerin, die man 1993 gefunden hatte, wurde passenderweise die „sibirische Eisprinzessin“ genannt. In vorchristlicher Zeit bildeten die Pazyryk-Nomaden, die Skythen und eine Reihe anderer Stämme zusammen die skythisch-sibirische Kultur. Die Skythen und Pazyryk durchwanderten mit ihren Herden die gigantischen Weiten der zentralasiatischen Steppen. Beide Stämme beherrschten die Kunst des Reitens, was ihnen große militärische Vorteile einräumte. Sie konnten beachtliche Entfernungen zurücklegen und benachbarte Stämme einfach überrennen. Seit 800 v. Chr. herrschten die Skythen und Pazyryk Tausend Jahre lang mit eiserner Hand über weite Gebiete Russlands und Zentralasiens. Ihr Herrschaftsgebiet erstreckte sich von Asien bis hin zum östlichen Balkan. Die Skythen und Pazyryk sind weltberühmt für ihren Schmuck und die mit Tiermotiven verzierten Geräte, die man in ihren Gräbern fand. Die gleichen Motive finden wir auch in den Tattoos der beiden Pazyryk-Krieger. Dekorative Muster zieren ihre Arme, Beine und Schultern.

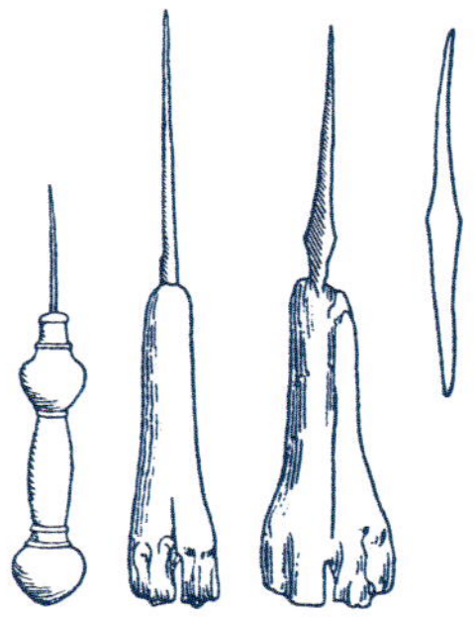

Tätowierwerkzeuge aus der Bronzezeit, gefunden in Frankreich

ÖTZI – DIE GLETSCHERMUMIE

Kaum ein archäologischer Fund wurde so gründlich untersucht wie der mumifizierte Körper des Ötzis, der hoch oben im bergigen österreichisch-italienischen Grenzgebiet gefunden wurde. Er war vermutlich ein Hirte oder ein Jäger und war zum Zeitpunkt seines Todes im mittleren Alter. Die kupferne Axt, die man bei ihm gefunden hat, weist darauf hin, dass er ein Mann von einigem Ansehen gewesen sein muss. Ötzi, benannt nach dem Ötztal, wo er gefunden worden ist, lebte vor 5.300 Jahren. Wahrscheinlich wurde er ermordet – man fand eine Pfeilspitze in seinem Rücken und er wies Spuren von Schnittwunden und starken Prellungen auf. Dank des Eises, in dem sie Tausende von Jahren eingeschlossen waren, sind Ötzi und die bei ihm gefundenen Objekte erstaunlich gut erhalten. Dass Ötzi und die Objekte durch das Eis erhalten geblieben sind, erweckte ein breites Interesse und Wissenschaftler unterschiedlichster Fachgebiete nahmen diesen prähistorischen Mann unter Verwendung raffiniertester Techniken unter die Lupe. Zwar ist die Todesursache nach wie vor ungeklärt und lädt zu Spekulationen ein, der Zweck der Tattoos allerdings ist eindeutig. Kleine Kreuze wurden in die linke Kniekehle tätowiert, während sein Handgelenk und die Lendenwirbelsäule mit kurzen Linien versehen sind. Diese Male befinden sich an Stellen, die normalerweise von Kleidung bedeckt sind, woraus man schlussfolgern kann, dass die Tattoos nicht seinen Status gekennzeichnet haben.
Durch Untersuchungen fand man heraus, dass diese Male an Gelenken appliziert wurden, die Anzeichen von Rheumatismus zeigten. Es ist also zu vermuten, dass man diese Tätowierungen zum Zwecke der Schmerzlinderung in den Gelenken angebracht hatte. Auch die Berber in Nordafrika benutzten über Jahrhunderte hinweg ebensolche therapeutischen Tattoos, um Rheumaleiden zu behandeln. Anthropologen glauben, dass wohl ein traditioneller Heiler an den betroffenen Stellen Einschnitte in Ötzis Haut vorgenommen hatte und Heilkräuter in die Wunden legte, die dann mit der Spitze eines heißen Metallinstrumentes verbrannt wurden. Die verkohlten Rückstände blieben in der entstandenen Wunde. Eine Untersuchung von Ötzis tätowiertem Hautgewebe ergab, dass die Narben Kohlepartikel enthalten.
Neben seiner Anwendung in den Alpen und unter den Berbern wurde das medizinische Tattoo auch von russischen Völkern, wie beispielsweise den Skythen, verwendet. Man kann nur darüber spekulieren, ob diese Technik von einer Zivilisation an die nächste weitergereicht oder ob sie unabhängig voneinander entwickelt wurde. Ebenso wenig wissen wir über die Wirksamkeit dieser Behandlung, die vermutlich den ältesten bekannten chirurgischen Eingriff darstellt. Autoritäten auf dem Gebiet der chinesischen Medizin sind von der Heilwirkung dieser Methode überzeugt, da sie einer Technik ähnelt, bei der die Wirkung der Akupunktur durch die bei der Verbrennung von Beifuß entstehende Hitze noch verstärkt wird (Moxibustion oder Moxen). Die meisten der tätowierten Stellen auf Ötzis Körper entsprechen bekannten Akupunkturpunkten.

Medizinisches Tattoo auf dem linken Handgelenk

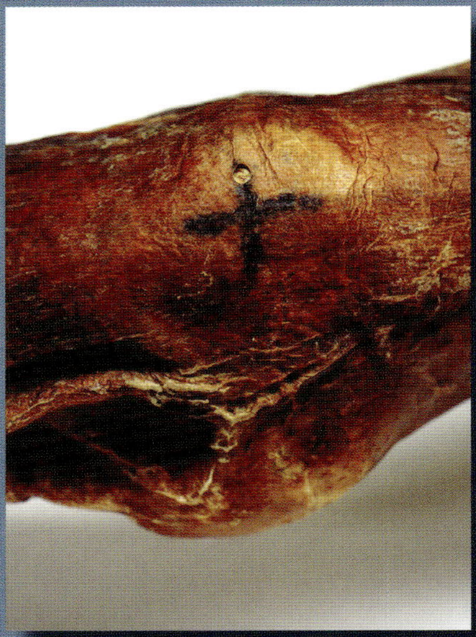

Medizinische Tattoos auf der Innenseite des linken Knies

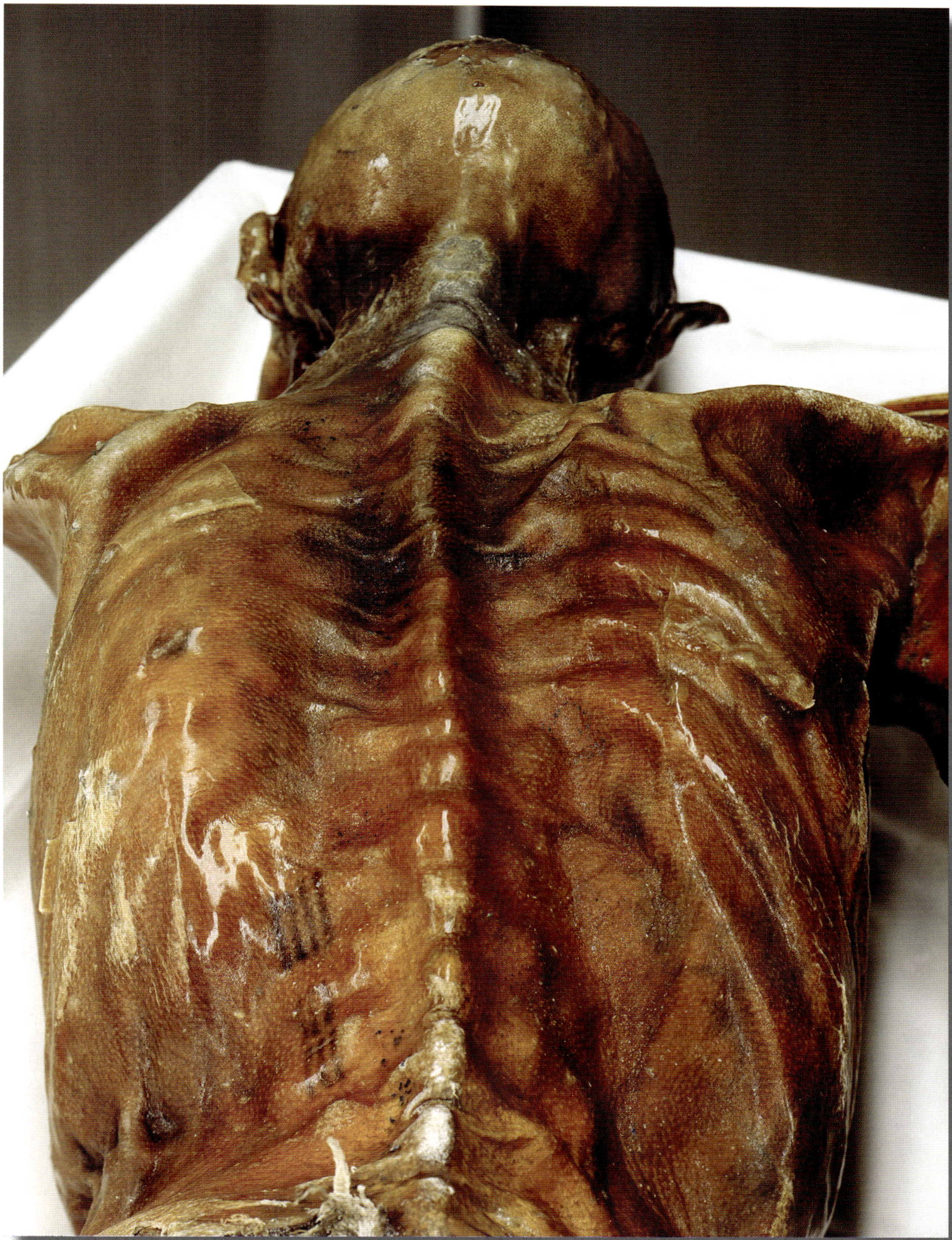

Medizinische Tattoos auf dem Rücken

Eismumie eines Pazyryk-Kriegers, ca. 2.400 Jahre alt

Die Tattoos sind so detailliert und ausgefeilt, dass ihnen die Tattoos in Europa erst seit kurzem das Wasser reichen können. Mythische Kreaturen wechseln mit realistischen Darstellungen von Tigern, Hirschen, Schlangen, Bergziegen und Fischen. Die schönsten und am besten erhaltenen Tattoos sind die vier Widder am Fußgelenk des Mannes sowie das prächtige Armband in Form eines Geweihs am Handgelenk der Frau. Die Tiefe der Tattoos in der Haut deutet darauf hin, dass sie eher gestochen und nicht unter die Haut genäht worden sind, wie es bei einigen sibirischen Stämmen und bei den Inuit üblich war (siehe Kapitel 11). An Qualität können es diese Tattoos durchaus mit denjenigen anderer Länder, wie Burma oder Thailand, zu jener Zeit aufnehmen. Auch die Abbildungen weisen auf eine Verbindung zu dieser Region hin. Detaillierte Darstellungen mythischer und realer Tiere begegnen uns auch in den Tattoos aus Südostasien. Man glaubte, diese Tattoos böten ihren Trägern magischen Schutz bei der Jagd und beim Fischen, und die Tattoos der Pazyryk könnten sehr wohl denselben Zweck erfüllt haben: Schutz und Glück bei der Jagd. Allerdings müssen wir annehmen, dass nur hochrangige Personen tätowiert wurden, da nur zwei der gefundenen Krieger Tattoos tragen.

Grausamkeit und Schönheit der Skythen

Der große griechische Geschichtsschreiber Herodot berichtet, dass die Skythen, welche mit den Pazyryk kulturell verwandt waren, sich ebenfalls tätowierten. Ursprünglich lebten die Skythen in einem Gebiet im Süden Russlands, das von der Donau und dem Don begrenzt wurde und im Süden bis ans Schwarze Meer reichte. Neben ihren raffinierten Schmuckarbeiten und herrlichen Tattoos waren die Skythen auch berüchtigt für ihre Grausamkeit. Herodot beschreibt sie als üble, rothaarige Barbaren, die ihre Feinde skalpierten. Auch der tätowierte Pazyryk-Krieger war skalpiert und sein Schädel zertrümmert. Herodot zufolge maßen die Skythen ihren Mut an der Anzahl der Skalpe, die ein Krieger erbeutet hatte. Wie Fahnen flatterten die Skalpe an den Zügeln des Pferdes des Kriegers oder man nähte sie zu Umhängen zusammen. Aus der Haut des rechten Armes und der Hand (mitsamt der Nägel) eines besiegten Feindes hatte man einen Köcher für Pfeile gefertigt. Wie auch später die Normannen verwendeten die Skythen die Schädel ihrer ärgsten Feinde als Kelche, jedoch nicht, bevor das Innere mit Gold beschichtet und das Äußere mit Leder bespannt war. Weiterhin berichtet Herodot, dass beim Tode eines skythischen Königs dessen Frau und Diener erdrosselt und mit ihm zusammen begraben wurden. Diese Eigenart konnte erst im zwanzigsten Jahrhundert mit der Entdeckung eines skythischen Herrschergrabes in Kiew und den Pazyryk-Gräbern in Zentralsibirien belegt werden. Die Kriegerin untermauert die Theorie, dass bei den Pazyryk und den Skythen auch die Frauen in die Schlacht zogen. Aller Wahrscheinlichkeit nach spielten jene skythisch-sibirischen Stämme eine wichtige Rolle bei der Verbreitung der Tätowierpraxis von Asien nach Osteuropa. Archäologische Funde bestätigen, dass die Pazyryk mit Chinesen und Persern in Kontakt gewesen waren. Es ist ziemlich wahrscheinlich, dass sie die Inspiration für ihre hochentwickelte Tattookunst aus diesen Regionen mitbrachten. Anschließend gerieten osteuropäische Stämme wie die Thraker in Kontakt mit den Skythen. Mit Sicherheit waren sie versucht, die skythischen Tattoos nachzuahmen, besonders wenn sie auf irgendeine Weise den herrlich ausgeführten Verzierungen ähnelten, die man auf den toten Pazyryk-Kriegern gefunden hat.

Rechte Spalte: Hautfragment eines Pazyryk-Kriegers

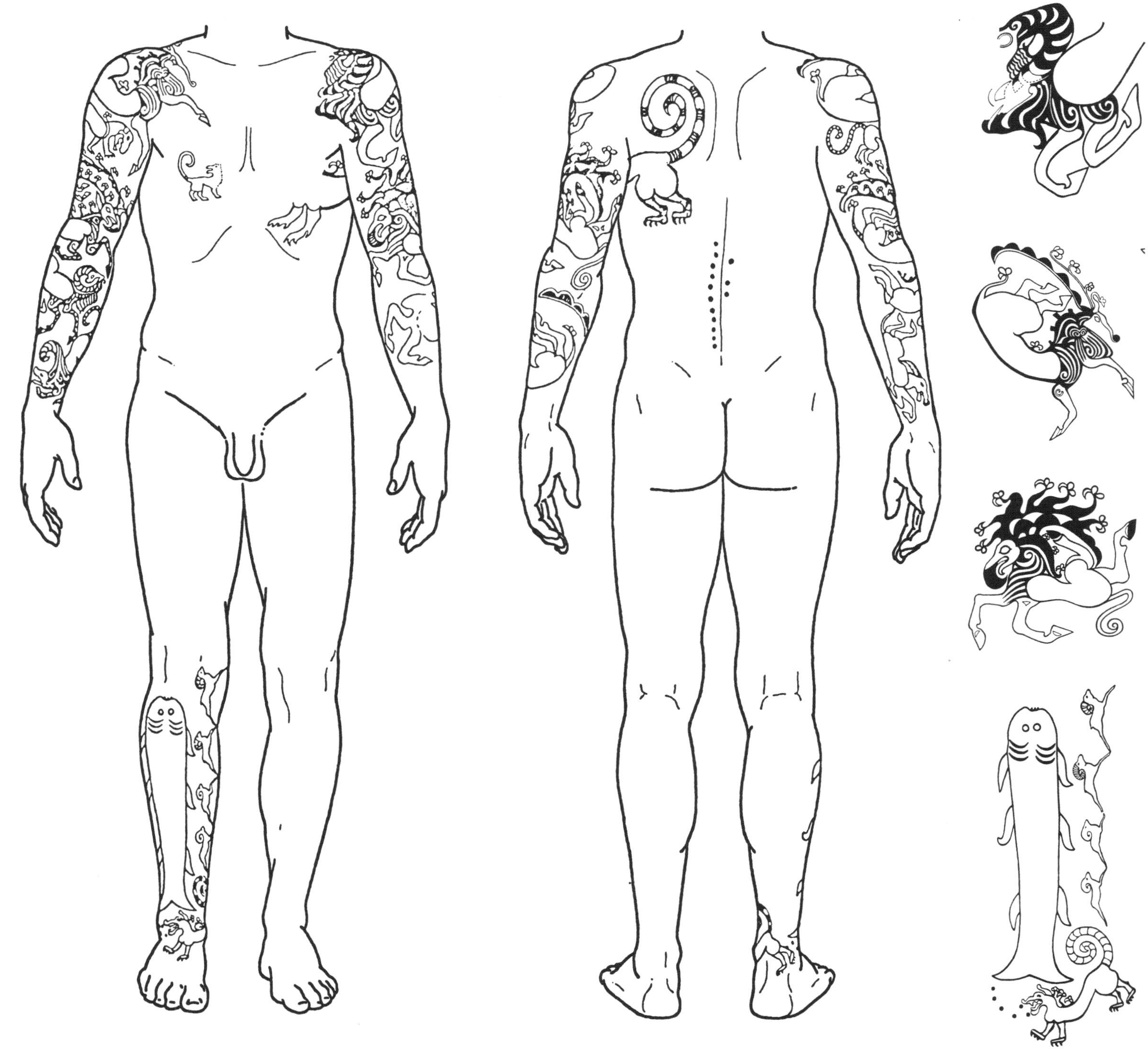

Eine Auswahl an Pazyryk-Tattoos und deren Platzierung auf dem Körper des Pazyryk-Anführers

Bacchant mit Schwert, thrakische Vase, 5. Jh. v. Chr.

Die Thraker: Strafe für die Ermordung des Orpheus

Herodot und andere antike Quellen bezeugen, dass sich die osteuropäischen Thraker tätowierten. Auch unter den Balkanstämmen, wie den Dakern und den Illyrern, die näher am antiken Griechenland lebten und benachbarte Gebiete bewohnten, ist eine Tätowierpraxis belegt. In einer antiken Quelle ist die Rede von „mit thrakischen Zeichen gestochen" werden. Die Agathyrser, welche das heutige Transsylvanien bevölkerten, färbten ihr Haar blau, trugen jede Menge Goldschmuck und verzierten ihre Körper mit Tattoos. Wie bei den Thrakern konnte man an den Tattoos den sozialen Status einer Person ablesen. Nicht nur die Männer, auch thrakische Frauen und Kinder waren tätowiert. Einige Quellen berichten, die Kinder seien mit Blumen tätowiert gewesen, das ist jedoch unwahrscheinlich. Kinder werden erwachsen, und an keiner Stelle heißt es, man habe Erwachsene mit Blumentattoos herumlaufen gesehen; eventuell handelte es sich bei den Blumen also um Körperbemalungen. Darstellungen auf thrakischen Vasen aus der Zeit um 500 v. Chr. bestätigen, dass die thrakischen Frauen tätowiert waren. Auf einer dieser Vasen – sie wird im Louvre in Paris ausgestellt – sehen wir eine Frau, die dabei ist, Orpheus zu ermorden. Auf ihrem Arm ist ein Hirsch tätowiert. Eine Theorie zum Ursprung thrakischer Tätowierpraxis besagt, dass sie ihre Frauen als Strafe für den Mord an Orpheus tätowierten. In einer Version der Legende heißt es, dass Orpheus jegliches Interesse an Frauen verlor, als seine geliebte Eurydike starb – einige Quellen behaupten, er habe fortan nur noch Jünglinge verführt – und schließlich von den Mädchen, die er zurückgewiesen hatte, ermordet wurde. Das könnte ein Hinweis darauf sein, dass der griechische Mythos um Orpheus seinen Ursprung in Thrakien hatte.

Eine weniger romantische Erklärung für die Ursprünge der Tätowierkunst liefert der griechische Geschichtsschreiber Athenaios. Er schreibt, als die Skythen in Thrakien einfielen, demütigten sie einige der einheimischen Frauen, indem sie ihnen blaue Punkte auf die Körper tätowierten. Um ihre Schmach nach dem Rückzug der Skythen zu verbergen, überdeckten die Frauen die schmählichen Zeichen mit dekorativen Mustern. Dieser Theorie zufolge waren es tatsächlich die Skythen, die den Thrakern das Tätowieren brachten, wenn auch als Zwang. Das Motiv des Hirsches, ein wichtiger Bestandteil der Tattoos bei den beiden Pazyryk-Kriegern, das aber auch auf dem Arm der Frau auf der Vase aus dem Louvre zu sehen ist, unterstützt diese Theorie. Nach den Thrakern wurden auch die Daker und Illyrer im ersten Jahrhundert n. Chr. von den Römern unterworfen und die Tradition der dekorativen Tattoos löste sich allmählich auf – ein Schicksal, das noch weitere Tätowierkulturen in Europa ereilen sollte. Die römische Herrschaft und die darauf folgende Christianisierung bedeutete vorläufig das Ende der dekorativen Tätowierkunst in Europa.

Thrakische Mänade

Rechte Spalte: Römischer Sklave mit den Buchstaben „F.H.E." auf der Stirn, einer Abkürzung für *„Fugitus Hic Est"* oder „Dieser ist (einmal) entlaufen"

GRIECHISCHE UND RÖMISCHE STRAFTÄTOWIERUNGEN

Die römische Tätowierkultur leitet sich von derjenigen der Griechen ab – ein Muster, das auf viele Aspekte der römischen Kultur zutrifft. Trotz der weit verbreiteten dekorativen Tattoos unter den benachbarten Stämmen, haben die Griechen diese Praktiken nicht übernommen. Sie betrachteten ihre Nachbarn als Barbaren, deren Bräuche man meiden sollte. Erst die Perser führten bei den Griechen eine alternative Nutzung von Tattoos ein. Im Jahre 512 v. Chr. führte König Darius die Perser nach Thrakien. Herodot berichtet uns, dass die Perser ihre Sklaven und Gefangenen aus dem Krieg kennzeichneten, indem sie ihnen Buchstaben auf die Stirn tätowierten. Wir dürfen also annehmen, dass die Griechen diesen Brauch übernahmen, denn auch sie tätowierten die Gesichter ihrer Sklaven, was es jenen unmöglich machte, sich unbemerkt davon zu machen. In seinem Dialog über griechisches Recht spricht Platon von der Brandmarkung von Schändern, die man beim Plündern von Tempeln erwischt hatte. In ihren Schriften verwenden die Griechen das Wort *Stigma* anstelle von Tattoo. Die ursprüngliche Definition dieses alten griechischen Wortes lautet „die Zeichnung der Schlange", doch seine Bedeutung wandelte sich bald und bezeichnete von nun an – und bis heute – ein Schandmal.

Auch die Römer verwendeten Tätowierungen nicht als Schmuck. Sie nutzten sie zur Kontrolle und kennzeichneten damit Gladiatoren, Soldaten, Gefangene und Sklaven. Bestimmte Gruppen von Menschen mit eindeutig sichtbaren Zeichen zu tätowieren, erleichterte ihre Überwachung. Vom vierten Jahrhundert an tätowierte man römische Rekruten mit dem Emblem ihrer Einheit. Eine ideale Methode, um die Soldaten verschiedener Einheiten auseinander zu halten und gleichzeitig ihre Bindung untereinander zu stärken. Neben ihrer Überwachungsfunktion wurden Tattoos, laut Platon, auch als Bestrafung angewendet. Eine weitere Funktion stellte Demütigung dar. Caligula (römischer Kaiser von 37-41 n. Chr.) veranlasste die Tätowierung der Gesichter gefangener Elitesoldaten, ehe man sie zur Arbeit in die Minen schickte.

Kaiser Konstantin (Herrscher von 306-337 n. Chr.), der nach den von ihm eingeführten christlichen Grundsätzen handelte, verbot die Tätowierung von Gefangenen im Gesicht. Die Schriften untersagten eine Verstümmelung des menschlichen Gesichts durch andere Menschen, da es nach dem Abbild Gottes geschaffen worden war. Fortan wurden Gefangene, die man in die Minen oder Gladiatorenschulen schickte, nur noch an Waden oder Händen gezeichnet.

Linke Spalte: Wandgemälde eines sterbenden Gladiators mit einem Tattoo auf der linken Schulter

Römischer Zenturio mit dem Wappen seiner Legion auf dem linken Unterarm und dem Datum seiner Einberufung auf dem rechten Handgelenk

Tätowierter Römer, Thermen-Museum, Rom

Während der Regentschaft Kaiser Justinians (527-565) wurden den Rekruten einzelne Punkte auf die Hände tätowiert, um eine Identifizierung der Deserteure zu erleichtern. Im Byzantinischen Reich, dem östlichen Teil des zerfallenden Römischen Reiches, wurden Straftätowierungen bis ins neunte Jahrhundert hinein verwendet. Im späten neunten Jahrhundert bestrafte Kaiser Theophilus (829-842) zwei Mönche, indem er ihnen zwölf Zeilen eines obszönen Verses auf die Stirn tätowieren ließ, was für den Tätowierer eine große Herausforderung gewesen sein muss.
Es gab allerdings auch einige annehmliche römische Tätowierbräuche. Vor der christlichen Ära adaptierten die Römer Kybele, eine asiatische Fruchtbarkeitsgöttin, und Attis, einen Gott des Wachstums und der Vegetation. Die kastrierten Priester des Attis, die Galli, waren ein gewohnter Anblick auf den Straßen Roms, wo sie, in östliche Gewänder gekleidet, während ihrer täglichen Prozessionen Lieder anstimmten und eine Statue der Kybele vor sich her trugen. Diese Priester trugen Efeutattoos auf ihrer Brust, die vermutlich ihre Ergebenheit gegenüber Attis symbolisierten. Aufgrund des Stigmas, das den Straftätowierungen im Altertum anhaftete, gab man sich große Mühe, sie wieder zu entfernen. Längeres Haar verbarg die Tattoos auf der Stirn, aber auch extremere Methoden kamen zum Einsatz, wie zum Beispiel die Anwendung von Ätzmitteln wie Sodiumkarbonat, Pfeffer oder Zitronensäure. Im sechsten Jahrhundert v. Chr. entdeckte der griechische Heiler Aetius eine Methode zur Entfernung von Tätowierungen mit einer Mischung aus Pfeffer, Salpeter, Terpentin, Harz, Weinraute (ein immergrüner Strauch) und Piment. Der Leibarzt des Kaisers Claudius (41-54 n. Chr.) entwickelte ein Präparat basierend auf der Spanischen Fliege, einer Käferart. Im Altertum machte sich dieses Mittel, das entweder heilte oder tötete, einen unverdienten Ruf auf ganz anderen Gebieten, vor allem als Aphrodisiakum, tatsächlich aber ist es hochgefährlich. Aus gutem Grund wird es heutzutage allenfalls zur Warzenentfernung verwendet. Es ist zweifelhaft, ob es für diejenigen von großem Nutzen war, die sich ihrer Tattoos entledigen wollten.

Keltische Münze

BRITANNIA, LAND DER BEMALTEN MENSCHEN

Als die Römer im ersten Jahrhundert nach Christus ihr Reich bis nach Nordeuropa hin ausdehnten, begegneten ihnen keltische und germanische Stämme, wie zum Beispiel die Gallier und die Briten. Als Julius Caesar im Jahre 55 v. Chr. in Südbritannien einfiel, schrieb er, dass die Briten ihre Körper blau anmalten, um auf dem Schlachtfeld Furcht

STRAFTÄTOWIERUNGEN HEUTE

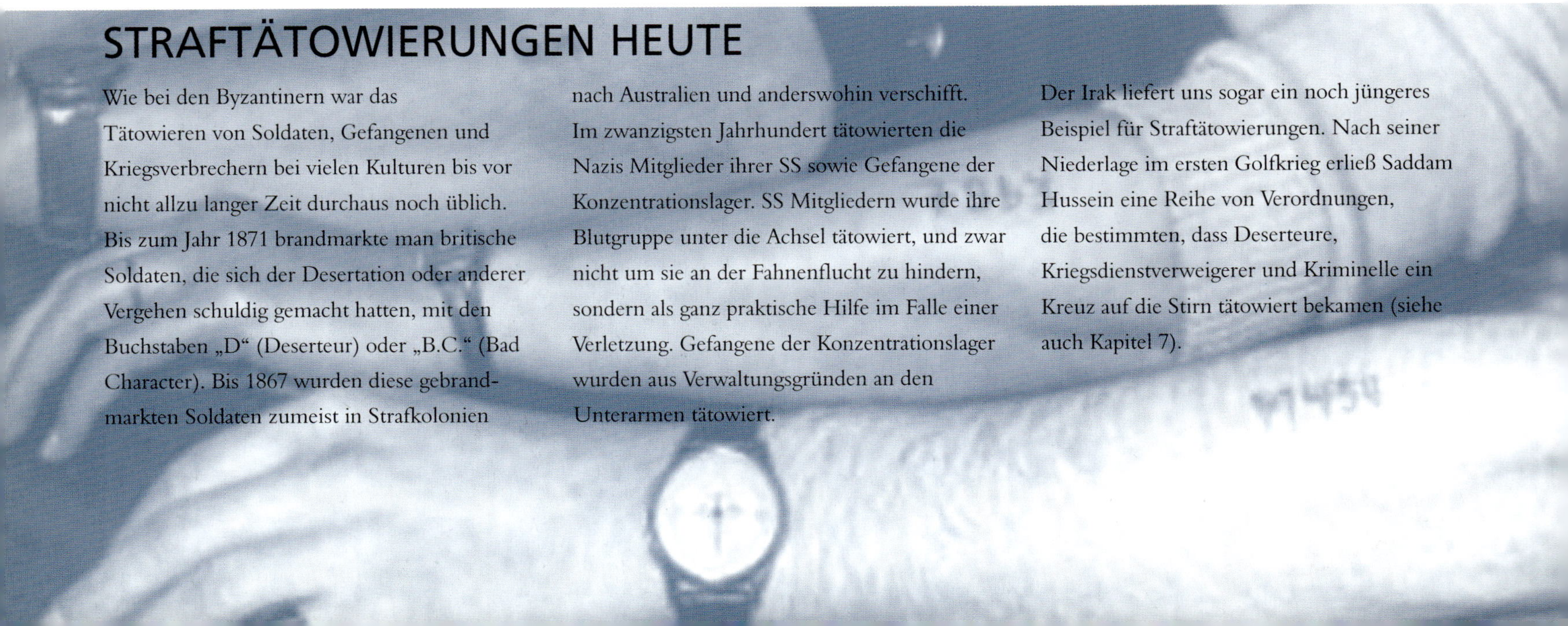

Wie bei den Byzantinern war das Tätowieren von Soldaten, Gefangenen und Kriegsverbrechern bei vielen Kulturen bis vor nicht allzu langer Zeit durchaus noch üblich. Bis zum Jahr 1871 brandmarkte man britische Soldaten, die sich der Desertation oder anderer Vergehen schuldig gemacht hatten, mit den Buchstaben „D“ (Deserteur) oder „B.C.“ (Bad Character). Bis 1867 wurden diese gebrandmarkten Soldaten zumeist in Strafkolonien nach Australien und anderswohin verschifft.
Im zwanzigsten Jahrhundert tätowierten die Nazis Mitglieder ihrer SS sowie Gefangene der Konzentrationslager. SS Mitgliedern wurde ihre Blutgruppe unter die Achsel tätowiert, und zwar nicht um sie an der Fahnenflucht zu hindern, sondern als ganz praktische Hilfe im Falle einer Verletzung. Gefangene der Konzentrationslager wurden aus Verwaltungsgründen an den Unterarmen tätowiert.
Der Irak liefert uns sogar ein noch jüngeres Beispiel für Straftätowierungen. Nach seiner Niederlage im ersten Golfkrieg erließ Saddam Hussein eine Reihe von Verordnungen, die bestimmten, dass Deserteure, Kriegsdienstverweigerer und Kriminelle ein Kreuz auf die Stirn tätowiert bekamen (siehe auch Kapitel 7).

einflößender zu wirken. Basierend auf dieser Geschichte kam der irische Historiker William Betham im neunzehnten Jahrhundert zu dem Schluss, dass der Name Britannia von einem alten keltischen Wort abstamme, welches „Land der bemalten Menschen“ bedeutete.
Nachdem Caesar britischen Boden erreicht hatte, führten die Römer viele Feldzüge gegen die nordischen Stämme, die in den folgenden Jahrhunderten in ihr Imperium einfielen. In zwei historischen Texten wird das Tätowieren erwähnt, das vornehmlich von den Schotten und Pikten praktiziert wurde. Die erste Quelle stammt von Herodian, einem griechischen Geschichtsschreiber, der Ende des zweiten Jahrhunderts der römischen Regierung in der Hauptstadt als Verwaltungsbeamter diente. In einem Text über die Kaledonier, wie er die Bewohner Britannias nannte, bemerkt er, dass diese vollkommen nackt herumliefen, bis auf ein paar eherne und goldene Ornamente. Sie „malen Figuren von Tieren und Symbolen auf ihre Haut, indem sie sich heißes Eisen auf ihre Glieder pressen, was große Pein verursacht, und darauf verreiben sie dann den Saft einer Pflanze“. Den blauen Farbton erzielten sie mit dem Saft der Waidpflanze. Herodian zufolge waren die entstehenden Tätowierungen Zeichen für hohen Rang und Stolz. Um dem Feind noch mehr Angst einzuflößen, fügte man den Darstellungen monströser Ungeheuer noch mehr Farbe hinzu, ehe die Krieger in die Schlacht zogen.
Nachdem Herodian die britischen Inseln jedoch nie besucht hatte, sind seine Berichte nur aus zweiter oder dritter Hand. So ist es ziemlich unwahrscheinlich, dass die Bewohner in jenem unfreundlichen Klima wirklich nackt herumliefen, und die beschriebene Technik lässt eher auf Branding schließen. Möglicherweise hat man den Pflanzensaft, der die blaue Farbe verursachte, ob nun dauerhaft oder nicht, lediglich zur Linderung der Schmerzen bei der Verbrennung und zur Heilungsförderung eingesetzt.
Als Tätowieren bezeichnet man eine Technik, bei der Tinte unter die Haut appliziert wird und nicht auf die Hautoberfläche, wie es in Herodians Beschreibungen zu sein scheint. Ist der Effekt indes derselbe – eine dauerhafte Verfärbung der Haut – kann man die Verzierungen durchaus als Tattoo bezeichnen. Allerdings nimmt man an, dass Herodian vielmehr die Pikten meinte, als er über die Kaledonier schrieb. So nannten Geschichtsschreiber des dritten Jahrhunderts jene Stämme, welche zusammen mit den Schotten von Norden her in die römische Provinz Britannia einfielen. Zuvor waren die nordischen Stämme als „Priteni“ bekannt (ein keltisches Wort, welches „Volk der Zeichen“ bedeutet), was sich vermutlich ebenfalls auf die Körperbemalungen oder Tattoos bezog.

Fantasiedarstellungen der Pikten, 17. Jh.

Fantasiebild einer
Piktin, 17. Jh.

Tattoodesigns
der Pikten

Tätowierter Gallier aus Gallia Comata („langhaariger Gallier“)

Die zweite Quelle, in der Tätowierungen auf den britischen Inseln erwähnt werden, liefert uns der römische Dichter Claudian (ca. 370-410 n. Chr.). In einem Gedicht aus dem Jahre 402 erzählt er davon, wie die Römer schließlich die Schotten und Pikten besiegten. In diesem Vierzeiler beschreibt er die Körper der besiegten Pikten:

Die Legionen in Britannias entlegensten Winkeln,
die barbarischen Schotten im Zaume haltend,
erblickten auf den Körpern der sterbenden Pikten
plumpe Bilder von Eisen geschnitten.

Früher Christ

Zwei Jahrhunderte später berichtet der spanische Bischof Isidor von Sevilla von Anzeichen für Tätowierungen in Britannia. Zwar ist seine Quelle nicht bekannt, doch lieferte er genaue Beschreibungen der Technik. Er schrieb, die Bezeichnung Pikten sei von deren Brauch abgeleitet, ihren Körper zu verzieren, indem sie den Saft einheimischer Pflanzen in zuvor gestochene Muster rieben. Das Wort „Pikten“ könnte vom lateinischen *pictus* abstammen – „bemalt“. Isidor zufolge hoben sich die hochrangigen Pikten durch jene lebendigen, farbenfrohen Bilder vom Rest der Bevölkerung ab. Er behauptet, dass auch die Schotten sich tätowierten.

Über Tätowierbräuche bei den Galliern, Germanen oder anderen Völkern des europäischen Festlands ist kaum etwas bekannt, bis auf einige fantastische Drucke aus dem neunzehnten Jahrhundert. Schmückende Tattoos wurden schon bald verboten, nachdem die britischen Inseln und das übrige westliche Europa zum Christentum übergetreten waren. Ausgenommen von diesem Verbot waren religiöse Tätowierungen. Boten, die Papst Hadrian I. nach Britannia geschickt hatte, schrieben: „Religiöse Tätowierungen werden spirituelle Belohnung bescheren, andere jedoch (zum Beispiel heidnische und schmückende Tätowierungen) besudeln Gottes Schöpfung“. Aus dieser Verurteilung lässt sich schließen, dass der Brauch, heidnische Symbole zu tätowieren, bis dato noch nicht ganz aus Britannien verschwunden war. Während des Bischofskonzils in Northumberland im Jahre 787 n. Chr. wurden jegliche Formen dauerhaften Körperschmuckes erneut verboten. Man konnte keine zeitgenössischen Zeichnungen oder Bilder finden, auf denen das Tätowieren bei den Pikten und Schotten dargestellt wäre. Erst im sechzehnten Jahrhundert entdeckte man einige wunderschöne Bilder von John White. Auf ihnen waren männliche und weibliche Pikten-Krieger dargestellt, allerdings waren die Pikten zu jenem Zeitpunkt längst ausgestorben. Nachdem sie zuerst schwer durch die Hände der Wikinger zu leiden gehabt hatten, wurden die Pikten von Kenneth McAlpin, dem König der Schotten, fast vollständig ausgelöscht. Auf Whites Bildern sind die Körper der Pikten bedeckt von monströsen Tierfiguren mit dem Kopf eines Greifs und Fischschuppen an den Beinen. Es ist anzunehmen, dass er derlei Beschreibungen bei Herodian fand.

Rechte Spalte: Der Tod Harolds II. in Hastings, Teppich von Bayeux (Detail). Bemerkenswert sind die Figuren am unteren Rand, die die Leichen entkleiden.

Linke Spalte: Heinrich Seuse tätowiert sich, Germanisches Nationalmuseum Nürnberg

CHRISTLICHE BRÄUCHE IM MITTELALTER

Mit den Pikten verschwand auch das Tätowieren aus Britannia. In den folgenden 500 Jahren finden wir keine Erwähnungen von Tattoos in der europäischen Literatur, bis auf einige wenige verblüffende Ausnahmen. Eine davon betrifft das Tattoo König Harolds II. von England. Auf dem berühmten Teppich von Bayeux, auf dem die Schlacht von Hastings aus dem Jahre 1066 n. Chr. dargestellt wird, sieht man Harold, den letzten Sachsenkönig, dem von einem Pfeil das Auge durchbohrt wird. Wilhelm der Eroberer und seine normannische Armee besiegten die Sachsen in Hastings. Zu jener Zeit war es üblich, den Leichen auf dem Schlachtfeld all ihre Kleidung und ihren Schmuck abzunehmen, und da Harolds Gesicht verstümmelt und er seiner königlichen Insignien beraubt war, konnten seine Männer ihn nicht mehr erkennen. Seine Gattin Edith Swan-Neck musste zum Schlachtfeld kommen, um ihn zu identifizieren. Die Namen seines Landes und seiner Gattin waren auf seine Brust tätowiert. Wenn der König von England ein Tattoo trug, mag man sich fragen, wer wohl sonst noch tätowiert gewesen sein mochte zu jener Zeit. War es eine gebräuchliche Sitte der Bevölkerung oder war das Tätowieren doch nur den Hochrangigen vorbehalten? Die Pikten waren bereits zweihundert Jahre zuvor ausgestorben und ihre Tätowierkultur war vermutlich bereits in Vergessenheit geraten. Leider hat man bis heute keine weiteren Belege für dekorative Tätowierungen während des Mittelalters in England oder auf dem europäischen Festland finden können. Allerdings ist in mittelalterlichen Texten recht oft die Rede von religiösen Tätowierungen. Der dominikanische Priester Heinrich Seuse (1295-1366) zum Beispiel ließ sich den Namen Jesus über dem Herzen eintätowieren. Im Jahre 1503 wurde ein deutsches Mädchen zur Schau gestellt, deren Gesicht und Körper von heiligen Symbolen übersät war, viele Menschen bekamen sie zu Gesicht. Es hieß, sie habe diese Symbole unter entsetzlichen Schmerzen im Verlauf einer mysteriösen Krankheit erhalten. Vor allem die Anbringung eines schwarzen Kreuzes soll ihr mehr Leid beschert haben, als sie jemals zuvor ertragen musste. Es ist gut möglich, dass wir hier einer Form religiöser Tätowierung während eines Exorzismus begegnen, wobei den christlichen Symbolen Heilwirkungen beigemessen wurden.

Viele Hundert Jahre früher in der frühchristlichen Zeit wurden zwei bedeutende christliche Symbole, der Fisch und das Kreuz, recht oft in Tattoos verwendet. Ein genauer Zusammenhang bleibt jedoch unklar. Aufgrund der Verfolgung durch die Römer in den ersten Jahrhunderten nach Christus waren die Christen gezwungen, sich heimlich zu versammeln. Die christlichen Symbole könnten also zur gegenseitigen Identifizierung gedient haben; der Schwachpunkt dieser Hypothese ist jedoch, dass Tattoos sie

Christusmonogramm

Ichtus

Kreuz

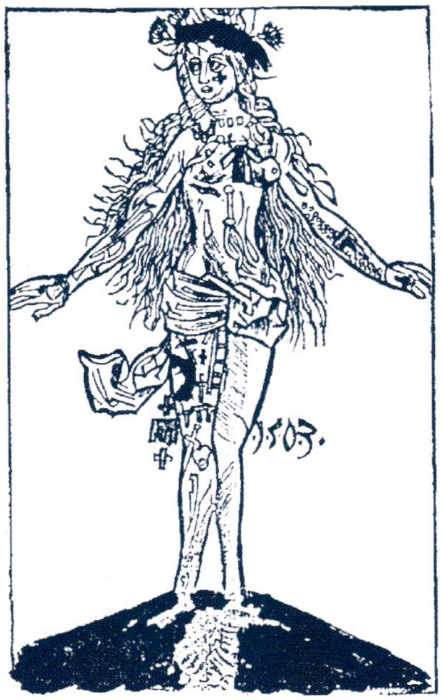

Auf mysthische Art tätowiertes Mädchen, aus einem illuminierten Manuskript, 1503

William Lithgows Tätowierungen

Pilgertattoos aus Loreto

auch für die Römer leicht zu erkennen gemacht hätten. Eine weitere Möglichkeit ist, dass christliche Tattoos Symbole für den Widerstand waren. Die Römer tätowierten Gefangene als Bestrafung und Demütigung. Es liegt nahe, dass auch einige Christen auf diese Weise bestraft worden sind, vor allem in Zeiten intensiver Verfolgung, wie sie im dritten Jahrhundert stattgefunden hatte. Die Christen benutzten dieses Zeichen möglicherweise als eine Art Ehrenabzeichen, wodurch Fisch und Kreuz sich zu beliebten Symbolen entwickelten, die man voller Stolz tragen wollte. Auch die griechischen Buchstaben „X“ (*chi*) und „P“ (*rho*) – die Initialen Christus´ – befanden sich unter den tätowierten Symbolen, weiterhin die lateinischen Großbuchstaben „JN“ für Jesus von Nazareth und das Lamm Gottes.

Die Bibel äußert sich unklar zu Tätowierungen. Im Alten Testament spricht Levitikus (Kapitel 19, Vers 28) ein eindeutiges Verbot für dauerhaften Körperschmuck aus: „Ihr sollt um eines Toten willen an eurem Leibe keine Einschnitte machen noch euch Zeichen einätzen; ich bin der HERR!“ Dagegen heißt es im Neuen Testament im Brief des Paulus an die Galater (Kapitel 6, Vers 17): „Hinfort mache mir niemand weiter Mühe; ich trage die Malzeichen Jesu an meinem Leibe“. Dies könnte darauf hindeuten, dass Paulus mit Zeichen tätowiert war, die seine Bindung zu Christus symbolisierten. Es ist nicht bekannt, welche Symbole er meint und ob er sie selbst angebracht hat. Möglicherweise sind es Stigmata – jene Wunden, die Christus während der Kreuzigung geschlagen wurden. Es heißt, dass man solche Wunden später auch bei anderen Heiligen gesehen hat – bei Franz von Assisi zum Beispiel – und auch bei Menschen, die sich in religiöser Ekstase befanden.

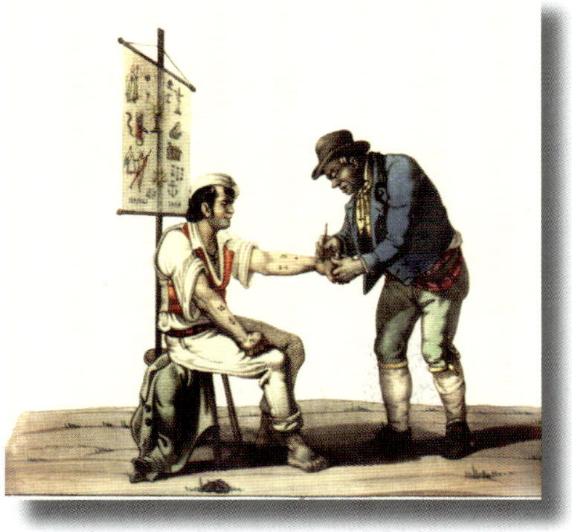

Linke Spalte: Marcatore bei der Arbeit

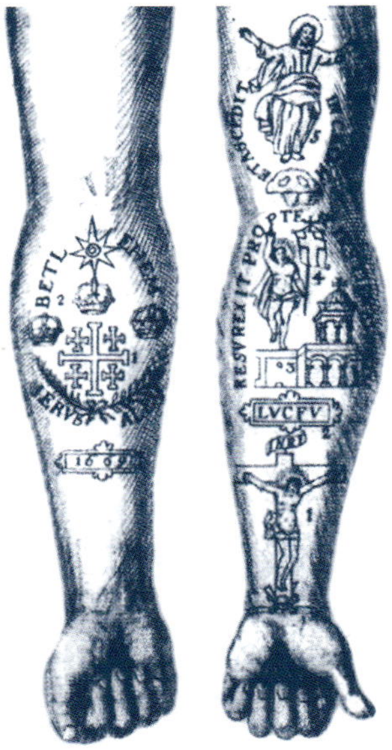

Rechte Spalte: Tätowierungen des Otto Friedrich von der Göben

Im Laufe der Zeit sorgten diese widersprüchlichen Passagen aus dem Alten und dem Neuen Testament für einen Zwiespalt innerhalb der katholischen Kirche gegenüber Tätowierungen und Körperschmuck. Viele, hauptsächlich orthodoxe, Katholiken hielten das Tätowieren für ein verderbliches heidnisches Ritual, während andere es als großes Opfer und Symbol ihrer Ergebenheit betrachteten. Diese Uneinigkeit führte schließlich dazu, dass die einheimischen Kirchenoberen Toleranz walten ließen gegenüber religiösen Tätowierungen.

Pilgertattoos und Ehrenabzeichen

Nicht nur die frühen Christen trugen Tattoos; viel später ließen sich auch die Pilger am Ziel ihrer Wallfahrt rituell tätowieren, zum Zeichen, dass sie ihre Pilgerfahrt vollendet hatten. Unter christlichen Pilgern in Jerusalem und Bethlehem war es üblich, sich religiöse Symbole, ihre Namen oder Initialen sowie das Datum ihrer Pilgerfahrt tätowieren zu lassen. Es ist erwiesen, dass dieser Brauch seit dem sechzehnten Jahrhundert existierte. Auch die mittelalterlichen Kreuzritter haben im Geheiligten Land wahrscheinlich dieses Ritual praktiziert. So machte zum Beispiel ein gewisser William Lithgow während seiner Pilgerfahrt durch Asien, Europa und Afrika einige Tage lang in Jerusalem Halt und verbrachte seine letzte Nacht dort am Heiligen Grab. Als Ausdruck seiner Liebe und Treue zu seinem protestantischen König James, den er als Oberhaupt der Kirche anerkannte, bat er einen Mönch, ihm die Kronen Englands und Schottlands auf den rechten Arm zu tätowieren, zusammen mit der Inschrift „Vivat Iacobus Rex“. Der Mönch zeigte sich entsetzt über Williams Bereitschaft, solche Schmerzen auf sich zu nehmen für jenen „sterblichen

MODERNE TATTOOS DER KATHOLIKEN IM BALKAN

Bis ins zwanzigste Jahrhundert hinein war es in Bosnien und Albanien Brauch, dass sich an katholischen Feiertagen junge Mädchen in der Kirche versammelten, um sich dort tätowieren zu lassen. Eine ältere Frau, nicht selten eine Zigeunerin, welche die Muster und die Techniken genau kannte, tätowierte religiöse Symbole auf Hände, Arme und manchmal auch auf die Schultern. Zumeist bestanden diese Muster aus einem Kreuz oder einer Figur, die mehrere Kreuze unterschiedlicher Größe und Form vereinte, in einigen Gegenden genügte jedoch auch ein einfaches Kreuz auf dem Arm. Jungen und Männer waren eher selten tätowiert. Wenn, dann trugen sie lediglich ein Kreuz auf dem Zeigefinger oder ein Tattoo auf dem Oberarm.

Wie kommt es nun, dass dieser Brauch sich gerade in dieser Gegend durchgesetzt hat? Seit dem siebten Jahrhundert bildete der Balkan die Pufferzone zwischen dem zumeist christlichen Europa und der islamischen Levante. Nachdem die Türken im fünfzehnten Jahrhundert im Balkan eingefallen waren, traten viele Bosnier zum Islam über, und man glaubt, dass die wenigen übrig gebliebenen Christen ihre außergewöhnliche Stellung innerhalb des islamisch ottomanischen Reiches mit diesen rätselhaften tätowierten Symbolen unterstreichen wollten. Auch Moslems, die zum Katholizismus konvertierten, erhielten nach ihrer Taufe ein christliches Tattoo, was ihnen eine Rückkehr zum Islam deutlich erschwerte. Eine andere Interpretation besagt, dass die Türken die Katholiken zu diesen Tattoos zwangen, damit sie sich von den Islamisten unterschieden. Beiden Theorien sind gemein, dass der Tätowierkultur in Bosnien jener Konflikt zwischen den beiden Religionen zugrunde liegt.

Fragt man die Einheimischen, warum das Tätowieren in Bosnien auf diese Weise praktiziert wird, so antworten sie wahrscheinlich, dass es am Katholizismus liegt, dass es einfach schön ist oder weil es immer schon so gewesen ist. Aus diesen Antworten kann man schließen, dass es sich um einen seit langem bestehenden Brauch handeln muss, dessen ursprüngliche Bedeutung in Vergessenheit geraten ist. Die Tatsache, dass vor allem junge Mädchen zwischen 13 und 16 Jahren tätowiert werden, weist darauf hin, dass das Tätowieren ein Übergangsritual darstellte. Die derzeitigen Bewohner stammen von nomadischen slawischen Stämmen ab, die im sechsten Jahrhundert zum ersten Mal den Balkan erreichten. Möglicherweise brachten sie eine Tätowierkultur aus Asien mit und die christliche Symbolik floss im Laufe der Jahrhunderte in die Muster mit ein.

Hochzeitszug für Prinz Friederich von Württemberg und Gräfin Barbara Sophia von Brandenburg, 1609

WIEDERENTDECKUNG DURCH DIE FORSCHUNG

Zur Zeit der großen Entdecker im fünfzehnten Jahrhundert war das Tätowieren in Europa nicht mehr verbreitet, doch viele der frühen Forscher stellten fest, dass diese Praktik im Ausland durchaus florierte. Sie nannten die Tattoos „gestochene Bilder", eine Bezeichnung, die sie von ihren Besuchen in weit entfernten Ländern mitbrachten.
Bereits im dreizehnten Jahrhundert berichtet Marco Polo, wie Männer in der Yunnan-Provinz in China eine Reihe verschiedener Tierfiguren mit schwarzer Farbe auf ihre Arme und Beine „stachen". In Laos, so schreibt er, war fast jedermann von der Nadel gezeichnet, mit Darstellungen von Löwen, Drachen und Vögeln, die nicht mehr verschwanden. Gelegentlich kehrten die Entdecker mit Wilden zurück, welche sie als exotische Kuriositäten zur Schau stellten. Im Jahre 1566 brachte ein holländischer Kapitän aus Neufundland eine zwanzigjährige Inuit-Frau und deren Kind mit, die er gefangen genommen hatte, nachdem er den Mann, der bei ihnen war, in einem erbitterten Kampf getötet hatte. Auf Plakaten wurden die beiden als „wilde Frau mit Kind" angekündigt und es wurde erklärt, dass die Zeichnungen auf ihrem Gesicht es dem Manne ermöglichten, seine Frau zu erkennen, und dass diese Zeichen so blau seien wie der Himmel und unmöglich zu entfernen.
Man brachte südamerikanische Indianer nach Europa, die im Hochzeitszug Friedrichs von Württemberg und der Gräfin Sophia von Brandenburg im Jahre 1609 auftraten. Sie trugen gefiederte Röcke und Tattoos auf Brust, Oberarmen und Waden. 1691 brachte der englische Forscher William Dampier den stark tätowierten „Prinzen" Giolo von einer südpazifischen Insel mit nach London.
Trotz der vielen Berichte über tätowierte Menschen in der Neuen Welt bekam man diese in Europa eher selten zu Gesicht – so selten sogar, dass diese „Wilden" noch viele Generationen von Europäern anziehen sollten.
In vielen Reiseberichten europäischer Forscher, die Reisen

Feind der römisch katholischen Kirche". Weitere berühmte tätowierte Pilger sind Graf Alexander zu Pfaffenheim, der sich im Jahre 1533 ein Kreuz auf den Oberschenkel stechen ließ, und Otto Friedrich von der Göben, dem 1675 ein Kruzifix und andere Abbildungen tätowiert wurden.
Im Jahre 1862 führte der britische Kronprinz und spätere König Edward VII. diese Tradition fort und ließ sich ein Jerusalemkreuz auf den Arm tätowieren – seine Söhne sollten später seinem Beispiel folgen.
Ein weiteres bemerkenswertes Beispiel ist die überaus lebendige Tätowiertradition des italienischen Dorfes Loreto. Jedes Jahr pilgern Tausende von Menschen zu Fuß oder mit der Bahn an diesen Ort und viele von ihnen lassen sich zum Andenken ein Tattoo stechen. In den Designs finden sich heilige Symbole oder das Monogramm der Madonna dell´Oreto, die dort verehrt wird. Der Brauch hat sich dermaßen etabliert, dass die Tattoos von professionellen Tätowierern (*marcatori*) gestochen werden. Die Tradition der Pilgertattoos ist im Laufe des neunzehnten Jahrhunderts nahezu verschwunden, doch unter Christen sind Tattoos mit religiösen Darstellungen bis zum heutigen Tage beliebt. Weit verbreitet sind sie zum Beispiel bei den Chicanos, Amerikanern mexikanischer Abstammung, die nicht selten Darstellungen der Jungfrau Maria oder Jesus auf dem Rücken tragen.

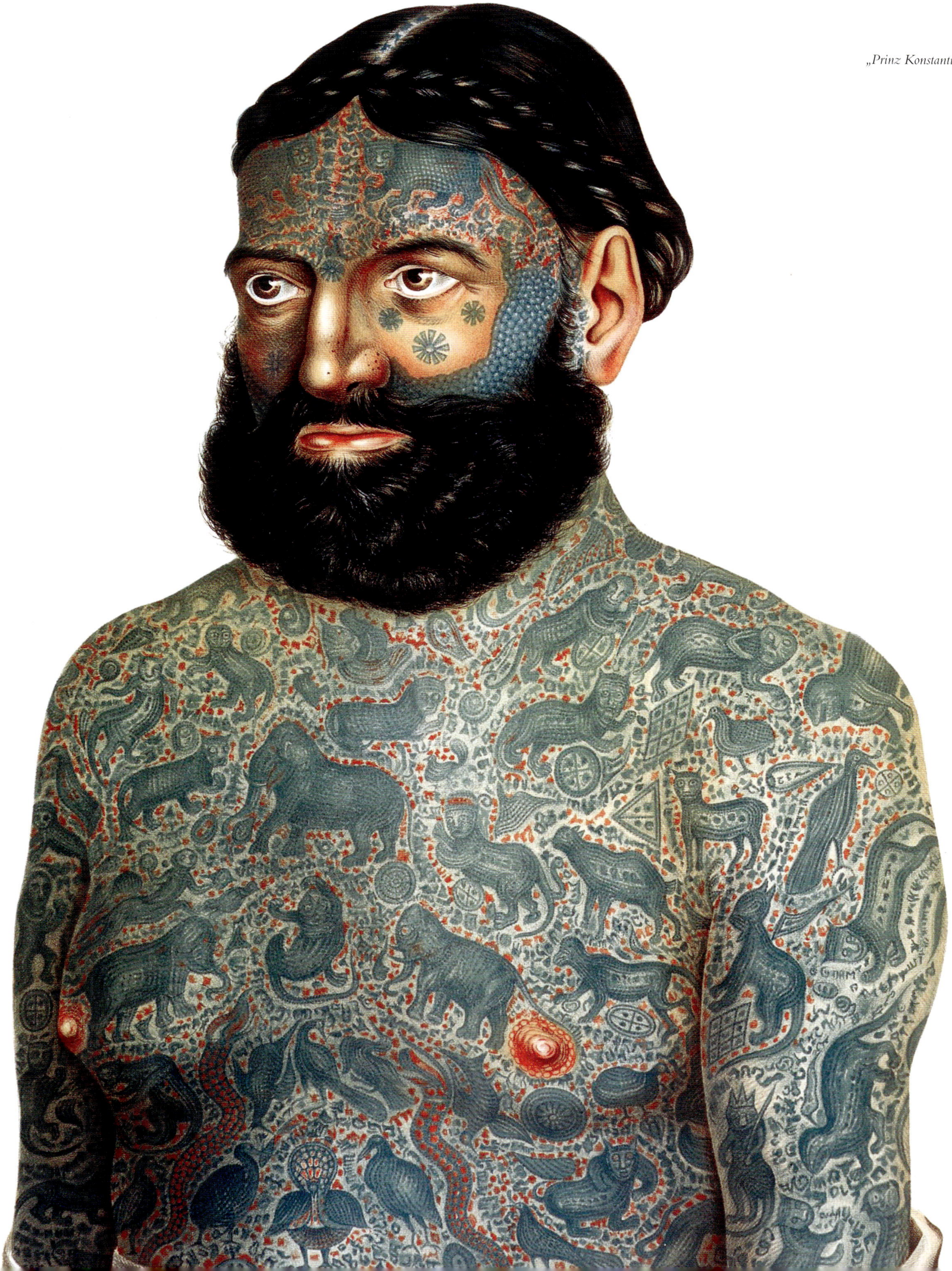

„Prinz Konstantin“

in alle Himmelsrichtungen unternahmen, wird deren Erstaunen bei der ersten Begegnung mit tätowierten Menschen deutlich. Die spanischen Konquistadoren zeigten sich verblüfft von den eigentümlichen Dekorationen, die die Einwohner Amerikas zierten. Die Missionare, die ihnen folgten, waren sicherlich weniger überrascht. Beschreibungen solch alter Brauchtümer gehörten mit zu ihrer Ausbildung und in ihren schriftlichen Berichten finden die Tätowierbräuche der Mauren, jener nordafrikanischen Araber, die im fünfzehnten Jahrhundert die iberische Halbinsel bewohnten, vielfache Erwähnung.

Rechte Spalte: Der tahitische Häuptling Omai, von Francesco Bartolozzi, 1774

Joseph Rutherford

Kapitän Cook, der Erfinder des Wortes „Tattoo"

Am anderen Ende der Welt erforschte der berühmte Entdecker James Cook gerade Ozeanien. Seinen Beschreibungen der Gesichts- und Körpertätowierungen der Maori kann man entnehmen, dass er – wie Abel Tasman vor ihm – noch nie zuvor von Tattoos gehört, geschweige denn jemals so stark tätowierte Menschen zu Gesicht bekommen hatte. Er berichtete, dass diese Praktik auf vielen der südpazifischen Inseln gebräuchlich war. Dem Phänomen gab er den Namen „tattow", abgeleitet vom tahitischen Wort *tatau*. Cook nahm zwei Tahiter, Omai und Tupaia, als Übersetzer und Führer mit auf seine Expedition, und auch er konnte der Versuchung nicht widerstehen, mit menschlichen Trophäen nach Hause zurückzukehren. Im Jahre 1774 kehrte er zusammen mit dem tätowierten Omai nach England heim und führte ihn bei der High Society ein. Im Gegensatz zu Prinz Giolo begegnete man ihm mit dem größten Respekt. Ein bemerkenswertes Portrait des Omai von Joshua Reynolds, bei dem Omai selbst Model gestanden hatte und das 1776 in der Royal Academy erstmalig ausgestellt wurde, wurde im Jahr 2001 für mehr als 10 Millionen Pfund versteigert. Das neue Wort „tattoo" verbreitete sich sehr schnell in der westlichen Welt und verdrängte die Bezeichnungen, die man jener Praktik in anderen Sprachen gegeben hatte. Ein Grund dafür, dass sich das Wort so rasch durchsetzte, war die Faszination der Öffentlichkeit für Cooks Reiseberichte und die Trophäen, die er aus den fremden Welten mitbrachte. Weiterhin geschah es nun zum ersten Mal in der Geschichte, dass eine relativ große Anzahl Europäer, die sich im Ausland hatte tätowieren lassen, nun mit ihrem neuen Schmuck in die Heimat zurückkehrte.

Omai, von Joshua Reynolds, 1774

Graf Fjodor Iwanowitsch Tolstoi

In dem Maße, in dem der Handel mit den neu entdeckten Gebieten wuchs, wuchs auch die Zahl der Westländer – Seefahrer und angesehene Gentlemen gleichermaßen –, die mit exotischen Tätowierungen heimkehrten, die sie auf einer der zahlreichen südpazifischen Inseln oder in fernöstlichen Häfen erstanden hatten. Dem Beispiel der geschmückten „Wilden“ folgend, die in Europa große Erfolge erzielten, ließ sich so mancher vollständig mit authentischen südpazifischen Tattoos verzieren, während andere es vorzogen, eigene Muster zu kreieren.

Diese oftmals himmelschreiend tätowierten Weltreisenden genossen in ihrer Heimat große Aufmerksamkeit und manch einer verdiente sich durch Zurschaustellung seiner selbst auf Jahrmärkten eine goldene Nase. Der russische Graf Fjodor Iwanowitsch Tolstoi war mit Darstellungen von Vögeln, Schlangen und anderen Tieren tätowiert, von denen er behauptete, er habe sie während einer Expedition zu den polynesischen Marquesas-Inseln im Jahre 1804 erhalten. Joseph Rutherford trat im Jahr 1826 in einer Reiseshow auf und behauptete, die Maori hätten ihn gefangen genommen und gewaltsam sein Gesicht tätowiert. Die bekannteste Jahrmarktsattraktion war allerdings der ungemein beliebte Prinz Konstantin, ein albanischer Grieche, der mit seinem tätowierten Körper in P. T. Barnums gefeierten Zirkus Weltruhm erlangte. Um ihn rankte sich die sensationelle Geschichte, er sei von chinesischen Tartaren zusammen mit drei weiteren Männern gefangenen genommen und darauf drei Monate lang gefoltert und tätowiert worden. Er war der alleinige Überlebende, doch sein Körper war übersät von 388 wunderschön gearbeiteten authentischen burmesischen Tattoos. Dieses Lügenmärchen, seine Tattoos und sein unwiderstehlicher Charme machten ihn bei den Damen überaus beliebt und er konnte durch die Zurschaustellung seiner selbst über tausend Dollar in der Woche verfügen, was zu jener Zeit ein riesiger Betrag war. Aufgrund solcher und ähnlicher Werbetricks begann Europa nach und nach diese sonderbare Art des Körperschmucks zu akzeptieren.

WACHSENDE TÄTOWIERPRAXIS UNTER KRIMINELLEN UND PROSTITUIERTEN

In Europa gewann das Tätowieren zu Beginn des neunzehnten Jahrhunderts an Beliebtheit, auch wenn es nach wie vor mit der sozialen Unterschicht in Verbindung gebracht wurde: Seefahrer, Soldaten, Arbeiter, Kriminelle und Prostituierte. Die Seefahrer bildeten die größte Gruppe von Tätowierten, deren gesonderte soziale Stellung durch Zeiten langer Abwesenheit unterstrichen wurde, aber auch Bergleute besiegelten ihre Kameradschaft untertage, indem sie ihre Haut zeichneten. Die niedrige soziale Stellung dieser Gruppen bedeutete aber auch, dass Tattoos bis zum Ende des neunzehnten Jahrhunderts eine Randerscheinung blie-

Linke Spalte: Prinz Giolo, 1691

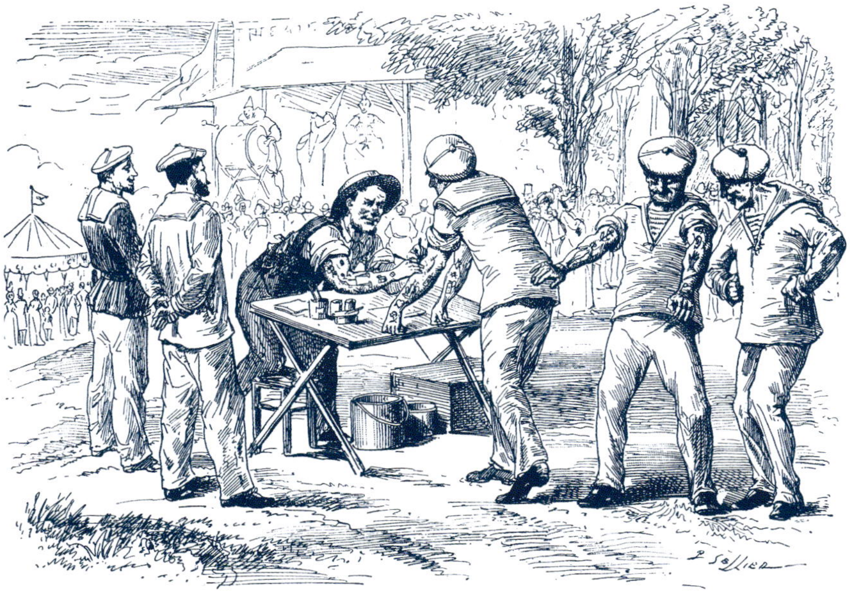

Meistertätowierer bei der Arbeit auf einem Jahrmarkt in Marseilles

ben. Erst danach bekundete die Oberschicht ein kurzzeitiges Interesse am Tätowieren als Modeerscheinung.

Vor allem Soldaten und Seefahrer brachten mit fremdländischen Ideen neues Leben in die europäische Tätowierkultur. Seemänner aus Italien, Frankreich, England und Russland wurden auf gefährliche Expeditionen ins Ausland geschickt und nicht selten dort stationiert, um die Festungen und Handelsinteressen der Westländer zu verteidigen. Diese Männer hatten offenbar den meisten Kontakt zu nicht-westlichen Kulturen und so waren Offiziere und Untergebene gleichermaßen tätowiert. Besonders exotische Designs wurden bevorzugt: geometrische Muster aus Mikronesien und Polynesien oder bunte Drachen und Schlangen aus Fernost. Auch westliche Symbole, wie Kanonen, Flaggen, Schiffe, Heldenporträts, wie zum Beispiel Admiral Nelson, und patriotische Zeichen waren beliebt.

Beeindruckt von den Geschichten ihrer weiter gereisten Kameraden, ließen sich Seefahrer und Soldaten in der Heimat dieselben Symbole und Bilder tätowieren. Entweder tätowierten sie sich selbst oder gegenseitig oder sie bezahlten ein Mitglied der wachsenden Zahl professioneller Tätowiergilden, von denen die meisten allerdings nur an schnellem Geld interessiert waren. Die Qualität ihrer Arbeiten war – gelinde gesagt – miserabel: Dicke Linien und trübe Farben bestimmten zu jener Zeit den „europäischen Stil". Hygiene galt nur wenig und so gab es viele Fälle ernster Infektionen und Wundbrand, von denen manche tödlich endeten. Der französische Minister für Maritime Angelegenheiten verhing schließlich aufgrund der ihr innewohnenden Gefahren sogar ein Verbot dieser Praktik.

Rechte Spalte: Tätowierte Haut in Alkohol, ca. 1790

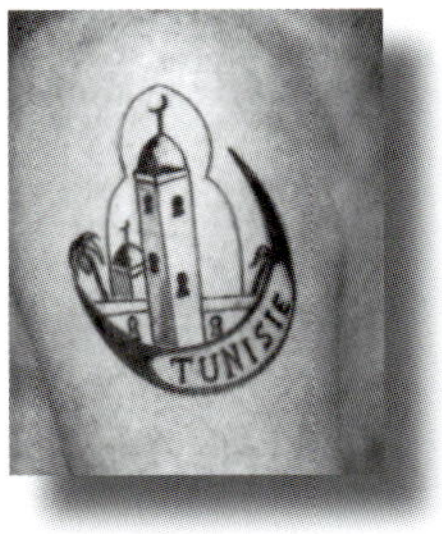

Militärtattoo der französischen Fremdenlegion

Zeichen für hohe Libido

Trotz des Verbots, der gesundheitlichen Risiken und der schlechten Qualität blieben Tattoos für viele einfach unwiderstehlich. Wissenschaftler zeigten sich erstaunt über die Schnelligkeit, mit der sich das Phänomen gegen Ende des neunzehnten Jahrhunderts verbreitete, manche betrachteten es gar als eine Art Epidemie. Einige dieser Theorien scheinen uns heute absurd, doch sie gründeten damals durchaus auf die wissenschaftlichen Annahmen jener Zeit. Im Jahre 1882 erklärte der amerikanische Anthropologe Robert Fletcher: „Wo Massen von Männern zusammengepfercht werden und viel Leerlaufzeit herrscht, dann müssen wir damit rechnen, unter ihnen sehr häufig einen Brauch wie das Tätowieren zu finden". Diese großen Gruppen bestanden aus Soldaten, Gefängnisinsassen, Kriminellen und Prostituierten. Im Jahre 1878 stellte der berühmte ita-

lienische Psychiater und Kriminologe Cesare Lombroso die Behauptung auf, es existiere ein Zusammenhang zwischen der kriminellen Gesinnung und physischen Merkmalen. Seiner Theorie zufolge passten Tattoos gut ins Profil eines durchschnittlichen Kriminellen.

1907 ergaben Untersuchungen unter der Leitung von Professor Friedrich Krauss, dass es einen Zusammenhang gäbe zwischen Tattoos und Sexualität. Nach dieser Theorie sind die Tätowierungen eines Mannes Zeichen seiner Kraft und Härte und förderten sowohl seine Anziehungskraft gegenüber Frauen als auch die natürlichen unterwürfigen Tendenzen einer Frau. Tattoos bei Frauen hatten eine erotische Wirkung auf die Männer, vergleichbar mit der von Schmuck, Pelzen oder Lippenstift. Außerdem heißt es darin, dass Tätowierungen vor allem bei muskulösen Menschen mit einer hohen Libido anzutreffen seien. In solchen Behauptungen zeigen sich deutlich Freuds Einfluss und die Theorie der Eugenik – in Mode gekommen um 1900. Krauss war nicht überrascht darüber, dass die „für ihre Libido berühmten japanischen Männer fast alle tätowiert sind".

Makabre Gefängnistattoos

Der französische Militärarzt und Professor für forensische Medizin, Alexandre Lacassagne, teilte Lombrosos Interesse und führte Ende des neunzehnten Jahrhunderts intensive Untersuchungen zur Tätowierpraxis unter Kriminellen, Prostituierten und anderen Gruppen durch. Basierend auf Lacassagnes Forschungen aus dem Jahre 1886, kam der oben genannte Anthropologe Fletcher zu der Ansicht, dass das Maß an krimineller Energie proportional sei zur Menge der Tätowierungen eines Menschen. Lacassagne fand heraus, dass in kriminellen Kreisen jedem Körperteil auch ein bestimmtes Tattoo zugeordnet wurde. So fanden sich an Gesäß und Unterleib zumeist obszöne Darstellungen, während auf der Brust Bilder von Jeanne d´Arc, Bismarck oder anderen Heldenfiguren tätowiert waren. Einem Soldaten war eine Generalsuniform über den ganzen Körper tätowiert worden, einem anderen eine Admiralsuniform. Mehr als ein Drittel der italienischen Kriminellen, die Lacassagne untersucht hatte, trugen religiöse Tätowierungen, von denen viele in der heiligen Stadt Loreto (siehe Seite 38) gestochen worden waren. Auch Inschriften waren beliebt und waren mit Parolen wie „Tod den Tyrannen" oder „Tod den

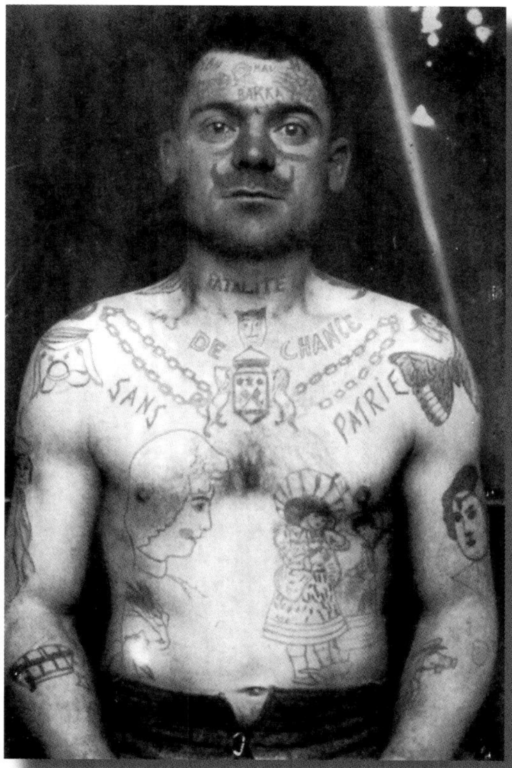

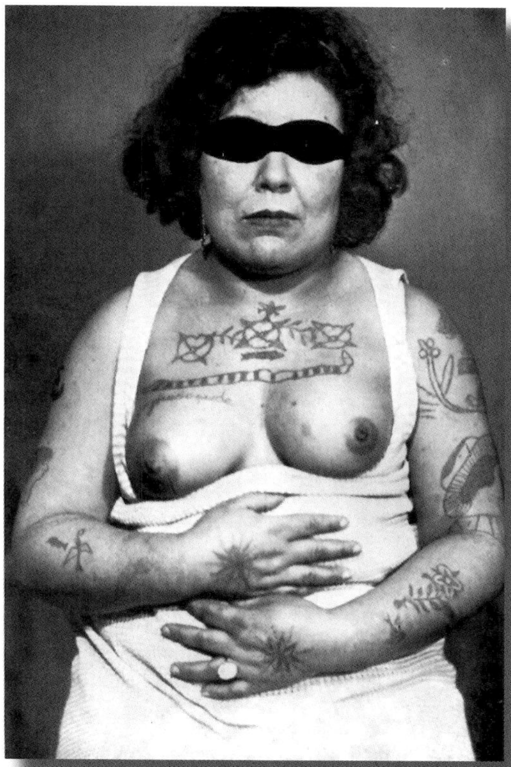

Tätowierungen der französischen Unterwelt zur Jahrhundertwende. Der Mann trägt einen tätowierten Schnauzbart, um das Verbot von Gesichtsbehaarung in der Fremdenlegion auszutricksen.

Rechte Spalte: Tätowierter Zouave

französischen Offizieren“ oft Ausdruck von Zorn, Rache oder Anarchismus. Lacassagne stieß auch auf viele grausige Inschriften oder Äußerungen von Selbsthass. Ein solches Tattoo führte zur Identifizierung und Festnahme eines Serienmörders, nachdem eine Überlebende der Polizei mitteilte, ihr Angreifer habe die Worte „Geboren unter einem schlechten Stern“ auf den Arm tätowiert.

Tattoo einer Prostituierten

Französische Straftattoos waren einfach, schlecht ausgeführt und beinhalteten geheime Botschaften. Punkte auf vier Fingern (*le chemin du bagne*) bedeuteten, dass ihr Träger im Gefängnis gewesen war. Drei Punkte an der Daumenwurzel hießen *Mort aux vaches* („Tod der Polizei“). Ein Stern oder ein gekreuzigter Seemann wiesen auf eine Verurteilung durch ein Kriegsgericht der Marine hin. Das Gesicht einer Frau auf einer Rose, die „Rose von Jericho“, erzählte von einer schlechten Erfahrung mit einer Frau. In militärischen Tattoos waren oft Anker, Kanonen oder Regimentsabzeichen abgebildet. Gefangene des russischen Zarenreiches trugen oft Tattoos von Klöstern, Kathedralen, Burgen und Festungen auf der Brust oder dem Handrücken. Besonders angesehene Kriminelle ließen sich Kirchen – ein besonders vorrevolutionäres Bild – auf ihre Leiber tätowieren. Gefangene in Lagern stellten ihre „Tinte“ her, indem sie Urin mit Ruß vermischten, und benutzten das angespitzte Ende eines Drahtes, um die Tinte unter die Haut zu applizieren.

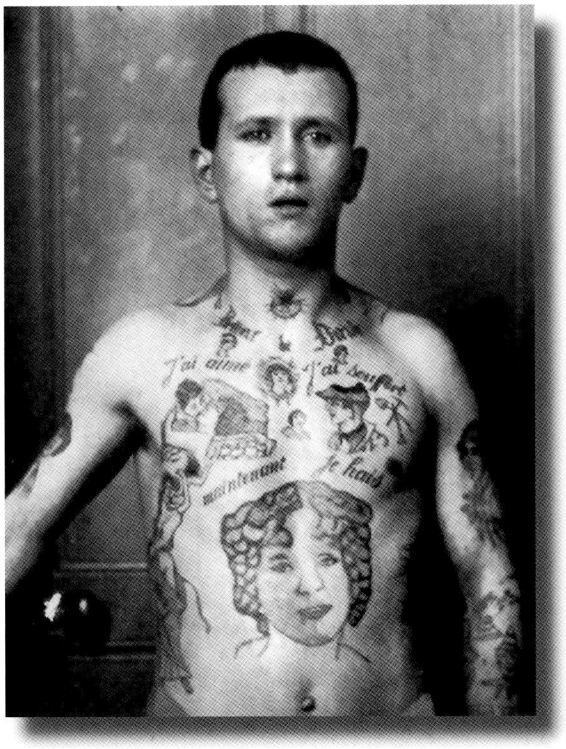

Angehöriger der französischen Unterwelt, ca. 1900

Liebespfande der Prostituierten

Die französischen Prostituiertentattoos waren nur selten obszön und gewöhnlich an weniger sichtbaren Stellen angebracht als die Tattoos von Sträflingen und Seemännern, zum Beispiel an Armen, Schultern oder zwischen den Brüsten. Diese Frauen trugen oftmals Tattoos der Namen ihrer Geliebten und ein Forscher entdeckte bei einer Frau nicht weniger als 30 Namen zwischen ihren Brüsten. Einige Huren verwendeten Zigaretten, um die Namen ihrer Ex-Geliebten wieder zu entfernen. Lacassagne fand viele solcher Narben. Prostituierte gehörten der Unterschicht an und begannen bereits in früher Jugend mit dieser Arbeit, manchmal schon mit 14. Im Laufe der Jahre sammelten sich viele Tattoos an, die von Ereignissen in ihrem Leben erzählten, meist waren sie einfarbig und von ihren jeweiligen Geliebten tätowiert worden. So würde zum Beispiel ein Mann seinen Namen oder seine Initialen in dunkelblauer Farbe auf ihren Unterarm tätowiert haben, zusammen mit einer Zeile wie „Ich werde dich immer lieben“ oder „Ich liebe meinen Mann“. Es gab aber auch

professionelle Tätowierer mit ganzen Bilderkatalogen, die mit ihren Diensten in Nachtbars hausieren gingen. Einige Tattoo-Designs erfreuten sich großer Beliebtheit: Violinen, Blumentöpfe, Tauben mit Buchstaben im Schnabel und Amor, der Gott der Liebe, dargestellt mit Pfeil und Bogen. Ein weiteres bekanntes Bild ist das durchbohrte Herz mit Initialen oder auch den Buchstaben „P.L.V." (*Pour La Vie*) oder andere Verzierungen in Form von Ringen und Armbändern. Die Huren fügten diesen Darstellungen oft die Namen ihrer Zuhälter hinzu. Es steht zu vermuten, dass dies zur Kennzeichnung des Eigentums diente.

DER JAPANISCHE EINFLUSS AUF DIE HIGH SOCIETY

Wie die Römer und die Griechen zuvor betrachtete die europäische Mittel- und Oberschicht des neunzehnten Jahrhunderts das Tätowieren als unkultiviert und distanzierte sich von jener neuen Form beliebten Zeitvertreibs. Die Tätowierkultur sollte aber dennoch ihren Weg in die High Society finden. Nachdem Japan im Jahre 1854 seine Pforten für das Ausland geöffnet hatte, stieg das Interesse für jenes mysteriöse Land, das einen gewaltigen Einfluss auf die westliche Kultur haben sollte, sehr schnell an. Die Qualität der japanischen Kunst und der Tätowierungen wurde deutlich sichtbar und die herrlichen Schmucktattoos zogen im Westen alle Aufmerksamkeit auf sich, ganz besonders in der Oberschicht. Und das trotz der Tatsache, dass in Japan, ebenso wie in Europa, das Tattoo mit Kriminalität in Zusammenhang gebracht wurde und vor allem in der Unterschicht der Gesellschaft anzutreffen war.

Nichtsdestotrotz hatten sich die japanischen und burmesischen Tätowierstile und -techniken zu einem außergewöhnlich hohen Standard entwickelt. Charakteristisch für sie waren die wunderschönen kunstvollen Designs und eine hervorragende Ausführung. Im Gegensatz zu den europäischen Tätowierern waren die burmesischen und japanischen Tätowierer Handwerker und Künstler. Die Qualität, die Komplexität der Designs und die erforderliche Zeit bedeuteten, dass nur wenige gewöhnliche Japaner sich ein Tattoo leisten konnten. Einige Japaner verkauften gar ihre Körper an Museen. Wenn ein Museum ein Tattoo finanzierte, hatte es nach dem Tod des Trägers Anspruch auf dessen Haut, um diese ausstellen zu können. Beispiele solcher makabren Schaustücke werden noch heute in einigen japanischen Museen ausgestellt.

Wohlhabende Europäer konnten es sich leisten, während ihrer Besuche in Japan die Dienste eines japanischen Tätowierers in Anspruch zu nehmen. In den Oberschichten sagte man sogar, Japan zu besuchen, ohne sich von Yoshisuki Horitoyo (einem der berühmtesten japanischen Tätowierkünstler Ende des neunzehnten Jahrhunderts) tätowieren zu lassen, sei wie nach Rom zu fahren ohne den

Linke Spalte: Der Prince of Wales, später König George V. von England, lässt sich in Japan tätowieren.

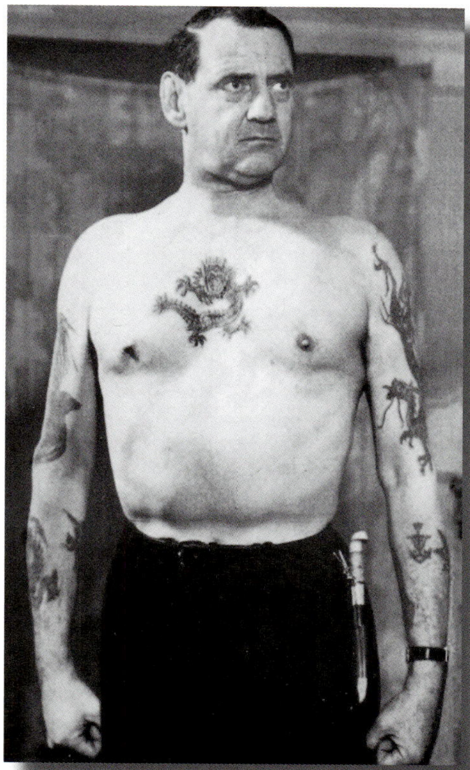

Der dänische König Frederik IX.

König Edwards VII. Tattoo eines japanischen Drachen, 1862

DAS ELEKTRISCHE TÄTOWIEREN DANK EDISONS ERFINDUNG

Ende des neunzehnten Jahrhunderts wurde das Tätowieren mit der Erfindung der elektrischen Tätowiermaschine, die den Prozess enorm vereinfachte, für ein breiteres Publikum zugänglich. Im Jahre 1875 entwickelte der Amerikaner Thomas Edison, Erfinder der Glühbirne und des Grammophons, den Elektroschreibstift. Ursprünglich wurde dieser Stift dazu verwendet, Muster auf Textilien zu übertragen, indem man Löcher in einen Papierbogen stach. Die so entstandene Schablone wurde auf das Material gelegt und dann sprühte man einfach Tinte auf die Perforation. Ohne sein Wissen hatte Edison damit den Weg geebnet für das elektrische Tätowieren. 1891 nahm Samuel O´Reilly kleine Veränderungen an diesem Elektrostift vor und konnte sich die erste Tätowiermaschine patentieren lassen. Der größte Vorteil war, dass man nun viel schneller, viel hygienischer und vor allem viel präziser tätowieren konnte. Sobald sich die Nachricht von dieser Erfindung verbreitet hatte, wurde O´Reilly mit Bestellungen überschüttet und hatte innerhalb weniger Jahre ein Vermögen gemacht. Die modernen Maschinen basieren auf dem Model des Amerikaners Percy Waters von 1929, doch im Wesentlichen sind die Tätowiermaschinen auch heute noch die gleichen wie zu Edisons Zeiten.

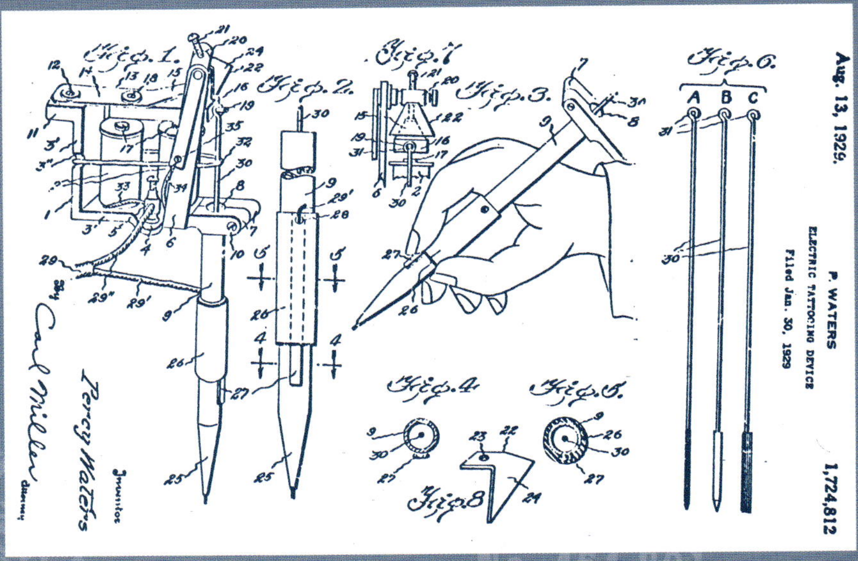

Linke Spalte: Japanische Tätowierung, Gemälde aus dem 19. Jh.

Papst zu sehen. Der russische Zar Nikolaus II. ließ sich während seiner Reisen in Japan ein Fabelwesen tätowieren. Prinz Georg von Griechenland folgte seinem Beispiel und ließ sich einen wunderschönen Drachen auf den Arm stechen. Auch die deutschen Kaiser (Vater und Sohn) sowie die Könige von Griechenland, Norwegen, Dänemark, Schweden und England ließen sich in Japan tätowieren. Doch nicht nur die modernen Könige waren tätowiert. Wie bereits erwähnt, trug auch der englische König aus dem elften Jahrhundert, Harold II., ein Tattoo. Zar Peter der Große von Russland trug die Tätowierung einer Streitaxt auf der Brust. Die Herrscherin Katharina die Große, die im Jahre 1762 ihren Gatten Peter III. hatte ermorden lassen und daraufhin 30 Jahre lang unrechtmäßig in Russland regierte, besaß mehrere Tattoos. Nachdem sie ohnehin schon als unglaublich schamlos galt, steigerten ihre Tattoos vermutlich noch ihre sexuelle Anziehungskraft – sie hatte über 20 Liebhaber, von denen einige 30 Jahre jünger waren als sie selbst. Diese Tattoos der Herrscherin deuten darauf hin, dass in Europa durchaus eine Tätowierkultur überlebt hatte, sich jedoch nicht im besonderen Maße entwickelte, bis die japanischen Tätowierungen populär wurden. Irgendwann war die Nachfrage nach Werken der japanischen Tätowierer so hoch, dass man diese nach Europa einlud, damit sich Angehörige der Aristokratie von ihnen tätowieren lassen konnten. Im Jahre 1895 standen die Mädchen der Oberschicht Schlange, um sich im Wachsfigurenkabinett in Berlin ein Tattoo von burmesischen Tätowierkünstlern stechen zu lassen.

Doch nicht nur die japanischen Tattoos wurden von der High Society bejubelt. Nachdem bekannt geworden war, dass der englische Kronprinz Edward, der spätere König Edward VII., in Jerusalem ein religiöses Tattoo erhalten hatte, entwickelte sich ein regelrechter Wahn für religiöse Tattoos. Seine Söhne, einschließlich George, der spätere König George V., folgten seinem Beispiel, ebenso wie viele andere reiche Engländer und Militäroffiziere. Während des Burenkrieges in Südafrika, ermutigte Feldmarschall Roberts seine Offiziere, sich tätowieren zu lassen, vorzugsweise mit dem Regimentswappen. Dasselbe tat Lord Kitchener während seiner Feldzüge im Sudan. Zweck dieser Tattoos war es, die Moral innerhalb des Regiments zu stärken und eine Identifizierung zu erleichtern. Einige der Anführer im Zweiten Weltkrieg besaßen ebenfalls Tätowierungen: Feldmarschall Montgomery trug einen Schmetterling auf dem Unterarm, Sir Winston Churchill hatte einen Anker auf dem linken Arm, Roosevelt war mit dem Wappen seiner Familie tätowiert und Stalin mit einem Totenschädel.
Wir können also schließen, dass das Tätowieren seit dem Beginn des neunzehnten Jahrhunderts Teil einer Subkultur sozialer Gruppierungen, wie der Seemänner und Prostituierten, war. Später dann, von 1880 bis 1920 wurden Tattoos zur Modeerscheinung unter Aristokraten; sie kokettierten mit einem Brauch, der bis dahin der Arbeiterklasse vorbehalten war. Das war recht ungewöhnlich: Historisch betrachtet waren es eher die unteren Klassen, die sich mit Vorliebe die Moden der oberen Schichten aneigneten. Möglicherweise war dies bereits ein Vorzeichen für die Veränderungen in den Beziehungen zwischen den Klassen, wie sie sich im zwanzigsten Jahrhundert abzeichnen sollten.

DIE EMANZIPIERUNG DES TATTOOS

Trotz der raschen Verbreitung von O´Reillys Maschine blieb das Tattoo dennoch vorerst bestimmten Subkulturen vorbehalten, ehe es im späten zwanzigsten Jahrhundert schließlich die breite Masse erreichen sollte. Während des zwanzigsten Jahrhunderts wurde das Tattoo in der Öffentlichkeit mehr und mehr akzeptiert. Die Meinung gegenüber der Tätowierkultur schwankte zwischen Interesse und fanatischen Unterdrückungsversuchen und gipfelte schließlich in einer ausgewachsenen Modeerscheinung gegen Ende des Jahrtausends. Die Motorradgangs der

„Meine Liebe, hab ich dir nie davon erzählt, wie ich während des Krieges in den Schiffswerften gearbeitet habe?" Cartoon von Shermund

1960er gehörten zu den ersten, die das Tattoo kultivierten, doch seit den achtziger Jahren stieg seine Beliebtheit auch in der breiteren Öffentlichkeit. Heutzutage lassen sich tausende von Menschen in Tattoostudios mit Tattoos oder Piercings schmücken, ein Trend, der sich am ehesten als „Konsumenten-Tribalismus" beschreiben ließe. Die Menschen, vor allem die Mittelklasse, sind inzwischen weit weniger von Vorurteilen geprägt, dass ein tätowierter Mann nichts Gutes im Sinn haben könne und man ihn am besten meiden sollte oder dass eine tätowierte Frau als gewöhnlich oder gar vulgär gelte. Zum Glück sind derlei Einstellungen fürs erste Geschichte und man findet Tattoos in allen Schichten der Gesellschaft.

Über den Grund für diesen Meinungswandel scheiden sich die Geister. Die Tätowiermaschine spielte sicher eine entscheidende Rolle: Der Vorgang ist nun weit weniger schmerzhaft und gefährlich und die technischen Neuerungen haben die künstlerische Qualität der Arbeiten erheblich gesteigert. Doch das allein erklärt nicht ganz den Meinungswandel. Der eigentliche Grund liegt wahrscheinlich in einer generellen Veränderung der allgemeinen Moral.

Gegenüber: Kombinierte Tätowierstile

Um 1900 wandte sich die Oberschicht der Tätowierkunst zu und demonstrierte damit eine Art elitärer Marotte und ihre Abneigung gegen das Kleinbürgertum. Nach dem Ersten Weltkrieg zeigte das festgefahrene Klassensystem die ersten Anzeichen des Verfalls und die Standpunkte der Mittelschicht und der gebildeten Arbeiterklasse erlangten nach und nach die Oberhand. Alles, was als gewöhnlich oder vulgär galt, einschließlich des Tätowierens, wurde mit größter Geringschätzung betrachtet. Im Zweiten Weltkrieg schwang sich die Tätowierpraxis aufgrund der massenhaften Einberufungen zur Wehrmacht zu einer kurzen Blütezeit auf – eine wahre Bastion der künstlichen Hautpigmentierung, wenn es je eine gegeben hat. Während des Wiederaufbaus nach dem Krieg wandelte sich die Moral erneut und die Sittlichkeit der Mittelschicht mit dem Bild der hochgekrempelten Ärmel und dem Leitspruch *ora et labora* setzte sich durch. Erst in den sechziger Jahren fand das Tattoo eine erneute Blüte mit Hilfe von Flower-Power, Rock´n´Roll und einem Präsidenten, Kennedy, der keine Hüte trug.

Als der Westen florierte, wurde aus der Arbeiterklasse zum ersten Mal in der Geschichte eine wirtschaftliche Macht, die nicht zu unterschätzen war. Die Blue Jeans, *das* Kleidungsstück der Arbeiterklasse schlechthin, wurde zum Modetrend und zum Pflichtprogramm für die jüngere Generation, als auch ein Symbol für den Fortschritt. All das waren ideale Bedingungen für eine Blütezeit jeglicher Art des Körperschmucks.

Der neue Tribalismus und moderne Stile

Viele Trends und Stile entwickelten sich aus der Emanzipation des Tattoos als Mittel zur Verschönerung des Körpers heraus. Die Karikaturen und melancholischen Tattoos, typisch für den Stil der 60er, wurden durch abstrakte einfarbige Designs einerseits und herrlich ausgeführte realistische Darstellungen andererseits abgelöst.

Der Stil, der dank der Wiederbelebung des Tattoos in den frühen 60ern zunächst florierte, war das traditionelle unter dem Namen „Old Port" oder „Old School" bekannt gewordene Tattoo – vor allem deshalb, weil es keine Alternativen gab. Tätowierer wie Sailor Jerry und Ole Hansen verbesserten ihren Stil und erweiterten ihr Repertoire. Die Perfektion von Stil und Technik führten sowohl bei alten Hasen als auch bei den neuen Anhängern zu der Meinung, dass der

We All Die Alone
THIRTEEN

Chinesische Schriftzeichen

Körper sich kaum als angemessene Leinwand für solch meisterhafte, detaillierte, vielfarbige, figürliche Darstellungen eignete. Die Tattoos wurden zu aufwändig. Auf der Suche nach neuen Stilen wurden die Tätowierbräuche anderer Kulturen (neu) entdeckt und eifrig kopiert. Dies waren die Anfänge dessen, was wir heute den „Neuen Tribalismus" nennen. Kraftvolle schwarze Linien und nicht-figurative

Tribal-Tattoo, Iban

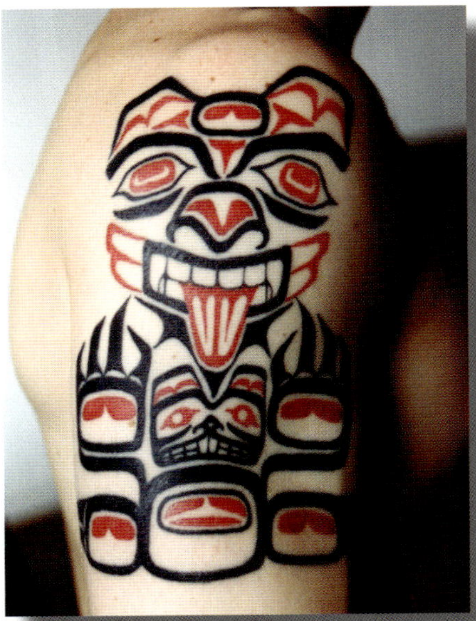

Rechte Spalte: Haida-Design

Designs, basierend auf der visuellen Sprache der Iban auf Borneo, den Polynesiern und anderen, erfreuten sich wachsender Beliebtheit. Diese Designs waren für den Körper eher eine Ergänzung als eine Herabminderung. Dieser neue Stil existierte neben dem eher illustrativen Stil des Westens, der sich im Streben nach technischer und stilistischer Perfektion weiter entwickelte. Diesen Stil nennt man heute „New School". Während dieser Zeit entstanden viele neue Unterstile: Lettering, Graffiti, Celtic, Kanji/Oriental. Fantasy/Feen und Engel, Biomechanik, Cartoons & Pin-ups, Porträts und Religion/Mythologie. Nichtsdestotrotz übten die altehrwürdigen American Jailhouse Tattoos sowie die Banden-Tattoos auch weiterhin ihren Einfluss auf den Mainstream aus.

Vor allem die letzten beiden Stile zogen zwischen den beiden Weltkriegen und während der 50er Jahre, als tätowierte Menschen als Bedrohung der Gesellschaft angesehen wurden, die Aufmerksamkeit des Establishments auf sich. Wissenschaftliche Untersuchungen haben ergeben, dass ein unverhältnismäßig großer Anteil von Gefängnisinsassen tätowiert war, was zu dem Schluss führte, dass Tattoos tatsächlich Anzeichen asozialer Tendenzen sein müssten. Das Verhalten tätowierter Menschen, die nicht im Gefängnis waren, wurde dagegen nicht untersucht und es schien niemandem aufzufallen, dass diese Neigung von der Inhaftierung herrührte. Nur wenige Wissenschaftler beschäftigten sich mit dem Gedanken, dass die sozialen

Hierarchien in amerikanischen Gefängnissen und Gangs ihre Parallelen in nicht-westlichen Gesellschaften hatten. Banden- und Gefangenentattoos dienen augenscheinlich widersprüchlichen Zwecken: Sie sind Ausdruck von Konformität und der Bereitschaft, sich der Gefängnis- oder Banden-Kultur anzupassen, doch sie sind ebenso ein trotziges Aufbegehren gegen eine unmenschliche Gefängnisführung und andere, feindliche Banden. Auch wenn diese widersprüchlichen Motive unter Gefangenen und Bandenmitgliedern deutlicher zutage treten, so existieren sie doch auch bei Tattooträgern von asozialer Natur. Bei näherer Betrachtung wird allerdings deutlich, dass die gesellschaftliche Funktion des modernen Tattoos gar nicht so widersinnig ist. Sich einer Gruppe anzupassen und sich gleichzeitig vom Rest der Welt abzugrenzen ist tatsächlich ein uraltes Stammesphänomen. Offensichtlich geben Menschen, indem sie sich tätowieren lassen, einem uralten, wenn auch unbewussten, atavistischen Drang nach, den eigenen Platz innerhalb einer Gesellschaft zu behaupten. Wo immer man Tattoos trägt, dienen sie vor allem als Amulette oder als Bekräftigung des Selbstbildes. Wo ein polynesischer Fischer sich vor Haien schützt, indem er einen Talisman auf sein Bein tätowiert, unterstreicht ein tätowierter Westländer seine Kraft und seinen Trotz, indem er seine Tattoos kühn zur Schau stellt. Von diesem Standpunkt aus betrachtet, stimmt die westliche Praxis der Körperdekoration nahtlos mit den Bräuchen anderer Tätowier-Gesellschaften überein.

Religiöses Tattoo

„Old School"-Tattoo

Linke Spalte: Moderner Realismus

AINU
JAPAN
CHINA
Drung
Dai
Yue
TAIWAN
Hainan

KAPITEL 2

CHINA UND JAPAN

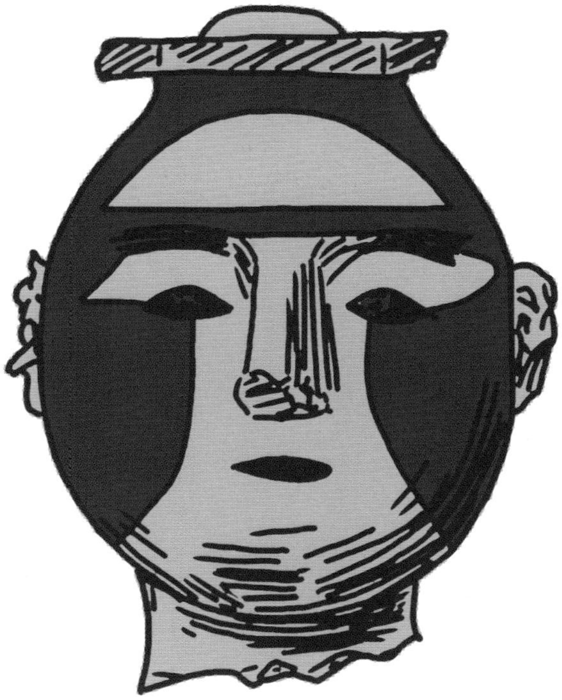

Ein den gesamten Körper einnehmendes Tattoo ist noch heute das wichtigste Erkennungszeichen für ein Mitglied der Yakuza, dem japanischen Äquivalent für die Mafia. Um diese Organisation ranken sich jede Menge Geschichten. Die Yakuza-Mitglieder betrachten sich als Verteidiger des gewöhnlichen Menschen und handeln nach einem strengen Verhaltenskodex. Sie rühmen sich damit, keinen Schmerz zu empfinden, den Tod nicht zu fürchten und sind jederzeit bereit, für die Gruppe ihr Leben zu opfern. Ein Ganzkörpertattoo steht aufgrund der ertragenen Schmerzen für große Tapferkeit, außerdem, aufgrund seiner Dauerhaftigkeit, für ewige Treue der Organisation gegenüber und für die Illegalität derselben, denn einst war das Tätowieren verboten. Damit besiegelt das Tattoo eine Geheimgesellschaft.

Ganzkörpertattoo des Meistertätowierers Horikazu aus Asakusa, Tokyo

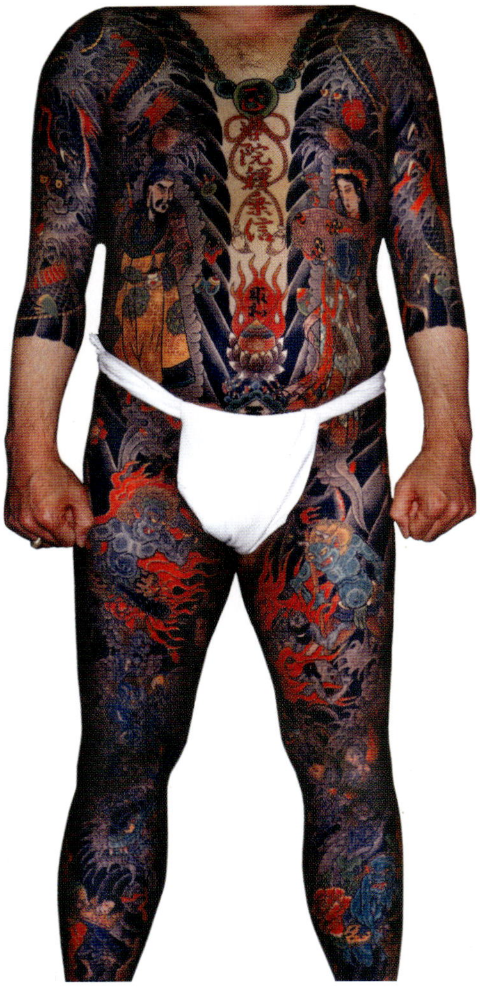

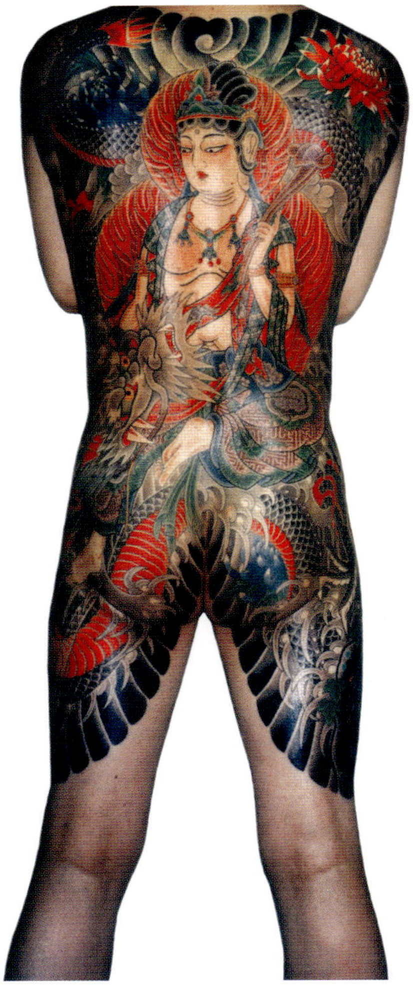

Es gab einige Zeiten in der Geschichte des fernen Ostens, in denen Tattoos akzeptiert wurden. Zumeist wurde das Tätowieren mit der Unterschicht und der Unterwelt in Verbindung gebracht. Obwohl es in China über Tausende von Jahren hinweg praktiziert wurde, hatten kultivierte und mondäne Chinesen nichts als Verachtung dafür übrig. Nachdem im Jahre 1949 die Kommunisten die Macht ergriffen, geriet das Tätowieren gänzlich in Verruf. Auch in Japan, das in dieser Hinsicht stark von China beeinflusst wurde, erntete es Verachtung. Das änderte sich jedoch im achtzehnten Jahrhundert, als Künstler sich für die Kunst des Tätowierens zu interessieren begannen und die Qualität rapide anstieg. Eine Zeitlang waren Tattoos nun sehr modern, vor allem unter Arbeitern und Kleinhändlern. Der japanische Tätowierstil wurde sogar zum internationalen Trendsetter. Prominente, ja sogar königliche Westländer strömten nach Japan, um sich dort tätowieren zu lassen. Die Einführung des japanischen Stils im Westen trug viel zu jener kurzlebigen Modeerscheinung der westlichen Oberschicht bei, die sich gegen Ende des neunzehnten Jahrhunderts abzeichnete. Heute kann man die prächtigen Ganzkörpertattoos nur noch in Museen bewundern, praktiziert werden sie außerhalb gewisser Randgruppen, wie der Yakuza, nur noch selten.

In der Geschichte des Tätowierens gibt es viele Parallelen zwischen China und Japan. Zuerst einmal bestanden beide Länder aus Völkern mit großen Tätowiertraditionen, die jenseits des Einflusses eines Machtzentrums lebten. Im dritten Jahrhundert n. Chr. wird in chinesischen Quellen das Wa-Volk erwähnt, die ihre Körper tätowierten, um böse Drachen fernzuhalten. Bis vor kurzem noch trugen die Frauen der Ainu, die bis heute auf der Insel Hokkaido im nördlichen Japan leben, außergewöhnliche Mundtätowierungen (siehe Kapitel 3). Auch am Rande des chinesischen Reiches gab es lange Zeit Stämme mit einer eigenen Tätowierkultur. Zum Zweiten waren auch Straftätowierungen als öffent-

Gegenüber: Zwei tätowierte japanische Damen beim Baden

Rechte Spalte: Pfingstrosentattoo auf einem der Suikoden-Helden, Farbholzschnitt von Utagawa Kunisada, 1862

liche Demütigung von Straftätern sowohl in China als auch in Japan üblich. Eine solche Bestrafung bedeutete im Grunde lebenslänglich, denn Menschen, die auf diese Weise gezeichnet worden waren, waren verdammt zu einem Dasein am Rande der Gesellschaft. Und so entwickelte sich eine lebhafte Tätowierkultur innerhalb der sozialen Unterschicht. Die dritte Gemeinsamkeit bestand in einer Blütezeit der Tätowierkunst, die in beiden Ländern durch den Roman *Suikoden* ausgelöst wurde, in dem die meisten Hauptcharaktere tätowiert waren (siehe nachstehend).

EIN MERKMAL NIEDRIGER SOZIALER STELLUNG IN CHINA

Im alten China lebten die Menschen nach strengen konfuzianischen moralischen Werten. Fünfhundert Jahre vor Christi Geburt predigte Konfuzius bereits, dass wohlerzogene Menschen Vater und Mutter sowie die Ahnen ehren und achten sollten. Jegliche Verunstaltung des Körpers, der ein Geschenk der Eltern war, stand mit diesen wesentlichen Grundsätzen in Widerspruch und brachte Schande über die Familie und die Gemeinschaft. Für den kultivierten Chinesen war das Tätowieren, ebenso wie das Essen von

Ausgestellte menschliche Haut, Tokyo University, Japan

rohem Fleisch oder das Rasieren von Körperbehaarung, barbarisch. Derlei Umtriebe zeugten von wilden, unzivilisierten Stämmen jenseits der Grenzen des chinesischen Reiches. Der erste Bericht über eine Tätowierkultur taucht in chinesischen Schriften aus der Zeit um 200 v. Chr. auf. Darin wird das Yue-Volk beschrieben, das sich mit mythischen Figuren schmückte, um sich beim Fischen vor Drachen und Meeresungeheuern zu schützen.

Doch neben seiner Beliebtheit bei den Völkern am Rande des chinesischen Reiches war das Tätowieren auch in der Armee, bei Sklaven und Kriminellen üblich. Diese erzwungenen Tattoos unterstrichen den sozialen Status der betreffenden Gruppen und sollten Desertation und Flucht verhindern. Flüchtige Soldaten, Gefangene oder Sklaven konnten so leicht erkannt, gefangen gesetzt und zurückgebracht werden. Wohlhabende Chinesen ließen ihre Konkubinen und Hausdiener tätowieren, jedoch nicht nur, um ihr Besitzrecht deutlich zu machen, sondern auch um zu strafen und zu demütigen. Stellte sich heraus, dass eine Konkubine untreu gewesen war, so konnte sie damit bestraft werden, dass man ihre Augenbrauen wegschnitt und Farbpigmente in die Wunden gab.

Die Prügelstrafe gehörte im alten China zur Tagesordnung und beinhaltete auch Auspeitschen und Amputationen. Die Amputationen variierten vom Abnehmen der Nase, der Ohren, Augenbrauen oder Hoden bis hin zum Zerstückeln des gesamten Körpers, wenn das Urteil Todesstrafe lautete; in einigen Provinzen war die Schwere des Verbrechens ausschlaggebend für die Anzahl der Stücke, in die ein Mensch zerschnitten wurde, ehe er starb.

Aus der Not wird eine Tugend gemacht

Die Tattoostrafe wurde im Allgemeinen für geringere Vergehen verhängt. So wurde beispielsweise Dieben ein kleiner Ring hinter dem Ohr tätowiert, an einer diskreten Stelle also. Ein Mann, der des mehrfachen Ehebruchs schuldig war, wurde schon härter bestraft und auf der Stirn tätowiert. Staatsbeamte, Aristokraten und gewöhnliche Menschen gleichermaßen hatten sich an die konfuzianischen Wertvorstellungen zu halten. Ein jeder, der die Ahnen beleidigte, indem er übermäßig trank oder die Ehe brach, riskierte die Bestrafung durch ein Tattoo. Hochrangige Funktionäre konnten dies umgehen, indem sie ein Bußgeld zahlten oder eine symbolische Strafe entgegennahmen.
In diesem Fall musste der Schuldige eine Zeitlang ein schwarzes Gewand tragen, damit jeder sehen konnte, dass er eigentlich ein Tattoo verdient hätte. Eine ähnliche symbolische Bestrafung gab es im Europa des achtzehnten Jahrhunderts. Manchmal wurde einem Verurteilten ein Strick um den Hals gelegt, um deutlich zu machen, dass er eigentlich hängen müsste, diesem Schicksal aber glücklicherweise entgehen konnte.
Mitglieder der Unterschicht konnten in China dem Straftattoo nicht entgehen. Waren sie erst einmal gekennzeichnet, mussten sie sich der Armee anschließen oder sich in den äußeren Provinzen aufhalten, denn in den Städten wurde niemand geduldet, der ein Gesichtstattoo trug. Für einen tätowierten Soldaten oder Kriminellen war eine Rückkehr in die normale Gesellschaft so gut wie unmöglich. Die Obrigkeit und die Kriegsherren nutzten das aus. Wie in einigen amerikanischen Indianerstämmen auch, wurden Gefangene mit erniedrigenden Zeilen auf der Stirn tätowiert, ehe man sie freiließ. Die Buchstaben waren Zeugen ihrer Niederlage und sorgten dafür, dass Schande auf die Familie fiel. Bauern, die von der Armee bedrängt oder gar entführt wurden, tätowierte man auf der Stelle. Waren sie einmal in der Armee und mit einem Tattoo versehen, hatten sie gar keine andere Wahl, als zu bleiben. Tätowierte

Zusammenkunft eines japanischen Tattoo-Clubs

Verbrecher konnten allenfalls noch einem Kriegsherren ihre Dienste anbieten.
Die Folge war, dass Tätowierungen in der Armee und am Rande der städtischen Gesellschaft ihren schlechten Ruf nach und nach verloren. Die Soldaten fügten den bereits bestehenden Buchstaben ihre eigenen Figuren und Texte hinzu. Oft waren das Regimentszeichen oder Zeilen, die sowohl Freund als auch Feind Respekt einflößen sollten. Dasselbe galt für die Straftattoos; aus der Not wurde eine Tugend gemacht und die Verurteilten tätowierten sich mit zusätzlichen Bildern. Man hat Beschreibungen gefunden von herrlichen, realistischen Tattoos von Bergen, Flüssen oder Tieren, ja sogar Parolen gegen die Regierung. Es gibt auch eine Geschichte von einer Gruppe von Bandenführern, die staatsfeindliche Texte auf Armen und Brust tätowiert hatten, zum Ärger des dortigen Herrschers, der sie daraufhin öffentlich zu Tode peitschen ließ.

Künstlerische Trends

Es gab Zeiten in der chinesischen Geschichte, da den Tattoos von der Oberschicht ein gewisses Maß an Akzeptanz entgegengebracht wurde. Personen von Rang und Namen ließen sich Darstellungen von Fabelwesen oder Texte ihrer Lieblingsautoren auf Rücken oder Brust tätowieren. Manchmal wurden vorgeschnittene Holzstöcke verwendet,

Zwei Kabuki-Schauspieler, die die beiden Suikoden-Helden Kyomonryu Shishin (links) mit einem neun-Drachen-Tattoo und Kaosho Rochishin mit Kirschblütentattoo darstellen, Farbholzschnitt von Toyohara Kunichika, ca. 1886

was darauf hindeutet, dass bestimmte Designs sehr gefragt waren. Hunderte von Nadeln, die aus dem Holz herausragten, formten das Bild, so dass man es als Stempel und Tätowierwerkzeug verwenden konnte. Der Tätowierer (wenn dies überhaupt eine passende Bezeichnung ist für jemanden, der sich solcher Mittel bedient) rieb dann schwarzes Bleipulver in die Wunden. Eine Geschichte aus dem neunten Jahrhundert erzählt von einem führenden Staatsbeamten, der sich als junger Mann eine Schlange tätowieren ließ. Die Darstellung war derartig realistisch, dass er seine Gäste in Angst und Schrecken versetzen konnte, indem er sich die Kleider aufriss und das klaffende Maul mit den Giftzähnen auf seinem Daumen und Zeigefinger offenbarte, während der restliche Schlangenkörper sich um seinen Arm, seinen Hals und seinen Rumpf wand und erst am Schienbein endete.

Im sechzehnten Jahrhundert regte der ungemein beliebte chinesische Roman *Shuihu zhuan* viele dazu an, sich tätowieren zu lassen. Selbst heute noch sind viele moderne Motive, Manga und Computerspiele darauf zurückzuführen. In der Geschichte geht es um eine Bande von Sumpfräubern, die in eine Reihe von Abenteuern verwickelt wird. Diese Bande, die in China unter dem Namen „Die 108 Helden von Liang Shan" operierten, waren auf die fernöstlichen Kampfkünste spezialisiert. Die Abenteuer dieser Helden im Stile Robin Hoods ließen ihnen die Herzen der einfachen Bevölkerung zufliegen. Fünf der Hauptcharaktere konnte man an ihren Tattoos erkennen. Der Anführer hatte ein Straftattoo im Gesicht. Ein anderes Bandenmitglied verdankte seine Kampfkünste der spirituellen Kraft der neun Drachen, die über seinen ganzen Leib tätowiert waren. Die Tattoos des dritten Räubers waren so prächtig, dass er eine unwiderstehliche Anziehungskraft auf die Damen ausübte. Es ist also kaum verwunderlich, dass junge Männer sich mit diesen Helden identifizierten und ihre Tattoos nachahmten. Der Roman wurde unter dem Namen *Suikoden* später auch in Japan bekannt, und dank japanischer Holzschnittkünstler wie Kuniyoshi, die lebhafte Farbholzdrucke dieser Helden herstellten, trug die Geschichte schließlich zur Entstehung des Ganzkörpertattoos in Japan bei.

Trotz dieser immer wieder aufkeimenden Popularität bei den künstlerisch Veranlagten, konnte die Tätowierkunst in China niemals wirklich Fuß fassen. Das Tätowieren, das in China als *ci shen* (wörtlich „den Körper punktieren") bekannt ist, wird mit einem geringen sozialen Status assoziiert.

DIE BLÜTEZEIT DEKORATIVER TÄTOWIERKUNST IN JAPAN

Wie in China war das Tätowieren in Japan ursprünglich nur eine Form der Bestrafung. Seine Verwendung war eng verbunden mit der Aufrechterhaltung von Werten wie Respekt und Ehre. Die japanische Gesellschaft war ebenfalls in Klassen aufgeteilt, von denen eine jede über eigene Rechte und Pflichten verfügte. Das Land wurde vom Kaiser regiert, der von göttlichem Rang war, jedoch nur über nominelle Macht verfügte, und von Shogunen, durch Erbfolge bestimmte militärische Diktatoren, welche die eigentlichen Herrscher waren. Unmittelbar darunter standen die aristokratischen Krieger, die Samurai. Die anderen Klassen bestanden aus Bauern, Kaufleuten und Handwerkern und schließlich noch aus den „Nicht-Menschen", *Eta*, welche die ganze Drecksarbeit erledigten. Die *Hinin* existierten nur außerhalb des Klassensystems und bestanden aus Kriminellen, Bettlern und Prostituierten. Diese besaßen keinerlei Rechte und die

DAS AUSSTERBEN DER STAMMESTÄTOWIERUNGEN

Das Tätowieren hätte in China eine lange Geschichte haben können, aber die Praktik wurde seit jeher an den Rand gedrängt.

Die Drung und Dai, zwei ethnische Minderheiten, sind die letzten Gruppen, die die Stammestätowierungen noch wertschätzen. Beide Stämme leben in der Provinz Yunnan im südwestlichsten Winkel Chinas. Die Region grenzt an Burma und Laos an, zwei Länder mit einer sehr lebendigen Tätowierkultur, und wir können davon ausgehen, dass die verschiedenen Gruppen dieses Grenzgebietes sich mit Sicherheit gegenseitig beeinflussten. Auf seiner Reise vom östlichen Bengalen nach Burma im dreizehnten Jahrhundert beobachtete Marco Polo Männer und Frauen, die am gesamten Körper Darstellungen von Vögeln und Tieren „gestochen" hatten. Möglicherweise hat er damit das Dai-Volk beschrieben, das seit dem Altertum im Süden des Yunnan siedelte. Die Dai-Männer tätowierten einige ihrer Muskeln mit Designs, die ihre Tapferkeit symbolisierten. Sie glaubten, diese Tattoos würden sie vor Angriffen durch Ungeheuer und Meeresraubtiere schützen, während sie im Wasser standen und fischten. Jungen und Mädchen unterzogen sich während eines Initiationsritus unter anderem auch einem Tätowierritual. Sobald ein Junge das zwölfte Lebensjahr erreichte, bezahlte sein Vater einen Tätowierer dafür, dass er ihm Bilder von Blumen, Tieren, geometrische Muster und Buchstaben aus dem Dai-Alphabet auf Brust, Arme, Beine und Rücken stach. Bei Frauen dienten Tattoos dazu, deren Attraktivität zu steigern, und beginnend mit dem fünften Lebensjahr wurden Mädchen mit allen möglichen fantastischen Bildern verziert. Jüngere Dai-Tattoos sind vor allem von ihrer Religion, dem Buddhismus, inspiriert. Wie die Thai ließen sie sich auf Rücken und Bauch religiöse Zeichen und Zaubersprüche tätowieren, die ihnen Glück bringen sollten.

Auch die Drung können auf eine Tätowiertradition von mehreren Hundert Jahren zurückblicken. Sie leben an den Ufern des Drung-Flusses im Nordwesten des Yunnan. Noch bis vor kurzem traf man dort ältere Drung-Frauen mit Gesichtstätowierungen an. Diese Tattoos dienten einem ganz praktischen Zweck. Benachbarte Stämme versuchten immer wieder, die schönen Drung-Frauen zu vergewaltigen oder zu versklaven, und so wurden sie von ihren Männern tätowiert, um sie weniger attraktiv zu machen. Tattoos konnten aber auch symbolisieren, dass ein Mädchen zur Frau herangewachsen war, und ihre weibliche Schönheit betonen: ein Schmetterlingsmuster zwischen den Augenbrauen, Rautenmuster um den Mund herum und ein paar Punkte auf den Wangen. Dies ist ein weiterer Beweis für die subjektive Betrachtungsweise der Tattoos: Während die benachbarten Stämme Tattoos hässlich fanden, waren sie innerhalb des Stammes ein Zeichen der Schönheit.

Mit dem Verschwinden der letzten Stammestätowierungen aus China, findet man Tattoos nur noch gelegentlich in den Randgebieten größerer Städte. Weder die Obrigkeit noch die allgemeine Bevölkerung können sich mit dieser Praktik wirklich anfreunden.

Drung-Frau

Namauo Chojiro, Farbholzschnitt von Taiso Yoshitoshi, 1866

Samurai konnten ungestraft ihre Schwerter an ihnen testen. In diesem streng hierarchischen System waren demütigende öffentliche Strafen ein wirksames Mittel, um das Volk unter Kontrolle zu halten. Kleinkriminelle stellte man an belebten Kreuzungen und öffentlichen Plätzen an den Pranger. Man hängte ihnen ein Schild um den Hals, auf dem ihr Vergehen genannt wurde. Jungen Frauen, die man des Ehebruchs schuldig befunden hatte, ging man aus dem Weg und schickte sie zum Arbeiten ins Bordell. Eine der entwürdigendsten Strafen war die vorübergehende Degradierung in den Stand der *Hinin*. Aber das System funktionierte auch umgekehrt: Eine Todesstrafe konnte zum Beispiel auch umgewandelt werden zu *Sepukku*, rituellem Selbstmord. Auf diese Weise konnte der Verurteile seine Ehre aufrecht erhalten, was bei einer Enthauptung nicht der Fall gewesen wäre, und seine Familie würde seinen Besitz erben.

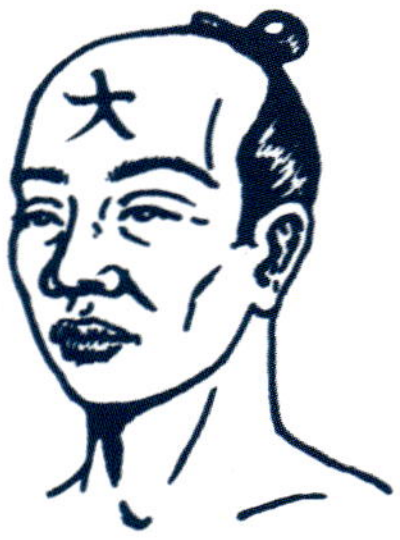

Inu („Hund"), Straftattoo

Tätowierungen gehörten ebenfalls zu den entwürdigenden Strafen und wurden in Japan seit dem Altertum praktiziert, vermutlich basierend auf den „fünf Strafen" Chinas. Mehr als Tausend Verstöße wurden in diesem System mit Tätowierung geahndet, allerdings konnten sich Mitglieder der Oberschicht mit einem Bußgeld davon freikaufen.
Die anderen vier Strafen waren das Abschneiden der Nase oder der Füße, Kastration und die Todesstrafe. Im zweiten Jahrhundert verurteilte der Kaiser den Stadthalter von Azumi wegen Hochverrates, doch anstatt ihn zu exekutieren, ließ er ihm einen demütigenden Text auf die Stirn tätowieren.
Im Japan des siebzehnten und achtzehnten Jahrhunderts gehörten Straftätowierungen zum Alltag, vor allem in den größeren Städten. Der Begriff des Tätowierens, *Irezumi* (wörtlich „Tinte einführen"), wurde seither sehr stark mit den Straftätowierungen in Verbindung gebracht und hatte einen negativen Beigeschmack. Mord wurde mit dem Tode bestraft, aber jenen, die der Erpressung, des Betruges oder Diebstahls für schuldig befunden wurden, wurde ein schwarzes Band um den Ober- oder Unterarm oder ein japanischer Buchstabe auf die Stirn tätowiert. In einem Land, in dem Privilegien durch Geburtsrecht und soziale Stellung verteilt wurden, konnte die Oberschicht sich der Demütigung eines Straftattoos und eines Lebens in Schande entziehen. Dagegen bekamen Verbrecher aus den niederen Klassen den Buchstaben *Aku* („böse" oder „übel") auf die Stirn tätowiert. In einer Provinz wurde jedes Vergehen dadurch geahndet, dass man dem Schuldigen einen Strich auf die Stirn tätowierte. Mit der dritten hinzugefügten Linie, bildete sich der Buchstabe *Inu*, „Hund".
Wie in China, wo das gleiche System verwendet wurde, waren die Folgen solcher Strafen verheerend. War man erst einmal als Ausgestoßener gezeichnet, war der Weg zurück in die Gesellschaft verbaut. Die einzige Option bestand in einem Leben als *Hinin*. Aus diesem Grund begannen die Kriminellen, solche Zeichen mit Bildern zu überdecken, die kein Stigma trugen, wie zum Beispiel Blumen und Tiere. Straftätowierungen führten aber auch andere in ein kriminelles Dasein. Sie fanden sich zu Räuberbanden zusammen, die im ganzen Land Angst und Schrecken verbreiteten. Daraufhin musste die Obrigkeit leider feststellen, dass sie mit den *Irezumi* das Gegenteil der beabsichtigten Wirkung erreicht hatte. Dennoch dauerte es noch bis 1870 – mehr als ein Jahrhundert, nachdem es zuletzt praktiziert worden war – bis ein Gesetz in Kraft trat, dass dem Straftätowieren ein Ende setzte.

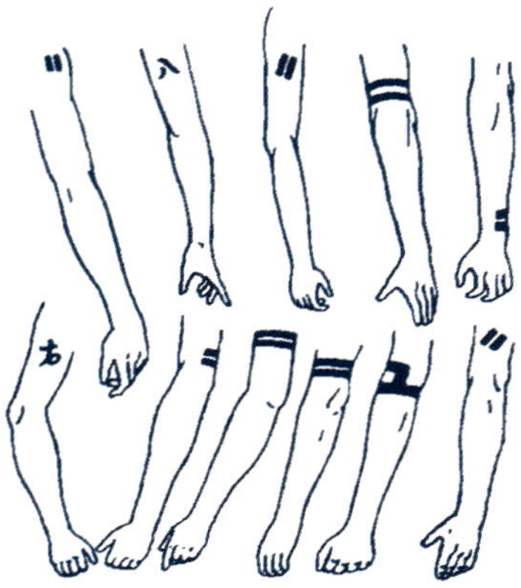

Rechte Spalte: Irezumi, Straftattoos

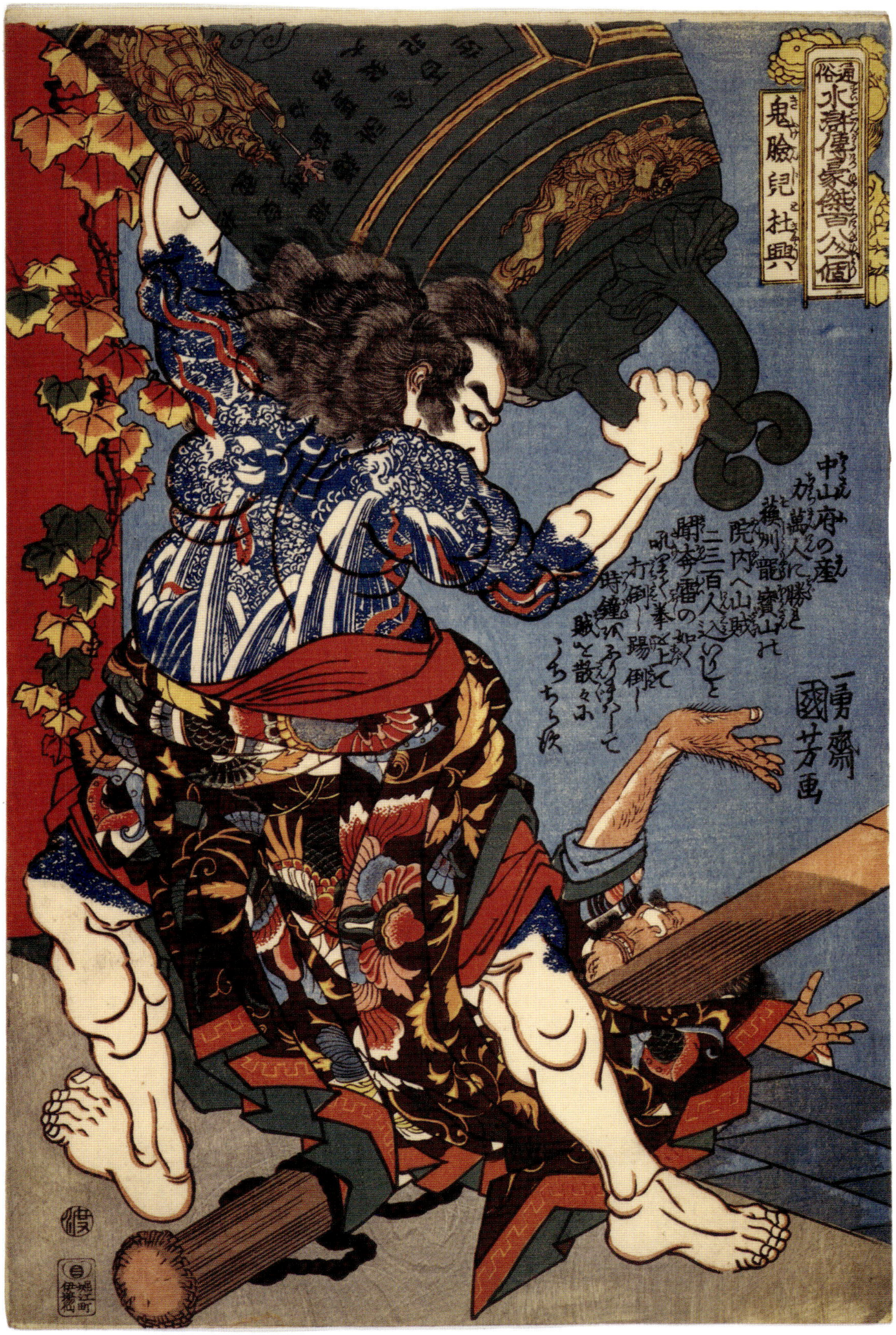

Kirenji Tokó, einer der Suikoden-Helden, Farbholzschnitt von Utagawa Kuniyoshi, ca. 1830

VON LIEBESPUNKTEN ZU DRACHEN UND TIGERN

Ehe sich das Ganzkörpertattoo verbreitete, kamen die Liebesmale, *Irebokuro*, in Mode. Beispiele hierfür findet man auf Holzschnitten aus jener Zeit. *Irebokuro* bedeutet „eingesetzte Schönheitsmale". Diese Art der Tätowierung war unter den *Yujo*, legalen Prostituierten der Edo-Zeit, sehr beliebt. Sie war ein Andenken an einen Geliebten und stand für unsterbliche Treue. Sowohl der Mann als auch die Frau tätowierten identische Muster von *Irebokuro*-Punkten auf ihre Handgelenke. Diese wurden so angeordnet, dass ihre Daumen die Punkte berührten, wenn sie einander die Hand gaben. Eigentlich war dies nur ein Trick zur Kundenbindung und sehr wahrscheinlich trugen mehrere Kunden das gleiche Liebestattoo, das zu demjenigen der Prostituierten passte.
Es gibt noch mehr japanische Tattoo-Designs, die eigentlich aus China stammen. Die beliebtesten Designs – der Karpfen (*Koi*) und der Drachen (*Tatsu*) – haben ihren Ursprung in China, wurden aber mit der Zeit vollkommen „japanisiert". Karpfen werden für ihren Mut und ihre Stärke bewundert, da sie Wasserfälle hinaufschwimmen, Drachen werden aufgrund ihrer Weisheit, ihrer Tapferkeit und ihrer Sachlichkeit verehrt. Die Drachen, die den Wind und die Planetenbewegungen kontrollieren, werden meistens mit einer Perle, einer Kugel oder einem Edelstein in ihrer Kralle abgebildet. Als Tattoo-Designs dienten verschiedenste Drachen: Der gewöhnliche Drache hatte vier Krallen an einem Fuß, während der kaiserliche Drache fünf hatte. Außerdem galten die Drachen des Ostens als freundlich, die des Westens aber als übelwollend.
Es gibt noch viele weitere Tattoo-Designs, die auf der japanischen Fauna und Flora, auf Religion und Mythologie basieren, doch auch diese haben chinesische Wurzeln. Der Tiger (*Tōra*) ist ein chinesisches Tierkreiszeichen und steht für männliche Tapferkeit. *Karashishi*, der geheimnisvolle Löwe, symbolisiert Stärke und wird oft zusammen mit *Botan*, der Pfingstrose, abgebildet. Die Königin der Blumen, die Pfingstrose, repräsentiert Wohlstand und männliche Wollust, was sie zu einem beliebten Motiv bei den Spielern des alten Japans machte. Ahornblätter, *Momiji*, symbolisieren Liebe und Treue, wie die Rosen im Westen.
Religiöse Darstellungen waren gleichermaßen beliebt und es gab eine große Auswahl an Motiven im „Land der Tausend Götter". Solche Bilder wurden gewöhnlich auf den Rücken tätowiert, wo man sie nicht sehen konnte, denn sie waren als geheime Verbindung gedacht zwischen dem Träger und dem Reich der Götter. *Nio* nannte man das königliche Wächterpaar an den Eingängen buddhistischer Tempel; trug man nun ein Tattoo, in dem diese beiden dargestellt waren, so strebte der Träger selbst nach der ihnen eigenen Macht und Muskelkraft. Auch Darstellungen der *Kannon*, der Göttin der Barmherzigkeit, wurden verwendet (vergleichbar mit der Jungfrau Maria im Katholizismus und orthodoxen Religionen), als auch von *Bishamon*, dem hinduistischen Gott des Reichtums und des Glücks.

Kintaro kämpft unter einem Wasserfall mit einem gigantischen Karpfen, Farbholzschnitt von Utagawa Kuniyoshi, ca. 1836

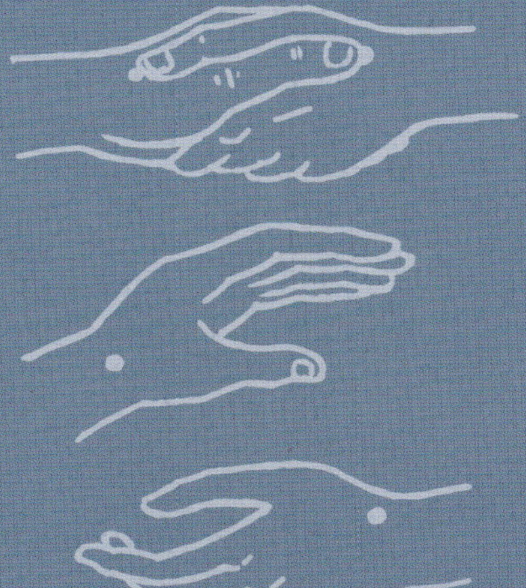

Irebokuro

Benkei tötet einen Karpfen, der seine Mutter verschlungen hatte, Farbholzschnitt von Utagawa Kuniyoshi, ca. 1848

Senkaji Choo, einer der Suikoden-Helden, Farbholzschnitt von Utagawa Kuniyoshi, ca. 1830

Japanische Tätowiernadeln

Rechte Spalte: Japanische Arbeiter, von Hand kolorierter Albumindruck, von Beato Felice, ca. 1868

Das Ganzkörpertattoo als Kunstform

Zur selben Zeit, da das Tätowieren in China dem Untergang anheim fiel, erlangte es in Japan den Status einer Kunstform. Das Interesse am Tattoo stieg dank der Beliebtheit der *Ukiyo-e*-Drucke der Edo-Zeit (1603-1868), als Edo (das heutige Tokyo) das Zentrum der Macht darstellte, beachtlich an. Diese herrlichen Farbholzschnitte vermitteln uns einen Eindruck vom kulturellen und ökonomischen Wohlstand jener Zeit. Sie waren ein günstiges und wichtiges visuelles Massenmedium, die die Drucke zu Dekorationszwecken verwendeten. Die beliebtesten Themen waren Landschaften, Krieger, schöne Frauen und politische Satire. Die Kombination aus der Handwerkskunst der Holzstockschnitzer und den Darstellungen der *Ukiyo-e*-Drucke bildeten die Grundlage für das bildliche japanische Ganzkörpertattoo. So konnte es der japanische Tätowierstil schon sehr bald mit dem burmesischen Stil aufnehmen, der bis dato als Inbegriff der Tätowierkunst weltweit gegolten hatte.

Nach seinem Erfolg in China leistete der Roman *Suikoden* mit seinen Räubercharakteren auch in Japan einen wichtigen Beitrag zur wachsenden Popularität der Tätowierkunst.

Linke Spalte: Der Maler/ Holzschnittkünstler Utagawa Kuniyoshi (1798-1861)

Hervorragende japanische Künstler wie Hokusai illustrierten die Geschichte und Kuniyoshi erschuf ausgezeichnete Farbholzschnitte der 108 kriegerischen Helden. In Kuniyoshis Version tragen neun der Helden Tattoos, während es im Original nur fünf sind. In Japan waren die beliebtesten Charaktere ein Räuber mit einem Tattoo von neun Drachen und ein weiteres Bandenmitglied mit dem Bildnis eines von Flammen umgebenen Leoparden auf dem Rücken. Diese Drucke steigerten den Appetit der Japaner auf Tattoos, die sich nun mit ähnlichen Motiven oder sagenumwobenen Charakteren und Helden schmücken wollten. Die hohe Nachfrage nach größeren und aufwändigeren Designs führte zur Entstehung einer Gruppe professioneller Tätowierer, von denen die besten natürlich ihre Wurzeln in der Gilde der Holzschnitzer hatten. Die Hersteller solcher Holzstöcke waren imstande komplizierteste Illustrationen in Holz zu schnitzen und sie zu drucken, von wo aus es nur noch ein kleiner Schritt war, sie schließlich auf den Körper zu „drucken". Die Bezeichnung für einen Tätowiermeister im Japanischen, *Horishi* oder *Horimono-shi*, lässt die frühere Verbindung mit dem Holzschneiden und Drucken erkennen: *Horishi* bedeutet Holzschnitzer und *Horimono* ist der Ausdruck für das „Herstellen von Gegenständen". Von da an verwendete man das Wort *Horimono* für Tattoo, während *Irezumi* aufgrund seines kriminellen Hintergrunds nicht mehr gebraucht wurde.

Weltweiter Ruhm

Schon sehr bald sollten die japanischen Tätowiermeister weltweit einen ausgezeichneten Ruf genießen. Während die meisten Tätowierer in anderen Kulturen jener Zeit, einschließlich des Westens, sich sehr einfacher, wenn nicht gar primitiver Mittel bedienten, hatten die japanischen Meister technisch ausgereifte Instrumentarien mit verschiedensten Anzahlen von Nadeln entwickelt. Die Tätowierer der Indianer Nordamerikas benutzten beispielsweise meistens ein Bündel von fünf bis sieben Nadeln. Die singalesischen Tätowierwerkzeuge Sri Lankas waren komplexer und beinhalteten eine Reihe von Nadeln für verschiedene Strichstärken sowie ein spezielles Instrument für geschwungene Linien.

Das Tätowierwerkzeug eines japanischen Meisters dagegen konnte aus über 50 verschiedenen Instrumenten bestehen, dazu gehörten lange Stäbe, an deren Enden sich zwischen einer und fünfzig Nadeln befanden. Für die Umrisse wurde ein Tätowierstab mit nicht mehr als zwei oder drei Nadeln verwendet, zum Ausmalen und Schattieren (*Bokashi*) benutzte man ein Instrument mit vielen Spitzen. Das Werk eines Tätowiermeisters ließ sich danach beurteilen, ob er verschiedene *Bokashi*-Techniken beherrschte oder nicht. Auch der Einsatz von Farbe war charakteristisch. Zu den fünf Basisfarben gehörten die schwarze chinesische Tinte (*Sumi*), Rot, Grün, Indigo und Gelb. Einen Braunton erzielte man, indem man Rot und Schwarz mischte. Die weiße Gesichtsschminke, *Oshiroi*, die zu einem geringen Anteil bleihaltig und damit giftig war, wurde nur äußerst selten verwendet. Die damit angefertigten Tattoos wurden nur sichtbar, wenn sich die Haut rötete, wie beispielsweise nach einem heißen Bad, körperlicher Anstrengung oder bei der Schamröte.

Raijin, der japanische Donnergott

Wasserträger, von Hand kolorierter Albumindruck, ca. 1860

EIN SEITENZWEIG FÜR DAS KULTURELLE ERBE

Eine beachtliche Anzahl von Gruppen begrüßte jene neue Kunstform im Japan des achtzehnten Jahrhunderts. Handwerker und unausgebildete Arbeiter, die mit freiem Oberkörper arbeiteten, konnten nun die teure Kleidung der *Chonin*, einer aufstrebenden Mittelklasse von erfolgreichen Kaufleuten, imitieren und sogar mit ihr konkurrieren. Heizer, Boten und Sänftenträger schmückten sich mit ihren jeweiligen Schutzgöttern, Szenen aus der Mythologie oder sagenumwobenen Helden, die zumeist auf die *Ukiyo-e*-Drucke zurückzuführen waren. Tätowierte Helden waren Gegenstand dieser Farbholzschnitte und wurden zum Aushängeschild für die Tätowierkunst. Die Unterarme und ein großzügiger Nackenbereich wurden nicht tätowiert, damit die Tattoos beim Tragen eines Kimonos verdeckt blieben. So konnte sich der Tattooträger auch dort frei bewegen, wo das Tätowieren verpönt war, besonders bei der Obrigkeit. Ein Ganzkörpertattoo war nun nicht gerade billig und ein einfacher Arbeiter konnte es sich kaum leisten. Einige japanische Museen, die den Wert der Ganzkörpertattoos für das Kulturerbe des Landes erkannten, übernahmen nicht selten die Finanzierung eines Tattoos und bekamen im Gegenzug nach dem Tod des Trägers dessen Haut zu ihrer Verfügung gestellt. Noch heute werden in einigen japanischen Museen die Häute von Arbeitern aus dem neunzehnten Jahrhundert ausgestellt. Die ausgefeilte Technik und die Farbenpracht der Illustrationen ließen Tätowierungen bei der japanischen Arbeiterklasse absolut in Mode kommen, was ab Mitte des neunzehnten Jahrhunderts auch eine große Menge Besucher in das Land lockte. Die Offiziere des zur damaligen Zeit riesigen britischen Reiches, die in Asien stationiert waren, strömten in Scharen zu den japanischen Tätowiermeistern. Wieder in Britannien zogen sie sehr viel Aufmerksamkeit und Bewunderung für die herrlichen, farbenprächtigen östlichen Symbole, die

Rechte Spalte: Eilbote, von Hand kolorierter Albumindruck aus dem 19. Jh.

Kirschblüten, Pfingstrosen, Tiger und Drachen auf sich. Schon bald darauf sollten sich wohlhabende europäische Aristokraten auf die Reise ans andere Ende des Erdballs machen, um sich von den großen Meistern tätowieren zu lassen.

Offizielle Missbilligung

Seltsamerweise ist das Tätowieren von der japanischen Obrigkeit immer missbilligt oder gar verboten worden, weil es der allgemeinen japanischen Moral widersprach. Nachdem sie sich jedoch der großen Nachfrage aus dem Ausland bewusst war, sah die japanische Regierung von einer Bestrafung ab, wenn Ausländer tätowiert wurden. Damit konnte die japanische Tätowierkunst wachsen und gedeihen. Die Amerikaner, die Japan nach dem Zweiten Weltkrieg besetzt hielten, hoben das generelle Tätowierverbot auf, obwohl es in New York immer noch Gültigkeit hatte. Doch trotz der Aufhebung dieses Gesetzes, fühlen sich die Japaner beim Anblick eines Tattoos immer noch beleidigt. Wie in China ist die Praktik des Tätowierens in Japan längst nicht so weit verbreitet wie im Westen. Das Ganzkörpertattoo gilt heutzutage als das Markenzeichen der Yakuza, Grund genug also für den Durchschnittsbürger es zu meiden.

Wie lebhaft die japanische Tätowierkultur einstmals auch gewesen sein mag – immerhin reichte ihr Einfluss bis nach Europa – so findet man heutzutage doch kaum noch tra-

Konservierte tätowierte menschliche Haut

ditionelle Tattoos in Japan. Die heutige Jugend interessiert sich viel mehr für die westliche Symbolik und übernimmt westliche Modeerscheinungen, wie zum Beispiel das temporäre Tattoo. Immer weniger Männer sind bereit, sich für eine Tradition von so geringem Ansehen solch großen Schmerzen und hohen Kosten auszuliefern. Wie es scheint, ist das japanische Tattoo, das sich aus einer altertümlichen Bestrafung im achtzehnten Jahrhundert zu einem blühenden Kunsthandwerk entwickelte, nun schließlich doch dem Untergang geweiht. Die Ironie dieses Schicksals liegt darin, dass das Tätowieren, gerade als es sich seines negativen Beigeschmacks zu entledigen und endlich Akzeptanz in der breiten Masse zu finden begann, zum Markenzeichen des organisierten Verbrechens wurde. Die öffentliche

Haltung gegenüber Tattoos in Japan ist alles andere als positiv. Obwohl sie diese Praktik nicht gänzlich ablehnen, so können doch die meisten Japaner einfach nicht verstehen, warum ein Mensch sich tätowieren lassen wollte. In der heutigen Zeit wird tätowierten Personen oftmals der Zugang zu öffentlichen Bädern und Saunas verwehrt. In einer überfüllten U-Bahn treten Reisende freiwillig ihre Plätze an Personen mit einem sichtbaren Tattoo ab, was wohl eher in Furcht als in Respekt begründet liegt.

Japanischer Tattoo-Club

CHINA
INDIEN
BURMA
LAOS
VIETNAM
Hainan
TAIWAN
THAILAND
KAMBODSCHA
PHILIPPINEN
MALAYSIA
INDONESIEN
MALAYSIA
INDONESIEN

KAPITEL 3

SÜDOSTASIEN

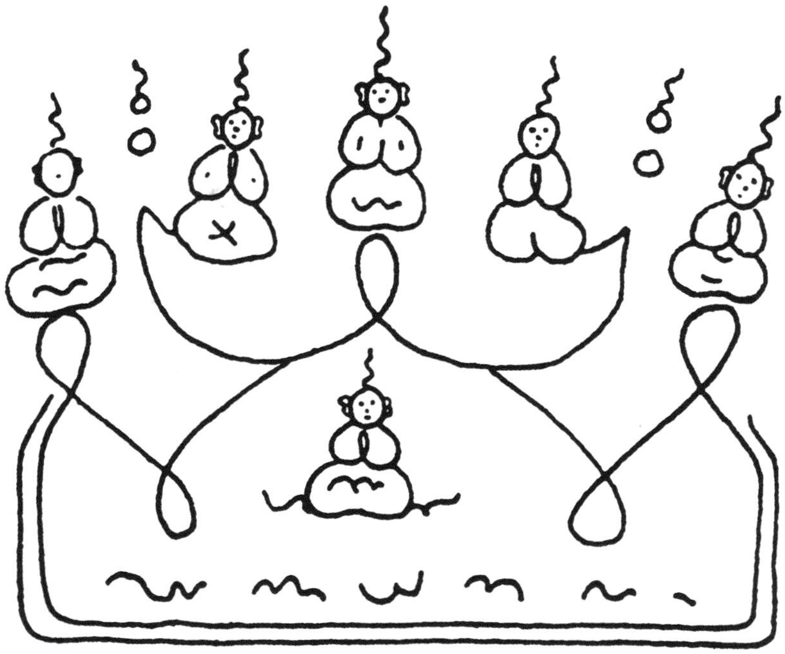

Vor langer Zeit lebte in einem Königreich in Südostasien ein Volk von Fischern und Seefahrern. Jeden Tag fuhren sie aufs Meer hinaus, auf die Flüsse und in die morastigen Sümpfe, um ihre Nahrung zu beschaffen. Viele von ihnen ertranken oder wurden von Riesenschlangen, Krokodilen oder Raubfischen getötet. Der König des Landes deutete diese Geschehnisse als Rache der Wassergeister gegen die Landbewohner, da diese ihre Ruhe störten. Und so befahl er seinen Untergebenen, ihre Körper mit Bildern von Meeresungeheuern, Drachen, Schlangen und Krokodilen zu tätowieren, in der Hoffnung, dass die Geister sein Volk dann in Frieden ließen.

Die Fischer in dieser Geschichte waren die Giao-Chi, ein altes Volk, von denen die Vietnamesen annehmen, dass sie ihre Vorfahren seien. Der König, Hung Vuong, gab seinem Reich den Namen Van Lang, „Land der tätowierten Menschen". Das Zentrum dieses Reiches befand sich im Delta des Tonkin-Flusses (heute der rote Fluss). Das Königreich reichte im Norden tief in das heutige China hinein und umfasste im Süden die Hälfte des heutigen Vietnam. Der König befahl seinen Fischern, ihre Boote wie Fische zu schnitzen und ihnen zwei große Augen auf den Bug zu malen – ein Brauch, der noch heute lebendig ist. Innerhalb des Van Lang Reiches entwickelten sich die Zeichen auf den Beinen und der Brust der Männer mit der Zeit zu Symbolen der Macht, der Tapferkeit und des Adels, denn selbst Könige trugen Drachentattoos auf dem Oberschenkel. Diese Tradition starb gegen Ende des dreizehnten Jahrhunderts aus, als König Tran-Anh Tong an die Macht kam und das Tätowieren abschaffte.

Burmesisches Gemälde mit tätowierten Menschen, ca. 1850

Doch obwohl es vom König verboten worden war, konnte der Brauch, Oberschenkel, Becken und Unterbauch zu tätowieren, im ländlichen Vietnam, in Burma, Thailand Kambodscha und Laos bis ins zwanzigste Jahrhundert hinein überleben. Aus der Entfernung hatte es den Anschein, als trage ein tätowierter Mann Hosen, woraus die Bezeichnung „Hosentattoo" entstand. Die Laoten sprachen von einem Mann mit einem „weißen" oder einem „schwarzen" Bauch, je nachdem, wie viele Tattoos er trug. Mädchen wurden nicht tätowiert, doch auf den Jungen lastete ein großer Druck und es gab eine Zeit, da man in Burma vergebens nach einem Mann ohne Hosentattoo Ausschau hielt. Es war der einzige Weg ins Erwachsenendasein und ebenso bedeutend, wie der Eintritt in ein Shin-Kloster. In Südostasien konnte man den Status einer Person nicht aus ihren Tattoos erkennen. Jung und Alt, Reich und Arm, Fischer und Häuptling – sie alle waren tätowiert. Jahrhunderte lang war die Tätowierkunst in Südostasien außergewöhnlich hoch entwickelt. Die prächtigen, künstlerischen Designs und die detailgetreue Ausführung waren nicht nur für den japanischen Tätowierstil charakteristisch, sondern auch für den burmesischen. Die burmesischen Tätowierer waren wahre Kunsthandwerker und waren so berühmt, dass einige von ihnen im neunzehnten Jahrhundert nach Europa gebracht wurden – zusammen mit den japanischen Meistern. Im Jahre 1895 war die burmesische Tätowierkunst in Berlin äußerst gefragt, während sie in Burma ironischerweise an Popularität verlor. Durch die Kolonialisierung Südostasiens durch Frankreich und Britannien entwickelten sich Traditionen wie das Hosentattoo immer stärker zurück. Thailand, das niemals von fremden Machthabern besetzt war, ist das einzige Land, in dem bis heute eine Tätowierkultur überleben konnte.

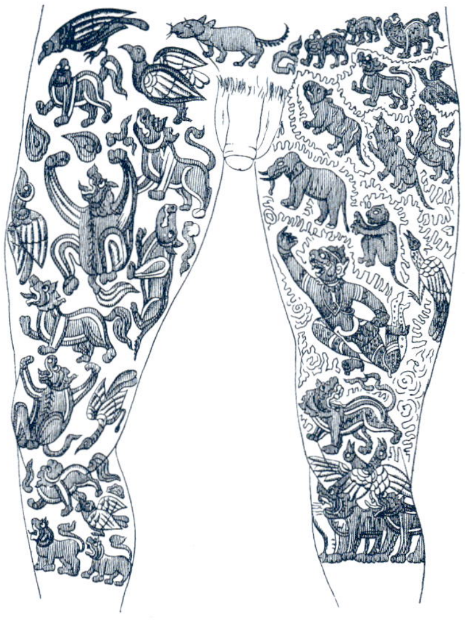

Hosentattoos, Laos ca. 1850

DIE EROTISCHEN MOTIVE DER HOSENTATTOOS

Alteingesessene südostasiatische Völker haben ihre eigenen Legenden über das Hosentattoo, einstmals das am weitesten verbreitete Tattoo dieser Region. Die Geschichte des Königs von Van Lang, die am Anfang des Kapitels zitiert wurde, ist die älteste jener Legenden und stammt aus der Zeit um 1000 v. Chr. Der Venezianer Nicolo Conti, der im Jahre 1435 Burma besuchte, hatte davon gehört, dass vor langer Zeit eine Königin das Hosentattoo eingeführt hatte. Sie hatte beobachtet, dass die Männer ihres Reiches ihren Frauen untreu waren und sich sexuellen Ausschweifungen hingaben. Daraufhin zwang sie die Frauen, die Lenden ihrer Männer zu tätowieren, um sie auf diese Weise für andere Frauen unattraktiv zu machen.

Jedenfalls ist man sich einig, dass sich das Hosentattoo von Vietnam aus verbreitete, wo es allerdings aufgrund des wachsenden Einflusses des chinesischen Konfuzianismus immer mehr verdrängt wurde. Thai-sprechende Völker brachten es zunächst zu den Lao und den Shan und schließlich gelangte es nach Burma. Schon bald verlor das Hosentattoo seine ursprüngliche mythische Funktion und wurde zu einem ästhetischen Schmuck ohne tiefere Bedeutung. Dennoch blieb es ein Zeichen der Tapferkeit, denn es war sehr schmerzhaft, Abertausende von Nadelstichen über sich ergehen zu lassen. Nicht selten rauchten die jungen Laoten und Burmesen vor, während und nach der Prozedur Opium, dem sie seine schmerzstillende und beruhigende Wirkung dankten.

Muster und Motive der Hosentattoos sind in den einzelnen Stämmen und Regionen unterschiedlich. Die Thai tätowierten Fischschuppen, um sich auf diese Weise in ein bestimmtes sagenumwobenes Seeungeheuer zu verwandeln. Die laotischen Hosentattoos bestehen aus einem magischen Netz von Rauten und Rechtecken und machten ihren

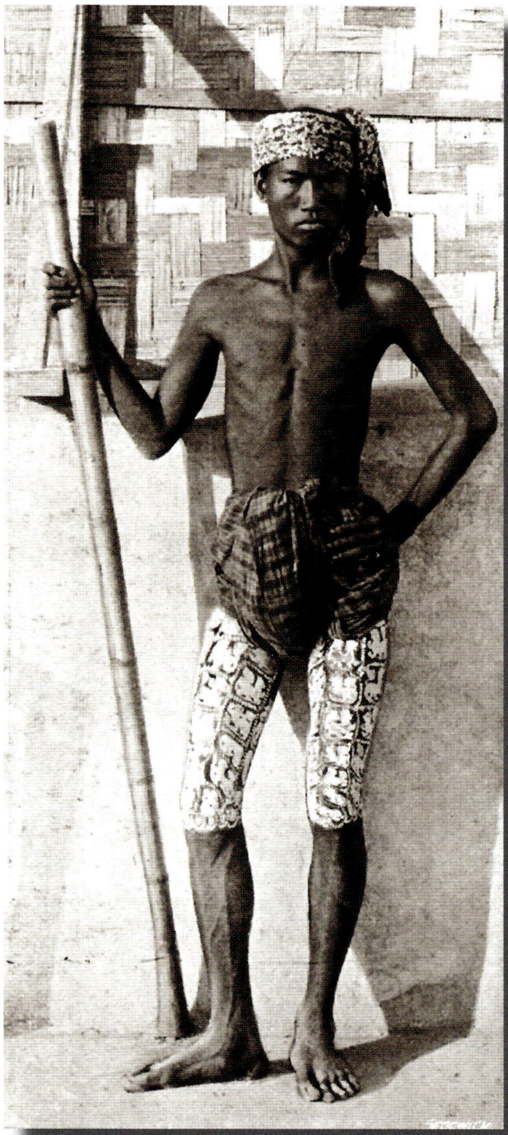

Burmese mit tätowierten Beinen, 1880

Linke Spalte: Burmesischer Jugendlicher, ca. 1880

Oben: Mom, Laos
Mitte: Khout, Laos
Unten: Belu (Dämon), Burma

Rechte Spalte oben: Rachasee, Thailand

Rechte Spalte unten: Thai mit tätowierten magischen Formeln auf dem Rücken, ca. 1970

König der Tiger, aufgrund seiner Beweglichkeit sehr beliebt bei Dieben, Burma

Träger unverwundbar. Die Raute symbolisierte zudem auch die weiblichen Genitalien und stand damit für Fruchtbarkeit, Wiederbelebung und das Leben an sich. Viele Designs innerhalb der laotischen Hosentattoos sind eine Anspielung auf Sexualität. So heißt es zum Beispiel in der laotischen Mythologie, Pha-nha-soun verhexe die jungen Mädchen und erscheine ihnen kurz vor der ersten Menstruation im Traum. Sein Tattoo besteht aus der stilisierten Darstellung eines Penis mit einem Büschel Pferdehaar auf der Eichel. Dieses Tattoo, das man als Amulett unter dem Bauch trägt, ist auch heute noch sehr beliebt in Thailand. Dort glaubt man, es beschütze die Männer vor Gewehrkugeln und Dolchen.

Die laotischen und burmesischen Hosentattoos hatten oftmals eine Bordüre aus Münzen-ähnlichen Kreismustern mit Abbildungen von Tieren und Pflanzen. Die Darstellungen ähneln sehr stark den Verzierungen auf Artefakten der chinesischen Han-Dynastie, die vermutlich als Räuchergefäße dienten. Am unteren Rand dieser Behälter findet man Abbildungen von Tieren, meist Fabelwesen, in verschiedener Haltung, wie zum Beispiel jagend oder sitzend. Über dieser Borte sieht man wellenförmige Linien, die wiederum den laotischen Tattoos gleichen. Diese Linien stellen Berge dar, welche das Erdenreich und das Himmelreich voneinander trennen.

Himmlische Wesen und gruselige Fabeltiere

Die Tattoos in Südostasien sind jedoch nicht nur auf den unteren Körper begrenzt. In Burma wurde der Körper traditionell in zwölf Regionen eingeteilt, von denen jede ihre eigenen Tattoos mit einer meist magischen Funktion zugewiesen bekam. Hinduistische Götter, Buddhas und andere

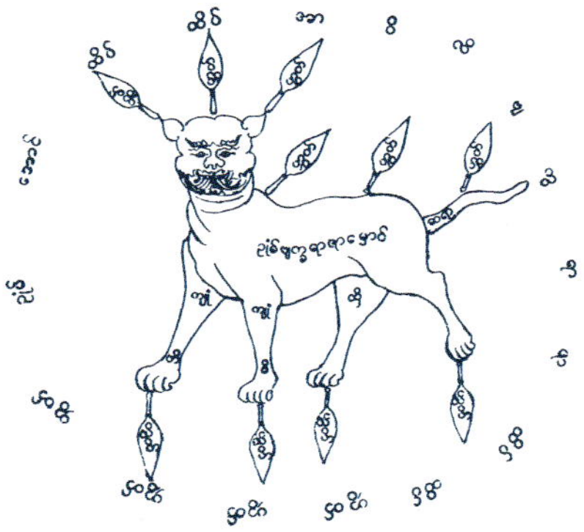

Heiligendarstellungen wurden üblicherweise auf Brust, Rücken oder die Arme tätowiert, eher selten auch am Bauch oder auf dem Unterkörper. So waren beispielsweise ein kahlrasierter Schädel oder der Rücken eine passende Stelle für einen der verschiedenen Buddhas, von denen jeder ganz eigene magische Attribute mit sich brachte. Darstellungen von Tieren wurden auf Ohren, Hals, Schultern sowie Ober- oder Unterarme tätowiert: Affen, Pfauen, Papageien, Fledermäuse, Katzen, Geier, Tiger und gruselige Fabeltiere wie die *Rakshasas*, böse Geister, die ihre Form verändern konnten, für gewöhnlich aber in Gestalt eines Hundes oder Geiers in Erscheinung traten.

Die bedeutendsten Fabelwesen der Laoten waren die *mom*, bizarre Kreaturen, deren Form von der jeweils für das Tattoo vorgesehenen Stelle bestimmt wurde, sowie der *khout*, der halb Mensch, halb Falke ist. Er ist die thailändische Entsprechung des chinesischen Drachen, der den östlichen Himmel bewacht (der *Nâga*-Drache wacht über den Westen, die *Rakshasas* über den Süden und *Ixan*, der Elefant, über den Norden). Bei den jungen Burmesen war der *Belu* besonders beliebt – ein Teufel oder böser Geist, der für Fruchtbarkeit, Aggression und rohe Gewalt

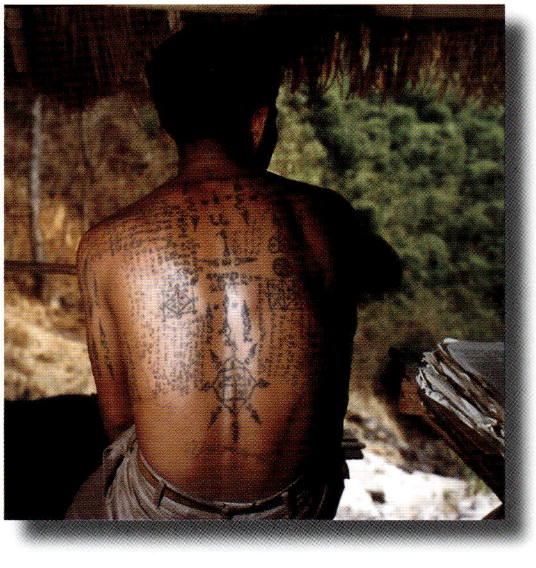

Linke Spalte: Shan-Mann mit Schutztätowierungen, Burma, ca. 1930

Rechte Spalte: Palaung mit Ganzkörpertattoo, Burma, ca. 1900

stand. Tiere und Teufel waren stets umrandet von einer Zeile burmesischer Buchstaben, die manchmal auch eine geheime Botschaft enthielt. Die Tiere konnten auch selbst aus Buchstaben bestehen. *Belus*, Tiger und Löwen wurden an den Hüften angebracht und trugen manchmal einen Dolch im Maul. Der Schambereich war die ideale Stelle für einen Pfau oder Gecko, beides Symbole der Lust. Die Fußsohlen und Handinnenflächen wurden nicht tätowiert, da sie unter das Tabu der beiden Hauptreligionen dieser Region fielen, Hinduismus und Buddhismus. Man glaubte im Allgemeinen, dass die magischen Kräfte des Tattoos durch den Kontakt mit unreinen Dingen, wie Abfall oder Müll, verloren gingen. Im Gesicht ließen sich lediglich die Bergvölker Burmas, Vietnams, Laos und Kambodschas tätowieren. Dennoch war es eine Zeitlang auch bei den jungen Burmesen Mode, kleine Liebespunkte zwischen den Augen oder auf den Lippen zu tragen. Diese sollten angeblich eine magische Anziehungskraft auf das andere Geschlecht ausüben.

Die Bewohner von Shan, der Grenzregion zwischen Burma und Laos, waren sogar noch stärker tätowiert als die Burmesen. Die Palaung tätowierten ihren Unterkörper bis unterhalb der Waden und die Rückseite und Vorderseite ihrer Körper wurden von der Hüfte bis zum Hals von Sonnenstrahlen geschmückt. Magische Quadrate, Rechtecke und Trigone mit geheimen Formeln und Zahlen findet man bis heute auf ihren Armen, Brust und Rücken. Sie schützen den Träger bzw. die tätowierte Stelle vor Krankheiten, Schlangenbissen, Gewehrkugeln, Feinden und bösen Geistern. In einigen von ihnen steckt der Sanskrit

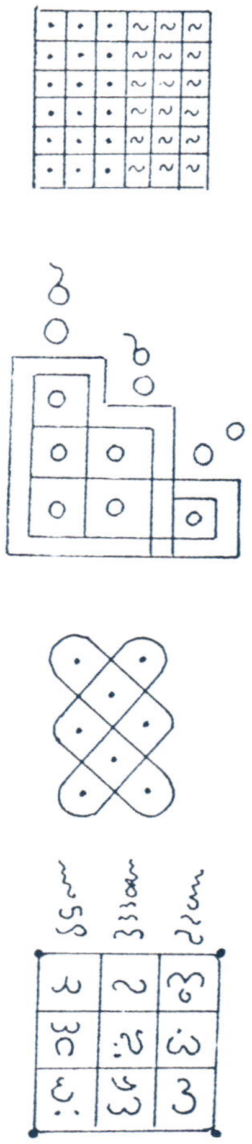

Magische Vierecke aus Laos

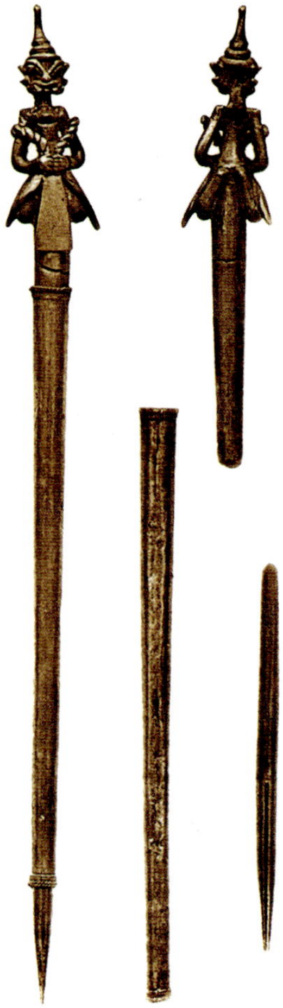

Rechte Spalte: Werkzeug eines burmesischen Tätowiermeisters

Zauberspruch „auf mich abgefeuerte Kugeln werden vom Kurs abweichen". Der Aberglaube der Burmesen ist so unauslöschlich wie das Tattoo selbst. Im Jahr 1881 bat ein Burmese in Rangun einen *Sayas*, einen Meistertätowierer, ihm einen Zaubervogel zu tätowieren, der ihn vor dem Ertrinken bewahren sollte. Um die britischen Schaulustigen von der Wirksamkeit des Zaubers zu überzeugen, ließ er sich, an Händen und Füßen gefesselt, ins Wasser werfen. Er ertrank. Der Tätowierer und sein Gehilfe wurden von den Briten gefangen gesetzt und wegen Totschlags angeklagt. Die burmesische Bevölkerung war außer sich und wandte ein, dass im Falle seines Todes infolge eines anderen Versehens, wie zum Beispiel einer astrologischen Fehlberechnung, das Urteil weniger hart ausgefallen wäre.

Buddhistische Mönche – Meistertätowierer

Das mächtigste, aber auch gefährlichste Tattoo, das ein Burmese sich stechen lassen konnte, war der *Bawdithada*. Der Träger dieses Tattoos war nun auf immer geschützt vor Schwertern oder Schusswaffen und war der stärkste, schnellste und tapferste Mann der Welt. Es war eine grausige Prozedur. Wer sie erduldete, erhielt den Titel „Bawdithada", was eine Verfälschung ist von „Porisada" (Kannibale), dem Namen eines mythischen indischen Königs. Porisada liebte Rindfleisch und aß so viel davon, wie er nur konnte. Als einmal keine Rinder aufzutreiben waren, ordnete er an, dass man ihm Menschenfleisch serviere. Das schmeckte ihm so gut, dass er nun nichts anderes mehr anrührte. Schon sehr bald schrumpfte sein Volk und die Menschen begannen aufzubegehren. Als er seinen Fehltritt erkannte, dankte er ab und lebte fortan verkleidet unter seinem Volk. Aber bald schon kehrte er zu seinem alten Verhalten zurück. Eines Tages, als er sich gerade in einem Fluss versteckte, der von Lotusblumen überwuchert war, nahm ihn ein Fötus-Buddha gefangen und verwandelte ihn in ein soziales, liebevolles Wesen. Diese Legende ist in drei Bildern enthalten, die allesamt als rote Tattoos oberhalb der Taille angebracht werden. Während der Prozedur musste die Person, die sich tätowieren ließ, ein Stück Menschenfleisch, wahrscheinlich das Fleisch eines Gehängten, zwischen die Zähne nehmen. Diese Tortur konnte Menschen anscheinend in den Wahnsinn treiben. Bis heute sind die Tätowiermeister von Burma, Laos und Thailand buddhistische Priester und Mönche. Ihre Technik haben sie perfektioniert und ihre spirituelle Mission, gutes Karma anzusammeln, stellt sicher, dass sie ausschließlich Tattoos mit positiven Inhalten stechen. Die zivilen Berufstätowierer sind da nicht ein-

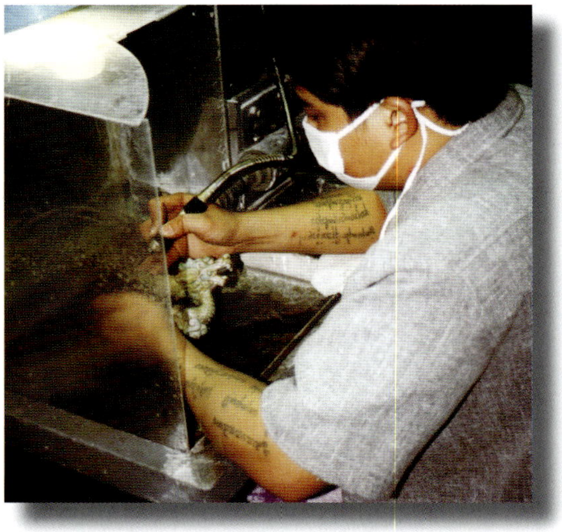

Thai Kunsthandwerker mit tätowierten Armen, ca. 2000

geschränkt und die jungen Männer nehmen ihre Dienste durchaus in Anspruch, wenn sie ein etwas aggressiveres Tattoo wünschen. Beim Anfertigen eines Schutztattoos murmelt der Tätowierer Beschwörungsformeln vor sich hin und stellt Schüsseln mit Obst auf einen provisorischen Altar. Ihr bevorzugtes Werkzeug ist ein 60 cm langer Speer. Am einen Ende wird dieses Instrument durch eine kupferne Figur – ein Buddha, Vogel, Schlangenkopf oder Dämon – beschwert. Das andere Ende besteht aus einer runden, rasierklingenscharfen Spitze, die in vier langen Riefen ausläuft, welche die Farbpigmente aufnehmen. Dieses Ende wird rhythmisch in die gestraffte Haut gestoßen und erzeugt prächtige verschlungene Muster. Der schwarze Farbstoff besteht aus einer Mischung aus Tiergalle und Ruß. Für Rot verwendet man Zinnober und Indigo für Blau. Für magische Tätowierungen wurde eine Kräutermischung, die nur dem Meister bekannt war, mit dem Farbstoff vermengt.

Bawithada-Tattoo

EINHEIMISCHE UND KOLONIALE STRAFTÄTOWIERUNGEN

Zwar hatten die südostasiatischen Tätowierungen für gewöhnlich eine magische – später auch eine dekorative – Funktion, doch sie wurden auch zu anderen Zwecken eingesetzt. Weltweit verwendeten Herrscher und Regierungen Tätowierungen dazu, ihre Untergebenen zu kontrollieren und zu bestrafen. Auch in Südostasien fand man Tattoos zur Überwachung und als Bestrafung. Der König von Kiaochi (im Tonkin-Delta des heutigen nördlichen Vietnam) ließ im zwölften Jahrhundert entsprechende Inschriften auf die linke Hand königlicher Sklavinnen tätowieren, ebenso wurden Kriegsgefangene auf der Stirn gezeichnet. Burmesischen Verbrechern wurde die Bezeichnung ihrer Tat auf den Körper tätowiert, handelte es sich um schwerere Vergehen, kamen außerdem Kreise auf den Wangen hinzu. Waren sie einmal gezeichnet, konnten diese Männer nur noch Arbeit als Henker oder Gefängniswärter finden. Die Männer der burmesischen Kavallerie trugen Tattoos von Reitern auf Bauch und Rücken und Elitetruppen trugen ihr Regimentswappen, wie zum Beispiel einen Löwen, Hindugott oder Dämon, auf der Brust. Einige Thai-Männer tragen bis heute ihr Regimentswappen auf dem Handgelenk. Dies geschieht vermutlich in Anlehnung an eine erzwungene Registrierung, die im achtzehnten Jahrhundert durch die thailändische Obrigkeit durchgesetzt wurde. Damals tätowierten Verwaltungsbeamte der Registrierungsbehörde alle Männer am Handgelenk, um Steuer- und Militärprotokolle zu führen. Zur selben Zeit ließen Adlige ihre Leibeigenen tätowieren, damit sie von den Kopfgeldjägern leichter identifiziert und zurückgebracht werden konnten, wenn sie davongelaufen waren.

Auch die britischen Kolonialherren verwendeten Straftätowierungen. Die britische Krone ließ Kriminelle in Strafkolonien verschiffen, die sie in Südostasien errichtet hatte. Bis Mitte des neunzehnten Jahrhunderts war es üblich, den Gefangenen zum Zwecke der Verwaltung und Kontrolle bei ihrer Ankunft das Gesicht zu tätowieren. Die Andamaneninseln im Süden Burmas waren solch ein Reiseziel. Den Engländern zufolge waren die Andamaner selbst vollständig tätowiert. In Beschreibungen ihrer Technik heißt es, dass sie sich einfacher Schnitte und Skarifikationen bedienten. Von einer Einfärbung ist keine Rede. Die Frauen benutzten scharfe Quarz- oder Glassplitter, um kleine senkrechte und waagerechte Schnitte auf Rücken, Brust, Armen und Beinen anzubringen. Die Male hatten keine tiefere Bedeutung und dienten lediglich dekorativen Zwecken; doch vor allem zeugten sie von der Fähigkeit, Schmerzen zu ertragen.

In der jüngeren Geschichte, nach dem letzten Vietnamkrieg (1961-75), fand man Soldaten der südvietnamesischen Armee, denen der Kriegsruf *SAT CONG* („Tötet die Kommunisten") eintätowiert worden war. Sie behaupteten, dies sei unter Zwang geschehen, um sie daran zu hindern, die Seiten zu wechseln.

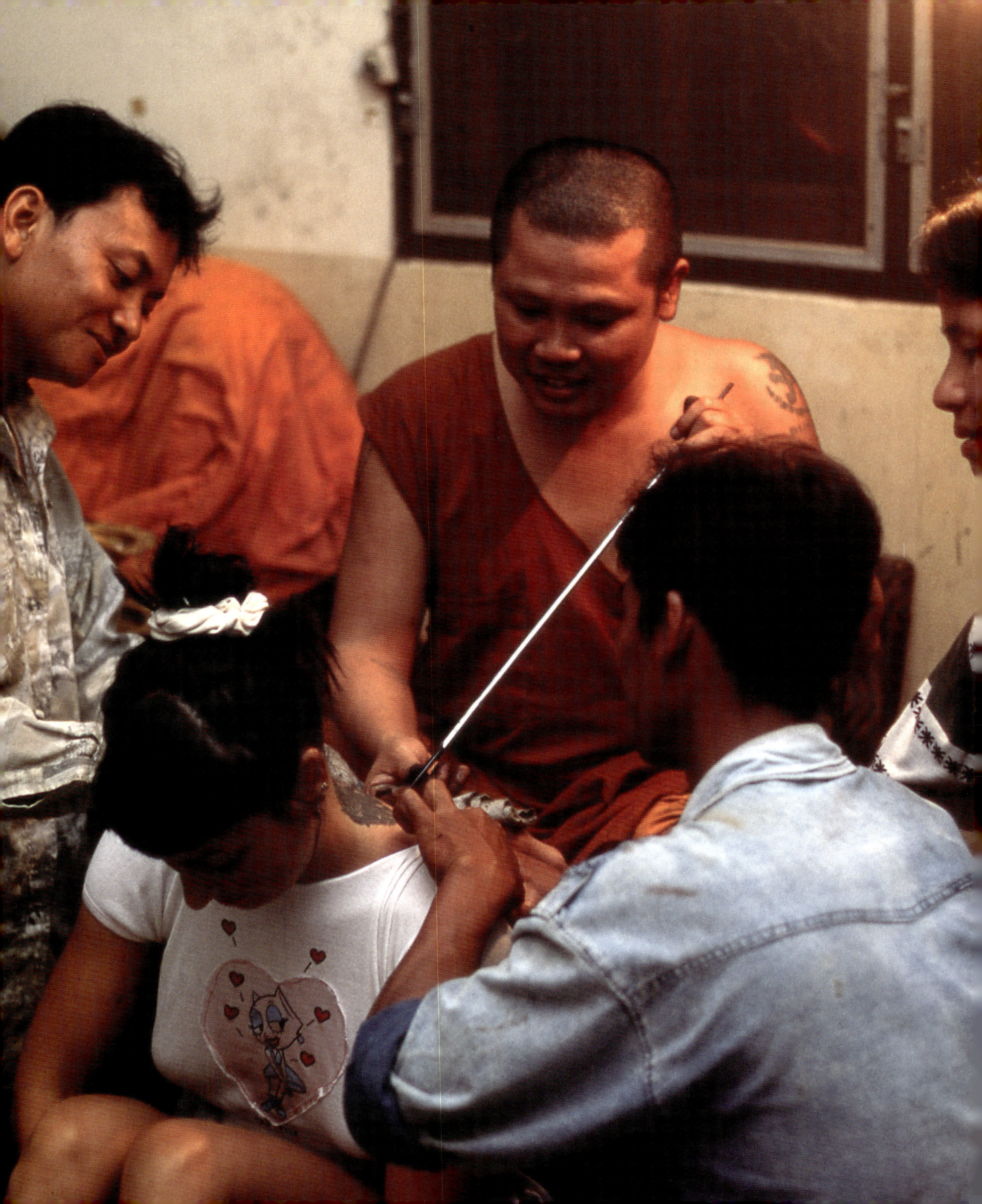

Blühende Tätowierkultur im heutigen Thailand

Infolge der Besetzung durch Großbritannien und Frankreich im neunzehnten Jahrhundert gab es schon bald immer weniger Tattoos in Burma, Vietnam, Laos und Kambodscha. Zu Beginn des zwanzigsten Jahrhunderts trugen nur noch sehr wenige junge Menschen Hosentattoos und die Tradition wurde nur noch von Bergstämmen gepflegt. In der Provinz Vientiane im Grenzgebiet zwischen Laos und Thailand, hat man zu Beginn des zwanzigsten Jahrhunderts noch ältere Männer gesehen, die ein Hosentattoo trugen. Frauen mittleren Alters hatten manchmal noch Bilder von Lotusblumen und Vögeln auf den Armen. Stämme aus dem zentralen Bergland von Vietnam und den Bergregionen Burmas, wo die Europäer nie großen Einfluss erlangten, konnten ihre traditionellen Bräuche bis zum heutigen Tag bewahren. So kommt es, dass die vietnamesischen Bru sich vor der Hochzeit Punkte auf die Stirn tätowieren lassen und die Katu-Männer, die im Truong-Son-Gebirge zwischen Laos und Vietnam zu Hause sind, tragen Tattoos von tanzenden Frauen, stilisierten Affen, Sonnen und Kreuze am gesamten Körper. Die Stämme der Chin (Khyeng und Shyú), die in dem Bergland zwischen Indien und Burma leben, haben alle ihr eigenes spezielles Kinn-Tattoo. Die Bezeichnung „Chin“ ist auf eben diesen Brauch zurückzuführen und ist abgeleitet von *chin-me*, „schwarzes Kinn“. Die Chinbok-Frauen beispielsweise trugen im Gesicht Löwen und gepunktete Kreise auf ihren Brüsten und es gibt noch immer einige alte Chinbok-Frauen, deren Gesichter vollkommen schwarz tätowiert sind. Dies ist ein uralter Brauch, dessen ursprüngliche Funktion laut Legende darin lag, die Burmesen daran zu hindern, die schönen Chin-Mädchen für ihren König zu verschleppen. Bedeutende männliche

Chinbok-Frau aus der Provinz Chin, südliches Burma, ca. 1930

Mitglieder des Stammes der roten Karen, die in den Bergen im Nordosten Burmas leben, tragen ihr Adelszeichen, eine aufgehende rote Sonne, als Tattoo auf dem unteren Rücken. Bis heute tätowieren die Karen ihren jungen Männer magische Formeln auf Hände und Arme, die sie gegen Krankheit und Verletzungen schützen sollen.

Zusammenfassend kann man sagen, dass das Tätowieren in Burma, Vietnam, Laos und Kambodscha vor allem bei abgeschieden lebenden Stämmen Brauch ist. In Thailand dagegen existiert bis heute eine lebendige Tätowierkultur, was vermutlich daran liegt, dass es nie kolonialisiert war. Besonders in ländlichen Gegenden und bei Städtern der unteren Klassen sind Tätowierungen sehr beliebt. In der Oberschicht findet man keine Tattoos, zumindest nicht an sichtbaren Stellen, dort wird diese Praktik als ordinär betrachtet. Auch die thailändische Regierung ist gegen das Tätowieren und versucht es zu unterbinden, indem sie von Bewerbern für den Staatsdienst verlangt, Brust und Arme zu entblößen. Werden dabei Tätowierungen entdeckt, kann der Betreffende nicht mit einer Anstellung im Staatsdienst rechnen. Allerdings herrscht in Thailand ein reger Aberglaube und bis heute gibt es auch in der Obrigkeit Menschen, die noch an die magischen Eigenschaften von Tattoos glauben. Um einem Verweis vorzubeugen, werden Muster aus unsichtbarer Tinte, bestehend aus Sesamöl, angebracht. Thai-Männer lassen sich noch immer an Bauch

Lotus, Tattoo-Design für Frauen, Laos

Linke Spalte: Thai mit einer Schutztätowierung

Gegenüber: Tätowierender Thai-Mönch, ca. 1995

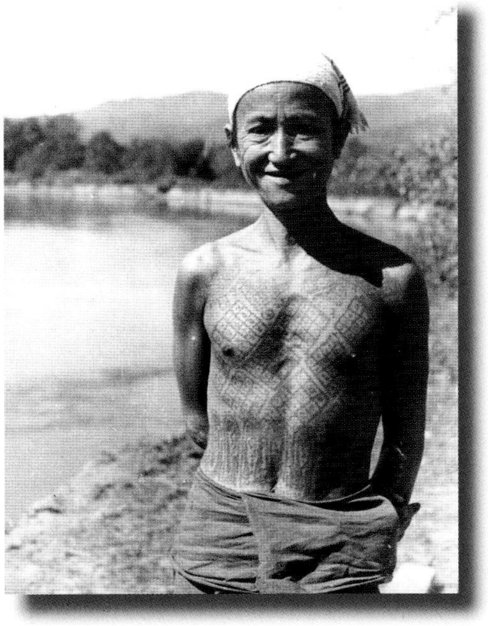

Laote aus dem Grenzgebiet zwischen Laos und Burma, ca. 1940

und Rücken tätowieren, vornehmlich mit Designs von religiösem Inhalt, wie zum Beispiel buddhistische Texte oder mythologische Figuren. Das dient dem Zweck, magische Macht zu erlangen und den Träger unverwundbar zu machen für sämtliche körperliche Gefahren – und um seine Anziehungskraft dem weiblichen Geschlecht gegenüber zu steigern. Der Aberglaube ist heute nicht mehr so stark verbreitet wie einstmals, doch er reicht nach wie vor ziemlich weit. Ein Thai wäre jederzeit davon überzeugt, dass er sein Überleben bei einem schweren Unfall oder nach einem Schlangenbiss der Zauberkraft seiner Tattoos zu verdanken habe. Sollte er dennoch daran sterben, so würde man annehmen, dass er die Tabus der religiösen Tätowierungen nicht ausreichend geachtet habe. Den Brauch der magischen Schutztätowierungen gibt es in Thailand schon mindestens seit dem sechzehnten Jahrhundert. An den Wänden der Tempel in Bangkok sind eindeutig Soldaten mit tätowierten Beinen zu erkennen. Heutzutage lassen sich vor allem Polizisten und Soldaten tätowieren, da sie durch ihre Arbeit fortwährend Gefahren ausgesetzt sind.

Buddha, Thailand

MAGISCHE TIER- UND GÖTTERTATTOOS

Tiere sind aufgrund ihrer Eigenschaften die beliebtesten Tattoomotive bei den jungen Thai-Männern. Ein Drache steht für Macht und Weisheit, der Löwe für Würde und Kraft und ein Tiger repräsentiert Stärke und Männlichkeit. Thailändische Kickboxer lieben Tattoos eines magischen Affen aus einem alten Gedicht, weil dieser in der Lage ist, über große Entfernungen zu springen. Einige Designs sind so beliebt, dass die thailändischen Tätowierer schon Gummistempel benutzen, um die Motive aufzutragen. Weitere beliebte Fabelwesen sind die *Nâga*, mehrköpfige Schlangen oder Drachen, Hanuman, der affengestaltige hinduistische Gott der Fruchtbarkeit und Männlichkeit, die bereits erwähnten *Rakshasas*, die Hindugötter Shiva, Brahma und Ganesha sowie Buddhas, die Glücksbringer für Liebe und Arbeit.

Heiligenfiguren und Tiere werden auf Arme, Brust und Rücken tätowiert. Ein einzelner Punkt schützt das Gesicht und ist zudem ein Schönheitsmerkmal. Einige Thai-Männer tragen eine Reihe verschiedener Symbole auf den Unterarmen, die sich entweder auf eine frühere Zugehörigkeit zu einem Regiment oder Kloster beziehen. Auffälligere magische und sexuelle Tätowierungen finden sich am Unterkörper, aber auch dort eher zurückhaltend. Die Thai glauben nämlich, dass die Tattoos das Verhalten ihrer Träger beeinflussen und dass zu viele von ihnen Rastlosigkeit und ein hitziges Temperament hervorrufen. Die Tätowiermeister vertreten die Meinung, dass einige Männer zu schwach oder unentschlossen sind für bestimmte magisches Tattoos. Um seine Kraft zu mildern, können Teile des Designs dann ausgelassen werden.

Mönche und Laientätowierer verwenden einen langen Holzstab mit einer scharfen metallenen Spitze, in der sich eine kleine Menge Tinte befindet. Während

Rechte Spalte: Hanuman, Thailand

er das Instrument nun rhythmisch in die Haut seines Klienten sticht, murmelt der Tätowierer fortwährend Beschwörungsformeln. Ist das Muster fertiggestellt, murmelt er die letzte Beschwörung und bläst einmal über das Tattoo. In diesem Moment hat das Tattoo noch keine magischen Kräfte. Diese müssen von dem Tätowierten selbst geweckt werden, indem er dem Tätowiermeister Speisen, Räucherwerk und Blumen darbringt, vorzugsweise in einem Kloster in der Nähe einer Buddha-Statue. Ist das erledigt, sticht der Tätowiermeister seine Nadel in die Kopfhaut des Klienten und lässt auf diese Weise die magischen Kräfte in dessen Körper strömen. Über die Körperflüssigkeiten können die magischen Kräfte allerdings wieder verloren gehen. Um dies zu verhindern, müssen eine Menge Gebote eingehalten werden: Ein Mann darf auf keinen Fall sexuellen Verkehr haben, wenn er dabei in unterwürfiger Haltung verweilt, er muss bei der Blasen- und Darmentleerung äußerst vorsichtig sein und in einigen Fällen ist es ihm außerdem verboten, bestimmte Früchte oder Rindfleisch zu essen. Nach dem Glauben der Thai sind Frauen und Magie zwei nicht miteinander vereinbare Elemente; so werden während der Menstruation negative Kräfte freigesetzt und es ist den Frauen verboten, magische Gegenstände zu berühren, da sonst deren Kräfte verloren gingen. Darum tragen Thai-Frauen niemals magische Tattoos.
Auf der malaiischen Halbinsel südlich von Thailand zogen einheimischen Stämme wie die Sakai (Senoi), Semang und Negrito, Skarifikationen und Körperbemalungen dem Tätowieren vor. In der Mitte des zwanzigsten Jahrhunderts trugen einige Negrito-Frauen im malaiischen Fürstentum Perak Narbentattoos, die den Stamm anzeigten, dem sie angehörten. Zu diesem Muster gehörten auseinanderklaffende Linien im Gesicht, die sich von Stamm zu Stamm unterschieden. Solche Tattoos entstanden, indem man Holzkohlepulver in die Wunden rieb, die zuvor mit dem fein gezackten Rand eines Zuckerrohrblattes in die Haut geritzt wurden. Auf der dunklen, jedoch nicht schwarzen Haut der Negritos waren Tattoos nicht deutlich erkennbar. Dennoch tätowierten sich die Bateg-Negrito von Pahang mit Stammeszeichen, bestehend aus einer gepunkteten Linie, die über das Kinn von einer Schläfe zur anderen verlief. Man nimmt an, dass die Negrito diesen Brauch von den hellerhäutigen Sakai aus Perak übernommen haben, über deren

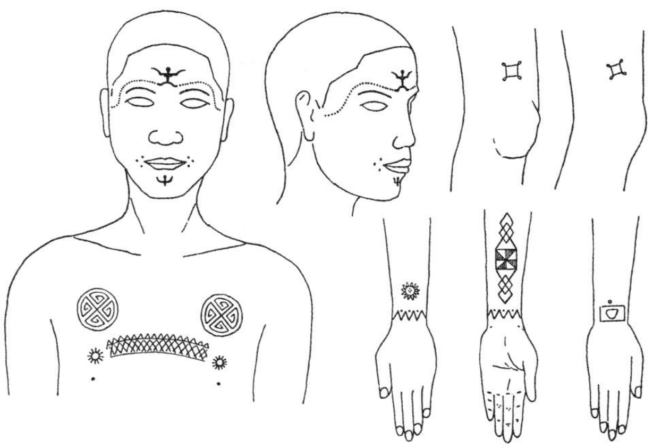

Tattoomotive der Katu aus dem Truong-Son-Gebirge, Vietnam, ca. 1960

Tattoos es ebenfalls Aufzeichnungen gibt. Bei den Sakai tätowierten sich Männer und Frauen mit einem angespitzten Holzstab oder einem Dorn. Die Einstiche wurden dann mit Pflanzensaft und Kohle eingerieben.

STAMMESBRAUCHTUM AUF DEN CHINESISCHEN INSELN

Die Insel Hainan, auch genannt „der Schweif des chinesischen Drachen", im Süden Chinas und östlich von Vietnam, wird seit über zweitausend Jahren von den Chinesen kontrolliert. Ihre Ureinwohner sind die Li – was im eigentlichen Sinne eine Sammelbezeichnung für mehrere Inselstämme ist. Die Chinesen haben diese Region nie ganz angliedern können und die „primitiven" Li, die ihnen stets Widerstand geboten hatten, leben bis heute im Urwald und in den Bergen der Insel. Sie tragen ihr Haar in einem Knoten, den sie mit einer hölzernen oder metallenen Nadel am Hinterkopf befestigen. In früheren Zeiten trug eine Jungfrau hier ein Messer, um ihre Ehre verteidigen zu können. Die Li-Mädchen waren bei den Chinesen für ihre hervorragenden Gesichtstätowierungen berühmt.
Um 1600 suchten einige wilde Bergbewohner gänzlich unerwartet die Staatsdiener der chinesischen Regierung der Insel auf, um sich ihnen zu unterwerfen. Die Chinesen beschrieben diese Männer als zerzauste, dreckige Teufel. Ihre Frauen allerdings genossen große Bewunderung, was vor allem auf die überaus detailgetreuen Tätowierungen von Blumen und Schmetterlingen auf ihren Gesichtern zurückzuführen war. In erster Linie dienten diese Tattoos aber

Gesichtstattoo der Sakai, Malaysia

Motiv einer tanzenden Frau bei den Katu, ca. 1960

Affen-Design der Katu, ca. 1960

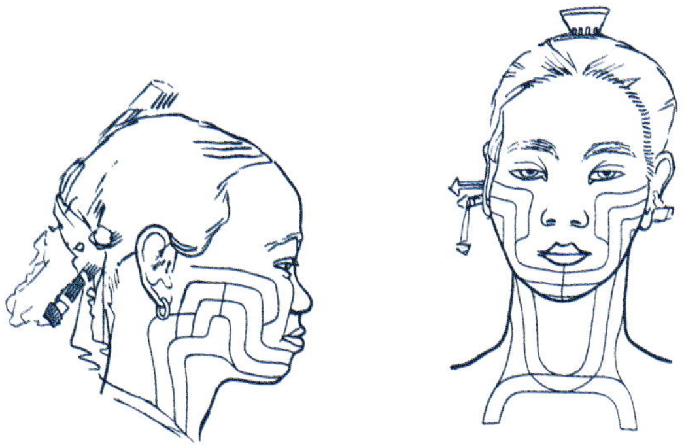

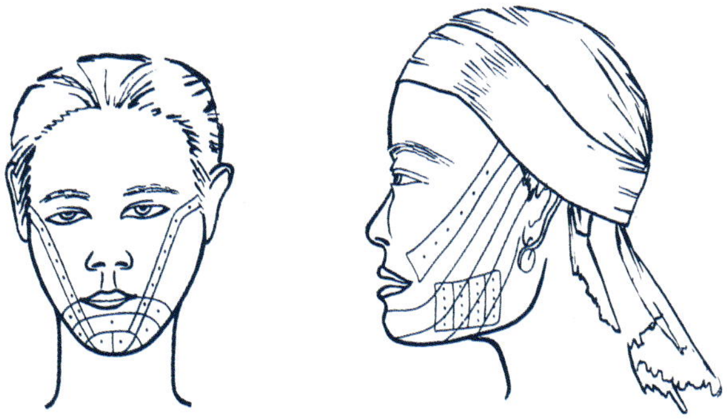

Links: Frauen des Ba-sa-dung-li-Stammes, ca. 1930

Rechts: Ha-Frau, ca. 1930

nicht als Zierde, sondern waren Teil eines Hochzeitsrituals. Verlobten sich zwei Stammesmitglieder, dann wurde das Mädchen zum Zeichen der Verbindung an der Hand tätowiert. Am Abend vor der Hochzeit tätowierte ihr zukünftiger Mann ihr Gesicht mit Mustern, die typisch für seinen Clan waren. Erst dann war sie ein wahres Mitglied seiner Familie und kein anderer konnte mehr Anspruch auf sie erheben. Der künftige Gatte musste dabei die Umrisse sehr genau arbeiten, damit die Muster genau mit denen seiner Eltern und Ahnen übereinstimmten, anderenfalls würden diese seine Frau nach ihrem Tod nicht anerkennen.

Drei Jahrhunderte später, zu Beginn des zwanzigsten Jahrhunderts, war das Tätowieren bei den meisten Stämmen auf Hainan immer noch gängige Praxis. Die Tätowierungen der Männer waren unkompliziert – chinesische Buchstaben und einige geometrische Muster auf dem Unterarm. Man glaubt, dass diese Zeichen sie vor giftigen Schlangenbissen schützen sollten. Ein ganzes Netz von gleich breiten, ineinander fließenden Linien vom Hals hinab zu den Brüsten und wieder zurück löste im Laufe der Zeit die herrlichen realistischen Darstellungen von Blumen und Schmetterlingen im Gesicht der Frauen ab. Bei den Li rankt sich eine Legende um diese Muster. Eines Mannes Weib starb bei der Geburt ihrer Tochter und das arme Kind, der mütterlichen Liebe beraubt und ohne Essen, drohte zu verhungern und zu verdursten. Nach einer Weile näherte sich ihm ein Vogel und brachte ihm Samen zum Essen. Seither tragen die Li Frauen ein Muster aus Vogelschwingen auf ihrem Gesicht, aus Dankbarkeit und in Gedenken an jenes Ereignis. Das Tattoo erhielten die Mädchen im Alter von dreizehn Jahren; Arme und Beine wurden im siebzehnten oder achtzehnten Lebensjahr tätowiert. Die jungen Frauen zeigten stolz ihre Beine und die jungen Männer fanden sie unwiderstehlich. Im Gegensatz zu ihrer einstmaligen Funktion einige Jahrhunderte zuvor – nämlich als Zeichen dafür, dass das Mädchen verlobt war – sollten sie nun die Männer locken. Nachdem das Mädchen verheiratet war, wurde sie nicht weiter tätowiert, denn die Tattoos hatten ihren Zweck erfüllt. Wurde sie also vor ihrem dreizehnten Lebensjahr verheiratet, blieb ihr Körper, außer an den Händen, für den Rest ihres Lebens untätowiert. Einer verheirateten Frau wurden nur einige Muster, die sie auch in ihre Stoffe einwebte, auf die Hände tätowiert. Sie zeugten von den Wurzeln einer Frau, ihrer Identität und ihrem Status.

Arm- und Bein-Designs der Ba-sa-dung, ca. 1930

Unbeugsame taiwanesische Bergstämme

Wie in China und auf Hainan gibt es auch auf Taiwan (dem früheren Formosa) das Tätowieren seit alters her. Chinesischen Aufzeichnungen aus dem siebten Jahrhundert zufolge tätowierten die Frauen der Insel ihre Hände mit Abbildungen von Insekten und Schlangen. Vermutlich waren dies Zauber gegen deren Bisse, wenn die Trägerin mit ihren Händen im Gras oder Wasser arbeitete. Das Tätowieren war auf Formosa Brauch, bis im siebzehnten Jahrhundert die Holländer und Spanier die Insel erreichten. Weitere fünfzig Jahre später folgten ihnen auch die Chinesen. Von da an wurde die Praktik immer mehr in den Hintergrund gedrängt und nur die vielen Bergstämme, die meist sehr abgeschieden lebten, konnten ihre Tätowiertraditionen aufrecht erhalten. Ende des neunzehnten Jahrhunderts entrissen die Japaner den Chinesen die Insel. Sie verboten die Kopfjagd, welche für die Männer dort das wichtigste Mittel war, um Status und Macht zu erlangen. Seit 1914 verhinderte Japan aktiv alle Arten des Körperschmuckes und bestrafte die Missetäter.

Dennoch ist es einigen Stämmen, darunter die Atayal, Saisiyat, Paiwan, Rukai und Puyuma, gelungen, ihre Tätowierkultur bis weit in das zwanzigste Jahrhundert hinein aufrecht zu erhalten. Ihre Tattoos hatten verschiedenste Bedeutungen: Sie waren Initiationszeichen, Zeichen von Tapferkeit und Geschick und sie sorgten dafür, dass die

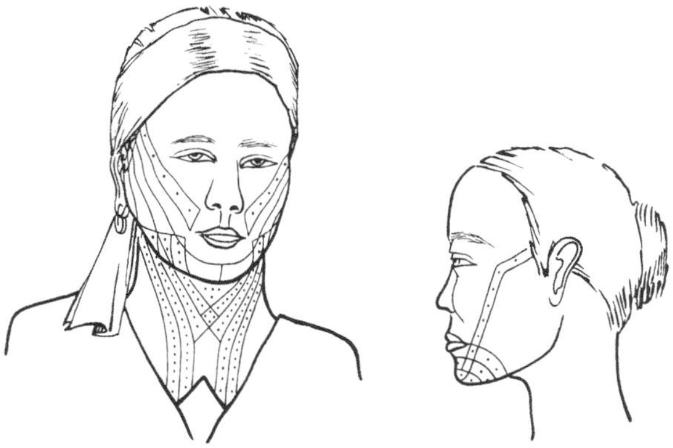

He-fu-Frauen, Hainan, ca. 1930

Verstorbenen ins Jenseits eintreten konnten. Gewöhnlich begann man mit dem Tätowieren in der Pubertät, Jungen konnten sich allerdings auch später der Prozedur unterziehen, wenn sie bis dato noch keinen Kopf eines Feindes erbeutet hatten. Das richtige Datum wurde von den Eltern festgelegt, indem sie Träume oder den Vogelflug deuteten. Oft war die Natur eine Inspiration für die Tattoos. Ähnliche Motive fanden sich auch beim Schnitzen und Weben: geometrische Muster (parallele Linien und Dreiecke), Darstellungen von Menschen und Himmelskörpern und Imitationen von Tierfellzeichnungen. Während und vor der Prozedur galten bestimmte Tabus. So durfte die betreffende Person keinen Sex haben und bestimmte Dinge nicht essen. Mädchen wurden während ihrer Menstruation nicht tätowiert und schwangere Frauen durften an der Sitzung nicht teilnehmen. Wurden diese Regeln nicht eingehalten, so konnte ein Verblassen der Muster die Folge sein. Bestimmte Tattoos verliehen den Männern der Atayal und der Rukai Status und Autorität im Bezug auf die Kopfjagd und das Töten von Feinden.

Jeder durfte sich im Gesicht tätowieren lassen, das Kinn allerdings war Männern vorbehalten, die bereits den Kopf eines Feindes erbeutet hatten. Wenn ein Krieger mehr als fünf Köpfe in seinen Besitz gebracht hatte, durfte er seine Brust und die Hände tätowieren lassen. Und nur den allerbesten Kriegern stand das Recht zu, ihre Kinder mit Zeichen zu tätowieren, die von der Tapferkeit ihres Vaters zeugten. Selbst nachdem die Kopfjagd verboten worden war, bestand für junge Männer noch die Möglichkeit, solch prestigeträchtige Tattoos zu erhalten. Beispielsweise konnten sie das Vorrecht auf ein Design von einem Kopfjagd-Veteran abkaufen. Lehnte dieser jedoch ab, konnte man das Recht auch durch die Tötung eines Bären oder Keilers erwerben. Auch die Tattoos der Atayal-Frauen zeugten von ihrem Status im Dorf. Nur sehr begabte Weberinnen durften ihre Wangen tätowieren lassen. Diese und auch die Tätowierungen um den Mund einer Atayal-Frau zeigten vermutlich deren Familienstand an. Es liegt nahe, dass die Wangentätowierungen Webmuster darstellen, aber man durfte sie erst dann tragen, wenn man verheiratet oder verlobt war. Die Tattoos der Saisiyat sind mit jenen der Atayal fast identisch. Das überrascht kaum, da die Saisyiat auf die Tätowierkünste der Atayal angewiesen waren. Weiterhin war es von Vorteil für die Saisyiat, bei ihren Gegnern den Atayal zu ähneln, da die Wahrscheinlichkeit, von ihnen bei einer Kopfjagd angegriffen zu werden, auf diese Weise deutlich geringer war. Im Gegensatz zu den Atayal-Frauen waren die Saisiyat-Frauen niemals im Gesicht tätowiert.

Bei den Paiwan wurde nur der „Adel" tätowiert. Ein gewöhnliches Stammesmitglied konnte sich lediglich das Recht auf ein Tattoo vom Häuptling erkaufen – oder aber er hatte das Glück, dass die Tätowierungen für den Häuptling zuerst an ihm getestet wurden.

Taiwanesischer Mann mit dem Zeichen der Kopfjäger von der Stirn bis zum Kinn, 1951

PIERCINGS UND TÄTOWIERUNGEN AUF DEN PHILIPPINEN

Im Jahre 1522 entdeckte der portugiesische Seefahrer Ferdinand Magellan die Philippinen, ein Archipel aus über 400 eng beieinander liegenden Inseln. Zwei der Inseln, Luzon und Mindanao, nehmen zusammen zwei Drittel der Gesamtfläche ein. Zwischen ihnen befinden sich die Visayas, bestehend aus den Inseln Samar, Leyte, Cebu, vier mittelgroßen Inseln und noch vielen kleineren. Einer von Magellans Reisegefährten berichtete, dass die Bewohner der Visayas sich mit unterschiedlichsten Mustern tätowierten. Eine Zeichnung von einem Inselbewohner Capuls, einer winzigen Insel zwischen Samar und Luzon, bestätigt dies. Das Tätowieren scheint so weit verbreitet gewesen zu sein, dass die Spanier die Bewohner Visayas als Pintados, „die Bemalten", bezeichneten.

Die ersten Europäer, die mit den Filipinos in Kontakt kamen, waren von deren Bräuchen ebenso geschockt, wie Columbus, als er seinerzeit zum ersten Mal auf die amerikanischen Ureinwohner traf. Die Männer waren am ganzen Leib tätowiert. Ihre Geschlechtsteile waren mit Holz- oder Metallnadeln durchbohrt, an deren Enden Bleiringe oder, im Falle eines Häuptlings, Goldringe hingen. Viele spanische Soldaten gaben zu, dass sie dies erschrecke. Einige Spanier waren der Meinung, dass die Filipinos das Tätowieren vom Festland übernommen haben mussten, aber die meisten von ihnen glaubten, dass der Teufel selbst mitsamt seinen Priesterinnen vor ihnen erschienen sei und sie ihn nun

Hand-Designs auf Formosa

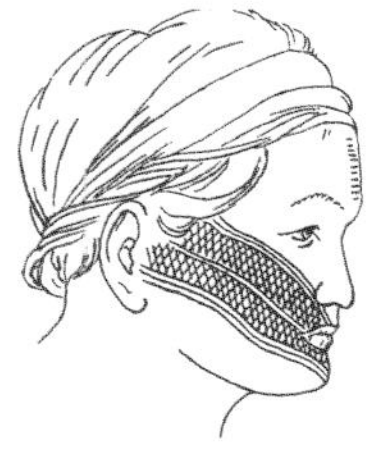

Gesichtstattoo der Atayal

Atayal-Frauen, Taiwan, ca. 1967

Gegenüber: Taiaru-Frau, Formosa. Die Webmuster in ihrem Gesicht zeigen ihren Familienstand, ca. 1940.

Krieger, Formosa, ca. 1850

Gegenüber: Atayal-Frau, 1967

Rechte Spalte: Inselbewohner Capuls

imitierten. Wie es der Jesuitenvater Francisco Ignacio Alcina ausdrückte: „Mit heiligem Wasser haben wir das hässliche Angesicht reingewaschen und diesen überflüssigen und barbarischen Brauch ausgerottet“.

Nichtsdestotrotz sollte es noch weitere 150 Jahre dauern, ehe die Praktiken des Piercens und Tätowierens wirklich verdrängt wurden. Störrisch weigerten sich die Eingeborenen, ihre Bräuche abzulegen, so tief waren sie in ihrer Kultur verwurzelt. Außerdem steigerten die Piercings die sexuellen Freuden bei Männern und Frauen. Eine Frau zeigte an einem Mann ohne Piercing nicht das geringste Interesse und verhöhnte ihn sogar. Ein Mann ohne Tätowierungen war ein Feigling, denn wenn er schon den Schmerz der freundlichen Nadeln nicht ertrug, wie sollte er dann die Qualen überstehen, die ein feindlicher Speer ihm bereiten konnte?

Verglichen mit indigenen Völkern in anderen Teilen der Welt, war das Mindestalter von 20 Jahren für ein Tattoo hierzulande relativ hoch. Symmetrische Muster wurden in einer ausgedehnten und schmerzhaften Prozedur, die in einigen Fällen sogar tödlich endete, auf Brust und Rücken angebracht. So ist es durchaus nachvollziehbar, dass man als außenstehender Zeuge die Richtigkeit dieser Prozedur in Frage stellen konnte. Nur die allermutigsten Männer wagten es, sich an Augenlidern und Lippen tätowieren zu lassen. Der Lohn für dieses Leid bestand in höherem Ansehen und einer größeren Anziehungskraft für Frauen.

Aber die Spanier ließen nicht nur ihren Widerwillen sprechen. Sie bewunderten auch die hohe Handwerkskunst und die Kreativität der Tätowierer, die komplizierteste Muster auch noch an der unzugänglichsten Körperstelle anzubringen verstanden. Die Muster waren stets symmetrisch und bestanden aus Sonnenstrahlen auf den Augenlidern, Kreisen auf den Händen und geraden und wellenförmigen Linien auf Rücken und Brust. Die Linien auf dem Rücken reichten von den Knöcheln bis zum Hals. Zuerst wurde das Design auf die Haut gezeichnet und dann mit Hilfe eines kupfernen Werkzeugs, das über Nadeln unterschiedlicher Stärke verfügte und an einen Kamm erinnerte, eingestochen. Ein schwarzes Pulver, das aus dem Lawaan-Baum gewonnen wurde, wurde sodann in die Wunden gerieben, um sie einzufärben. Frauen wurden lediglich an Händen und Handgelenken mit Blumen und Flechtmustern tätowiert. Diese Muster waren so zart, dass selbst Vater Alcina sie mit chinesischen Stoffen verglich. Das ist ein äußerst interessanter Vergleich, denn die Frauen der benachbarten Insel Hainan und der Ryukyuinseln tätowierten ihre Hände mit den Webmustern ihrer Sippe oder der Sippe ihres Mannes. Möglicherweise war dies auch bei den philippinischen Frauen der Fall.

Dem anfänglichen Erfolg der spanischen Bemühungen zum Trotz, fand man nur hundert Jahre später erneut Tätowierungen auf den Visayas, wenn auch in einer neuen Form. Viele Inselbewohner waren zum Katholizismus übergetreten, dennoch hielten sie an ihrem alten Aberglauben

Pintados von Cebu und Samar, Philippinen, 1523

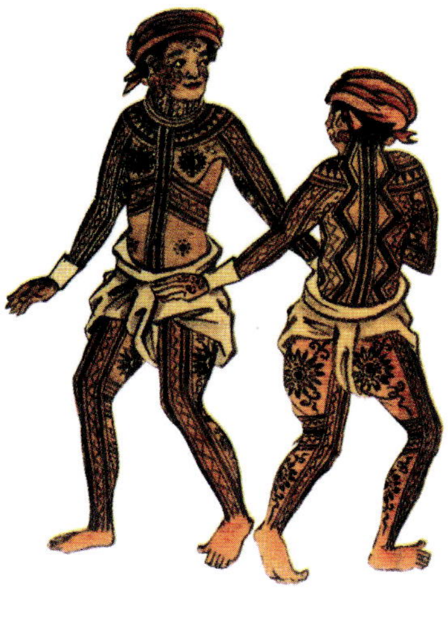

Gegenüber: Früherer Kopfjäger der Kalingan, Philippinen, 2000

Früherer Kopfjäger der Kalingan, 2000

Waden-Designs einer Manobo-Frau, ca. 1925

fest und glaubten an die Macht des Schamanen, des *Tambalan*. Sie waren sicher, der *Tambalan* könne übernatürliche Kräfte mit Hilfe von Zaubern kontrollieren. Damit bot er Schutz vor Unglück und Bösem und konnte auch Glück bringen. Die Zauber wurden dabei nicht mit geheimen Zeichen geschrieben, sondern auf Latein. Die Gläubigen trugen sie in einem kleinen Beutel um den Hals oder ließen sich eine Kurzform auf den Körper tätowieren. Wurde der Zauber tätowiert, musste ein strenges Protokoll eingehalten werden: Allein der *Tambalan* konnte das Tattoo anbringen, außerdem nur an einem Freitag und auch nur dann, wenn der Empfänger katholische Gebete gesprochen und an den sieben vorangegangenen Freitagen Opfergaben dargebracht hatte. Ein bemerkenswertes Beispiel für die Vermischung von Bräuchen zweier unterschiedlicher Kulturen. Der *Tambalan* kürzte die umfangreichen lateinischen Zauber, indem er nur die Anfangsbuchstaben eines jeden Wortes tätowierte. Die Buchstaben wurden untereinander angebracht und von zwei Kreuzen eingerahmt. Tätowierte Zauber gegen Unfälle, Schlangenbisse und Hexerei waren sehr gefragt, ebenso wie Zauber, die die Frauen in Bann zogen.

Wie der Name schon andeutet sind die Negrito, die ältesten Bewohner der Philippinen, dunkelhäutig. Sie bewohnen die Bergwälder von Luzon, Mindanao und anderen Inseln und schmückten sich bis vor gar nicht langer Zeit noch mit Narbentattoos. Die meisten Filipinos sind hellhäutige Malaien. Das Tätowieren wurde bei all diesen malaiischen Stämmen praktiziert und stand in engem Zusammenhang mit der Kopfjagd. Die Pintado und Ilocos von den Visayas tätowierten sich, ebenso die Igorot und Tinguian auf Luzon und zahlreiche Stämme auf Mindanao. Im Bergland und in abgeschiedenen Gegenden findet man es bis heute.

Die Männer der Bontoc, eines Ilocos-Stammes, wurden erst dann tätowiert, wenn sie ihren ersten Kopf erbeutet hatten. Die Amerikaner, die im Jahre 1848 erstmals eine Regierung auf den Philippinen einrichteten, verboten diese Praktik. Bis dato war die Kopfjagd dazu da gewesen, um Ansehen zu erlangen, Differenzen beizulegen und die Ahnen zu besänftigen. Der Krieger stellte seine Trophäe aufgespießt auf einem Stock vor seiner Hütte zur Schau. Dann feierte das ganze Dorf ein Fest, verehrte seine Helden und führte als Widerstand gegen die Geister des besiegten Feindes magische Tänze auf. Während solcher Festivitäten konnten sich die Frauen an den Armen und Händen tätowieren lassen. Die Kalingan, die im Bergland von Luzon zu Hause sind, sind ein gefürchteter Stamm. Aufgrund ihres Rufes konnten sie lange Zeit ihre ethnische Identität wahren und ihr Brauchtum pflegen, einschließlich der Kopfjagd. Für sie war dies der effektivste Weg, ihre Konflikte mit anderen zu lösen. Heutzutage dienen die Tätowierungen bei Männern und Frauen lediglich noch dekorativen Zwecken, doch das ist nicht immer so gewesen. Einige der älteren Frauen tragen immer noch spezielle Tattoos, die sie sich durch die Versorgung der Krieger auf Kopfjagden verdient hatten. Wollte ein Mann innerhalb seines Stammes Ansehen gewinnen, so tötete er am besten die Männer verfeindeter Stämme; seinen Erfolg konnte man dann an der Anzahl seiner Tätowierungen ablesen. Paradoxerweise war ein Mann,

Linke Spalte: Armtattoo einer Manobo-Frau, ca. 1925

Rechte Spalte: Negrito-Paar

Gegenüber: Kalingan-Frau, 2000

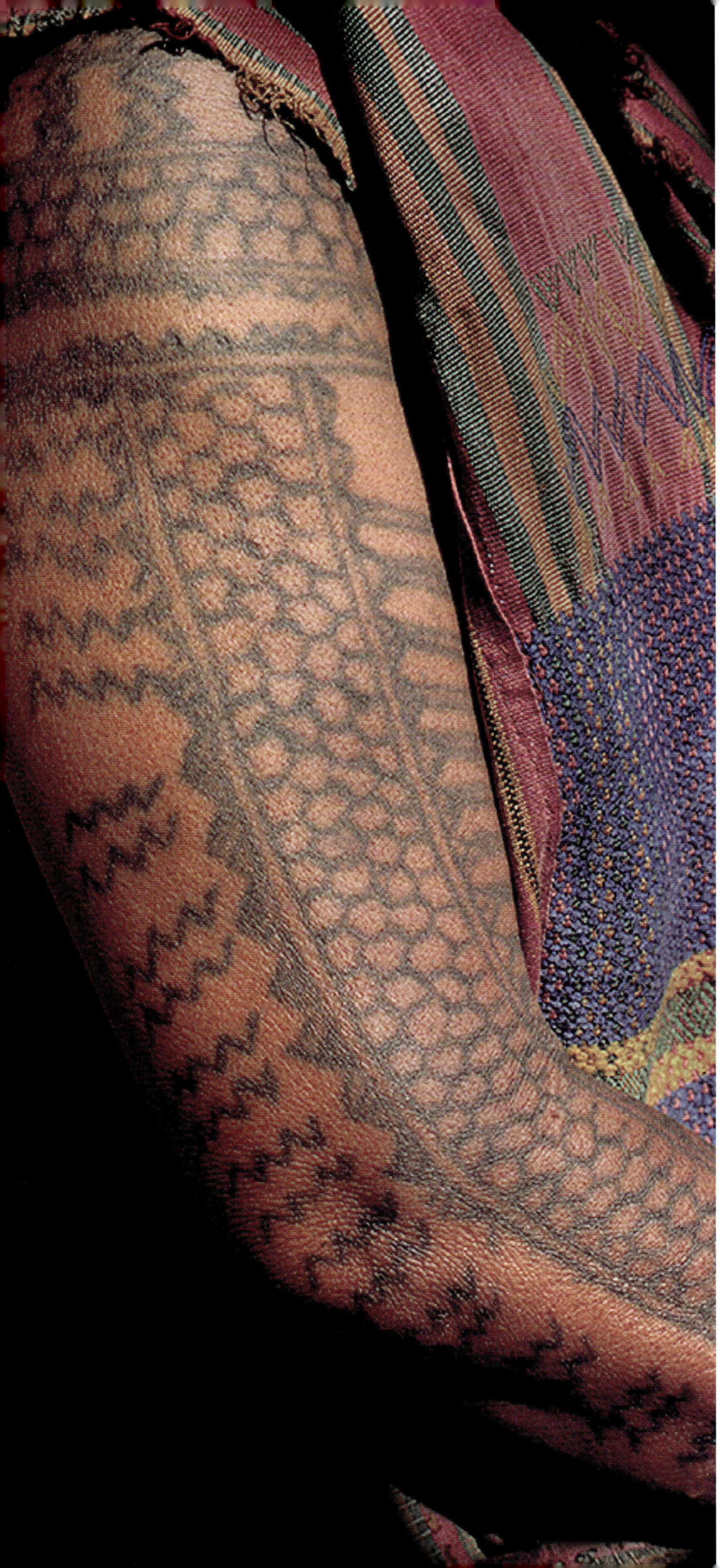

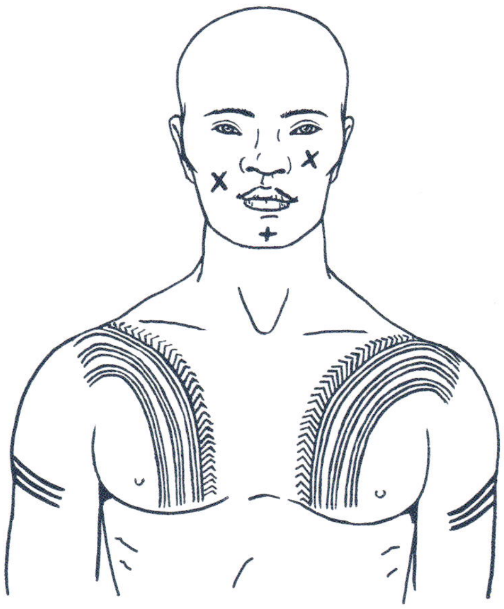

der genügend Feinde getötet hatte, prädestiniert für den Posten eines Friedenstifters und Vermittlers.

Bis zum Beginn des zwanzigsten Jahrhunderts feilten die Manobo von Mindanao ihre Zähne ab und schwärzten sie, indem sie eine Mischung aus Pilzen und der Asche von verbranntem Bambus kauten. Jungen und Mädchen wurden auf Oberkörper, Armen und Beinen mit prächtigen symmetrischen Mustern tätowiert, die von jedem bewundert wurden – ob Einheimischer oder Fremder. Das Tätowieren geschah vollkommen freiwillig und weder die Anzahl der Tattoos noch die Designs zeugten von Status. Gesicht, Rücken und Schienbeine wurden nicht tätowiert. Die Designs entsprachen den Mustern der Manobo-Stickereien und wiesen keine gebogenen Linien auf. Die Tinte bestand aus Asche, die man durch Verbrennen des Harzes des *Dongon-Dongon*-Baumes gewann. Manchmal dienten die Tattoos auch einem bestimmten Zweck: Kriminelle Banden entführten regelmäßig Kinder von Mindanao, um sie zu verkaufen, und so tätowierten die Mütter im Westen Mindanaos ihre Kinder ab dem fünften Lebensjahr, damit sie leicht erkennbar und für die Händler wertlos waren.

TÄTOWIERTE WEBMUSTER

Die Frauen der Ryukyuinseln tragen schon seit Urzeiten Tattoos auf ihren Handrücken. Dieser Brauch endete mit dem Verbot der Japaner Ende des neunzehnten Jahrhunderts. Obwohl viele Frauen sich über das Verbot hinwegsetzten und dennoch ihre Töchter tätowierten, verschwand der Brauch mit den folgenden Generationen. Die Ryukyuinseln bestehen aus drei Inselgruppen, die

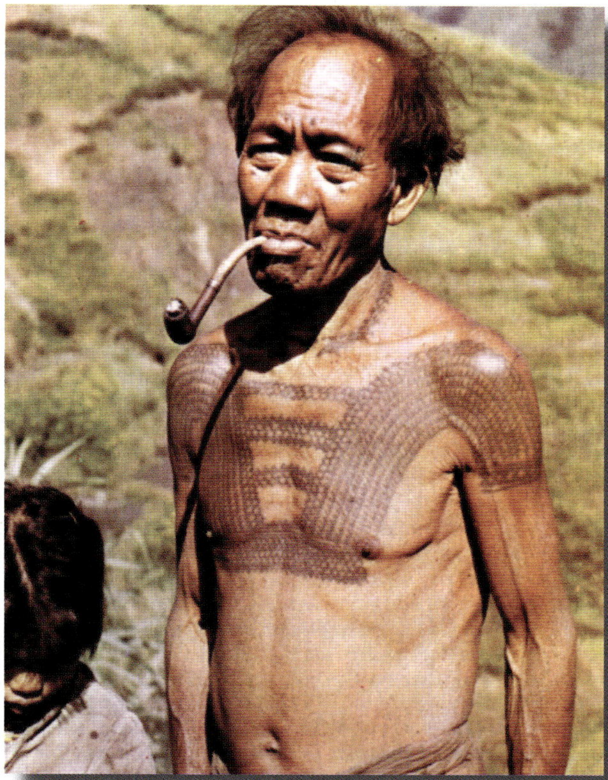

Gegenüber linke Spalte: Arm einer Kalingan-Frau, Tätowierungen dienen auch zur Identifizierung.

Gegenüber rechte Spalte: Krieger der Bontoc-Igorot, ca. 1900

Linke Spalte oben: Igorot-Mann, ca. 1900

Rechte Spalte: Kalingan-Mann, ca. 1950

Linke Spalte unten: Igarot-Frau, 1950

sich um drei größere Inseln sammeln: Oshima, Okinawa und Miyako. Der Archipel erstreckt sich vom Süden Japans bis zur nördlichen taiwanischen Ostküste. Dieses Inselkönigreich ging im vierzehnten Jahrhundert mit China ein tributpflichtiges Abhängigkeitsverhältnis ein und verlor damit gewissermaßen seine Unabhängigkeit, konnte jedoch seine Autonomie aufrecht erhalten. Im Jahre 1609 kam ein japanischer Prinz an die Macht und in der darauffolgenden Periode musste das Königreich sowohl an China als auch an Japan Steuern abgeben. 1879 annektierte Japan den Archipel, setzte den König gefangen und untersagte den Kontakt zu China. Über Jahrhunderte hinweg bestand die Haupthandelsware der Ryukyuinseln aus feinen Stoffen, die von den Frauen dort aus verschiedenen Materialien gefertigt wurden. Fast alle Muster fanden sich auch in den Tattoos auf ihren Handrücken wieder.

Auf Okinawa waren die Handtätowierungen ein Zeichen für Ansehen und Schönheit. In einer Legende ist die Rede von einem bezaubernden Mädchen, das hervorragend weben konnte. Die Japaner wollten sie nach Japan bringen, damit sie den Frauen dort ihr Handwerk lehren konnte. Die

Arm-Designs der Bontoc-Igorot, ca. 1900

Linke Spalte: Hand-Designs auf Oshima, ca. 1910

Rechte Spalte: Hand Designs auf Miyako, ca. 1910

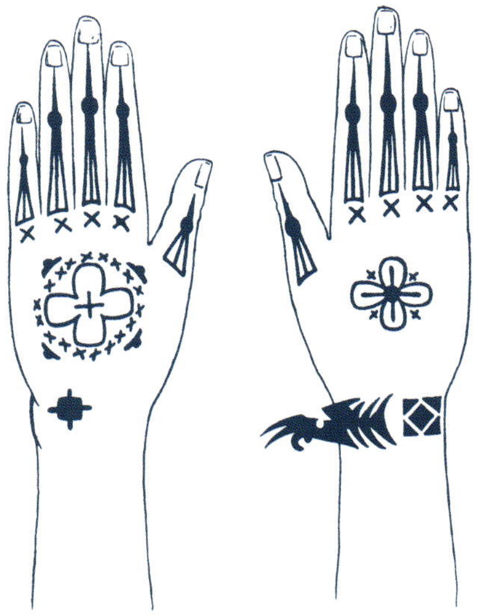

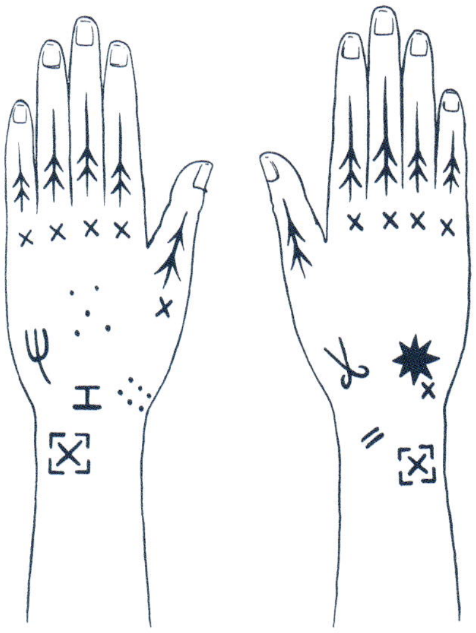

Einheimischen waren aber besorgt, dass ein reicher Japaner sie vielleicht zur Frau haben wolle und somit ihre Kunst verlorenginge. Da ersannen sie eine durchtriebene List und tätowierten ihre Hände, wodurch sie für die Japaner weniger anziehend war, von ihrem eigenen Volk aber in dem Fall, dass sie von den Japanern betrogen werden würden jederzeit erkannt werden konnte. Der Plan ging auf: Kein japanischer Mann wollte sie haben und nach einigen Jahren kehrte sie zurück und führte ein langes und glückliches Leben als Weberin. Nach ihrem Tod stand ihr der Weg in den Himmel frei und sie wurde zu einer Göttin. Noch heute wird sie in der Stadt Naha verehrt.

Die Hände der Frauen auf Myako geben vieles preis über deren Leben als Weberinnen. Wenn sie komplizierte und einzigartige Webmuster beherrschten, durften sie diese auf ihre Hände tätowieren lassen. Dies war für eine Frau die größte Ehre, sie hatte aber auch Nachteile: Sie mussten eine Websteuer zahlen, deren Höhe sich anhand der Qualität ihrer Werke berechnete. Ein typisches Tattoomuster konnte beispielsweise aus Bambusblättern auf den Fingern bestehen, auf den Knöcheln ein Viereck für das Schiffchen, eine Schere und zwei parallel verlaufende Linien für die Essstäbchen oberhalb des Daumenknöchels sowie fünf Punkte in der Mitte der linken Hand, die für Reisbällchen stehen. Auch Fußabdrücke eines Vogels konnten an der oberen rechten Hand zu finden sein, darunter ein Teetischchen und ein Dreizack zur Linken, um böse Geister fernzuhalten. Es gibt die Theorie, dass die Tattoo-Designs von Myako Familienwappen darstellen, die aus chinesischen Buchstaben entstanden sind. Auf diese Weise konnten sich die verschiedenen Familien auf der Insel voneinander unterscheiden; Nachnamen und Schrift waren zu jener Zeit dort noch unbekannt. Indem sie diese Symbole also in Webmuster einfließen ließ, konnte die Familie so etwas wie ein Copyright erheben. Dieser Theorie zufolge wären die Zeichen auf den Händen der Frauen also keine Webmuster, sondern Ahnenzeichen, die nach der Hochzeit von ihren Männern ergänzt wurden. Die Tatsache, dass die Frauen auf Myako ihre Tattoos erst nach der Eheschließung bekamen, macht diese Theorie durchaus plausibel. Das Tätowieren der

Rechte Spalte: Frau von den Ryukyu-Inseln, ca. 1830

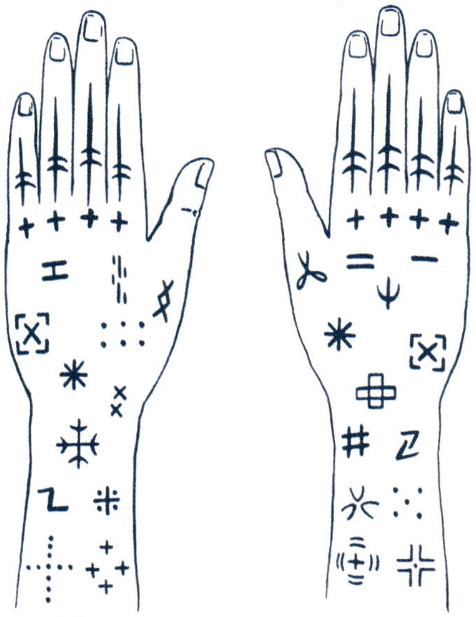

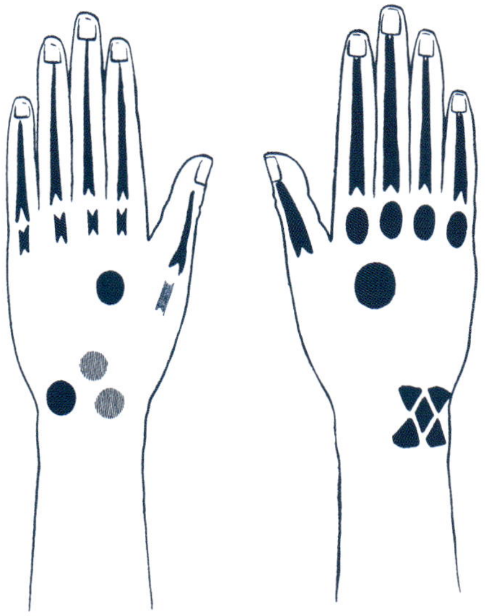

Linke Spalte: Hand-Designs auf Miyako, ca. 1910

Rechte Spalte: Hand-Designs auf Shuri, ca. 1910

Hände geschah für gewöhnlich während der Wintermonate Juli und August, wenn die Arbeit auf den Feldern ruhte. Die Hände schwollen dabei gewaltig an und mehrere Wochen war es unmöglich, damit zu arbeiten. Die Tattoos wurden nicht allesamt in einer Sitzung gestochen. Man begann damit bereits in einem sehr zarten Alter und führte den Brauch bis nach der Hochzeit fort.

Eine Kurtisane oder Schauspielerin durfte ihre Hände nicht so ausgiebig tätowieren lassen, damit man sie weiterhin von den anderen Frauen unterscheiden konnte. Darum trugen diese nur ein paar Punkte auf dem ersten Glied des Mittelfingers. Die Männer der Ryukyuinseln waren kaum tätowiert, doch man fand Tätowierungen von Harpunen, Dreizacken und Sägezähnen auf der Innenseite der Unterarme von Seeleuten und Fischern auf Itoman, in der Nähe von Okinawa. Ihre Besitzer behaupten, dass diese sie vor übelwollenden Geistern schützten. Medizinische Tattoos zur Behandlung von Rheumatismus waren gang und gäbe bei Frauen und Männern auf den Ryukyuinseln, allerdings sind dies sehr unauffällige Tattoos, bestehend aus ein paar Punkten und Vierecken an Fersen, Armen oder Schultern.

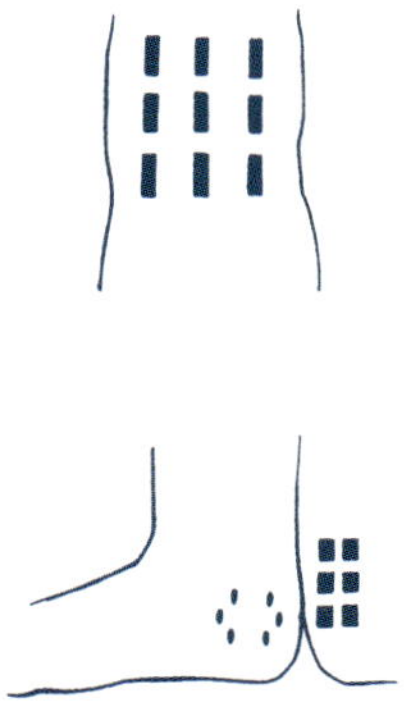

Knie- und Fuß-Designs der Ryukyu-Inseln, ca. 1910

Hand-Designs auf Oshima

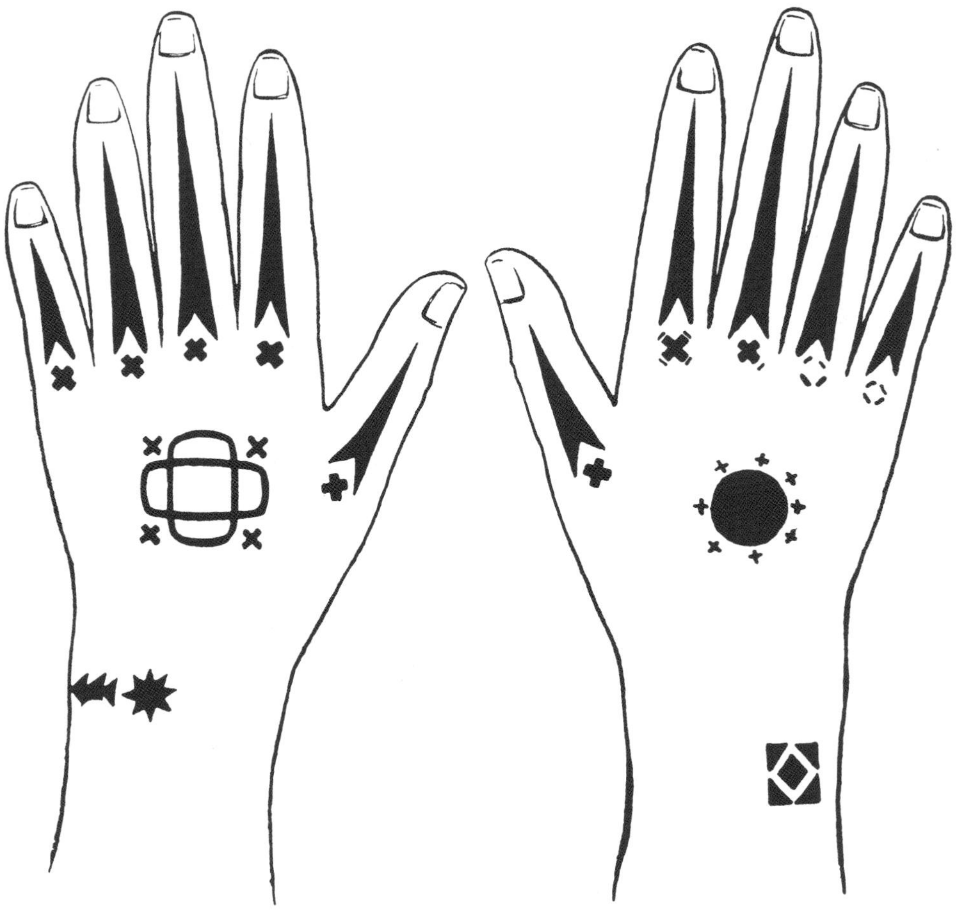

Hand-Designs auf Tokunoshima, ca. 1910

Hand-Designs der Yaeyama-Inseln, ca. 1910

DER CLOWNSMUND DER „HAARIGEN AINU"

Die Ainu bevölkern vornehmlich die Insel Hokkaido im nördlichen Japan sowie einige der Kurilen-Inseln, die heute zu Russland gehören. In ihrer Sprache bedeutet „Ainu" Mensch oder Person. Ihren mongoliden Nachbarn sehen sie wenig ähnlich, sie sind hoch gewachsen, relativ hellhäutig und extrem behaart, daher auch die Bezeichnung „haarige Ainu". Von den Japanern wurden sie abschätzig die „Wilden aus dem Osten" genannt. Der erste Kontakt mit Europäern ereignete sich im Jahr 1562. Zu dieser Zeit berichteten die Forscher aus dem Westen nichts über Tätowierungen. Die Ainu hegten einige eigentümliche Bräuche. Sie trugen riesige Bärte und lange Schnauzbärte, die sie beim Trinken – ihrem liebsten Zeitvertreib – mit einem Stöckchen anhoben. Der Holländer Gerritz de Vries schrieb im Jahre 1643, dass die Ainu-Frauen ihre Augenbrauen und Lippen schwarz und blau anmalten. Auch berichtete er von einem Bestattungsritual, während dessen die Angehörigen des Verstorbenen sich tiefe Wunden in die Stirn schnitten und der Seele des Toten ihr Blut opferten. Die Ainu tätowierten ihre Unterarme sowie Hände und Finger. In späteren Berichten werden markante Mundtätowierungen bei den Frauen beschrieben. Vor der Hochzeit genossen die Frauen eine große sexuelle Freiheit und es war auch nicht ungewöhnlich, dass die Frau dem Mann einen Antrag machte. Wurde ein Mädchen verlobt, dann begann ihr Zukünftiger die Anfänge eines Designs um ihren Mund herum zu tätowieren. Erst nach der Hochzeit wurde das Tattoo vervollständigt. Das fertige Tattoo bestand aus einem dunklen Rand um den Mund herum, dessen Spitzen nach außen zeigten. Dies sah aus wie ein Clownsmund oder ein Schnauzbart. Eine Legende der Ainu erzählt von einem Krieg, den sie gegen ein Zwergenvolk führten, das in unterirdischen Gängen hauste. Die weiblichen Zwerge, die man gefangen genommen hatte, wurden um den Mund herum tätowiert, damit sie nicht wieder entkommen konnten. Zu Beginn des zwanzigsten Jahrhunderts verbot die japanische Regierung das Tätowieren und der Brauch ist seither ausgestorben.

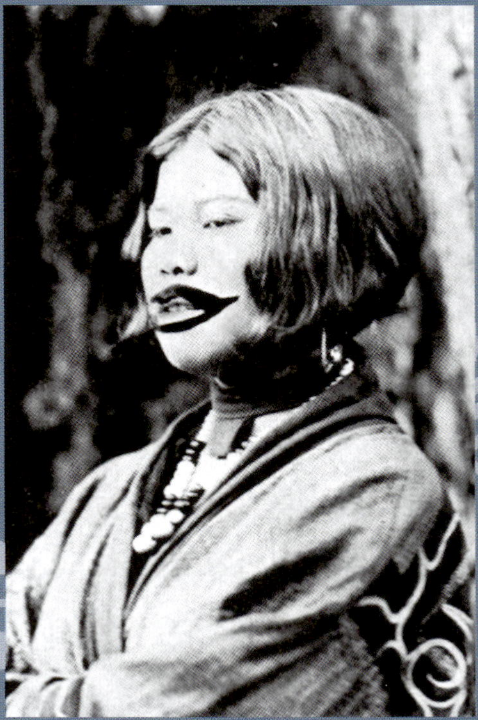

MOLUKKEN
Iban
CERAM
BORNEO
SUMATRA
SULAWESI
AMBON
MENTAWAI
JAVA
LOMBOK
TIMOR
BALI
ROTI

KAPITEL 4

INDONESIEN

Vor langer Zeit, als das Federkleid der Vögel noch stumpf und farblos war, beschlossen ein Fasan und eine Krähe einander zu tätowieren. Die Krähe war zuerst an der Reihe und machte ihre Arbeit prächtig. Der Fasan aber, der ein dummer Vogel war, scheiterte ganz jämmerlich. Um sein stümperhaftes Werk zu verbergen, goss er schwarze Tinte über die Krähe und flog eilig davon. Und darum trägt bis zum heutigen Tage der Fasan ein herrliches Muster und die Krähe ist kohlrabenschwarz.

Rechts:
Ein junger Iban-Krieger erhält sein Halstattoo, Borneo

Halstattoo, Borneo

Stilisierte Mango, Iban

Stilisierte Jalaut-Frucht, Iban

Stilisierte Durian-Frucht, Iban

Die erwähnte Legende stammt von den Kaya, einem Stamm auf Borneo (aus der Gegend des heutigen Kalimantan). Ihr Tätowierstil hat dank des Neuen Tribalismus weltweiten Ruhm erlangt. Die eleganten geometrischen Muster der Kaya und später auch der Iban inspirierten die für den Neuen Tribalismus typischen einfarbigen Formen. Obwohl das Tätowieren nur an wenigen Orten in Indonesien überleben konnte, überstand der Stil der Kaya die Kolonialzeit. Ein Grund dafür mag sein, dass Borneo lange Zeit unentdeckt blieb, bis weit ins neunzehnte Jahrhundert hinein. Auch auf den abgelegenen Mentawai-Inseln im Westen von Sumatra konnte sich eine Tätowierkultur halten. Für diesen eher nüchternen, aber sehr eleganten Stil sind symmetrische Muster aus geraden und geschwungenen Linien charakteristisch, die sich über den ganzen Körper verteilen. Auf den vielen hundert kleinen Inseln des östlichen indonesischen Archipels waren dem Tätowieren sehr unterschiedliche Schicksale beschieden. Hier gab es fast ebenso viele Tätowierstile, wie es Inseln gab, doch im Gegensatz zu Borneo wurden die kleineren Inseln bereits im siebzehnten Jahrhundert von holländischen und portugiesischen Seefahrern besucht. Die Anwesenheit der Europäer hatte deutliche Auswirkungen auf Brauchtum und Traditionen der Einheimischen. Bis zum Ende des neunzehnten Jahrhunderts gehörte das Kruzifix zu den am meisten verbreiteten Tattoos, ein stummer Zeuge der Versuche portugiesischer Missionare, die Inselbewohner zu „zivilisieren“. Es war ein Symbol, das Furcht verbreiten sollte, nur kannte zu jener Zeit niemand die Hintergründe dafür. Der Einfluss der katholischen Kirche sowie des Islams sorgten dafür, dass das Tätowieren nach und nach von den östlichen Inseln verschwand. Mit jeder Generation, die heranwuchs, gab es weniger Tätowierungen. Im neunzehnten Jahrhundert war die Praktik auf Ambon bereits ausgestorben. Allem Anschein nach hat es auf den größeren Inseln, wie Java, Sumatra, Bali und Lombok, keine indigene Tätowierkultur gegeben, was jedoch nicht bewiesen werden kann. Zu Beginn des zwanzigsten Jahrhunderts waren auf Celebes (Sulawesi) nur noch die älteren Leute tätowiert. Die Einheimischen erklärten, dass niemand mehr wisse, wie die Muster zu zeichnen wären. Offensichtlich agierten sie frei nach dem Motto „lieber gar kein Tattoo als ein schlechtes Tattoo“.

TATTOOS, KOPFJÄGER UND MENSCHENOPFER

In Indonesien steht das Tätowieren in engem Zusammenhang mit religiösen Zeremonien, zu denen oftmals auch Menschenopfer gehörten. Der Untergang der indonesischen Tätowierkultur erklärt sich zum Teil auch aus dem Verbot der holländischen Kolonialherren, was die Kopfjagd und andere Brauchtümer betraf. Eine Geheimgesellschaft des Patasiwa-Volkes auf der molukkischen Insel Seram, genannt Kakéan, nahm ausschließlich erwachsene Männer auf. Ihr Ziel war es, das Überleben des Brauchtums ihrer Vorfahren zu sichern. Neue Rekruten wurden bei einem Initiationsritual tätowiert, meistens mit kreuzförmigen Mustern auf Brust, Schultern und Armen. Bei jedem Treffen der Gesellschaft wurden neue Tattoos hinzugefügt. Über die Bedeutung der Tätowierungen können wir nur spekulieren, da die Mitglieder unter Androhung der Todesstrafe absolutes Stillschweigen zu wahren hatten zu allem, was mit der Initiationszeremonie zu tun hatte. So bestanden beispielsweise die Initiationszeichen der Wemale, die im Westen Serams leben, aus stilisierten Vogelschwingen, die symmetrisch auf der Stirn angebracht wurden. Die Bruderschaft der Kakéan, war einstmals sehr mächtig und für ihre mysteriösen Zeremonien berüchtigt. Unter der holländischen Herrschaft verlor sie allerdings stark an Einfluss und wurde schließlich verboten. Eine Zeitlang trafen sich die Mitglieder allerdings noch heimlich und die neuen Eingeweihten wurden an weniger sichtbaren Stellen tätowiert, wie direkt unter dem Anus.

Ursprünglich fand einst auf ganz Seram die Kopfjagd statt. Die Alfuru, Bergbewohner der Insel, glaubten, dass die Seele im Schädel wohne. Darum war auch der Kopf eines Feindes eine hoch geschätzte Beute. Die bevorzugte Taktik der Alfuru bestand darin, sich von hinten an den Feind anzuschleichen und seinen Kopf abzuschneiden, noch ehe die Seele entwischen konnte. Wer einen Kopf erbeutet hatte, durfte sich ein sogenanntes Kopfjägerzeichen tätowieren lassen, dass vom Fregattenvogel abgeleitet wurde, der im gesamten Südpazifik einen wichtigen symbolischen Stellenwert einnimmt. Eine weitere Zeremonie, bei der ebenfalls tätowiert wurde, war die Ma´boea auf Zentral-Celebes. Sie wurde allerdings abgeschafft, da sie außerdem traditionell ein Menschenopfer forderte. Eine Ma´boea-Zeremonie wurde abgehalten, um die Götter nach wiederholten Missernten oder bei Seuchen wieder günstig zu stimmen. Die Männer des Dorfes machten sich dann auf in eine weit entfernte Siedlung, um dort einen Menschen zu kaufen, den sie opfern konnten (*tandasang*), zumeist ein alter Sklave. Nach ihrer Rückkehr folgten mehrere Rituale, während derer ein jeder tätowiert wurde.

Der *tandasang* war sicher, solange dem Reis, den Menschen oder dem Büffel des Dorfes kein Unglück ereilte. Gab es dennoch eine Missernte, wurde die Ma´boea-Zeremonie zu Ende gebracht und mit ihr auch das Leben des *tandasang*. Nachdem man den Sklaven getötet hatte, wurde sein Kopf abgeschnitten, gesäubert, über dem Feuer geräuchert und anschließend, aufgespießt auf einem Stab, vor der Hütte des Häuptlings zur Schau gestellt.

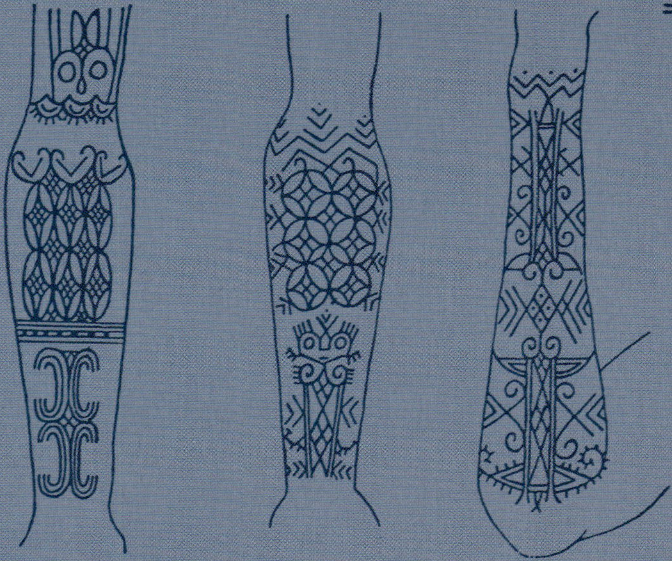

Oben: Arm-Design der Frauen, Celebes

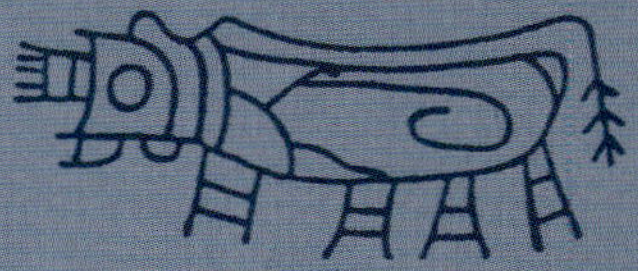

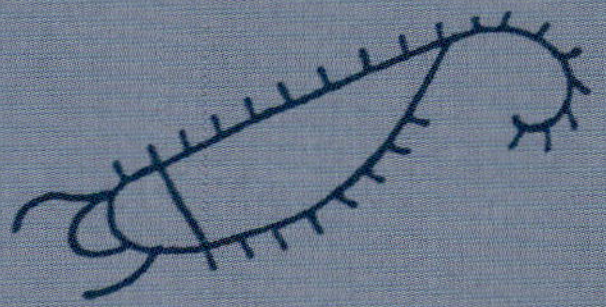

Oben und unten: Tier-Designs, Celebes

Links: Häuptling aus dem Westen Serams im Kopfjäger-Gewand und mit Kakéan-Tattoos, von A. Hahn 1937

Rechte Spalte:
Dayak-Krieger, Borneo

BORNEO: INSPIRATION FÜR EINEN NEUEN TRIBALISMUS

Im Gegensatz zu den kleineren Inselgruppen konnte Borneo seine Tätowiertradition aufrechterhalten. Bei den an der Küste lebenden Iban (den See-Dayak) gehört das Tätowieren zum täglichen Leben, obwohl sich die Designs verändert haben. Viele Männer tragen noch immer die traditionellen Rosetten, doch die junge Generation liebt die chinesischen Drachen, asiatische Mädchen, Militärsymbole und andere fremdländische Motive. Im Laufe der Geschichte entlehnten die Iban ihre Tattoomotive von denen anderer Stämme und passten sie ihren Belangen an. Iban-Krieger trugen Tier-Tattoos oder Bilder von gefürchteten oder mysteriösen Erscheinungen. In der Vergangenheit waren das Darstellungen von Tigern, Skorpionen und Krokodilen. Während des Zweiten Weltkrieges wurden diese von Flugzeugen abgelöst und in den 1960ern tauchten Helikopter als Motive auf. Hier bekommen wir also einen einmaligen Einblick in die Entwicklungsgeschichte einer lebendigen Tätowierkultur.

Das Innere der Insel ist ein undurchdringliches Gebiet voller Gefahren. In den Sümpfen, Flüssen und im Urwald wimmelt es nur so von Schlangen, Tigern und verfeindeten Völkern, die von den Europäern zur Zeit der ersten Kontakte des Kannibalismus und der Kopfjagd verdächtigt wurden. Nur wenige Europäer wagten sich in diese Gebiete vor, darum gibt es aus der Zeit vor 1900 kaum

Dayak-Männer, Borneo

Beschreibungen von Tattoos auf Borneo. Die riesige Insel strotzt nur so von kleineren Stämmen, die sich entlang der Flüsse oder in den Bergen angesiedelt haben. Das Tätowieren war überall auf Borneo üblich und jeder Stamm pflegte eine eigene Tradition. Ein bestimmter Stil – der der Kayan – setzte sich schließlich bei den größeren Stämmen durch. Die Kayan sind auch der kreative Kopf hinter den meisten modernen Tattoo-Designs, die sich schließlich bei anderen Stämmen, wie den Iban an der Nordküste und den Kenyah im Landesinneren, verbreiteten.

Die Holzstempel der Kayan

Der Kayan-Stil verdankt seine starke Verbreitung nicht zuletzt einer Technik, bei der Holzstempel verwendet werden. Die Männer des Stammes schnitzten Reliefmuster in Holzblöcke, die auf diese Weise leicht auf die Haut übertragen werden konnten. Diese Blöcke hat man dann verliehen oder von Dorf zu Dorf gebracht, wo der Tätowiermeister sie als Vorlagen benutzte. Hinzu kommt noch, dass die Muster der verschiedenen Stämme einander ohnehin ähnelten, da die Männer auf längeren Reisen immer ein Tattoo zum Beweis mitbrachten, so ähnlich also wie heutzutage der Stempel im Reisepass. Dabei wurden nur die befreundeten Stämme aufgesucht, denn beim Betreten unbekannten Gebietes bestand ein sehr reales Risiko, dass man seinen

Iban-Mann

Hals-Design der Bekatan

Lukut-Designs

Kopf verlor. Wie die Europäer bereits vermutet hatten, war die Kopfjagd tatsächlich ein weit verbreiteter Brauch auf der Insel. Aus diesem Grund sah man Tattoos, die zu einem bestimmten Stamm gehörten und ihn identifizierten, eher auf der Haut der Frauen, die bei einer Kopfjagd nicht anvisiert wurden.

Einige der kleineren Stämme, wie die Bukat oder Bekatan, waren sehr stark tätowiert. Große Bereiche ihres Körpers sind von dunklen Flecken bedeckt, wobei die Muster durch freigelassene Stellen entstehen, an denen die eigentliche Hautfarbe durchscheint. Von den größeren Stämmen waren die Iban-Männer am stärksten tätowiert. Die Designs wurden zumeist anderen Stämmen, wie den Kayan, Kenyah und Bekatan, abgeschaut. Sogar das typische Halsmotiv der Iban, das sie *katak* (Frösche) oder den „Faden des Spinnrads" nennen, ist eine Adaption eines Bekatan-Motives. Kayan-Männer trugen – im Gegensatz zu den stark tätowierten Iban – nicht mehr als fünf Designs auf Oberschenkeln und Unterarmen. Ein Motiv, das einmalig für diesen Stamm ist, ist der Talisman (*lukut*) auf dem Handgelenk, der die Seele daran hindern sollte, aus dem Körper zu entfliehen. Die Kayan glaubten, dass, wenn ein Mensch krank wurde, die Seele seinen Körper verlassen hatte; wurde er wieder gesund, war die Seele zurückgekehrt. Eine *lukut*-Perle wurde nun mit einem Faden um das Handgelenk gebunden, damit die Seele nicht wieder entfliehen konnte. Später wurde dies durch ein tätowiertes Armband mit Perle ersetzt, damit man es nicht aus Versehen verlieren konnte. Dies ist ein schönes Beispiel dafür, wie aus einem provisorischen Schmuckstück ein Tattoo entstehen kann – ein Hintergrund, der vermutlich hinter vielen Tattoo-Designs steckt.

Hunde, Rosetten und Skorpione

Stilisierte Abbildungen von Hunden, Skorpionen und Krebsen sind die häufigsten Motive der Kayan, Iban und Kenyah. Die Namen wurden den Motiven von den Einheimischen gegeben; die Tiere selbst sind derart verfremdet, dass man sie kaum noch erkennen kann. Besonderer Beliebtheit erfreute sich das Motiv des Hundes (*udoh asu*).

Rechte Spalte und unten: Hals-Designs der Iban

Rechte Spalte: Hölzerner Musterstempel der Iban

Die Männer sammelten es während ihrer Reisen auf den Armen und auf der Brust, wobei die Umrisse des Motivs auf den Stamm verwiesen, den sie besucht hatten. Dabei ähneln die Designs eher dem chinesischen Drachen oder der Schlange: Sie besitzen kleine Pfoten, ein riesiges Auge und einen gähnenden Schlund mit oder ohne Zähne. Manchmal werden auch nur Auge und Mund abgebildet. Wie es scheint, ist auch die Rosette, die man oft auf den Schultern sieht, nur eine Abstrahierung eines großen Hundeauges. Die Iban behaupten, es sei ein Pflanzen- oder Fruchtmotiv, doch sie haben oftmals ihre eigene Deutung für Tattoos, die sie bei anderen abgeschaut haben. So sagen sie auch über die Sterne, die sie auf Brust und Schultern tragen, es seien Fruchtmotive. Das Hundemotiv entwickelte sich bei den Iban weiter zu einem Skorpion oder einem Skorpionenhund (*kala asu*) und bei den Kenyah zu einer Garnele.

Stilisierte Hundemotive der Iban

Linke Spalte unten: Iban-Mann mit Hundetattoo

Stilisierter Skorpion der Iban

Stilisierte Garnele der Iban

Es stellt sich die Frage, warum man ausgerechnet einen Hund zum Motiv machte. Das Hundemotiv ist auf ganz Borneo und Sarawak (dem nordwestlichen malaiischen Teil der Insel) anzutreffen. Die Stämme der Kayan und Kenyah, welche dieses Motiv auf Türen, Grabsteinen, Balken und Zierleisten verwendeten, verbreiteten es auf der gesamten Insel. Der Hund war auf der Jagd ein treuer Helfer und Gefährte. Zwar waren sie keine heiligen Tiere, genossen aber dennoch ein hohes Ansehen und durften sich frei bewegen. Die Ngadju-Dayak, die im Tal des Barito-Flusses leben, glaubten, dass die Hunde vom Patti Palangkaing abstammten, dem König aller Tiere, und bereiteten ihnen sogar ein ehrenvolles Begräbnis. Manchmal wurden ihnen zur Ehre Schreine errichtet und die Knochen des Wildes, das sie erlegt hatten, darin aufgehängt.

Zeichen männlicher Heldentaten

Heute dienen die Tätowierungen der meisten Männer lediglich dekorativen Zwecken, doch einstmals gab es Designs, die das Ansehen eines Mannes steigern konnten. Bei den Kayan von Sarawak und den Iban stand nur einem erfolgreichen Kopfjäger ein Tattoo auf den Handrücken und Fingern zu, die sogenannten *pantang jari*. War er nur Zeuge der Ermordung eines Feindes gewesen, durfte er ein Daumentattoo tragen. Die Iban glaubten, dass Köpfe über magische Kräfte verfügten. Man verlangte von jedem jungen

Krieger seine Männlichkeit unter Beweis zu stellen, indem er einen Kopf erbeutete, und die jungen Frauen spornten ihre Männer dazu an. In der Kolonialzeit wurde die Kopfjagd verboten, doch während der Guerilla-Aufstände gegen die Japaner im Zweiten Weltkrieg erlebte sie eine Wiedergeburt. Danach starb sie erneut, lebte jedoch während eines religiösen Aufruhrs im Jahr 2003 noch einmal auf. Heute sind tätowierte Punkte zwischen Daumen und Zeigefinger eines Iban-Mannes ein Zeichen dafür, dass er jemanden getötet hat.

Die Männer der Murut im Norden von Sarawak verdienten sich ihre Tattoos, indem sie an gefährlichen Expeditionen teilnahmen. Diese Tattoos bestanden aus drei parallel verlaufenden Linien von den Schultern bis zum Bauch sowie vom Oberarm zu den Handgelenken. Aber nicht nur Helden trugen Tattoos; schaffte es ein Häuptling, seinen Feinden zu entwischen, so bekam er zwei Vierecke auf den Rücken tätowiert. Für viele der Frauen waren Tattoos ein gefragtes Accessoire und wenngleich die Kayan-Frauen eher selten tätowiert waren, so waren doch die Iban-Frauen reich verziert an Füßen, Beinen, Oberschenkeln, Armen und Händen. Die Kayan glaubten, dass Tattoos im Jenseits Licht verströmten und dass man ohne sie zu ewiger Finsternis verdammt sei. In früheren Zeiten war es nur den Frauen und Töchtern der Anführer gestattet, Tattoos zu tragen. Obschon die Klassenunterschiede zu Beginn des zwanzigsten Jahrhunderts weit weniger streng waren, so gab es doch erhebliche Unterschiede zwischen den Designs einer Häuptlingstochter und denen der anderen Frauen des Dorfes oder der Sklavinnen. Je mehr Linien in einem Tattoo (*tedak*) zu finden waren, desto höher war der Status der Frau. Manche Mädchen und Frauen waren nicht ganz so ausgiebig tätowiert, teilweise wegen des Schmerzes, vor allem jedoch weil die Kosten ihre Familien in die Armut

Linke Spalte: Tätowieren auf Borneo

Rosetten der Iban

Links: Ngadjus

Iban-Mann

Hölzerner Rosettenstempel der Iban

Kopfjäger-Handtattoo der Kayan

treiben konnten. Die meisten Designs der Frauen bestanden aus Sequenzen wiederkehrender Motive. Das Hauptmotiv für das Schenkeltattoo der Kayan-Frauen war ein stilisierter menschlicher Schädel, bestehend aus zwei Augen und einem Schnörkel, der immer wiederholt wurde. Je nach Status der Frau konnte das Tätowieren bis zu drei Tagen andauern.

Eulenaugen und Schwäne für die Frauen

Während andere Stämme die Designs der Kayan-Männer kopierten, borgten sich die Kayan-Frauen hölzerne Schablonen von den Long-Glat und trugen viele von deren Designs. Die Tattoos der Long-Glat-Frauen waren überaus reizvoll und sehr beliebt. So gibt es Oberschenkeltattoos, bestehend aus einem stilisierten Nashornvogelschnabel und der Zeichnung eines Fasanenfederkleides. Die Tätowierungen an den Armen waren schlichter und wurden ohne die Hilfe von Holzstempeln gestochen. In den Figuren spiegelten sich Eulenaugen, Schwäne, Haken und der spitz zulaufende Bug ihrer Boote. Die Mädchen wurden im Alter von acht Jahren erstmals tätowiert, beginnend mit den Fingern. Oberschenkeltattoos, die größten und schmerzhaftesten Tattoos für eine Frau, wurden nicht gestochen, ehe das Mädchen achtzehn war. In diesem Alter war sie wohlhabend genug, um sich dieses kostspielige Verfahren leisten zu können. Die Kayan-Frauen waren in diesem Alter bereits ausgiebig tätowiert, denn es galt als unsittlich, sich dieser Prozedur erst dann zu unterziehen, nachdem man bereits ein Kind geboren hatte.

Die meisten Stämme verwendeten geschnitzte Holzstempel (*klingé*). Der Tätowierer, meistens ein Mann, übertrug das Muster auf die Haut, rieb die Asche von verbranntem Baumharz auf die Linien und stach es dann in die Haut. Einige wenige Stämme, vor allem im Barito-Flusstal, tätowierten lieber freihändig mit Nadeln und einem Schlegel. Bis heute ziehen sie die hölzernen Schlegel den elektrischen Tätowiermaschinen vor. Mit einem Holzstab beklopfen sie rhythmisch ein kleines Holzstück, an dem einige Kupfernadeln angebracht sind. Bei den Kayan tätowierten ausschließlich Frauen, die ihr Handwerk weitervererbten. Das Tätowieren war eine geachtete Kunstform, die verbunden war mit verschiedenen Ritualen und Tabus. Diese Frauen mussten ihrem persönlichen Schutzgeist viele Opfergaben darbringen. Je mehr Schweine sie opferten, desto mehr Lohn durften sie für ihre Dienste beanspruchen. Verlangten sie jedoch zu viel, konnten sie auch Klienten verlieren. Der Schutzgeist untersagte der Tätowiererin außerdem, bestimmte Fleischsorten und Fisch zu sich zu nehmen; wurde dieses Tabu gebrochen, würden die schwarzen Linien des Tattoos verblassen. Auch der Klient musste sich an bestimmte Regeln halten; so wurde zum Beispiel keinesfalls tätowiert, wenn sich eine Leiche im Haus des Klienten befand, ebenso wenig während der Aussaat.

Hände einer Kayan-Frau, ca. 1930

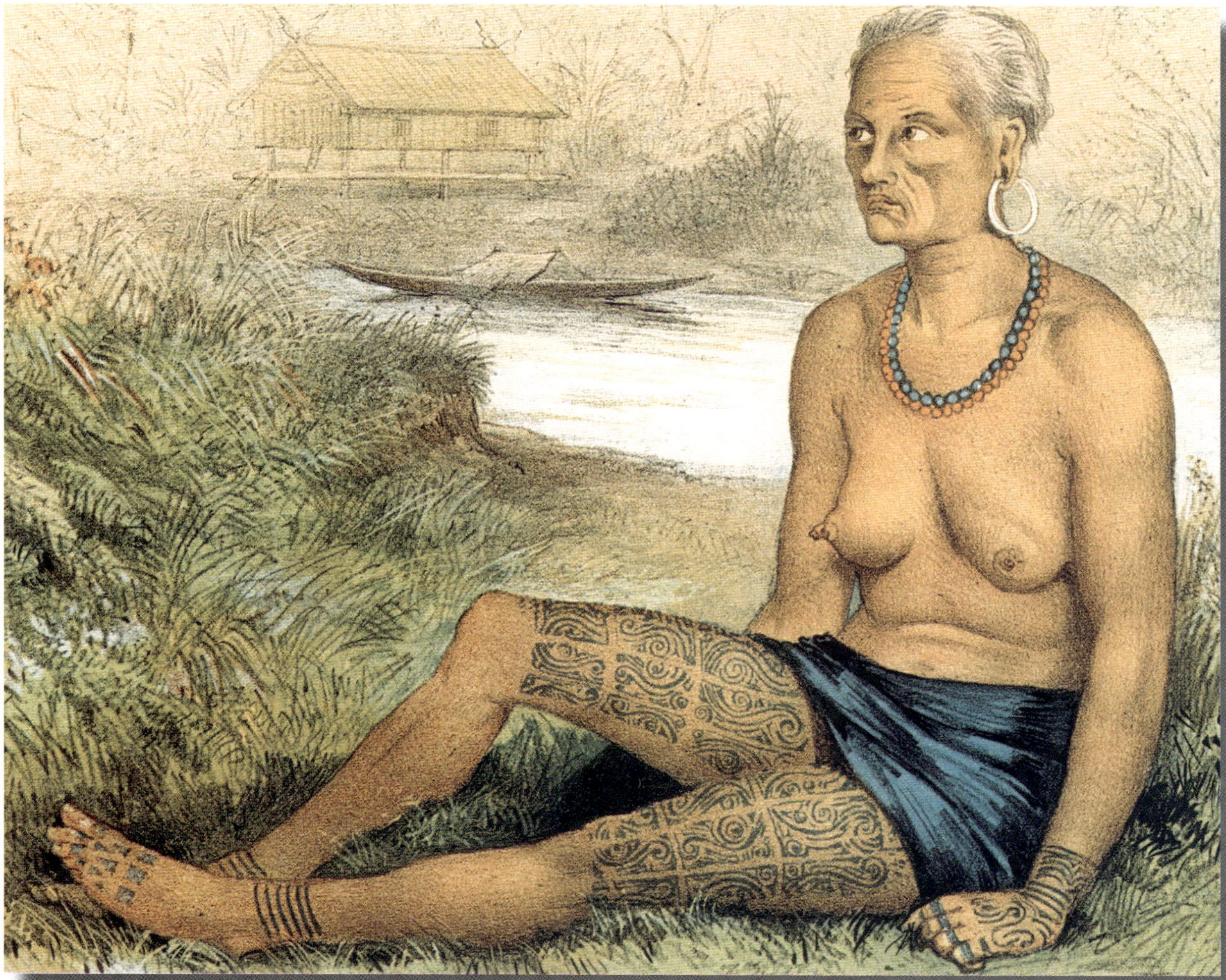

Kayan-Frau, von Carl Bock, 1881

Oberschenkeltattoo
der Long-Glat mit
Nashornvogel-Design

„Abschlussornament“
der Long-Glat

Gegenüber:
Abfeilen der Zähne
auf Mentawai

Oben:
Auftragen der Umrisse

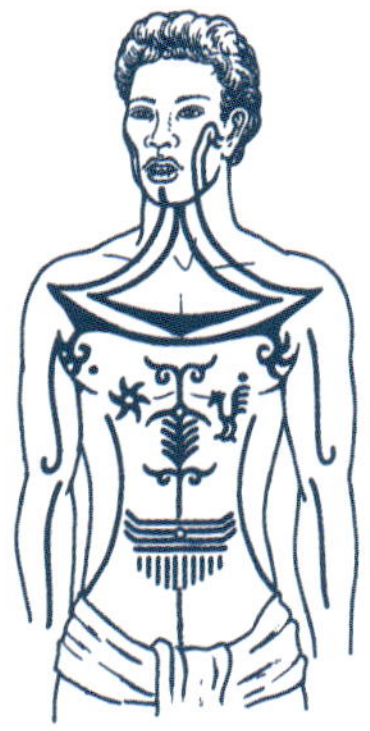

Brust-Design auf Mentawai

ELEGANTE LINIEN UND KURVEN AUF MENTAWAI

Zu den bemerkenswertesten Tätowierkulturen in Indonesien gehören zweifellos die der Mentawai-Inseln vor der Westküste Sumatras, deren Bewohner eine ganz eigene Symbolsprache entwickelt haben. Man kann ihre Tattoos als Einzelwerke nicht verstehen, erst im Zusammenhang mit dem Gesamtdesign auf dem ganzen Körper ergeben sie einen Sinn. Sie bestehen aus einfachen geometrischen Linien, die den Körper an bestimmten Stellen durchschneiden und in eleganten Bögen auf den Wangen enden. Jedes Tattoo beginnt mit einer mittigen Linie vom Kinn bis zum Schambereich. Manchmal teilt sich diese Linie und führt zu den Schultern, von wo aus sie sich zu den Gliedmaßen erstreckt und eine Art Brustplatte bildet. Die einfachen geschwungenen Linien auf den Händen und Waden erinnern ein wenig an die Tattoos von Borneo. Die Völker von Mentawai gehören zu den wenigen indonesischen Stämmen, deren Tätowierkultur unverändert geblieben ist.

Im Gegensatz zu den bornesischen Stämmen sind die Mentawai-Männer sehr stark tätowiert. Die Mentawai-Frauen lassen eher selten ihre Arme oder Beine tätowieren, während die Männer neben den bereits erwähnten Linien oftmals auch Darstellungen von Vögeln oder anderen Tieren an Füßen und Schienbeinen tragen. Die Mentawai wissen nichts über die Ursprünge ihrer Designs. Bis die Holländer es verboten, waren auch sie Kopfjäger, allerdings ist auch kein Zusammenhang zwischen der Kopfjagd und dem Tätowieren nachweisbar, da von den Forschern und Anthropologen, die diese Stämme besucht haben, keine

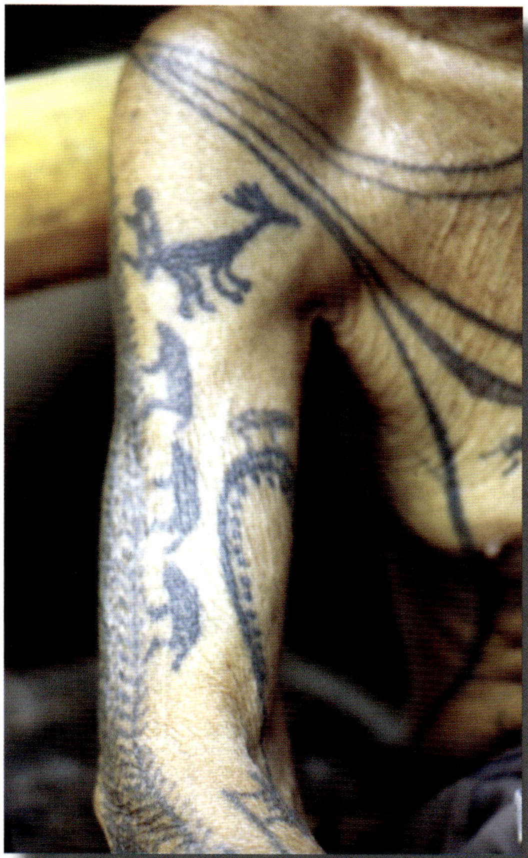

Linke Spalte: Auftragen der Umrisse, Mentawai

Rechte Spalte: Tierfiguren, Mentawai

relevanten Informationen zusammengetragen werden konnten. Viele Geschichten, die die Mentawai erzählen und die dann von anderen gedeutet werden, haben sich als grobe Übertreibungen herausgestellt. Die Siberut-Männer tätowierten sich angeblich menschliche Figuren auf die Stirn zum Zeichen dafür, wie viele Männer sie getötet hatten, doch diese Geschichte ist nicht ausreichend belegt. Es ist allerdings bekannt, dass die Jäger Tattoos von stilisierten Affen, Wild und Schildkröten auf dem Bauch trugen, um rivalisierenden Stammesgenossen gegenüber ihren Heldenmut darzustellen.

Die charakteristischen Linientattoos auf Mentawai sind so simpel, das dafür kein Spezialist erforderlich ist. Das Tätowieren, genannt *titi*, beginnt in einem Alter zwischen acht und zwölf. Zuerst wird die mittlere Linie auf dem Bauch angebracht und einen oder zwei Monate später folgt die Linie auf der Wirbelsäule, die sich zu den Schultern hin verzweigt. Rücken, Oberschenkel, Arme und Hände werden in vielen nun folgenden Sitzungen gestochen. Wie die Iban verwenden auch die Mentawai einen Holzschlägel, um die Nadel mit der Tinte in die Haut zu treiben. Die Schlägel sind circa 40 cm lang und besitzen eine Aussparung für den Daumen. Der Nadelstab misst 30 cm und die Kupfernadel (ursprünglich verwendete man einen Dorn) ist 7 cm vor dem Ende angebracht. Um symmetrische Linien zu erzeugen, hält ein Assistent eine straff gespannte Pflanzenfaser auf den Körper, die der Tätowierer als Richtlinie verwendet. Die Tinte besteht aus braunem Harz, vermischt mit Kohle und dem Saft der roten Zuckerrübenpflanze. Der Tätowierer erhält pro Sitzung ein Huhn. Auf Mentawai änderten sich die Designs je nach Geschmack. Im frühen zwanzigsten Jahrhundert war es eine Zeitlang Mode, den eigenen Namen auf den Arm tätowiert zu haben. Das bedeutete für die Mentawai nicht nur den offiziellen, von der Regierung registrierten Namen, sondern auch die fünf bis sechs Namen, die sie in ihrer Jugend erhalten hatten. Die Namen ändern sich oft, zum Beispiel wenn ein Nahestehender gestorben war oder nach einer Krankheit.

BRANDZEICHEN – SYMBOLE MÄNNLICHER TAPFERKEIT

Einstmals gab es im östlichen Teil des indonesischen Archipels eine weitreichende Tätowierkultur. Diese ist jedoch mit der Ankunft der Europäer im neunzehnten Jahrhundert untergegangen. Andere indigene Bräuche, wie das Feilen der Zähne oder die Beschneidung der Frauen,

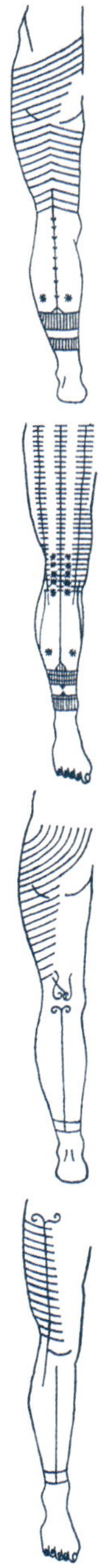

Bein-Designs, Siberut

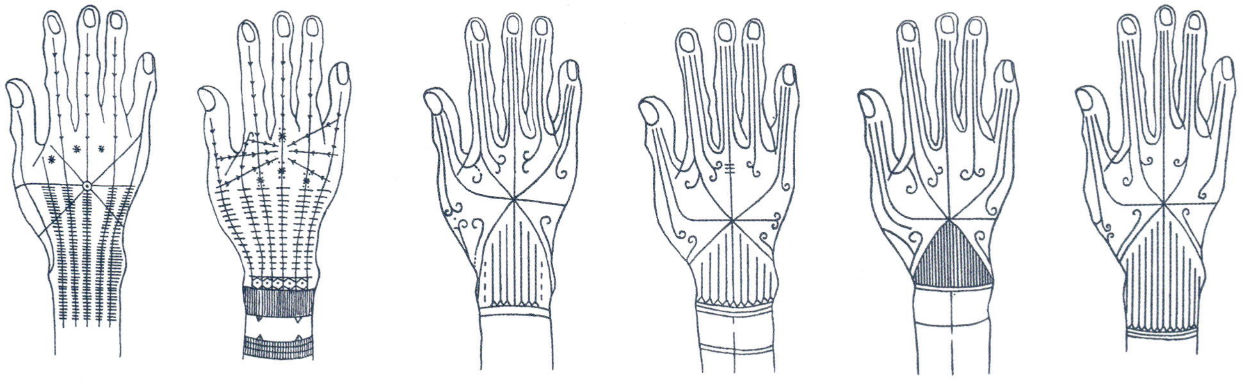

Hand-Designs auf Siberut und Pagai

Gegenüber: Stillende Sakudei-Frau, Siberut

wurden aber weiter praktiziert. Das Abfeilen oder auch Abmeißeln der Zähne, manchmal bis zum Zahnfleisch, war oft ein obligatorisches Ritual zu Beginn der Pubertät. Auf den Molukken-Inseln konnte ein Mann erst dann mit einer Frau schlafen, wenn seine Zähne abgefeilt worden waren. Für das Tätowieren galten keine so strengen Regeln: Nur selten war es verpflichtend und es gab keine dazugehörigen Rituale oder Zeremonien. Nur auf Timor tätowierten sich die Männer während der Bestattungsfeierlichkeiten, teilweise um sich die Zeit zu vertreiben und andererseits weil sie glaubten, die Bilder würden nicht verblassen, wenn sie während einer Nachtwache gestochen würden.
Auch wenn es auf diesen Inselgruppen keine Zeremonien im Zusammenhang mit dem Tätowieren gab, so besaßen die Tattoos selbst durchaus magische Eigenschaften. So schützten beispielsweise Symbole auf den Brüsten einer Frau diese vor bösen Zauberern und übelwollenden Geistern. Schwangere Frauen waren besonders verwundbar und bedurften deshalb zusätzlichen magischen Schutzes. Alle Bewohner der Insel Solor, östlich von Flores, waren tätowiert. Wenn sie eines Tages ohne Tätowierungen ins Jenseits kämen, würden sie von den dortigen Seelen davon gejagt werden. Diese Glaubensvorstellung war bei den Völkern vieler Südseekulturen der entscheidende Faktor in der Frage, ob sie sich tätowieren ließen oder nicht. Die Menschen auf der kleinen Insel Roti, südlich von Timor, glaubten, dass man tätowierte Figuren gegen Würmer, die Nahrung der Toten, eintauschen könne. Die Würmer gehörten dem Gott

Oben: Timoresische Designs

Tätowieren bei den Sakudei

Sakudei-Frauen, Siberut

der Erde und der würde sie nur gegen Tattoos eintauschen, mit denen er sich schmücken konnte. Je größer eine Person war, umso mehr Nahrung benötigte sie und umso mehr Tattoos besaß sie auch.

Im Allgemeinen bestanden die Tätowierungen auf den verschiedenen Inseln vornehmlich aus Punkten, Kreuzen, Zickzacklinien und Arabesken; nur sehr selten sah man auch Darstellungen von Tieren oder Menschen. Die Männer der Aru-Inseln allerdings konnten nur aus vier Designs auswählen: ein Vogel, ein Stern, eine Leiter oder ein Mond. In den Bergen der Insel Lerek, östlich von Flores, waren die Frauen im ganzen Gesicht, an den Schultern und Brüsten mit dunkelblauen Figuren tätowiert, von denen die größten *tana* genannt wurden: Schiff. Hier benutzten die weiblichen Tätowierer eine Ahle, wodurch die Tattoos grober wurden, während man auf Flores den Dorn eines Limonenbusches verwendete. Die Tinte wurde für gewöhnlich aus Ruß hergestellt, den man mit dem Saft beliebiger Früchte mischte. Auf Lerek mischte man den Ruß mit Muttermilch.

Die Männer dieser Inseln waren selten tätowiert, um Kraft, Status oder Männlichkeit unter Beweis zu stellen. Auf manchen Inseln gab es hierzu eine Alternative: Die Männer klebten mit Spucke einen Pilz auf ihrem Arm fest und zündeten ihn an. Das war überaus qualvoll und so liefen sie schreiend durch das Dorf. Die entstandene Brandwunde betrachteten alle als Zeichen der Tapferkeit. Die Männer schufen einen regelrechten Machokult um dieses Ritual und überredeten die Jungen zu diesen schmerzhaften Feuerproben. Die Anzahl der Brandwunden sollte nämlich anzeigen, mit wie vielen Mädchen ein Mann geschlafen hatte.

Gegenüber, linker Rand: Brust Designs der Frauen, Mentawai

Gegenüber: Einem Mädchen von Mentawai wird die Brust tätowiert

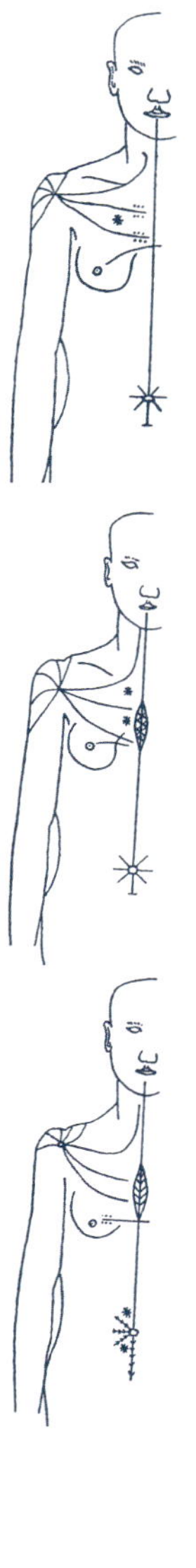
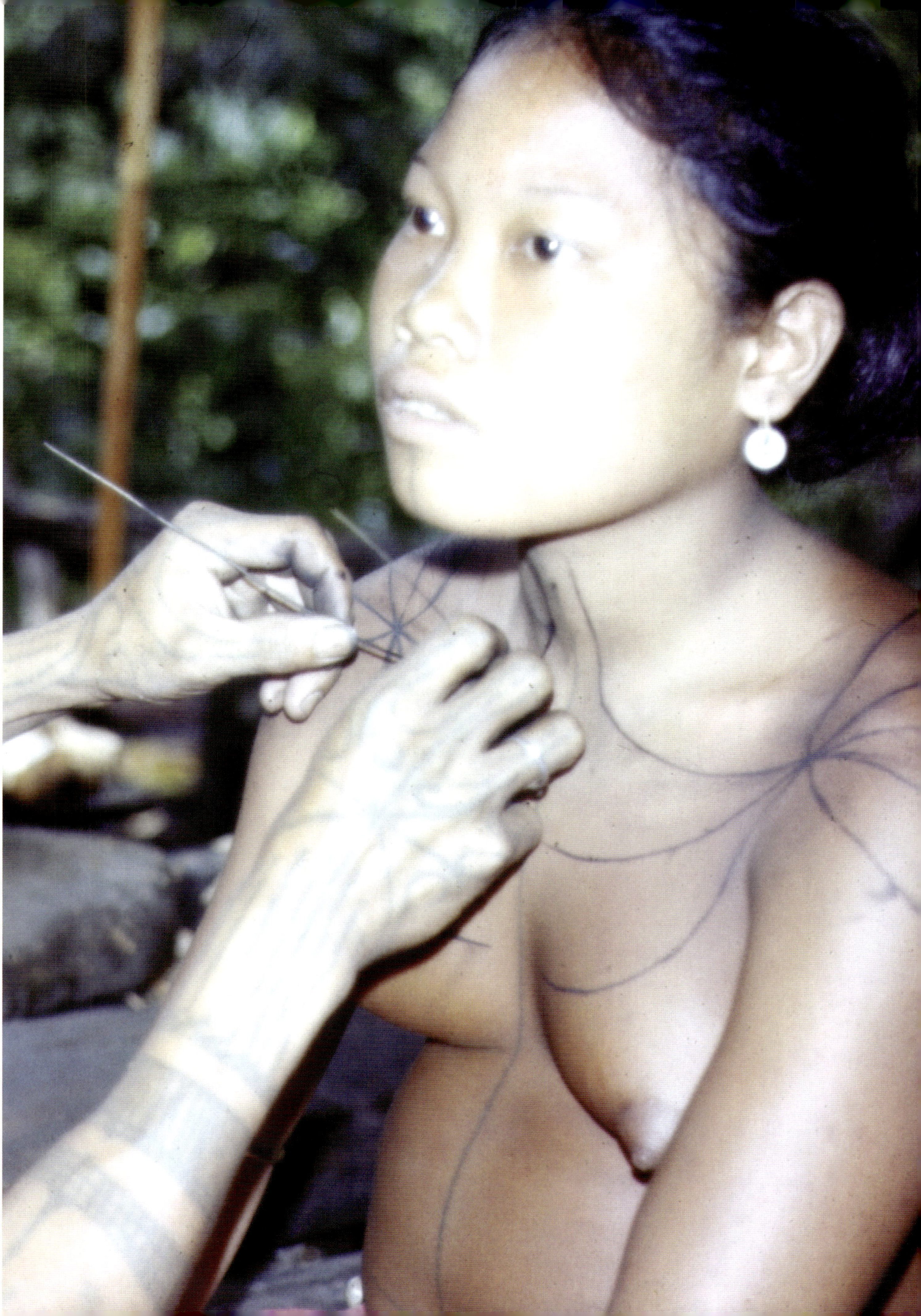

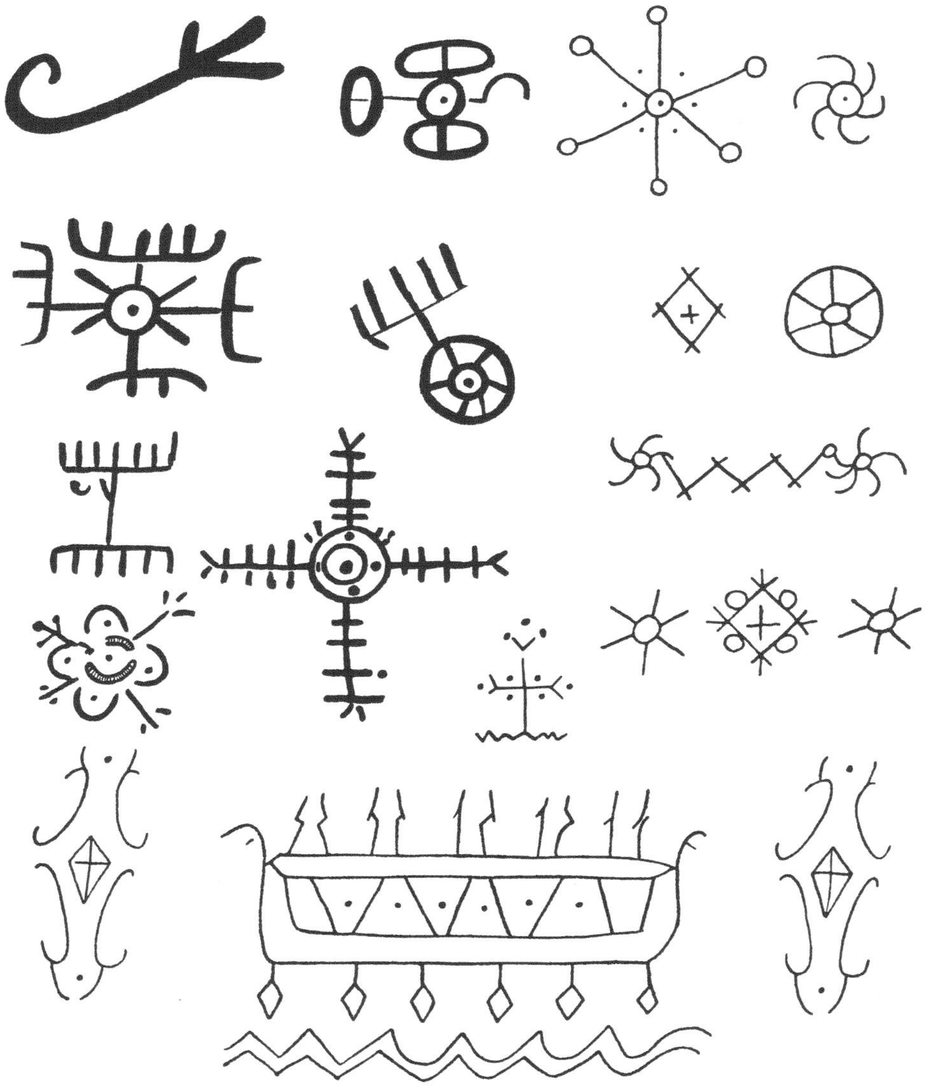

Gegenüber:
Mann auf
Mentawai stellt ein
Tätowierwerkzeug her

Links: Designs auf
Flores

Oberschenkel-Designs,
Roti

JAMMU & KASHMIR
HIMACHAL PRADESH
PUNJAB
HARYANA
DELHI
RAJASTHAN
UTTAR PRADESH
SIKKIM
ARUNAC
PRADE
Apatani
Wan
Dafla
Noc
ASSAM
NAGALAND
Naga
Aka
MANIPUR
Bhil
BIHAR
MEGALAYA
GUJARAT
Kamar
Baiga
Parhaiya
Bathuli
WEST BENGALEN
MIZORAM
Kutch
MADHYA PRADESH
Ho
TRIPURA
Rabari
Banjara
Bhil
Halba
DIU
DAMAN
Gond
MAHARASHTRA
ORISSA
Dhanwar
DADRA &
NAGAR HAVELI
Bhumia
ANDHRA PRADESH
GOA
Yerakula
KARNATAKA
PONDICHERRY
TAMIL NADU
LAKSHADWEEP
Toda
Kota
ANDAMAN &
NICOBAR ISLANDS
Badaga
KERALA
Irular
Krali
SRI LANKA
Singhalesen

KAPITEL 5

INDIEN

„Schrei nur, schrei", rief das alte Weib sarkastisch, als sie mit einem spitzen Dorn die Haut am Bein des kreischenden Mädchens durchbohrte. „Schrei nur, aber sag mir: Wenn dich das schon so schmerzt, wie willst du dann deine Hochzeitsnacht überstehen?"

Noch vor fünfzig Jahren musste sich fast jedes Mädchen in Indien einer schmerzhaften Tätowierungsprozedur unterziehen. Von den Bergvölkern in Nordostindien bis zu den Tamilen im Süden verwendeten die Menschen Tattoos, um die Attraktivität eines Mädchens zu steigern. Tätowierungen waren ihr ganz persönlicher Schmuck. So gibt es bei den Halba, der Arbeiterkaste in Zentralindien, ein Sprichwort: „Tattoos sind der einzige Schmuck, den ein Mädchen mit ins Grab nimmt". Zwar schwindet dieser Brauch mehr und mehr, doch gibt es noch heute Stämme, die an dieser Tradition festhalten. In Gujarat, einer extrem armen Region in Westindien, schmücken sich die Frauen der Kutch und der Ribari bis heute mit prachtvollen Tattoos, wie es ihre Ahnen vor ihnen taten. Auch in den östlichen Provinzen Bengalen und Orissa wird der Brauch aufrecht erhalten. Auf Wochenmärkten oder Dorffesten werden die Mädchen von Experten, den *keluri*, im Gesicht sowie an Armen, Hals und Händen tätowiert. Aus den größeren Städten ist der Tätowierbrauch weitestgehend verschwunden, aber auf den städtischen Basaren kann man immer noch Frauen mit Design-Büchern antreffen, die gegen Geld auch das Tätowierwerkzeug in die Hand nehmen.
In überbevölkerten Slums tätowieren einige Mütter ihre Kinder, um sie leichter wieder zu finden, wenn sie in der Menge verloren gehen.

In Indien gibt es zwei umfassende und ausgeprägte Tätowierkulturen. Die größte gehört den Hindus und steht in Zusammenhang mit ihrem Kastensystem. Die Tätowierungen in dieser Kultur spiegeln die untergeordnete und verwundbare Stellung der Frauen in dieser Gesellschaft wider. Es gibt Muster, die die Gebärfähigkeit eines Mädchens anzeigen, die ihre Schönheit betonen und ihr magischen und religiösen Schutz verleihen.
Die Tätowierkultur der animistischen Bergvölker in Nordostindien dagegen ist gänzlich anderer Natur. Hier wurden vor allem die Männer tätowiert. Durch das Töten von Feinden sicherten die Männer das Fortbestehen ihrer Gemeinschaft. Zum Beweis für ihre Erfolge erhielten sie Tattoos in Gestalt von Fruchtbarkeitssymbolen. Auch wenn die Praxis innerhalb dieser Stämme stark zurückgegangen ist, was vornehmlich mit der Kopfjagd zusammenhängt, so wird sie doch von den Frauen noch immer aufrecht erhalten. Neben diesen beiden großen Tätowierkulturen der Hindus und Bergvölker gibt es in den Hügeln und Regenwäldern Indiens zahlreiche Stämme, die ihre eigenen Tätowierbräuche pflegen, basierend auf den jeweiligen Religionen. So geht man davon aus, dass beispielsweise die Dômb, ein Regenwaldstamm ohne Kastensystem, Ereignisse aus ihrer Stammesgeschichte oder ihre Totems in Tattoos abbildeten.

Rechte Spalte: Kutch-Frau

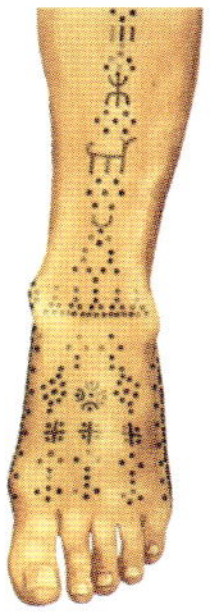

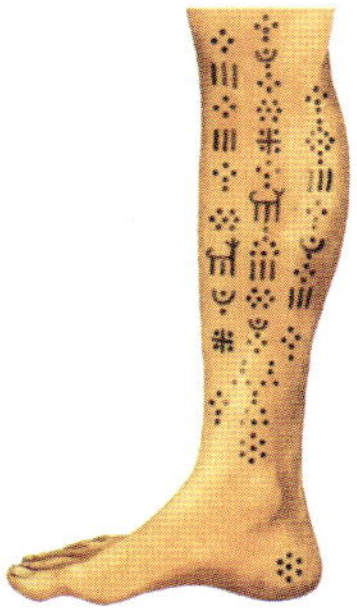

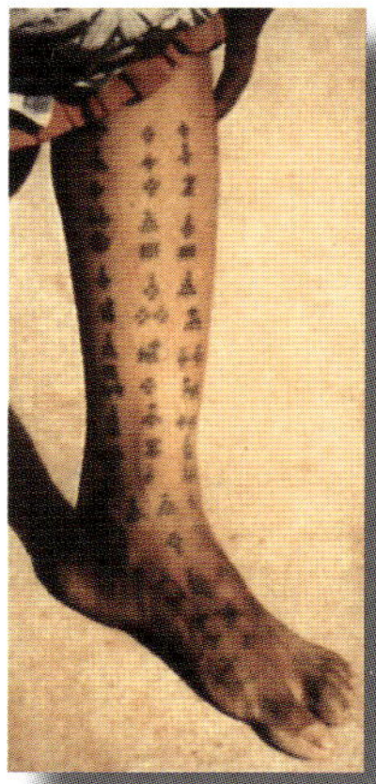

Oben: Tattoo-Designs der Kutch

Linke Spalte: Kutch-Mädchen erhält ein Tattoo auf einem Basar

TATTOOS ALS HINDUISTISCHE KASTENMALE

Wenngleich das hinduistische Kastensystem nicht mehr so einflussreich ist wie ehedem, so hat es dennoch große Auswirkungen auf die indische Kultur und Gesellschaft, besonders in ländlichen Gegenden. Im Wesentlichen besteht das Kastensystem aus einer Reihe von Vorschriften und Verhaltensregeln, welche die Beziehungen der Menschen zueinander sowie die Machtverteilung regeln. Die verschiedenen Kasten sind eingeteilt in hohe und niedrige Kasten. Theoretisch gehören die Mitglieder einer Kaste alle dem-

Rechte Spalte: Beintattoos der Bhumia-Frauen

HENNAMALEREIEN – EIN QUELL DER INSPIRATION

Es ist nicht bekannt, seit welcher Zeit in Indien tätowiert wird, doch gegen Ende des dreizehnten Jahrhunderts schrieb der Reisende Marco Polo, dass viele Inder den langen Weg nach Zai-tun (dem heutigen Quanzhou) an der chinesischen Küste auf sich nahmen, um sich dort tätowieren zu lassen. Zai-tun, auch bekannt als die „Stadt des Lichts", besaß einen der größten Häfen weltweit und war berühmt für seine kunstfertigen Tätowierer. Es ist schon erstaunlich, dass Menschen 3.000 Kilometer weit reisten, um sich tätowieren zu lassen, vor allem, wenn man bedenkt, dass das Reisen damals weder sicher noch besonders angenehm war. Wenn diese Geschichte stimmt, darf man annehmen, dass die indische Tätowierkultur ihre Wurzeln in China hat.

Eine weitere Möglichkeit ist, dass sich das Tätowieren vom *mehndi* entwickelte – dem Bemalen von Händen und Füßen mit einer Farbe, die man aus der Hennapflanze gewann. Ursprünglich war dies den Mädchen der höheren Kasten vorbehalten, heute aber praktizieren es die Mädchen in Indien, im Mittleren Osten und in weiten Gebieten Afrikas. Vor Festen, vor allem am Vorabend der Hochzeit, werden die Mädchen mit gemalten Henna-Designs geschmückt: zarte Arabesken, Blumen, Ranken und Früchte. Manchmal verbargen sich auch die Initialen des Bräutigams in den Mustern und man glaubte, wenn er sie nicht finden könnte, würde die Frau die Herrin im Hause werden. Tattoos waren wahrscheinlich eine billigere Variante für ärmere Frauen, die sich das teure Henna nicht leisten konnten. Auch in Ägypten leisteten sich wohlhabende Frauen Hennamalereien, während diejenigen mit einem leichteren Geldbeutel auf dauerhafte Tattoos zurückgreifen mussten.

Einige indische Frauen werden auch heute noch am Vorabend ihrer Hochzeit tätowiert. Bathudi-Mädchen aus dem nordwestlichen Orissa werden traditionell vor ihrer Hochzeit mit einem Blumenmuster auf Stirn und Arm tätowiert. Noch bis vor kurzem war es bei den Bhil-Frauen in Madhya Pradesh Brauch, vor der Hochzeit ein Design eines *chirlya*-Vogels auf die Schläfen tätowiert zu bekommen. In anderen Stämmen wurden die Frauen durch ihre Tattoos vor verschiedensten Gefahren geschützt, wie zum Beispiel vor Entführung. Die Männer aus Orissa behaupten, sie hätten während der muslimischen Herrschaft begonnen, ihre Frauen zu tätowieren. Es waren gefährliche Zeiten und Mädchen konnten sich aus Angst vor Entführung oder Vergewaltigung nicht ohne Begleitung auf die Straße wagen oder im Fluss baden. Diesen Geschichten zufolge machten die Tätowierungen die Mädchen für die aggressiven Muslime reizlos. Demnach konnten die Tattoos der indischen Frauen deren Schönheit sowohl steigern als auch mindern.

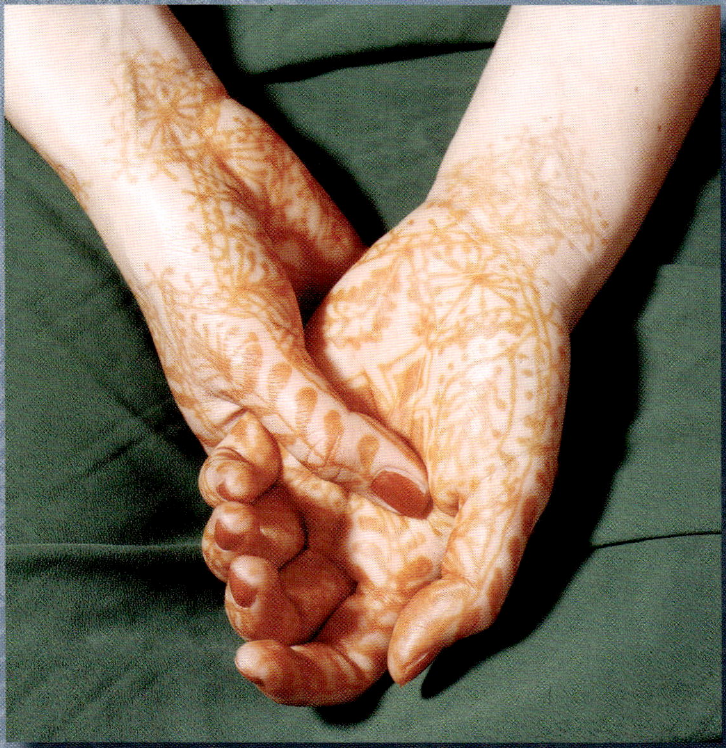

Kutch-Frau

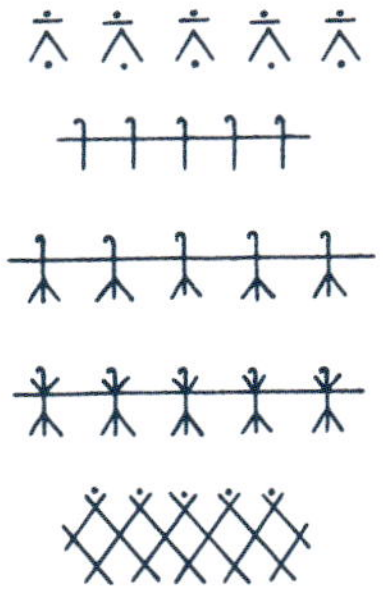

„Milchmädchen der Krishna", Punjab

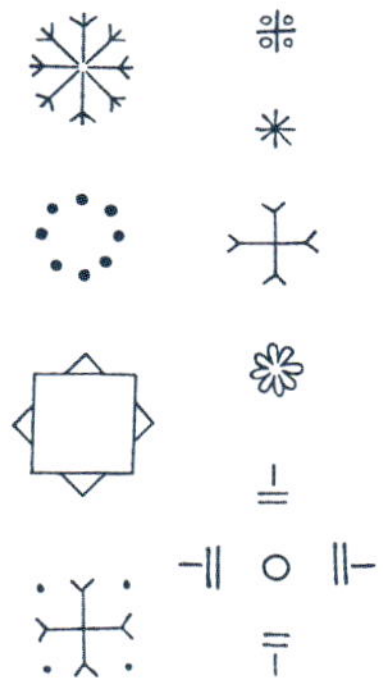

Stilisierte Lotusmotive

selben Berufsstand an. Selbst die islamische Bevölkerung Indiens verfügt über ein eigenes Kastensystem, allerdings existieren diese Kasten nur in den unteren Schichten der Gesellschaft. Angehörige der Bergstämme gehören für gewöhnlich zu den „Unantastbaren". Die einzelnen Kasten unterscheiden sich auf vielerlei Weise: Essgewohnheiten, Nachnamen, Gewerbe und in Aspekten der äußeren Erscheinung, wie Kleidung, Schmuck und Tattoos. Die Zigeunerfrauen der Lambani erkannte man an einem kleinen Punkt auf der linken Nasenseite und im Punjab, in Nordwestindien, zeigte das Tattoo das Gewerbe an, das zur Kaste einer Frau gehörte, wie zum Beispiel Melkerin oder Spinnerin.

In Übereinstimmung mit diesem System heiraten die meisten Menschen innerhalb ihrer Kaste. Die Jugend vieler Mädchen wird dominiert von ihrer bevorstehenden Hochzeit. Beginnend mit der Pubertät werden sie von ihren Müttern und Großmüttern auf die Aufgaben getrimmt, die sie nach der Hochzeit zu übernehmen haben: Hausarbeiten und die Liebeskünste. Die Mädchen der Bhumia und Gond erhielten das traditionelle *chulwa*-Tattoo direkt über der Nase im zarten Alter von fünf; es symbolisierte ihre künftigen Haushaltspflichten. Man sieht dieses Tattoo bis heute bei einigen Frauen. Um den Fuß herum wurde diesen Mädchen ein Band tätowiert, das für die Elefantengottheit Ganesha steht und das ihnen die Stärke dieser Gottheit verleiht. Ein Pferdetattoo auf dem Oberschenkel erfüllte einen ähnlichen Zweck.

Die Mütter ermunterten ihre Mädchen, sich tätowieren zu lassen, da dies ihre weiblichen Reize noch betone. Je schöner die Muster, desto höher die Wahrscheinlichkeit, einen guten Ehemann zu finden. Bis zur Hochzeit bezahlte ihre Familie für die Tattoos, danach oblag dies der Familie des Ehemannes. In den Tattoos lagen auch religiöse Macht und magische Kräfte. Sie beschützten die Frauen vor allem Bösen, während sie ihr Tagwerk verrichteten, und brachten Glück für die Ehe, das Leben und das Jenseits. Angehörige der Stämme in Uttar Pradesh in Nordostindien trugen ein Muschelschalentattoo auf dem Handgelenk zum Zeichen einer glücklichen Ehe und um sicher zu stellen, dass die Frau in diesem oder einem der nächsten Leben nicht zur Witwe werden würde.

Lotusblüten und andere Glückszauber

Viele der Symbole für Zufriedenheit und Schutz stehen in engem Zusammenhang mit dem Hinduismus: Lotusblüten, Fische, Pfauen, Dreiecke und Swastikas. Ein Punkt oder Fleck ist ein weit verbreitetes Mal gegen den Bösen Blick (ein Punkt oder ein kleines Kreuz erfüllte den gleichen Zweck im Mittleren Osten und in Nordafrika). Lotusblüten stehen im Hinduismus und Buddhismus für Reinheit. In

Rechte Spalte: Gond-Mädchen

Linke Spalte: Tätowierte Stadtbewohnerin

Bengalen ist es nichts ungewöhnliches, wenn ein Brahmane, ein Angehöriger der priesterlichen Elitekaste, es ablehnte, Wasser von einem Mädchen entgegen zu nehmen, das kein Tattoo einer Lotusblüte auf der Stirn trug. Der Fisch ist ein Zeichen weiblicher Kraft und wird in seiner abstraktesten Form auch als gepunktetes Dreieck dargestellt. So gut wie jedes Mädchen bei den Bhumia und Gond trug ein gepunktetes Dreieck an den Fußsohlen, das sie vor Dornen und Stürzen schützte, wenn sie durch Felder und Wälder ging. Darstellungen von Skorpionen, Schlangen, Bienen oder Spinnen boten magischen Schutz vor Bissen und Stichen dieser Tiere. Kamar-Gond-Frauen tragen zum Schutz das Tattoo eines Pfaus auf der Schulter oder auf dem Handrücken einen Skorpion. Umgekehrt wurde der Skorpion bei den Dômb für seine Vitalität und Kraft verehrt und die Darstellung eines aufgeschnittenen Skorpions verlieh ihrem Träger dieselben Eigenschaften. Eine Linie zwischen den Augenbrauen oder auch oberhalb davon (*anghâra* oder *vibhûti*) symbolisiert den kleinen Kreis aus rotem Puder oder Asche, der normalerweise dort getragen wird und als Schutz gegen alle möglichen Übel dient. Viele Kota- und Badaga-Frauen aus den Nilgiri-Bergen trugen eine blaue Linie zwischen den Augenbrauen, die dieselbe Funktion übernahm. Die irulanischen Schlangenfänger im Golf von Bengalen hatten traditionell eine senkrechte Linie in der Stirnmitte, die sie vermutlich vor Schlangenbissen schützen sollte. Die Frauen des Oráon-Stammes aus Chotanagpur konnte man an den Linien über den Augenbrauen und an den Schläfen erkennen, die sie in der Kindheit erhalten hatten. Kleine Punkte unterhalb des Nabels halfen kinderlosen Frauen oder solchen, die ein Kind durch Krankheit verloren hatten – ein Brauch, den man auch im Mittleren Osten und in Nordafrika antrifft.

Die Tätowierungen der vielen Berg- und Regenwaldstämme waren einfacher gehalten. Die Designs bestanden aus kleinen Linien, Kreisen und Punkten, welche die Himmelskörper darstellten. Die Männer der Pulayar aus den Bergen von Travancore tätowierten sich einen Halbmond und einen kleinen Punkt auf die Stirn – eine Darstellung vom Mond mit einem Stern. Die Kota, Toda und Badaga aus den Nilgiri-Bergen von Tamil Nadu taten es ihnen gleich, obwohl dort nur Frauen mit mindestens einem Kind auf diese Weise tätowiert wurden.

Die Götter und Labyrinthe der Frauen

Religiöse Abbildungen stellten sicher, dass die Frauen in den Himmel gelangten und dort von ihren Ahnen oder ihrem verstorbenen Ehemann erkannt wurden. Diese Tradition war so fest verwurzelt, dass keine Frau sie umgehen konnte. Selbst heute noch gelten die Mädchen der Ho in Chotanagpur als sündig, wenn sie kein religiöses Tattoo tragen. Die Ho glauben, dass Tätowierungen das

Unten: Stirn- und Handmotive der Badaga

Rechte Spalte: Tätowierer in der Stadt

ZIGEUNERINNEN – WANDELNDE AUSHÄNGESCHILDER FÜR IHR HANDWERK

In Indien beherrschten vor allem die Frauen der unteren Kasten der umherziehenden Völker, wie der Zigeuner, die Tätowierkunst. Waren keine Zigeuner zugegen oder ihre Dienste zu teuer, musste man entweder ohne Tattoos leben oder eine der älteren Frauen aus dem Dorf bitten, sie zu stechen. Bei den Baiga aus den Nilgiri-Bergen war dies die godharin, die Frau des Dorfzauberers. Doch die Menschen gehen lieber zu den Zigeunerinnen, die über Jahrhunderte hinweg ihre Kunst entwickelt haben und jeden tätowieren, der dafür zahlen kann. Im Süden, in Tamil Nadu, kamen diese Zigeunertätowiererinnen vom Stamm der Yerukula; in Orissa waren es die Goijjas; in Uddar Pradesh die Madar; und in Madhya Pradesh gehörten sie der Badna-Kaste und dem Stamm der Dewar an. Die Frauen dieser umherziehenden Stämme waren aufs prächtigste tätowiert und waren damit wandelnde Aushängeschilder für ihr Handwerk.

So waren beispielsweise die Tattoos der Banjára-Zigeunerinnen aus Andhra Pradesh so detailiert, dass sie aussahen, als seien sie von Blüten bedeckt. Zur Erntezeit verließen die Zigeunerinnen ihr Dorf und besuchten selbst die abgeschiedensten Bergvölker, wo sie dann ihre handgefertigten Waren verkauften, wahrsagten und Tattoos stachen. Die Frauen aller Kasten luden sie in ihre Häuser ein: Brahminen (Priesterkaste), Shudras (Handwerkerkaste), Paria und selbst die tamilisch sprechenden Musliminnen sowie die Toda und Kota aus den Nilgiri-Bergen.

Das Tätowierwerkzeug der Zigeunerinnen bestand aus einem Packen zusammengebundener Nadeln. Dieser wurde in einem hohlen Bambusstock aufbewahrt, zusammen mit einem Stift für die Skizzen. Die Tinte stellten sie aus geriebenen Pflanzenwurzeln und Wasser her, vorzugsweise wurde auch noch etwas Muttermilch der zu tätowierenden Frau beigefügt, was natürlich nur möglich war, wenn diese gerade ein Kind stillte. War dies nicht der Fall, genügte auch die Milch eines anderen Familienmitglieds, nicht aber die Milch einer Frau von einer anderen Kaste, denn diese galt als unrein. Die Pflanze bestimmte nun die Farbe der Tinte: Yerukula-Tinte war grün, weil das verwendete Pulver aus der Kurkumawurzel gewonnen wurde. Die Tamilen sprachen dann vom „grün Stechen“. Wenn es erforderlich war, fügten die Tätowiererinnen der Tinte Opium bei, um den Schmerz der Frauen während der ausgedehnten Sitzungen oder bei der Arbeit an besonders empfindlichen Körperstellen zu lindern. Es gab nur wenige Tabus im Zusammenhang mit der Prozedur, doch bei den Baiga waren Männer dabei nicht gestattet, denn sonst würde Bhagavan (wie Parameshwar ein Name für den obersten Hindugott) den Körper der Frau nach ihrem Tod immer wieder mit seiner Eisenlanze aufspießen.

Naga-Frau, ca. 1875

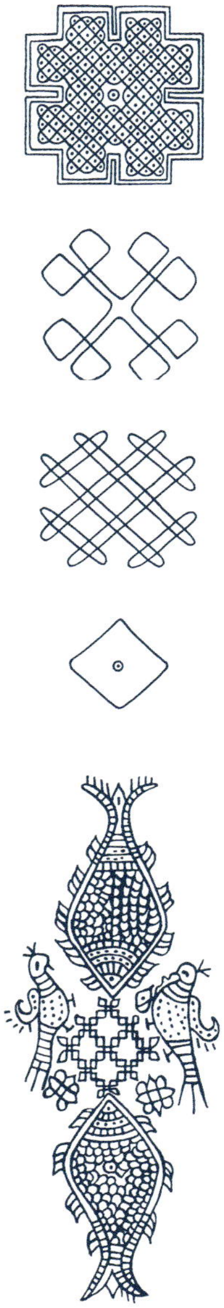

Labyrinth-Muster, Südindien

Rechte Spalte: Aka-Frau

Vorhergehende Seite: Khiamn-Mann, Nokyan

einzige sind, was bei einer verstorbenen Seele noch sichtbar bleibt und einen Menschen im Jenseits identifizierbar macht. Parameshwar ist die oberste Gottheit der Hindu im Himmel und der Eintritt wird nicht jedem leicht gemacht. Für Männer gibt es nicht allzu viele Hindernisse, doch die Frauen müssen schon das entsprechende Tattoo vorweisen können, um an den Furcht einflößenden Dämonen vorbeizukommen, die die himmlischen Pforten bewachen. Man glaubte gar, dass Parameshwar die nicht tätowierten Frauen damit bestrafte, dass er sie als böse Geister wieder inkarnierte. Im Hinduismus gibt es viele Götter, die einen reichen Nährboden für die Entstehung religiöser Tattoos bieten. Jeder Stamm und jede Kaste besaß eine eigene Schutzgottheit und spezielle Designs zu deren Repräsentation. Die Rajput-Frauen aus Rajasthan hatten Krishnas Pfauenthron auf die Arme tätowiert. Krishna sitzt in der Mitte, seine Frau Rukminî zu seiner Linken. Beide tragen Kronen. Zu Krishnas Rechten sitzt sein Sohn Balarâm. In Uttar Pradesh bevorzugte man das Tattoo eines Elefanten auf den Armen, wodurch der Schutz Ganeshas erweckt wurde, dem hinduistischen Gott der Weisheit und der Ehe. Konnte sich eine Familie dies nicht leisten, so wurde die Frau auf der Brust mit einer *mahadeva*, einem Symbol für Shiva, oder einem *garur*, dem Zeichen des mystischen Vogels Garuda, tätowiert. Die *hansuli*, um den Hals tätowierte Ketten, stellten sicher, dass eine Mutter im Jenseits ihre Kinder erkennen würde.

Doch nicht nur Bilder von Göttern gewährten Einlass in den Himmel. Bei den Hindu-Frauen in Tamil-Nadu und Bengalen galt ein Labyrinth-Design nicht nur als Freikarte in den Himmel, sondern zudem auch als Erkennungszeichen für ihre Ahnen. Dieses Design zeichneten die Frauen während der Erntezeit auch in den Sand vorm Eingang ihrer Häuser, um dadurch den Bösen Blick abzuwenden und Ganesha Ehre zu erweisen. Eines der ältesten Labyrinthe fand man im Alten Ägypten, wo es die Eingänge zu Königsgräbern bewachte und den nicht Eingeweihten das Leben nach dem Tod verweigerte. Auf den Neuen Hebriden im Südpazifik (heute Vanuatu) spielten Labyrinthe eine wichtige Rolle bei einem ausschließlich Männern vorbehaltenen Ritual, das den Übergang vom Leben zum Tod behandelte. In dem Mythos, der sich um dieses Ritual rankt, zeichnet der Wächter an den Toren zum Land der Toten ein Labyrinth in den Sand und wischt es dann zur Hälfte wieder fort. Die Seele des Verstorbenen durfte erst passieren, nachdem sie die Zeichnung wieder vervollständigt hatte.

Männertattoos: Anker, Herzen und Swastikas

Die Hindu-Männer trugen nicht so viele Tattoos wie die Frauen, vor allem, wenn sie höheren Kasten angehörten. Wenn diese überhaupt Tattoos hatten, dann dienten sie entweder medizinischen oder rein dekorativen Zwecken. Die Abbildung des Affengottes Hanuman zum Beispiel sollte die Schmerzen bei einer ausgerenkten Schulter lin-

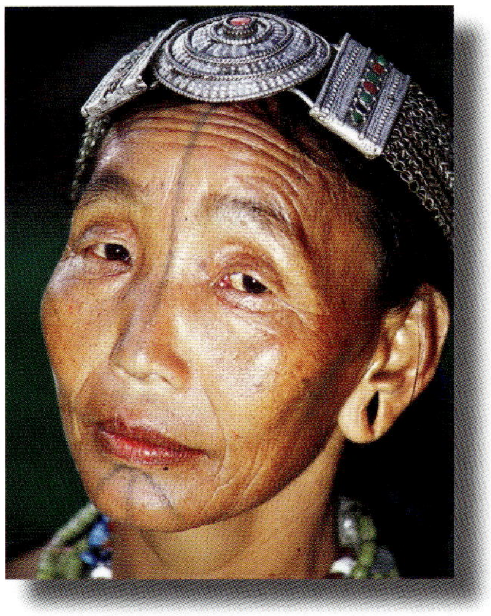

dern. In den Maikal-Bergen ließen sich die Männer als Glücksbringer Skorpione unter die Arme tätowieren und verwendeten verschiedene Arten medizinischer Tattoos zur Schmerzlinderung. Bei den Paraiya (Paria), einer tamilischen Arbeiterklasse, die zu den Unantastbaren gehört, tätowierten die Mütter eine einfache Linie auf die Stirn ihrer Söhne, die Mädchen allerdings wurden ausgiebiger an den Armen und zwischen den Brüsten tätowiert. Die wenigen Paraiyas, die zum Katholizismus übergetreten waren, trugen auf der Stirn auch ein Kreuz.

Einige Männer der niederen Kasten ließen sich stark tätowieren, vor allem in den größeren Städten. Symbole des Westens und des Ostens wurden dabei gleichermaßen auf merkwürdige Weise auf die Brust tätowiert: Anker mit Herzen, Kronen und Flaggen, Dampfschiffe, tanzende Mädchen, Blumentöpfe, buddhistische Swastikas, gekreuzte Schwerter und Pistolen, Meerjungfrauen und Tiere. Burmesische Tätowierer fertigten große, komplexe Tattoos an; in Indien genossen sie, wie anderswo auch, einen ausgezeichneten Ruf für diese Art von Tattoos.

Das polizeiliche Tattoo-Register

Umherziehende Stämme hatten im Allgemeinen einen schlechten Ruf in den Regionen, durch die sie kamen, und manche hielten sie gar für eine „Diebeskaste".

Die Zigeunerinnen missbrauchten angeblich die Gastfreundschaft der wohlhabenderen Familien, die sie in ihre Häuser einluden, damit sie ihre Töchter tätowierten. Die englische Regierung hatte sogar versucht, Gesetzesbrecher aus verschiedenen Kasten anhand ihrer Tätowierungen zu registrieren. Die Yerukula zum Beispiel waren auf der Stirn und den Armen mit bestimmten geometrischen Mustern tätowiert. Eine Zeitlang verwendete die Polizei der Provinz Madras ein Tattooregister, um Straftäter der Yerukula zu überführen. Allerdings änderten diese Schurken nach jeder Verurteilung ihre Tattoos, wodurch die Beschreibungen in den Registern nutzlos wurden.

Die Yerukula waren begabte Tätowierkünstler, die aus dem Kopf zeichnen und hochkomplexe Labyrinthmuster rasend schnell in die Haut einer Frau stechen konnten und ihr so ihre Eintrittskarte in den Himmel verschafften. Skorpione, Fische, Vögel und Blumen waren ebenfalls sehr gefragt. Am aufwändigsten waren Initialen in tamilischer Schrift – die

Nocte-Frau

Yerukula waren nämlich meistens Analphabeten, weshalb sie ihre Klienten baten, diese zunächst einmal in den Sand zu zeichnen.

Doch auch die Yerukula erkannten die Meisterschaft der burmesischen Tätowierer an. Viele ihrer komplexen Muster waren den Tattoos ihrer Nachbarn entlehnt, die hoch geschätzt wurden. Tamilische Männer, die über ausgedehnte Zeiträume hinweg in Burma gearbeitet hatten, waren bei ihrer Rückkehr vollständig von den prächtigsten burmesischen Tattoos bedeckt. Auch auf Sri Lanka galten die Singhalesen geschickter als die Yerukula. Sie konnten Linien verschiedener Stärken tätowieren, weil sie unterschiedliche Nadeln verwendeten. Für gerade Linien nahmen sie fünf oder sechs zusammengebundene Nadeln, gekrümmte Nadeln für geschwungene Linien. Aber auch die Singhalesen waren sich der Überlegenheit der burmesischen Meistertätowierer bewusst.

DIE KOPFJÄGER DER GEBIRGSSTÄMME

In Nordostindien befinden sich am Fuße des Himalajas einige Hochebenen mit subtropischem Klima. Hier leben viele Bergstämme und da das Gebiet von hohen Bergen umgeben und von Regenwald bedeckt ist, sind sie vom restlichen Indien und der übrigen Welt weitestgehend abgeschnitten. Die Bewohner leben dort seit Hunderten von Jahren auf dieselbe Weise. Die britischen Kolonialherren versuchten, ebenso wie später die indische Regierung, so manchen Stammesbrauch zu unterbinden, vor allem die Kopfjagd,

Labyrinth-Muster, Bengalen

doch die Stämme bewahren so viele ihrer Traditionen wie nur möglich.

Die Tätowierungen der Männer sind in erster Linie verbunden mit der Tötung von Feinden – aus diesem Grunde findet man sie inzwischen nur noch selten. Die Tattoos der Frauen dagegen stehen für Fruchtbarkeit, Schönheit und Solidarität innerhalb der Gruppe und so konnte dieser Brauch überleben. Die Mädchen der Wancho und Nocte, zweier Naga-Stämme, tragen im Gesicht traditionelle Stammestätowierungen. Diese bestehen aus drei senkrechten blauen Linien, die sich von der Stirn abwärts über den Nasenrücken erstrecken, weiterhin ein Kreuz auf dem Kinn und zwei Dreiecke auf den Wangen, deren Spitzen zu den Mundwinkeln weisen. Die Naga-Mädchen erhalten ihr erstes Tattoo, wenn sie in die *morung* initiiert werden, ein Haus innerhalb des Dorfes, in dem Jungen und Mädchen vom achten Lebensjahr an leben, bis sie verheiratet werden. Die Muster repräsentieren die Abstammung des Mädchens und verhindern auf diese Weise Inzest innerhalb der *morung*. Außerdem werden die Mädchen in verschiedenen Lebensabschnitten tätowiert, wie zum Beispiel in der Pubertät, zur Hochzeit und zur Geburt des ersten Kindes. Wancho-Mädchen werden in einem sehr frühen Alter tätowiert und die Tattoos können sexuelle Assoziationen beinhalten. Der künftige Ehemann für ein Mädchen wird ausgesucht, wenn sie gerade einmal sechs oder sieben Jahre alt ist. Zur Verlobung bekommt sie zwei oder drei schraffierte Linien um den Nabel herum tätowiert. Dabei trägt die Tochter eines Häuptlings immer mehr Linien als die anderen Mädchen. Erreicht das Mädchen das Erwachsenenalter, hält ihr Verlobter offiziell um ihre Hand an, worauf im Dorf ein großes Fest stattfindet. Nach den Feierlichkeiten werden einige Zickzacklinien auf die Waden der jungen Frau tätowiert. Dann darf sie mit ihrem Mann in die Hütte gehen, doch das Tätowierritual ist noch nicht beendet. Nachdem sie zum ersten Mal den Geschlechtsakt vollzogen hat, werden zwei parallele Linien auf ihre Oberschenkel tätowiert. Das letzte Muster, in der Form eines großen „M", wird auf die Brust tätowiert, sobald sie schwanger geworden ist.

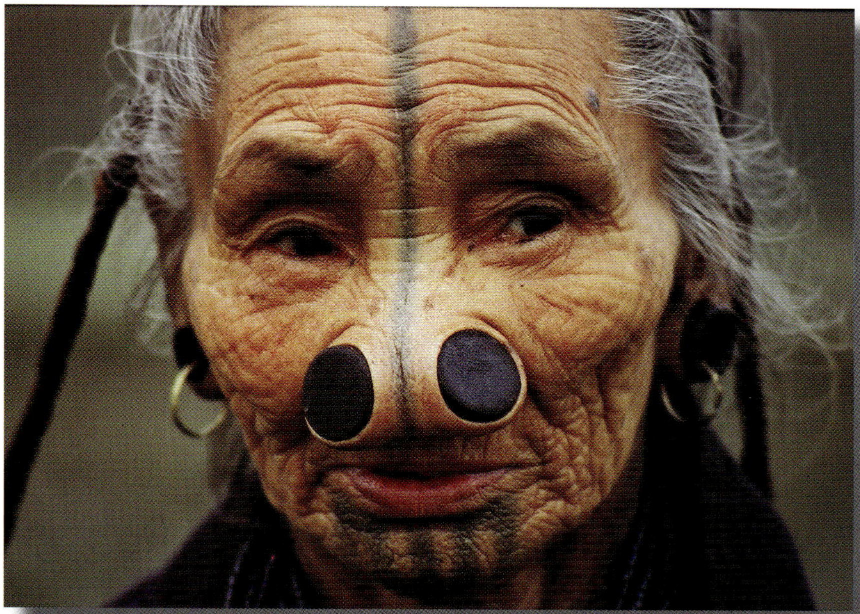

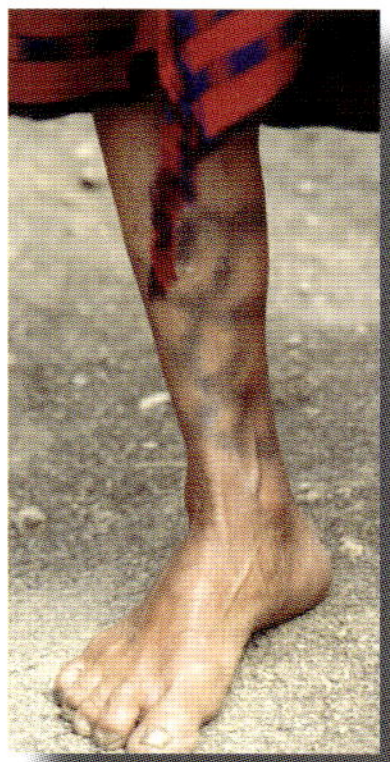

Die Mädchen von Stämmen aus den östlichen Naga-Gebieten, wie die Ao, trugen zarte tätowierte Linien auf dem Kinn, ähnlich denen der Inuit-Frauen aus Kanada und Alaska. Auf Brust und Schultern trugen sie Rautenmuster und auf den Waden ein Muster aus zarten Linien, das ein fein gewebtes Netz darstellte. Die Tätowierer verwendeten Bambusnadeln als Werkzeug und der Vorgang war nicht ganz risikofrei. Der Anthropologe R. G. Woodthorpe traf einmal im Jaipur-Distrikt ein Mädchen an, dessen Beine von furchtbaren Wunden übersät waren. Offenbar war hier eine Tätowierung schief gegangen und es war klar, dass ihre Beine verfaulen würden. Das Mädchen litt unsägliche Schmerzen, doch er konnte ihr nicht helfen und so starb sie einige Tage später.

Apatani-Frau

Bein einer Ao-Frau

Kopfjäger-Tattoo

Linke Spalte: Khiamn-Mann

Gegenüber: Wancho-Mann

Gegenüber:
(im Uhrzeigersinn von oben links)
Chang-Frau,
Konyak-Frau,
Nocte-Mädchen,
Lainong-Frau

Auch die Mädchen der Apatani, Aka und Nishi wurden schon sehr früh mit Linien am Kinn tätowiert, heutzutage sieht man diese allerdings nur noch bei den älteren Frauen. Anders als bei den Aka waren diese Zeichen bei den Nishi kein Muss. Für die Aka übernahmen die Tätowierungen eine religiöse Funktion und sorgten für ein glückliches und sorgenfreies Leben nach dem Tode. Nachdem sie im Alter von zehn Jahren ihr erstes Tattoo erhalten hatten, war es den Mädchen verboten, Fisch oder Fleisch zu sich zu nehmen, ehe sie ihr erstes Kind geboren hatten. Ein Stück weiter südlich trugen die Abor-Frauen ähnliche Linien neben dem Mund sowie ein kleines Kreuz direkt unterhalb der Nase, während die Männer auf der Stirn ein großes Kreuz tätowiert hatten. Die Kreuze standen allerdings nicht im Zusammenhang mit dem Christentum.

Die Tätowierprozedur der Apatani war primitiv und äußerst schmerzhaft. Mit einem Dorn schnitten die Mütter die Haut ihrer vierjährigen Töchter ein und rieben die Wunden dann reichlich mit Senföl und Ruß ein. Danach warteten sie, dass die Wunden sich infizierten, damit die Tattoos größer und deutlicher wurden. Auch war es unter den Frauen Brauch, Löcher an beiden Nasenseiten zu tragen, die sie dann mit einem Stopfen (plug) verschlossen. Die Tattoos und Nasenstopfen hatten die Funktion, die Töchter und Frauen zu schützen. In der Vergangenheit waren die Apatani-Mädchen oft von den Feinden des Stammes, den Nishi, entführt worden. Die Apatani-Mütter hofften, dass die Nishi das Interesse an ihren Töchtern verlieren würden, wenn sie sie verunstalteten.

Die Punktetafel der Kopfjäger

Die Männer der Apatani und der benachbarten Stämme trugen nur selten Tattoos. Im Gegensatz dazu waren die Tattoos der Naga-Männer recht beeindruckend. Siegreiche Krieger der Phom-Naga und Chang-Naga durften sich das Bild eines Fruchtbarkeitsbrunnens auf Brust und Bauch tätowieren lassen. Noch heute tätowieren die Männer dieses Bild, das auf einer stilisierten Darstellung eines Bambus beruht. Vier Linien entspringen dem Nabel, wodurch das Leben symbolisiert wird, und winden sich über Herz und Lungen. Bei den Wancho-Naga und den Konyak-Naga gab es ein anderes Muster, das einer Brille ähnelte und aus dicken Linien bestand, die sich um die Augen und über Wangen und Kinn schlängelten. Das Recht auf ein solches Tattoo erlangte ein Krieger, wenn er einen Kopf erbeutete. Die Kopftrophäen wurden in den *morungs* aufbewahrt. Noch heute kann man sie dort finden, sie sind Relikte einer alten Kriegertradition.

Der Kult der Kopfjagd ist eng mit der Religion der Naga verknüpft. Ihrem Glauben zufolge ruhen im menschli-

Konyak-Häuptling mit „Brillen"-Tattoo

Gegenüber: Chang-Naga-Männer

Rechte Spalte: Die Tattoos dieser Nocte-Frau zeigen, dass ihr Mann zwei Köpfe erbeutet hat.

chen Schädel drei Seelen, von denen eine die Seele der Fruchtbarkeit ist. Erbeutete ein Krieger nun den Kopf eines Feindes, erhielt er damit auch dessen Fruchtbarkeit, was sicherstellte, dass seine künftige Frau mit Kindern gesegnet sein würde. Darum musste ein Mann auch zuerst einen Kopf erbeuten und ihn seiner künftigen Frau zu Füßen legen, ehe er sie heiraten durfte. Doch dies ist nicht die einzige Bedeutung der Kopfjagd: Das Blut eines toten Feindes enthielt die gleiche Kraft wie das Blut einer schwangeren oder menstruierenden Frau, welches wiederum für die Fruchtbarkeit der Erde stand. Ziel war es also auch, die Fruchtbarkeit der Erde zu erhalten und die Ernte des Clans zu sichern, indem man so viele Köpfe wie möglich erbeutete. Dabei wurden allerdings nicht unbedingt nur die Köpfe feindlicher Krieger erbeutet; manch einer zog den langhaarigen Kopf einer Frau, ein anderer wieder den eines Kindes vor. Es war jedoch tabu, die Alten, die Schwachen und nackte Menschen auf einer Jagd zu töten. Nach jeder erfolgreichen Kopfjagd entschieden der Häuptling und die Stammesältesten über die Belohnung des Kriegers. Neben herrlichem Kopfschmuck und Decken konnte die Belohnung auch darin bestehen, dass er sein Haus oder seinen Körper mit Ehrenmalen schmücken oder dass er heiraten durfte. Je mehr Köpfe ein Mann erbeutet hatte, desto umfangreicher waren auch sein Schmuck und seine Tattoos, was ihm innerhalb des Dorfes, aber auch bei seinen Feinden, ein höheres Ansehen verschaffte. Die grob tätowierten menschlichen Figuren auf dem Körper eines Wancho-Naga-Kriegers waren ein Zeichen dafür, wie viele Köpfe er erbeutet hatte. Die Frauen besonders erfolgreicher Krieger

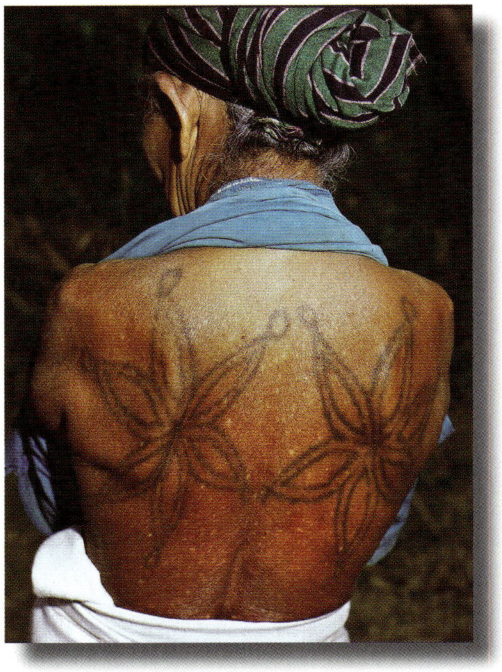

tätowierten mitunter ebenfalls eine Figur oder eine Blüte auf ihren Ausschnitt oder zwischen die Schulterblätter für jeden Kopf, den ihre Männer erbeutet hatten. Auf ähnliche Weise verewigten die Piloten des Zweiten Weltkrieges ihre Opfer auf ihren Flugzeugen.
Die Zeiten der Stammeskriege sind inzwischen Vergangenheit und die Kopfjagd ist offiziell verboten, der Geist jenes Brauches ist jedoch bis heute lebendig. Die indischen Bergstämme haben dem alten Brauch der Kopfjagd eine neue, moderne Form verliehen, damit er ein Teil ihrer kulturellen Identität bleiben kann. Die alten Männer, auf deren Haut man Fruchtbarkeitssymbole sehen kann, verdienten sich diese vermutlich noch auf die traditionelle Weise; die jungen Männer von heute können sich derlei Zeichen nur noch in Scheinschlachten verdienen.

Rechte Spalte: Wancho-Krieger

Linke Spalte und unten: Nagas

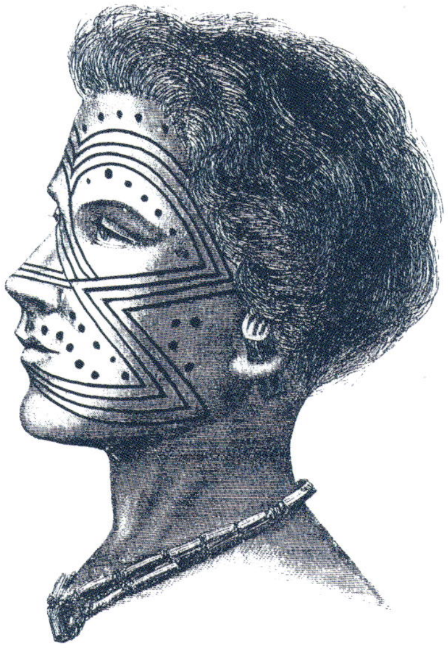

Hawaii
MIKRONESIEN
Ulithi
Yap
Truk
Ponapé
Marshall-Inseln
Bismarck
Archipel
Nauru
MELANESIEN
Kiribati
(Gilbert-Inseln)
Papua
Neu Guinea
Salomonen
Marquesas
Tikopia
Tuvalu
Neue Hybriden
Samoa
Vanatu
Tahiti
Cook-Inseln
Mangareva
Rarotonga
POLYNESIEN
Australien
Oster
Neuseeland

KAPITEL 6

OZEANIEN

Vor langer Zeit hatte ein Ahne, Mataora, einen wilden Streit mit seinem Weib. Da verließ sie ihn und ging im Jenseits zu ihrem Vater. Mataora plagte schreckliche Sehnsucht nach ihr und so folgte er ihr nach und traf auf ihren Vater, Uetonga, der dort in seine hölzerne Hütte Muster schnitzte. Da bat Mataora seinen Schwiegervater, ihn mit denselben herrlichen Mustern zu bemalen, weil er hoffte, dass er damit für sein Weib unwiderstehlich werden würde. Uetonga erfüllte ihm den Wunsch, doch als Mataora sich auf den Weg zu seinem Weibe machte, begann es zu regnen, und all die schönen Malereien wurden fortgewaschen. Da fragte Mataora seinen Schwiegervater, ob er den Mustern Dauerhaftigkeit verleihen könne. Da schnitt Uetonga die Bilder in Mataoras Körper und bereitete ihm damit große Pein. Als aber Mataoras Weib die herrlichen Muster erblickte und sein Opfer erkannte, versöhnte sie sich wieder mit ihm.

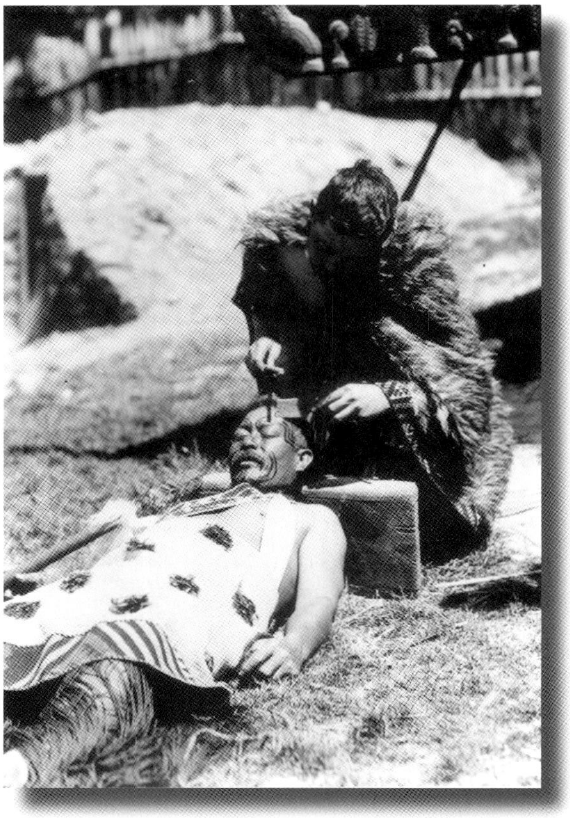

Ein Maori-Häuptling erhält einen neuen Teil seines Moko

In den zurückliegenden Jahrhunderten war das Tätowieren in Ozeanien weit verbreitet, von den Inselregionen im Südpazifik bis hinein ins nordöstliche Australien. Die Maori-Legende, die zu Beginn des Kapitels erzählt wurde, legt nahe, dass die Bewohner selbst das Tätowieren als einen uralten Brauch ansehen. Wann genau das Tätowieren in dieser Gegend erstmals auftauchte, ist nicht belegt. Wie bei den meisten nicht-westlichen Kulturen gibt es auch hier keine schriftlichen Aufzeichnungen über die Geschichte und die Funktion der Tattoos. Die ersten Entdecker aus dem Westen, die im sechzehnten Jahrhundert erstmals diese Gefilde erreichten, waren erstaunt über die herrlichen Köperverzierungen und erwähnten sie oft in ihren Reiseaufzeichnungen. Auf diese Weise sind uns dank dieser Forscher ausführliche Beschreibungen der indigenen Tätowierkulturen überliefert, die allerdings schnell dem Untergang geweiht waren, nachdem die Menschen dort erst einmal mit dem Westen in Berührung gekommen waren. Die westlichen Kolonialmächte teilten die Tausenden von Inseln in drei Gruppen: Polynesien, Melanesien und Mikronesien. Als diese gigantische Inselgruppe noch nicht vollständig kartiert war, bot sie Abenteurern und Seefahrern ein ideales Ziel, um sich ein Namen zu machen. Zu den bekanntesten Seefahrern des achtzehnten Jahrhunderts gehörte der englische Kapitän James Cook. Während seiner drei Reisen nach Ozeanien konnte Cook, ein versierter Kartograph, viele der bekannten und neu entdeckten Inseln überaus detailliert kartieren. Als gewandter Diplomat kam er mit den indigenen Völkern gut zurecht und lud klugerweise zweimal einen Tahiter ein, ihn auf seinen Reisen zu begleiten und ihm als Führer und Übersetzer zu dienen. Eine spätere Auseinandersetzung mit den Hawaiianern allerdings endete für ihn tödlich. Cook erwies sich als kluger Beobachter der Bräuche und Werte der Völker, denen er begegnete, und wurde auf seinen Expeditionen von Wissenschaftlern und Künstlern begleitet, die die Aufgabe hatten, die einheimischen Menschen, Tiere und Pflanzen zu beschreiben und zu zeichnen.

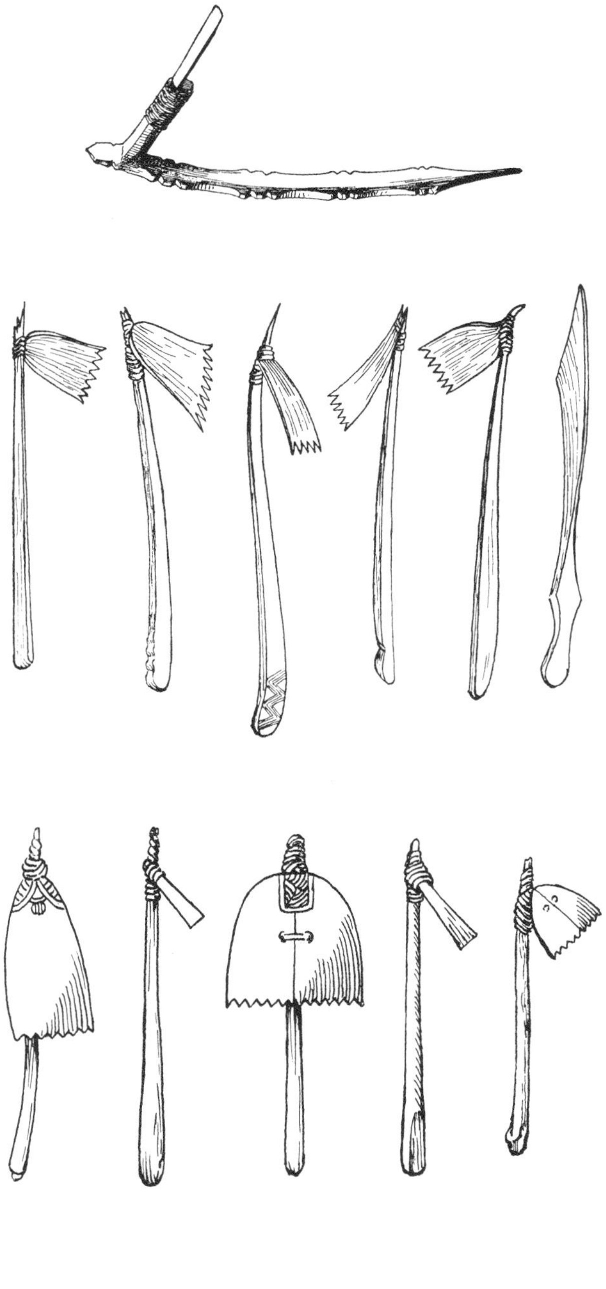

Tätowierwerkzeuge der Maori

POLYNESIEN

Cooks vornehmliches Forschungsgebiet war Polynesien, ein riesiges Gebiet, das Tausende von Inseln umfasst und sich in dem Dreieck zwischen Neuseeland, der Osterinsel und Hawaii befindet. Die Bewohner aller Inseln, die Cook besuchte, waren mit dem Tätowieren vertraut. Cook und sein Reisegefährte, der Botaniker Joseph Banks, waren die Erfinder des Wortes „Tattoo", welches von dem tahitischen Wort *tatau* abstammt. Bis dahin wurde das Phänomen auf verschiedenste Art und Weise, zuweilen auch recht unglücklich, beschrieben, wie zum Beispiel „gestochene Bilder" oder aber ganz nüchtern mit „blaue Farbpigmente unter die Haut applizieren". In derlei Beschreibungen wurde aber noch längst nicht deutlich, dass die Zeichen auch von Dauer waren. Das Tätowieren erlangte seine Identität als ausgeprägte Kunstform erst mit der Erfindung des Wortes „Tattoo".

Cooks Berichten zufolge hat es den Anschein, als wäre die gleiche Methode des Haut-Durchstechens auch in Polynesien verbreitet gewesen. Das polynesische Tätowierwerkzeug bestand aus einem Stab, an dessen Ende ein Stück Knochen mit spitzen Zähnen befestigt war. Der Knochen konnte, je nach Stamm, von einem Menschen, einem Vogel oder einem Fisch stammen. Auf einigen Inseln benutzten die Tätowierer die von Natur aus scharfen Haifischzähne anstelle eines angespitzten Knochens. Die Tätowierer der höher entwickelten Tätowierkulturen auf Neuseeland, Samoa und den Marquesas verwendeten eine breite Auswahl an Instrumenten, von Tätowierkämmen mit drei bis sechs spitzen Zähnen für die Detailarbeit bis hin zu Kämmen mit 60 Zähnen zum Füllen größerer Flächen. Man tauchte die Zähne in eine schwarze Flüssigkeit und durchstach dann damit die Haut. War der Stock erst auf dem Körper platziert, wurde er zügig mit einem kleinen Hammer oder Schlägel geschlagen, wobei jeder Schlag das Blut zum Fließen brachte. Der Tätowierer sang bei der Arbeit, um im Rhythmus zu bleiben und dem Klienten den Schmerz zu lindern. Manchmal wurden die Farbpigmente nicht direkt in die Haut gestochen, sondern erst danach zusammen mit dem Blut in die Wunden gerieben.

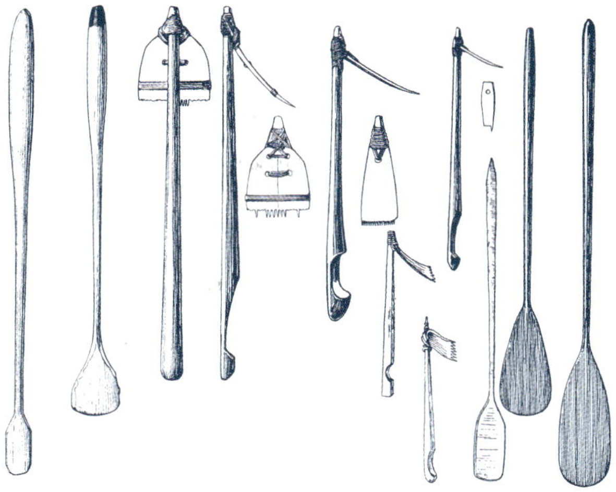

Tahitische Tätowierwerkzeuge

Traditionelle tahitische Gesäß-Motive

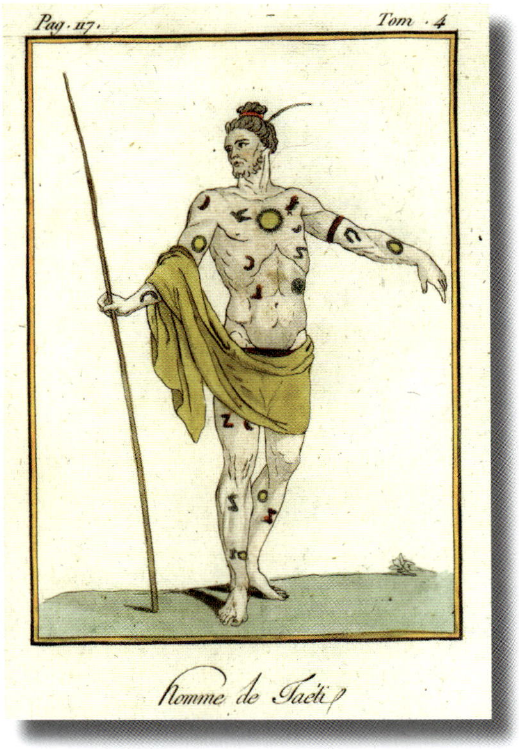

Linke Spalte: Tahiterin, ca. 1850

Rechte Spalte: Tahiter, ca. 1850

Drei Tahiter, von Kapitän Henry Byam Martin R. N., ca. 1840

Wenngleich James Cook für seine Zeit ein sehr aufgeklärter Mann gewesen ist, so waren es die meisten Europäer, die ihm nachfolgten, leider nicht. Innerhalb der nächsten hundert Jahre nach Cooks Aufzeichnungen waren die indigenen Kulturen vollständig verschwunden und von Gesellschaften, basierend auf dem europäischen Vorbild, verdrängt worden. Bräuche wie das Tätowieren, Kannibalismus und Götzendienst waren für die Europäer inakzeptabel und wurden rasch ausgerottet. Einer der wenigen Vorteile, die man in dieser Tragödie noch finden mag, besteht darin, dass die Veränderungen und schließlich das Verschwinden der verschiedenen Tätowierkulturen heute anhand der Berichte vieler anderer Reisender und Wissenschaftler, wie Charles Darwin, der dieselben Inseln besuchte wie Cook, rekonstruiert werden können.

Tahitische Socken- und Armmotive, ca. 1800

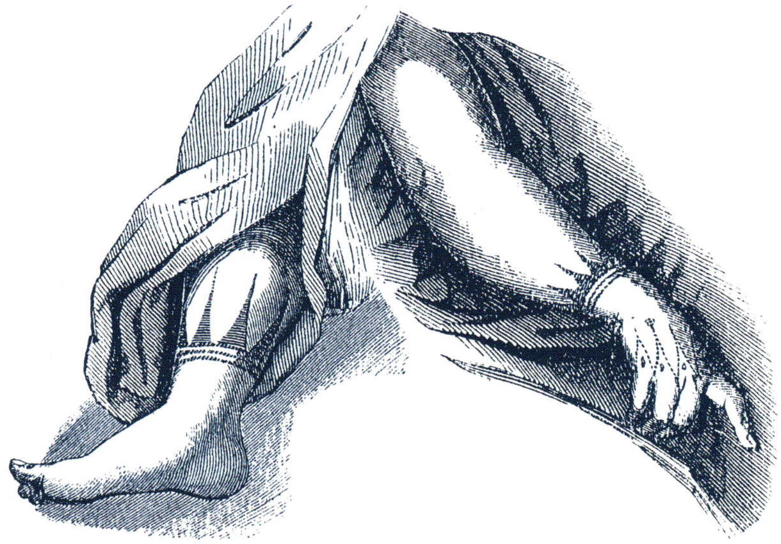

EUROPÄISCHE TIERMOTIVE AUF DEM VORMARSCH

Im Jahre 1768 stach James Cook in Plymouth, England, zum ersten Mal mit der *Endeavour* in See. Er umrundete das Kap der Guten Hoffnung und erreichte im Frühjahr des darauf folgenden Jahres die paradiesischen Gesellschaftsinseln, von denen Tahiti die wichtigste ist. Diese Koralleninsel mit ihren freundlichen Bewohnern, ihren weißen Stränden, dem herrlichem Wetter und den bildschönen Frauen erwies sich als äußerst attraktiv für die europäischen Abenteurer. Nur unter größter Anstrengung konnten die Kapitäne ihre Mannschaft dazu bewegen, wieder in See zu stechen. Einige Jahre bevor Cook die Insel erreichte, hatte eine Mannschaft ihr halbes Schiff auseinander genommen, um Nägel, Scharniere und Ketten den tahitischen Mädchen im Austausch gegen sexuelle Gefälligkeiten anzubieten.

Cook war vermutlich nicht überrascht von den Tätowierungen auf Tahiti, nachdem einige Jahre zuvor bereits andere von ihnen berichtet hatten. Ein jeder auf Tahiti war tätowiert, aber die Muster unterschieden sich erheblich. In einigen Aspekten glichen sich die Designs der verschiedenen Stämme allerdings: Sowohl Männer als auch Frauen waren großflächig am Gesäß tätowiert, von wo aus sich Bögen entlang der Lendenwirbelsäule bis vor zu den unteren Rippen erstreckten. Bei den Mädchen galten diese Tattoos als Zeichen von Ehre oder signalisierten die einsetzende Pubertät und ihre Fähigkeit, Kinder zu gebären. Cook und seine Gefährten beobachteten noch viele weitere

Motive, vor allem geometrische Muster, wie Mondsicheln, Kreise und Vierecke. Charakteristisch waren bei den Frauen die Verzierungen um die Ferse herum und am Fuß, die aussahen wie Socken. Gesichtstätowierungen waren nur selten zu sehen.
Reisende, welche die Insel nach Cook besuchten, berichten über die Veränderungen im tahitischen Tätowierstil. Fast sofort nach der Ankunft der Europäer begannen die Inselbewohner, realistische Darstellungen auf ihre Körper zu tätowieren und die traditionellen tahitischen Tattoos wurden kaum noch verwendet. Charles Darwin, der im Jahre 1835 nach Tahiti kam, schrieb, dass zu dieser Zeit das Sockentattoo fast vollständig verschwunden war, ebenso wie die traditionellen Bögen und schwarzen Flächen auf dem Po. Stattdessen erfreuten sich europäische Tiere, wie Ziegen, Hunde, Schweine, Vögel und Fische, größter Beliebtheit. Im Jahre 1789 bemerkte Kapitän William Bligh, der später nach der Meuterei auf der *Bounty* ausgesetzt wurde, dass viele Inselbewohner die Darstellung eines Ritters auf einem Pferd auf ihre Beine tätowiert hatten. Während ihres Aufenthaltes ließ sich ein Mitglied der Mannschaft auf die traditionelle tahitische Weise das Gesäß tätowieren.

Gambier-Insulaner

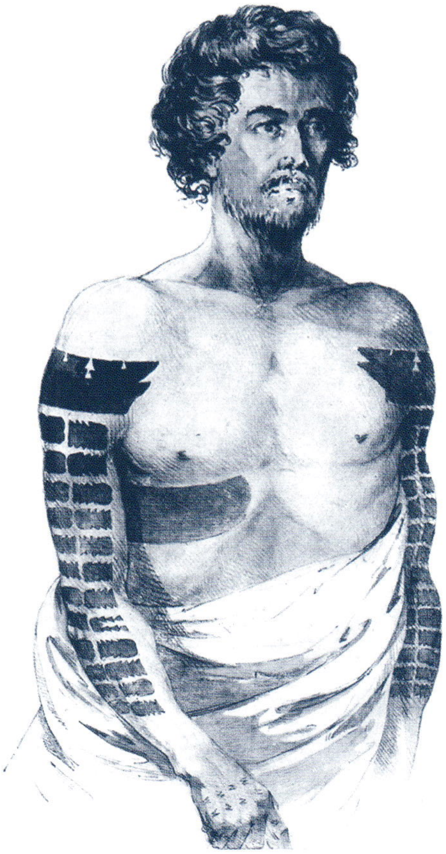

Auch traditionelle Waffen waren eine beliebte Tätowiervorlage. Keulen und Speere wurden kombiniert mit Schwertern, Musketen, Kanonen und Pistolen. Die Tahiter schafften es sogar, europäische Messinstrumente und Kompasse realistisch darzustellen. Die Palme wurde zu einem sehr beliebten Tattoo. Dabei wurde der gesamte Baum, einschließlich der Wurzeln, abgebildet und erstreckte sich von den Knöcheln über die Waden. Auch vollständige Erzählungen wurden den Männern auf die Brust tätowiert und berichteten von Männern in der Schlacht oder Opferszenen. Unter Druck gesetzt von den Missionaren, welche die Inseln nach den Entdeckern erreichten, unterbanden die Stammeshäuptlinge die Praktik und das Tätowieren starb Mitte des neunzehnten Jahrhunderts schließlich aus. Angeblich bekam eine Frau, die es trotz des Verbots wagte, ein winziges Tattoo auf dem Bein zu tragen, auf Befehl des Häuptlings zur Strafe ein Schandmal ins Gesicht tätowiert.

Linke Spalte:
Rurutu-Insulaner

Gambier-Insulaner in einer Auseinandersetzung mit Seefahrern aus dem Westen

„Weißer Mann" – ein Spottwort für Nicht-Tätowierte

Cook berichtete, dass das Tätowieren auch auf einigen Inselgruppen in der Umgebung von Tahiti praktiziert wurde. Die Männer der Insel Rurutu trugen breite, horizontale Bänder auf Brust und Schultern und bedeckten ihre Hände mit kleinen Zickzacklinien. Die Bewohner der kleinen Insel Takapoto waren im Gesicht und an den Händen leicht tätowiert, meist mit Fischmotiven.

Die Kannibalen der Gambierinseln trugen detailliert gearbeitete Muster von höchster Qualität, aber nicht jeder dort war tätowiert, weil die Prozedur sehr teuer war. Die Könige dort müssen ihre siegreichen Krieger reich belohnt haben, denn diese trugen mehr Tattoos als jeder andere. Diese bedeckten sie am ganzen Körper, einschließlich der Augenlider und der Lippen. Krieger, die sich so umfassende Tätowierungen nicht leisten konnten, wurden verspottet und man nannte sie *roteo*, was soviel bedeutet wie „Bleichgesicht" oder „Weißer Mann". Alle Männer auf Mangareva, der Hauptinsel der Gambiergruppe, trugen ihr Familienwappen auf der Brust. In der königlichen Familie bestand dieses Zeichen aus

Maori Mokos, von A. Pellion, ca. 1820

„Haka", der Kriegstanz der Maori

einer Reihe von Punkten an den Füßen, die schon bald nach der Geburt tätowiert wurden. Um ihr Erbe und ihre absolute Macht zu sichern, töteten die Könige jeden, der es wagte, diese Zeichen nachzuahmen. Außer den Familienwappen trugen die Mangareva-Krieger auch Tattoos auf den Beinen, die wie Rüstzeug aussahen und aus blauen Linien bestanden. Dies verwirrte die Europäer, denn sie dachten, die Insulaner trügen Hosen.

DIE FURCHEN UND SPIRALEN DER KRIEGER

Als Cook Tahiti wieder verließ, begleitete ihn ein einheimischer Priester namens Tupaia, der ihm bei seinen ersten Begegnungen mit den Maori noch eine große Hilfe sein sollte. Einen Monat später erreichte Cook Neuseeland, wo er sich nicht gerade herzlich willkommen fand. Aus sicherer Entfernung beobachtete er, wie die grimmigen Maori-Krieger ihren wilden Kriegstanz, den *haka*, aufführten, der ihre Feinde das Fürchten lehrte. Dank Tupaias Diplomatie konnte Cook nach einigen Auseinandersetzungen schließlich mit den Inselbewohnern in Kontakt treten. Einige Maori

Linke Spalte: Maori-Mädchen, ca. 1950

DER EUROPÄISCHE HANDEL MIT TÄTOWIERTEN KÖPFEN

Für die europäischen Besucher war der Brauch der Maori, die Köpfe ihrer Feinde zu erbeuten und zu schrumpfen, eine grausige Zurschaustellung ihrer Barbarei, nichtsdestotrotz waren sie schon bald selbst besessen davon. Für manch einen Europäer waren diese Dinge eindrucksvolle Souvenirs, ebenso wie die Schrumpfköpfe der Amazonasindianer. Ein tätowierter Maori-Kopf – der für die Maori selbst das ultimative Symbol für Männlichkeit darstellte und von großer religiöser Bedeutung war – wurde zu einem schnöden kommerziellen Mitbringsel herabgewürdigt. Meistens konnte man einen solchen Kopf gegen ein paar Waffen eintauschen, was die Seele des Verstorbenen vielleicht noch zufrieden gestellt hätte, aber schon nach ein paar Jahren war sein Tauschwert auf eine Decke oder ein altes Hemd gesunken. Händler, vornehmlich britische, rissen sich schnellstens die schönsten und ungewöhnlichsten Köpfe unter den Nagel. Und wie bei jedem Gewerbe, in dem die Nachfrage das Angebot bei Weitem übersteigt, gelangten schon bald schlechte Nachbildungen auf den Markt und die ärmlich tätowierten Köpfe von Sklaven wurden für wenig Geld feilgeboten. Man erzählte sich, einmal habe ein Häuptling einem Kaufmann erlaubt, sich einen Sklaven auszusuchen, und ihm versprochen, ihm dessen Kopf innerhalb dreier Tage tätowiert und getrocknet zu überbringen. Es entstand der Verdacht, dass viele Köpfe im Britischen Museum und in privaten Sammlungen erst nach dem Tode tätowiert worden waren. Diese Ausschweifungen führten zu einem Verbot für den Handel mit Köpfen im Jahre 1831 und Zuwiderhandlungen wurden mit einer für die damalige Zeit horrenden Geldstrafe in Höhe von 40 Pfund geahndet. Die jüngeren Maori-Krieger, welche die abstoßenden Praktiken der europäischen Kaufleute beobachtet hatten, ließen die Gelegenheit, nach ihrem Tode als Unterhaltung für die Gäste britischer Dinnerpartys zu dienen, ungenutzt vorüber ziehen. Sie ließen sich einfach nicht mehr tätowieren und schon in der zweiten Hälfte des neunzehnten Jahrhunderts traf man kaum noch einen Mann mit einem traditionellen *moko* an. Da Frauenköpfe für die Kaufleute nicht von Wert waren, bestand die Tradition der Gesichtstätowierungen bei den Maori-Frauen noch für lange Zeit.

kamen an Bord und wurden von Cooks Reisebegleitern ausgiebig porträtiert und beschrieben: „Ihre Lippen waren gefärbt von etwas, das unter die Haut gegeben worden war (wie beim Otahite [tahitischen] Tattow), und ihre Gesichter waren von tiefen Furchen durchzogen, die ebenfalls schwarz gefärbt waren und sich in regelmäßigen Spiralen wanden“. Die ältesten Männer besaßen die meisten Tattoos. Cook beobachtete auch, dass die Bewohner im Norden sich weniger stark tätowierten als die Maori, die weiter im Süden lebten, obwohl die Lippentattoos bei beiden Gruppen verbreitet waren. Das könnte erklären, weshalb Abel Tasman, der Neuseeland bereits 100 Jahre zuvor entdeckt hatte, die Tattoos nicht erwähnte: Er war an der Südküste der Nordinsel Neuseelands gelandet.

Zurzeit von Cooks Expedition gab es auf der Nordinsel verschiedene Tätowierstile. Die Frauen trugen allesamt gleiche Designs, im Allgemeinen an Kinn und Lippen, und zudem noch das *waka te he*, ein Design, das eine umgedrehte Krone darstellt. Ein paar wenige Stämme tätowierten Linien auf Oberschenkel und Brust. Die Tätowierungen der Männer waren umfassender und konnten variieren. Im Osten bearbeiteten die Maori die Haut auf ganz ähnliche Weise, wie sie auch Holz bearbeiteten. Mit einem Schabeisen ritzten sie Furchen in ihre Gesichter und trieben roten Ocker oder blaue Pigmente mit Hilfe eines gezackten Meißels unter die Haut. Wenn die Dicke der Haut dabei nicht richtig eingeschätzt wurde, konnten Löcher entstehen, aus denen beim Rauchen Qualm entwich. Die Furchen wanden sich im Gesicht zu Spiralen. Die Stämme im Norden und im Landesinneren tätowierten nur selten ihre Gesichter, verzierten aber Rücken, Bauch, Schenkel und Gesäß mit ausschweifenden Spiralen. Diesen Stil nannten sie *puhora*. Die Tätowierer dieser Regionen verwendeten keine Schabeisen, sondern entwickelten eine ganz ähnliche Technik wie die Polynesier, bei der die Farbpigmente direkt unter die Haut gestochen wurden. Zu Beginn des neunzehnten Jahrhunderts vermischten sich diese beiden Stile und man traf nun auch auf der Nordinsel Gesichtsspiralen an.

Gesichtsspiralen als Siegel

Ebenso wie die Kriegstänze sollten auch die tiefen Furchen in den Maori-Gesichtern deren Feinden Furcht einflößen. Sie waren allerdings nicht die einzigen Bewohner der Südsee, die ihre Gesichter auf diese Weise verzierten. Die Krieger der Cookinseln tätowierten ihre Gesichter mit Bögen, ehe sie in die Schlacht zogen, doch im Gegensatz zu den Maori waren ihre Designs nicht einzigartig für den Mann, der sie trug. Die Qualität und die Anzahl der Tattoos spiegelten den Status eines Kriegers wider, im Besonderen seine militärischen Erfolge und die seiner Ahnen. Die *moko*, wie diese Gesichtstätowierungen in Neuseeland genannt werden, machten ihren Träger so unverwechselbar, dass die Engländer, wenn sie mit einem Maori-Häuptling einen Vertrag abschlossen, eine Zeichnung seines Gesichtstattoos als Siegel verlangten.

Zu Cooks Zeiten wurde die Tätowierprozedur oder *ta-moko* (ta = „schlagen“) von vielen Ritualen begleitet und jeder, der beteiligt war, galt als *tapu* (Gegenstand von Tabus). Ehe die Tochter eines hochrangigen Häuptlings tätowiert wurde, war es Brauch, ein Mädchen eines benachbarten Dorfes zu entführen, sie zu opfern und zu essen. Der Tätowierer (*tohunga-ta-moko*) genoss das Ansehen eines Priesters und wenn ein Krieger sich der Prozedur unterzog, so glaubte man, dass er damit in eine höhere, erhabenere Bewusstseinsstufe eintrete. Dem Krieger war es nach dem

Linke Spalte: Moko eines Maori-Häuptlings, der als Siegel verwendet wurde

Mokomokai

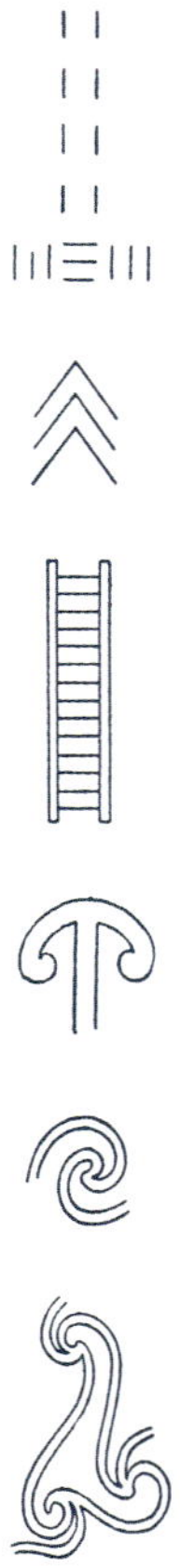

Oben: Maori-Designs

Nahrungstrichter der Maori

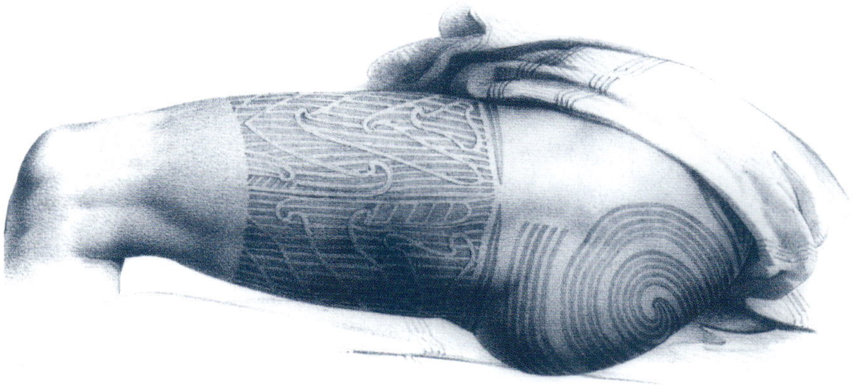

Linke Spalte: Beintattoo und Gesäßspirale der Maori

Rechte Spalte: Detail eines Mokos auf einem Schrumpfkopf

Ritual mehrere Tage lang verboten, sich Frauen zu nähern oder sich zu waschen, damit die Wunden abheilen konnten. So haben sich die Tabus möglicherweise, zumindest teilweise, aus rein praktischen Gründen entwickelt. Der Pragmatismus erklärt auch, warum die Krieger während dieser Zeit kein Essen oder sich selbst berühren durften und mit Hilfe eines schnabelförmigen Gefäßes gefüttert wurden. Zudem war es einem frisch tätowierten Krieger auf Grund der tiefen Furchen auf seinen Wangen und den Tattoos auf seinen Lippen wahrscheinlich auch unmöglich, zu kauen oder auch nur den Mund zu öffnen.

Den Maori zufolge gewann man das beste Färbemittel, indem man die Asche verschiedener Bäume mit Vogelfett vermischte. Diesen Brei gab man einem Hund zu fressen und vermengte dessen Exkremente dann erneut mit Vogelfett, ließ die Mischung trocknen und bewahrte sie in der Erde vergraben auf. Aber nicht alle Farbpigmente waren für die Gesichtstätowierungen geeignet. Den Ruß verbrannter Raupen zum Beispiel verwendete man für Tattoos auf dem Körper, für die Farbe der *moko* allerdings war er zu schwach. Der Tätowierer arbeitete mit äußerster Präzision. Cooks Gefährten waren voller Bewunderung für die Symmetrie und Perfektion der Maori-Spiralen. Ein fertig gestelltes *moko* enthielt sehr viele individuelle Elemente, die in einer bestimmten Reihenfolge appliziert wurden und von denen ein jedes einen eigenen Namen trug.

Prachtvoll tätowierte Köpfe als Kriegstrophäen

Das *moko* war keine Pflicht bei den Maori, wer aber keines trug, war ein *papatea*, ein „Bleichgesicht", und eine Schande. So konnten es natürlich die jungen Männer kaum erwarten, ihr Gesichtstattoo zu erhalten. Damit ausgestattet, war man ein begehrter Partner, wurde von seinen Freunden höher geachtet und wirkte auf seine Feinde viel Furcht erregender. Feinde behandelten die Leiche eines tätowierten Kriegers überaus respektvoll, schnitten sorgsam seinen Kopf ab und spießten ihn auf einem speziellen gekreuzten Stab auf.

Ein Kopf ohne Zeichnungen wurde einfach weggeworfen oder auf einen Stock gespießt und in den Kochbereichen der Frauen aufgestellt. Aufwändig tätowierte Köpfe waren die ultimative Kriegsbeute, ein physischer Beweis für die Macht und den Erfolg der Siegreichen und damit auch ein Statussymbol. Auch die tätowierte Haut von Schenkeln und Gesäß wurde aufbewahrt und auf verschiedenste Arten verwendet, vom Wasserbehälter bis hin zu Patronengurten.

Das *moko* stellte sicher, dass ein Maori-Krieger, der im Kampf fiel, von seiner Familie gefunden werden konnte, welche die Köpfe ihrer verstorbenen Verwandten aufbewahrte. Zu besonderen Anlässen nahmen die Witwen oder Eltern die Köpfe ihrer verstorbenen Ehemänner oder Söhne vom Regal und gedachten ihrer gemeinsam mit ihren Freunden.

Hoara Tipa Koinaki, Porträt von Gottfried Lindauer, ca. 1875

Ein Maori-Häuptling wird tätowiert

HOSENTATTOOS GEGEN MISSIONARE

Im Jahre 1772 trat Kapitän Cook seine zweite Reise in die Südsee an. Nachdem er erneut Tahiti besucht hatte, machte er sich auf den Weg nach Neuseeland. Auf seinem Weg passierte er die Inseln Amsterdam und Middleburg, die ihre Namen von ihrem Entdecker und Cooks Vorgänger, Abel Tasman, erhalten hatten. Cook nannte sie die Freundschaftsinseln (das heutige Tonga). Sämtliche Männer dieser Inseln waren von den Oberschenkeln an bis kurz über der Hüfte tätowiert. Da diese Art der Dekoration kurzen Hosen ähnelt, ist sie auch als „Hosentattoo" bekannt. Tasman hatte diese Tattoos nicht erwähnt, aber er ließ eine Zeichnung anfertigen von einem Mann, der schlichte skarifizierte oder tätowierte Verzierungen auf Armen und Brust trug. Auch auf den Horn-Inseln, im Norden Tongas, trugen die Männer Hosentattoos, allerdings wurden sie von dem Seefahrer Jacob LeMaire, der die Inseln bereits zwei Jahrhunderte zuvor entdeckt hatte, nicht erwähnt.
Die Bewohner von Tonga und den Horn-Inseln haben diesen Stil wahrscheinlich vom nahegelegenen Samoa übernommen. Zu Cooks Zeiten machten sich viele junge Tonganer auf den Weg nach Samoa, um sich dort tätowieren zu lassen, denn offenbar lebten dort die Experten. Die Hosentattoos der beiden Inselgruppen hatten vieles gemeinsam. Auf Tonga bestanden sie aus schmalen Streifen, die sich um den Körper wanden und sich in regelmäßig arrangierten Rauten, Dreiecken und Parallelogrammen erstreckten. Die einzige Ausnahme bildeten der tonganische König und seine wahrscheinlichen Nachfolger, die sich durch einen vollkommen untätowierten Körper auszeichneten.

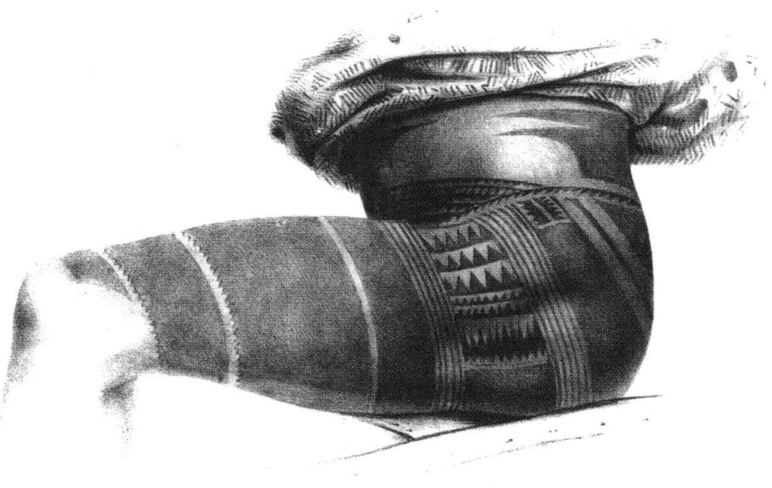

Beintattoo Tongas

Tonganischer Krieger

Fünfzig Jahre vor Cooks Entdeckung der Hosentattoos auf Tonga, hatte der Holländer Jacob Roggeveen das Phänomen bereits auf Samoa beobachtet. Er schrieb, dass einige Samoaner in enge Seidenhosen gekleidet gewesen seien. In Wirklichkeit waren dies außergewöhnlich detaillierte Tattoos. Jahrhunderte lang war die Anfertigung dieses Tattoos ein Übergangsritus für junge Männer, die das Erwachsenenalter erreichten. Die Einheimischen nannten diese Tattoos *pe´a*, was ihre Bezeichnung für einen Flughund mit einer Flügelspannweite von über zwei Metern war. Es ist ein sonderbares Tier, dessen Kopf dem einer Katze ähnelt. Die Symbolik des Flughundes wurzelt in der samoanischen Mythologie, wo er als Wächter in Erscheinung tritt. Die Tonganer erklärten den Mitgliedern von Cooks Expedition, dass die Hosentattoos den Kriegern, die lediglich mit einem Lendenschurz bekleidet waren, während eines Kampfes magischen Schutz boten.

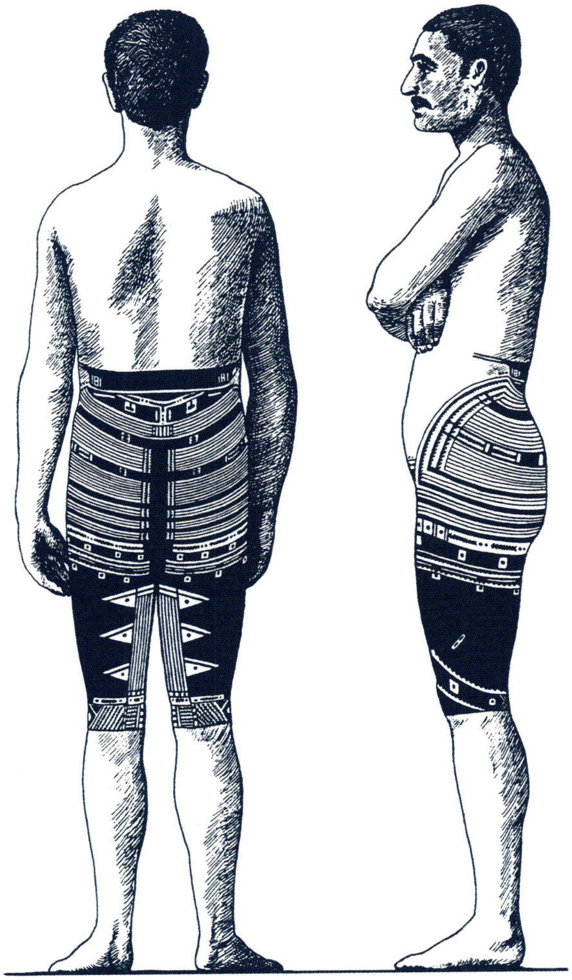

Linke Spalte: Hosentattoos auf Samoa

Karte von Maria Bay, Tonga-Tabu, von Abel Tasman, 1642

Missionare verdrängen das Hosentattoo

Auf Tonga waren die Missionare mit ihren Versuchen, dieses Ritual abzuschaffen, erfolgreich, auf Samoa dagegen erlebten sie erheblichen Widerstand. Tätowierte Jungen weigerten sich, in die Missionsschule zu gehen und dort zusammen mit nicht tätowierten Jungen, die sie als Feiglinge betrachteten, in einem Klassenzimmer zu sitzen. Die Väter akzeptierten nur tätowierte Männer als Ehemänner für ihre Töchter und der König weigerte sich, Essen von einem nicht tätowierten Mann entgegen zu nehmen. Das Tätowieren eines jungen Häuptlings war in allen Dörfern Samoas eine wichtige Zeremonie. Der Tätowierer (*tufuga*), der meist selbst ein Häuptling war und hohes Ansehen in der Gemeinschaft genoss, wurde für seine Dienste reich entlohnt, zumeist mit fein gewebten Zierdecken. Einen jungen Häuptling zu tätowieren, kostete mindestens 100 Zierdecken. Wie die Gesichtstattoos der Maori, enthielten auch die Hosentattoos verschiedenste Elemente, von denen jedes einen eigenen Namen hatte und die in einer ganz bestimmten Reihenfolge angebracht wurden.

Die samoanischen Tätowierer des neunzehnten Jahr-hunderts wussten nicht mehr um Bedeutung der Namen. Die größten Elemente des *pe´a* waren fast senkrechte Streifen,

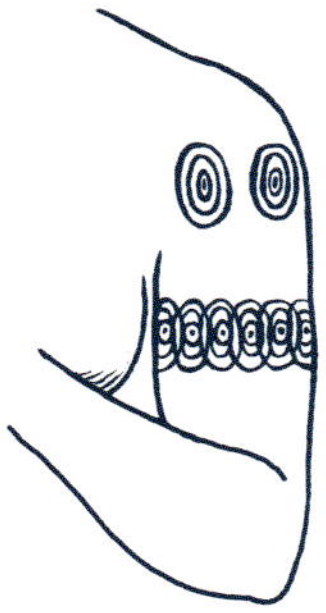

Armtattoo einer tonganischen Frau

Tonganisches Tätowierwerkzeug

Tätowieren auf Samoa

Samoanische Designs

Gegenüber: Samoanische Frau mit Oberschenkeltattoos

die auf der Rückseite des Körpers höher gezogen wurden als auf der Vorderseite. Es gab auch lange Reihen von Zickzacklinien, die sich, vom Schambereich ausgehend, um die Beine schlangen und wahrscheinlich eine stilisierte Darstellung von Tausendfüßlern, *leatualoa*, waren. In der samoanischen Mythologie steht dieses Tier für den Tod oder das Überleben einer Krankheit. Ein langer Schaft mit Haken, der einen Fischerspeer darstellte, umschloss den oberen Bauch. Direkt über dem Schambereich befand sich ein lang gezogenes Dreieck. Den letzten Teil des Tattoos bildete das Nabelmuster. Es war das einzige asymmetrische Element und symbolisierte die „Wiedergeburt" des Jungen als Erwachsener, so wie das Durchtrennen der Nabelschnur den Geburtsprozess vollendet.

Tonganische und samoanische Tattoos nahm man nicht auf die leichte Schulter, denn selbst die empfindlichsten Stellen, der Penis (auf Samoa inklusive der Eichel) und der Bereich um den Anus herum, wurden nicht ausgelassen. Die jungen Männer betrachteten diesen Schmerz als wesentlichen Bestandteil ihrer Reise in das Erwachsenenleben und zeigten äußerlich nicht das geringste Anzeichen von Leiden. Einige Häuptlinge bezahlten für die Tätowierung aller Jungen eines Dorfes im selben Alter, damit ihre eigenen Söhne die Qualen nicht allein erdulden mussten. Auf den Horn-Inseln sorgten einige Freunde für Ablenkung, indem sie Lieder sangen. Wenn die Tattoos nach Wochen oder gar Monaten endlich vollendet worden waren, wurde ein großes Fest gefeiert, auf dem die Jungen den Mädchen voller Stolz ihre Tattoos präsentierten. Die Aufmerksamkeit und der Beifall entschädigten sie für all den Schmerz.

Im Gegensatz zu ihren Männern waren die Frauen auf Samoa, Tonga und den Horn-Inseln nur sehr leicht tätowiert, mit eleganten Linien und Figuren im Gesicht sowie an Armen und Händen. Ihrem Schöpfungsmythos zufolge gab es bei den Geschlechtern ein kleines Missverständnis. Zwei samoanische, wahrscheinlich nicht besonders schlaue, Göttinnen schwammen nach Fidschi, wo sie die Kunst des Tätowierens von einem männlichen Meister erlernten. Auf ihrem Heimweg wiederholten sie beim Schwimmen immer wieder dessen Anweisungen: „Tätowiert die Frauen, nicht die Männer. Tätowiert die Frauen, nicht die Männer." Als sie sich der Küste Samoas näherten, erblickten sie auf dem Meeresgrund ein köstliches Schalentier und tauchten danach. Als sie wieder auftauchten, begannen sie sogleich wieder, den Satz zu rezitieren, allerdings in der falschen Reihenfolge: „Tätowiert die Männer, nicht die Frauen. Tätowiert die Männer, nicht die Frauen."

Tonganer, ca. 1800

Rechte Spalte:
Osterinsulaner, von
Louis Choris, ca. 1820

Hals-Design

Unten:
Armtattoo der Tepano,
Osterinsel, ca. 1885

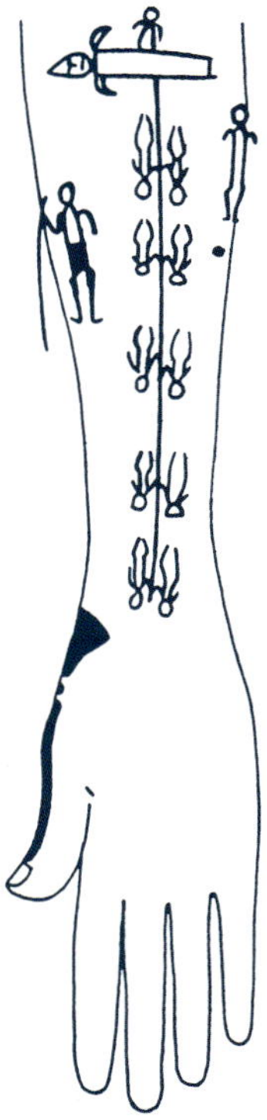

Die Frauen der Osterinsel begannen, ihre Körper mit Imitationen der Knickerbocker zu tätowieren, die sie bei den Europäern gesehen hatten. Reihen blauer Linien zogen sich von der Hüfte bis knapp über das Knie. Sie waren so fein gearbeitet, dass man sie, von weitem betrachtet, für echte Hosen halten konnte. Gegen Ende des neunzehnten Jahrhunderts begegnete der deutsche Anthropologe Stolpe bei seinem Besuch auf der Osterinsel einem Insulaner mit einem höchst bemerkenswerten Tattoomuster. Seine Tattoos berichteten von Ereignissen, die die Osterinsel zwanzig Jahre zuvor ereilt hatten. Zehn schlichte menschliche Figuren, die einen großen Felsen bewegten, waren auf seinen Arm tätowiert. Man nimmt an, dass es sich hierbei um den „Hoa-haka-nana-ia"-Stein handelt, der im Britischen Museum zu sehen ist, wie er von zehn Insulanern unter Anleitung des Engländers J. Linton Palmer zum Strand getragen wurde.

GEOMETRISCHE FIGUREN UND TRAUERTATTOOS

Nach seinem Besuch auf Tonga reiste Cook weiter zur Osterinsel und erreichte sie im März 1774. Er selbst war zwar zu krank, um an Land zu gehen, doch er traf einige der Inselbewohner an Bord seines Schiffes. Er beobachtete, dass die Frauen nur spärlich tätowiert waren, die Männer aber waren von Kopf bis Fuß mit sich wiederholenden Motiven verziert. Die Insel war bereits 52 Jahre zuvor an einem Ostersonntag von dem Holländer Jacob Roggeveen entdeckt worden. Ein Mitglied von Roggeveens Expedition schrieb: „Die Körper der Einheimischen sind in blauer Farbe mit Vögeln und anderen Tieren verziert, von denen eines schöner ist als das andere." Cook allerdings traf vor allem geometrische Muster an, der Stil musste sich also in der Zwischenzeit drastisch verändert haben. Reisende, die nach Cook kamen, zeigten sich schwer beeindruckt von breiten blauen Bändern, die kunstvoll der Anordnung der Muskel auf der hellbraunen Haut folgten.

MONATELANGE TÄTOWIERUNG DER ERSTGEBORENEN

Das einzige pflichtmäßige Tattoo auf den Marquesas wurde allen Mädchen unter zwölf Jahren an der rechten Hand tätowiert. Erst danach war es ihnen gestattet, das traditionelle Gericht, *popoi*, zuzubereiten oder die Haut der Verstorbenen mit Öl einzureiben, was auf den Marquesas heilige Aufgaben waren. Die Tätowierung wurde ohne jede Zeremonie im Haus des Vaters vorgenommen.

Eine große Zeremonie begleitete dagegen die Tätowierung des erstgeborenen Sohnes. Zu diesem Anlass wurde sogar ein Haus errichtet aus Holz, das man vom Haus des Vaters abgelöst hatte. Eine Gruppe von mindestens 40 jungen Männern half beim Hausbau und zur Belohnung wurde jeder von ihnen kostenlos tätowiert, während der Erstgeborene sich zwischen den einzelnen Sitzungen erholte. Je nachdem, wie viel der Junge aushielt, konnte die Prozedur drei Tage, einige Wochen oder sogar Monate in Anspruch nehmen. Manchmal arbeiteten mehrere Tätowierer gleichzeitig an ihm und wetteiferten miteinander, wer das schönste Tattoo in der kürzesten Zeit anfertigen konnte.

Der ganze Vorgang war für die Familie äußerst kostspielig. Alle Beteiligten mussten für die Dauer der Zeremonie verköstigt werden: die Helfer, die Familie selbst sowie der Tätowierer und seine Assistenten.

Der Tätowiermeister oder *tahuna*, wie er genannt wurde, erwartete zudem eine großzügige Entlohnung in Form von Geschenken, wie Schüsseln, Figurinen, Kriegskeulen und später auch Gewehre. Ebenso wie bei den Maori war alles und jeder, der in das Geschehen involviert war, *tapu*. Dem Tätowierer war es verboten, Sex zu haben, und niemand durfte sich waschen. Sobald die Tätowierung des Erstgeborenen abgeschlossen war, wurde das zu diesem Anlass errichtete Haus rituell verbrannt. Das Ereignis gipfelte in einem großen Festmahl und das ganze Dorf kam zusammen, um den tätowierten Jungen zu bewundern. Ursprünglich wurde anlässlich des Festmahls ein Mensch geopfert und verspeist.

Marquesas-Krieger mit einem abgeschnittenen Kopf in einem speziellen Korb

Beispiellose Kreativität auf den Marquesas

Von der Osterinsel machte sich Cook auf zu den Marquesas-Inseln, die im Jahre 1595 von dem Spanier Alvaro de Mendana entdeckt worden waren. Die Marquesaner litten, vielleicht aufgrund der recht frühzeitigen Entdeckung ihrer Inseln, mehr unter der Präsenz der Europäer als alle anderen Südseeinsulaner. Europäische Krankheiten dezimierten die Bevölkerungszahlen und dreihundert Jahre später war von ihrer traditionellen Zivilisation kaum noch etwas übrig geblieben. Ursprünglich ein Kriegervolk, opferten sie ihren Göttern Sklaven und Gefangene und waren, wie viele andere Bewohner von Südseeinseln, Kannibalen. Sie waren unübertroffen in der Herstellung von Objekten aus Holz und Stein und ihre Tätowierkunst (*tiki*) war auf einem ebenso hohen Niveau. Zu Cooks Zeiten war ihre Kultur noch sehr lebendig und obwohl er und seine Gefährten bereits sehr viele Tätowierkulturen zu Gesicht bekommen hatten, waren sie überaus erstaunt über die Kreativität der Marquesaner. Ein Mitglied der Expedition fertigte Zeichnungen einiger überaus kunstfertig tätowierter Häuptlinge an.
Die Tattoomotive der Marquesas-Insulaner waren deren Holzschnitzereien entlehnt und bestanden aus kombinier-

ten geometrischen Mustern, von einfachen Linien, Kreisen, Vierecken, Ovalen und Rauten bis hin zu konzentrischen Vierecken und Spiralen. Die Ovale und Kreise waren ausgefüllt mit Halbovalen, auseinander fließenden Linien, Doppelspiralen und abstrakten menschlichen Gesichtern. In vielen Designs fanden sich stilisierte menschliche Figuren und Tiere mit karierten Gliedmaßen. Ein vollendetes Tattoo bedeckte nahezu den gesamten Körper, einschließlich der Innenseite der Nasenlöcher, der Handinnenflächen, Augenlider, Zunge und Scheitel. Nur der Penis und die Fußsohlen blieben ohne Tattoos. Kein Ganzkörpertattoo glich dem anderen und die Auswahl an Designs war schier unerschöpflich.

Die Tätowierbräuche auf den Marquesas wurden sowohl vor als auch nach Cooks Aufenthalten dort untersucht und so ist es möglich, die stilistische Entwicklung zu rekonstruieren. Im sechzehnten und siebzehnten Jahrhundert waren die Tattoo-Designs begrenzt auf realistische Darstellungen von Tieren. Die Frauen zum Beispiel trugen elegante Tattoos von kleinen Fischen hinter den Ohren. Im achtzehnten Jahrhundert gaben die Krieger den Ton an, die ihren gesamten Körper mit geometrischen Mustern bedeckten. Im neunzehnten Jahrhundert kam es in Mode, geometrische Muster und Tierdarstellungen um breite horizontale Bänder anzuordnen. Zu dieser Zeit war ein vollständig tätowierter Mensch eher die Ausnahme. Zu Beginn des zwanzigsten Jahrhunderts waren die traditionellen Tätowierungen so gut wie verschwunden, nur noch die Männer trugen ihre Namen auf dem Arm. Der Hauptgrund für das Aussterben dieser Tradition war neben der rückläufigen Bevölkerungszahl das Verbot des Tätowierens, das 1884 von den Franzosen verhängt worden war, die dieses Gesetz rigoros durchsetzten und den Brauch innerhalb einer Generation auszulöschen vermochten.

Die Trauertattoos von Hawaii

Auf seiner zweiten Reise in den Südpazifik bat Cook einen Tahiter, Omai, ihn als Dolmetscher zu begleiten. Omai kehrte gemeinsam mit Cook nach Europa zurück, wo er als erster Mensch aus dem Südpazifik in London eingeführt wurde. Offenbar hatte man vergessen, dass bereits einhundert Jahre zuvor der englische Seefahrer William Dampier den stark tätowierten „Prinzen“ Giolo mit nach London gebracht hatte. Giolo war verkauft und als Kuriosität behandelt worden, Omai aber begegnete man mit höchstem Respekt. Er war ein beliebter Gast bei der britischen Oberschicht und erschien sogar vor König George III. Auf Cooks dritter Reise in den Südpazifik kehrte Omai in seine Heimat zurück.

Designs auf den Marquesas

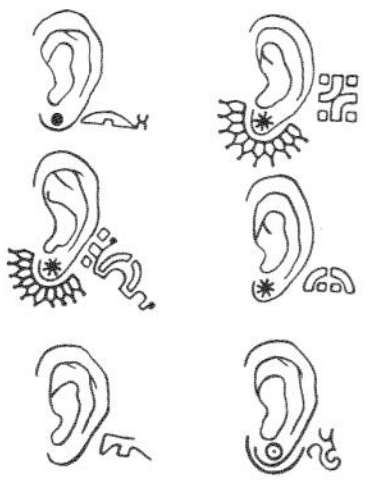

Links: Marquesaner

Rarotonganischer Krieger, Cookinseln, 1817

Unten: Mangaianische Designs

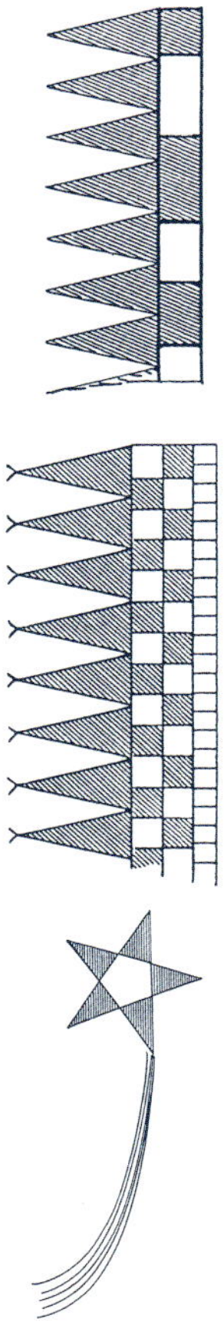

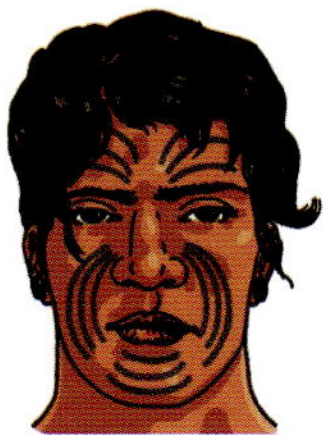

Aitutaki Moko

Auf dem Weg nach Tahiti passierte Cook im Jahre 1777 eine bislang unentdeckte Insel und ein paar langbärtige Einheimische ruderten in ihrem Kanu neben ihm her. Omai schaffte es, mit ihnen ins Gespräch zu kommen und fand heraus, dass die Insel den Namen Mangaia trug. Sie gehörte zu der Gruppe, die heute als Cookinseln bekannt sind. Das Tätowieren war auf all diesen Inseln Brauch und jede hatte ihren eigenen Stil. Einige Männer waren von den Knien bis zu den Knöcheln mit Mustern tätowiert, die Stiefeln glichen. Auf Mangaia waren sie von den Schultern bis zu den Ellbogen mit Zickzacklinien tätowiert, die auf ihre Abstammung verwiesen, oder sie trugen Stammeszeichen oder Darstellungen von Kometen mit Schweif. Der Komet stand für den Stern Maurua, der von den polynesischen Seeleuten als Fixpunkt benutzt wurde. Vor seinem ersten Kampf tätowierte man einem Krieger Gruppen aus je drei geschwungene Linien ins Gesicht, die dem Gegner Angst einjagen sollten, ganz ähnlich wie bei den Maori.

Im Winter 1778 ging Cook auf Hawaiis nördlicher Insel Kauai an Land. Er war der erste Europäer, der diese isolierte Inselgruppe besuchte, und traf dort auf eine streng hierarchische Gesellschaft. Die Oberen hielten die Macht fest in ihren Händen und Cook und seine Gefährten wurden Zeugen vieler Exekutionen aufgrund geringfügiger Vergehen. Ein komplexes System genealogischer Tätowierungen war ein wichtiges Mittel zur Identifizierung und zur sozialen Kontrolle. Jeder hawaiianische König hatte seine eigenen Tätowierzeichen, wie zum Beispiel eine Reihe von Halbmonden. Cook zeigte sich nicht sonderlich beeindruckt von den hawaiianischen Tätowierungen. Nicht alle trugen welche und die Ausführung war oft sehr stümperhaft. Hierzu sollte man anmerken, dass spätere Besucher da einen ganz anderen Eindruck hatten. Nur vierzig Jahre später berichtete der Franzose Arago, dass hier fast jeder tätowiert war. Das scheint darauf hinzudeuten, dass das Tätowieren durch die Ankunft der Europäer erhebliche Veränderungen durchlief, ganz ähnlich wie auf Tahiti. Plötzlich fanden es die Frauen schick, sich mit Darstellungen europäischer Tiere und Gegenständen zu schmücken, darunter Ziegen, Vögel, Musketen, Kanonen, Helme und Jagdhörner. Ohne ein solches Tattoo gehörte man einfach nicht dazu und Arago berichtet, dass er von einigen Mädchen gebeten worden war, sie mit Bildern europäischer Gegenständen zu tätowieren. Trotz des europäischen Einflusses und der eher spärlichen Tätowierkultur auf Hawaii, gab es dennoch einige Tattoos, die eine klare Bedeutung aufwiesen. Sowohl Cook als auch Arago berichten von Kriegern, die schachbrettartige Muster kreuz und quer über den ganzen Körper tätowiert hatten (*pahupahu*) oder lange parallele Reihen miteinander verbundener Dreiecke oder Pfeilspitzen. Arago fertigte eine Zeichnung an von einem Offizier des Königs, der auf

Rechte Spalte: Hawaiianischer Häuptling mit Pahupahu, von Jacques Arago, 1817

Hawaiianische Tänzerin,
von Jacques Arago, 1820

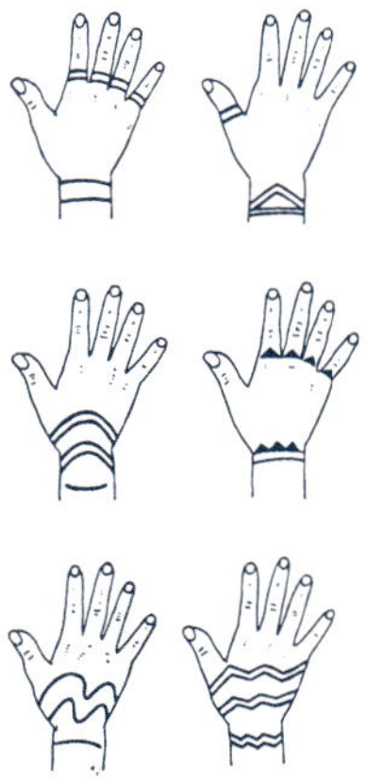

Hawaiianische Designs

diese Weise tätowiert war und außerdem einen gefiederten Umhang sowie einen Helm trug. Helm und Mantel repräsentierten seine Ahnen und boten ihm Schutz in der Schlacht. Sein übriger Körper wurde von magischen Tätowierungen beschützt. Der Name des großen Königs Kamehameha I. und dessen Todesdatum waren auf dem Arm des Offiziers tätowiert.

Trauertattoos waren eine Besonderheit der hawaiianischen Inseln. Im Allgemeinen waren sie bei den Männern auf die Namen ihrer verstorbenen Frauen begrenzt, die sie auf die Brust geritzt bekamen, manchmal aber, zum Beispiel wenn ein beliebter König starb, wurden dessen Name und sein Todesdatum auf den Arm tätowiert. Trauernde Frauen wurden auf der Zunge tätowiert und den Schmerz, der mit dieser Prozedur einherging, betrachtete man als Verkörperung ihrer Trauer. Zusätzlich wurde das Todesdatum ihrer Männer auf ihre Arme und ihre Fußsohlen tätowiert. Die Entdeckung der hawaiianischen Inseln gehört zu den größten Errungenschaften von James Cook, sie war allerdings auch seine letzte und die Begegnung mit den Einheimischen endete für ihn tödlich. Anfangs wurde er herzlich empfangen und sogar als Gott verehrt, doch als er nach seiner Abreise noch einmal umkehrte und ein gestohlenes Boot zurück verlangte, wurde er von den Hawaiianern getötet.

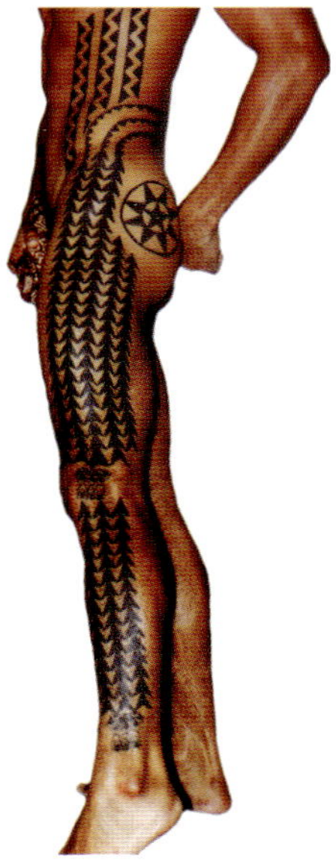

Hawaiianisches Revival-Tattoo

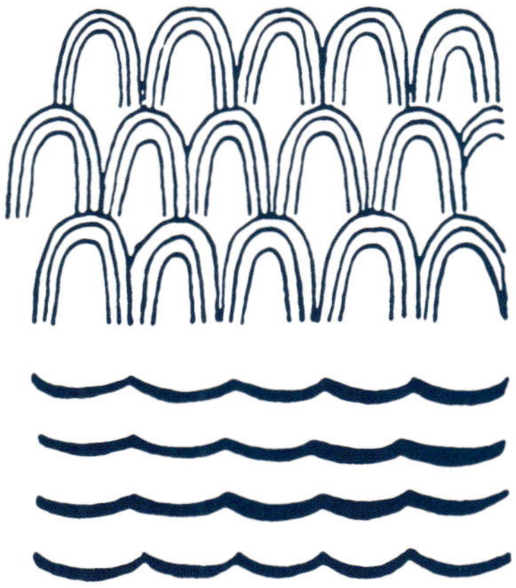

Linke Spalte: Hawaiianer mit dem Namen eines verstorbenen Herrschers auf dem Arm, von A. Pellion, ca. 1820

Rechte Spalte: Hawaiianische Designs

Tasmanischer Mann und Frau

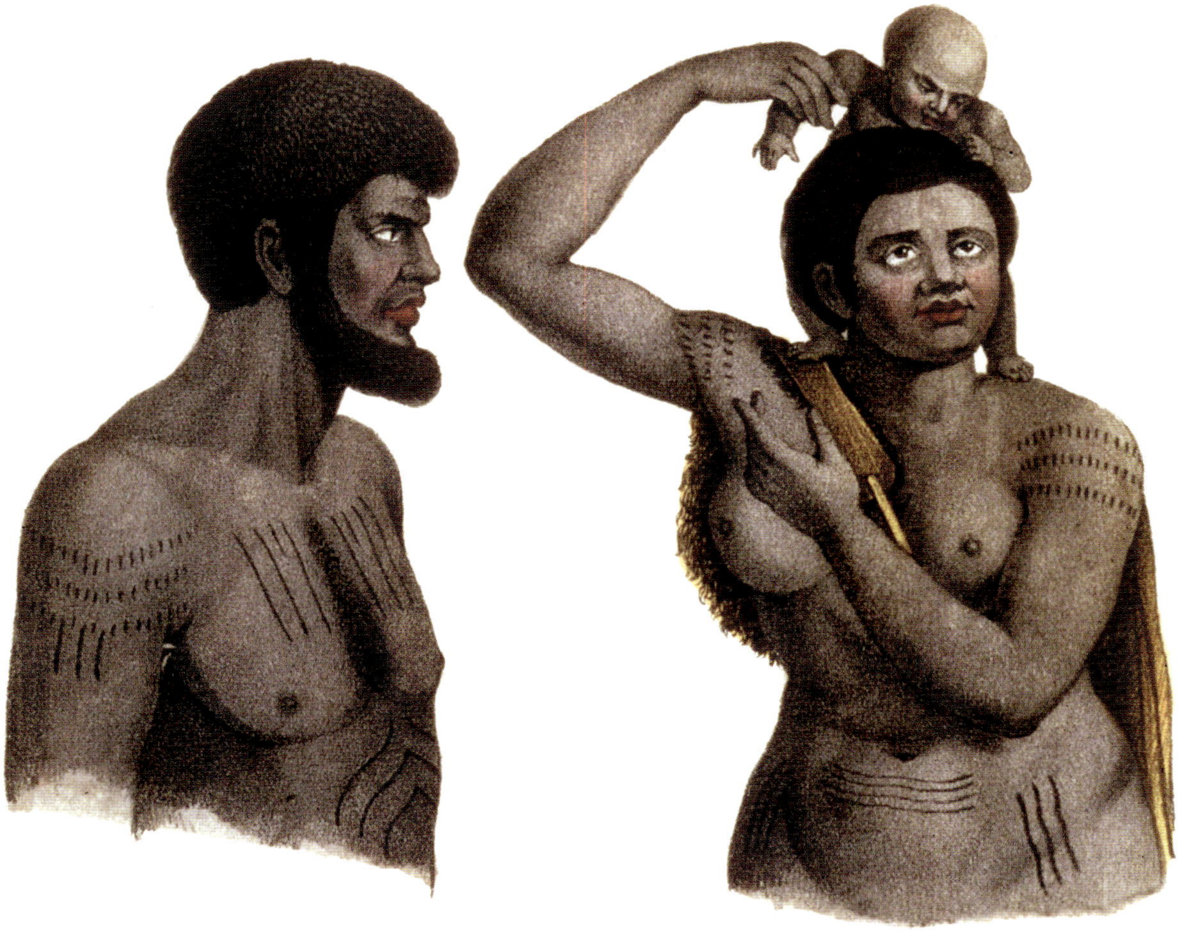

Unten: Humboldt-Bay-Designs

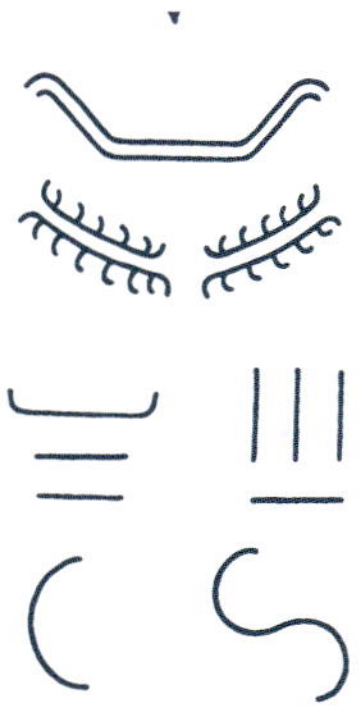

MELANESIEN

Melanesien, ein Gebiet von Tausenden von Inseln im südwestlichen Ozeanien, verdankt seinen Namen der dunklen Hautfarbe seiner Bewohner (vom griechischen *melas*, „schwarz"). Bei den dort lebenden Stämmen waren eher Skarifikationen und Körpermalereien geläufig als Tattoos. Während einer Skarifizierung werden der Haut Wunden zugefügt, so dass sich aus den entstehenden Narben Muster bilden. Die australischen und tasmanischen Aborigines praktizierten Skarifizierung, trugen allerdings keine Tattoos, weshalb sie in diesem Buch keine Erwähnung finden.

In einigen melanesischen Tätowiertraditionen wird eine sehr präzise Stichtechnik angewandt unter Zuhilfenahme einer Nadel oder eines Dornes. Während die Männer nur sehr spärlich tätowiert oder ausschließlich mit Schnitt- und Brandwunden dekoriert waren, war das Tätowieren für die Frauen Pflicht. Ohne die traditionellen Verzierungen war es sehr schwer für ein Mädchen, einen Ehemann zu finden, und ihrer Familie würde auch kein Brautgeld gezahlt werden. Nur auf den Salomonen waren die Männer stärker tätowiert als die Frauen, möglicherweise weil hier die Tätowierungen auch als Eintrittskarte ins Jenseits fungierten. Auf all diesen Inseln, mit Ausnahme von Papua Neuguinea, war die Anzahl der Tattoos ausschlaggebend für den Status einer Person.

Bis auf Fidschi zeichneten sich sämtliche melanesische Kulturen durch kleine autonome Gesellschaften aus, in denen mehrere Familien unter der Führung von starken Männern („Große Männer") und deren Verwandten leb-

Rechte Spalte: Aboa-Tätowiererin

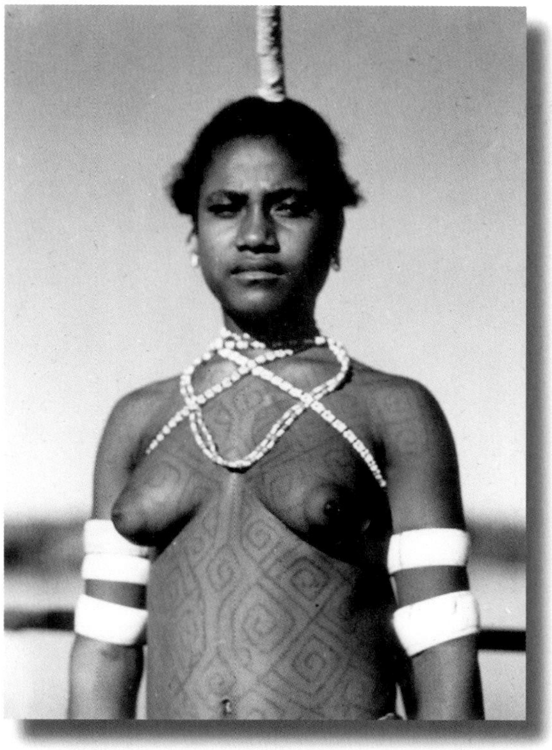

Linke Spalte: *Warop-Mädchen, ca. 1960*

ten. Status, Macht und Rang hatten große Bedeutung und Tattoos waren ein wirksames Mittel, um Unterschiede und Ränge deutlich zu machen. Auf Oaba beispielsweise, einer Insel Vanuatus (der Neuen Hebriden), durfte ein Mann, der über entsprechenden Status und genügend Wildschweine als Bezahlung verfügte, mit bestimmten Designs tätowiert werden. Dasselbe galt für Mädchen bedeutender Familien: Je höher der Rang ihres Vaters, desto mehr Tattoos durfte sie tragen. Wenn sie dann noch einen „Großen Mann" heiratete, erhielt sie weitere Tattoos, wie es sich für ihre außergewöhnliche Stellung geziemte.

In ganz Melanesien bestanden die Tattoo-Designs aus geometrischen Mustern und abstrakten Darstellungen von Gebrauchsgegenständen, Himmelskörpern und Tieren. Stilisierte Tausendfüßler, Fische und Vögel waren besonders weit verbreitet. Wie viele andere Völker Ozeaniens hegten auch die Melanesier eine religiöse Faszination für alles, was fliegen konnte. Die Namen fliegender Tiere waren oft dieselben wie diejenigen der Geister und Gespenster, woraus man schließen könnte, dass alles, was fliegen konnte, per definitionem ein Geist sein musste oder von einem solchen besessen. Jede Insel besaß einen oder mehrere Totemvögel, von denen die am weitesten verbreiteten der Fregattvogel und der Nashornvogel waren. Realistische Darstellungen von Wildschweinhauern, Spinnen und Menschen waren unter anderem einzigartig für die Bewohner der Banks-Inseln. Die Anzahl der Hauer in einem Muster verdeutlichte den Rang seines Trägers.

Ähnliche Muster wie die der Tattoos waren in Kanus, Kriegskeulen, Häuser und zeremonielle Masken geschnitzt. Vanuatu-Frauen trugen unglaublich feine, verflochtene Linien auf den Gliedmaßen, die den Mustern ihrer Zierdecken entsprachen. Die Warop auf Papua Neuguinea benutzten für die Tätowierungen der Frauen dasselbe Wort, wie für die gemalten Verzierungen ihrer seetüchtigen Segelkanus, der *proa*. Die meisten Tätowierer erlernten ihre Kunstfertigkeiten als Holzschnitzer, Töpfer, Zierdeckenweber oder bei der Ausübung anderer Handwerke.

Ein Mann von Rang, Aboa, ca. 1900

FRAUEN ALS LEBENDIGER SCHMUCK

Einer uralten papuanischen Legende zufolge, war das Tätowieren einstmals auch ohne das Durchstechen der Haut möglich und das Blut der Mädchen floss damals noch ohne Schmerz. Dann ließ eines Tages die Tätowiererin einen fahren, wodurch das Mädchen, das sie gerade tätowierte, zu kichern begann. Die Frau zeigte sich sehr erzürnt ob der Respektlosigkeit des Mädchens und verwendete bei der nächsten Sitzung einen dornigen Zweig, um ihre Haut zu

Papuanische Frauen, ca. 1960

Papuanisches Mädchen, ca. 1960

durchstechen. Das Mädchen erlitt große Schmerzen, als das Blut zu fließen begann, und dann lachte sie nicht mehr. Die Melanesier brachten das Tätowieren nach Papua Neuguinea. Die Grenze, die in der Mitte der Insel verlief und das westlich gelegene indonesische Irian Jaya vom unabhängigen Papua Neuguinea im Osten trennte, entspricht auch in etwa der Linie, die Südostasien von Melanesien trennt. Die eingeborenen Papuaner, die für ihr krauses Haar (*papua* auf malaiisch) bekannt waren, besiedelten die Westküste und das Inland, während die papuanisch-melanesischen Stämme im Osten die Mehrheit bilden. Im Laufe der Jahrhunderte haben sich diese beiden grundverschiedenen Kulturen vollständig miteinander vermischt. Sowohl die östlichen wie auch die westlichen Papuaner pflegten einen Ruf als Furcht erregende Kopfjäger und Kannibalen. Die Köpfe von Feinden wie Fremden wurden getrocknet und bemalt und anschließend als Trophäen in der Hütte aufbewahrt.

Auf der gesamten Insel gab es Tätowierbräuche. Auf Fotografien von tätowierten Papuanern aus dem frühen zwanzigsten Jahrhundert, wurden die Tattoos fast immer retuschiert, um sie deutlicher zu machen. Wer die echten Tätowierungen zu sehen bekam, musste zugeben, dass die kupferfarbene Haut der Papuaner in einem ästhetischen Gleichgewicht mit den dunkelblauen Tattoos stand. Charakteristisch für den papuanischen Stil waren die dicken Linien, aus denen die geometrischen Figuren bestanden. Einige Forscher zogen daraus fälschlicherweise den Schluss, dass diese Linien mit glühenden Kohlen erzeugt worden waren und eher Brandwunden als echte Tattoos darstellten. Die Papuaner schoben oder stachen schwarzen Ruß unter die Haut, indem sie sie mit einem Dorn oder einer Fischgräte, die zwischen zwei Holzstücken eingekeilt war, beklopften.

Gottesanbeterinnen-Motiv der Asmat

Auftragen der Umrisse, Motu Papua

Waima-Mädchen mit einem „mairi mairi“ auf der Brust

Obwohl die Insel bereits seit dem sechzehnten Jahrhundert von Forschern besucht worden war, hinterließen die Europäer bis Mitte des neunzehnten Jahrhunderts keinen wirklichen Eindruck auf Papua Neuguinea. Im Jahre 1858 hissten die Holländer ihre Flagge im Westen der Insel und die Engländer erhoben Anspruch auf den Osten. Ihre Anwesenheit begann schon bald, die einheimischen Tätowierstile zu beeinflussen. Die Warop-Männer fingen damit an, dass sie weniger kunstvoll ihre Namen auf ihre Brust oder mit Kronen verzierte Flaggen und Frauenfiguren auf die Arme tätowierten. Innerhalb der nächsten 75 Jahre seit der Kolonialisierung waren Tattoos von der Insel fast vollständig verschwunden. Die Maisin von Collingwood Bay praktizieren zwar noch das Tätowieren, aber die Designs haben nur noch wenig mit ihrer ursprünglichen Bedeutung gemeinsam. Die Tätowierungen sind weit weniger umfassend als zuvor und manche „Tattoos“ werden zu zeremoniellen Zwecken sogar mit einem Filzstift aufgetragen.

Schweigen selbst bei schmerzhaftesten Operationen

Für die papuanischen Frauen war es Pflicht, sich tätowieren zu lassen, und so waren sie von Kopf bis Fuß von Tattoos bedeckt. Eine vollständig tätowierte Frau war der Inbegriff der Schönheit und man durfte erst dann heiraten, wenn die Tattoos abgeschlossen waren. In manchen Stämmen rasierten sich die Frauen sogar die Achseln, um sich auch an dieser empfindlichen Stelle tätowieren zu lassen. Tätowierungen waren von so großer Bedeutung für die Warops, dass die Mütter darauf achteten, ihre Töchter von der Sonne fernzuhalten, damit der Kontrast der Tattoos auf der Haut besser zur Geltung komme. Die Motu-Frauen aus dem Osten der Insel waren sogar noch ausgiebiger tätowiert. Dabei wurden die Designs in Etappen angebracht. Das erste, das aus Zeichen auf den Armen bestand, erhielt ein Mädchen mit ungefähr fünf Jahren, kurz darauf folgten einige Figuren auf dem Kinn und der Nase. Im Alter von sechs Jahren wurde der untere Teil des Oberkörpers vom Nabel bis zum Schambereich und den Innenseiten der Oberschenkel tätowiert. Ein Mädchen wurde erst dann zur Frau, wenn beide Seiten ihrer Vagina tätowiert waren. Woher dieser Brauch stammt, ist nicht belegt, doch möglicherweise sollten die Tattoos, ähnlich wie bei den Berbern in Nordafrika, das Mädchen vor bösen Geistern schützen, die durch ihre Körperöffnungen in ihren Körper einzudringen versuchten. Nach ihrem zehnten Geburtstag wurden die Achseln und der Hals tätowiert. Schultern, Rücken und Gesäß wurden mit der einsetzenden Pubertät tätowiert. Das letzte und meist auch wichtigste Tattoo wurde erst dann gestochen, wenn bereits ein Hochzeitstermin festgelegt worden war. Bei den Hula und den Motu waren das das *gado*, ein Winkelmotiv oberhalb der Brust, und das *gadogado*, ein strichpunktiertes Tattoo im Nacken. Roro-sprechende Stämme wie die Waima nannten es das „Verlobungstattoo“, *mairi mairi*. Ihre Version war allerdings ein wenig anders. Idealerweise fanden all diese schmerzhaften Prozeduren in vollkommenem Schweigen statt. Sowohl die alte Frau, die die Tätowierungen vornahm, als auch das Mädchen und ihr Familienmitglied, das sie begleitete, um sie festzuhalten, hatten mucksmäuschenstill zu sein. Das war allerdings ziemlich unrealistisch, wenn man sich einmal die Schmerzen vorstellt, und viele Mädchen wehrten sich und schrieen. Wenn

Tattoo-Motive für Bauch und Schultern der Alkea-Mädchen

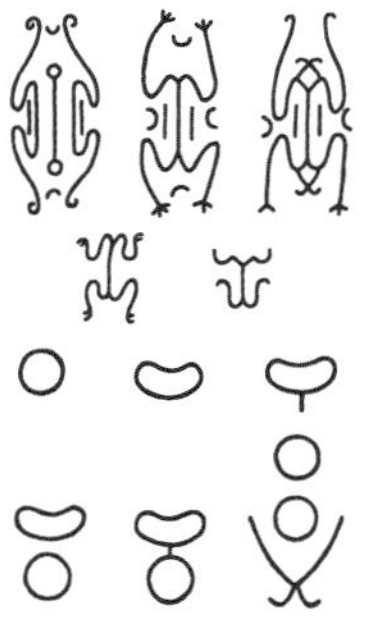

Frosch-Motive aus Humboldt-Bay

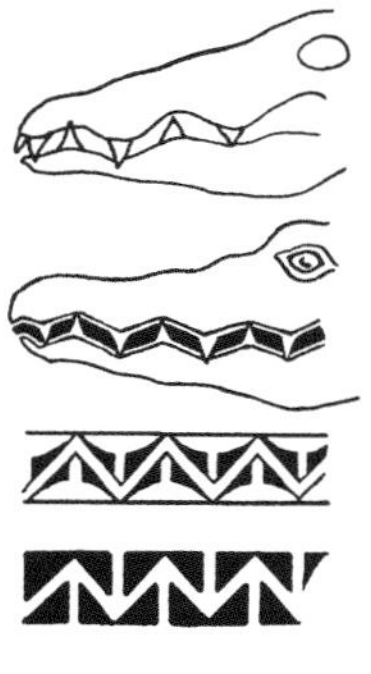

Krokodil-Motive, Motu

Linke Spalte: Motu-Mädchen mit einem Krokodil-Motiv auf der Nase

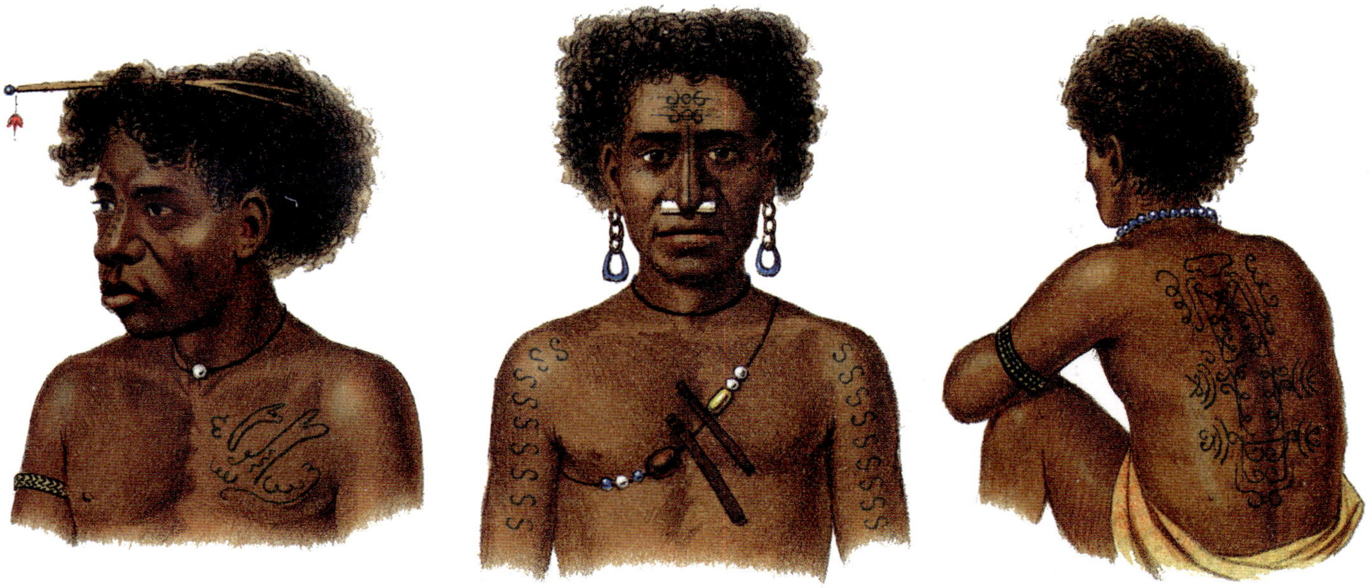

Aberé-Papuaner aus Geelvinck-Bay, Neuguinea

es nötig war, wurde eine dritte Frau gebeten, sie zusätzlich festzuhalten.

Die papuanischen Männer mussten sich einer derartigen Tortur nicht unterziehen. Sie wurden mit einer Auswahl kleinerer Muster verziert, die vornehmlich Dekorationszwecken dienten. Am weitesten verbreitet war das Motiv des Fischauges, das durch Punkte auf Stirn, Händen und Waden dargestellt wurde. So gut wie jeder Mann trug ein Tattoo eines Fischauges, von Bogen und Pfeil oder einem Frosch. Dieses Froschmotiv ähnelt sehr stark einem Ehrenmal der Asmat-Männer, das diese erhielten, wenn sie einen Kopf erbeutet hatten. Es bestand aus zwei gespiegelten stilisierten Köpfen einer Gottesanbeterin. Bei den Asmat war die Gottesanbeterin ein Symbol für das alte Ritual der Kopfjagd – das Weibchen dieser Spezies verspeist nach der Paarung den Kopf ihres um einiges kleineren Männchens. Dieses Motiv, welches viele ihrer Werkzeuge ziert, steht auch für die Geister der Ahnen. Man verwendete Tattoos auch, um Rheuma oder Herzbeschwerden zu behandeln. Den Motu-Männern war es gestattet, sich selbst oder ihre Töchter mit prestigeträchtigen Symbolen zu tätowieren, wenn sie bemerkenswerte Erfolge zu verzeichnen hatten. Ein solcher Erfolg war zum Beispiel die Führung einer *lokatai*, einer Handelsmission, bei der eine Flotte von Segelkanus gewaltige Entfernungen zurücklegte, um Waren auszutauschen. Ein Krieger konnte für die Tötung eines Feindes mit besonderen Ehrenmalen ausgezeichnet werden. Manchmal wurden solche Male von Vater zu Sohn weitergereicht, damit dessen Errungenschaften durch den Sohn weiterlebten. Bei den Motu wurde die Tötung eines Mannes mit zwei breiten Linien am Rücken sowie einigen kleineren Designs auf Brust und Schultern belohnt. Außerdem durfte der Krieger den Schnabel eines Nashornvogels im Haar tragen. Die Designs, die die Tötung einer Frau oder eines Kindes kennzeichneten, waren nicht ganz so kunstvoll und der Schnabel, den man im Haar trug, stammte von einem weniger verehrten Vogel.

Muschel-Designs aus Humboldt-Bay

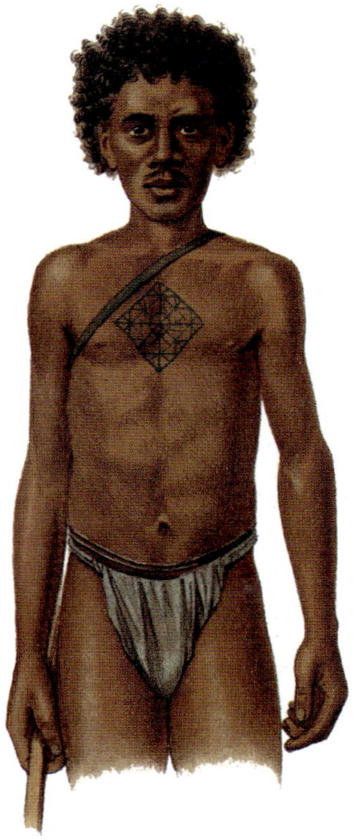

Mann aus Geelvinck-Bay (heutige Cenderawasih-Bucht

STILISIERTE FIGUREN UND GESCHLECHTERDESIGNS

Die Tätowierkultur der Salomonen-Inseln im Nordosten von Papua Neuguinea war um einiges kunstvoller. Diese Inselgruppe bildet eine dünne durchbrochene Linie über tausend Kilometer hinweg, wodurch sich starke kulturelle Unterschiede ergeben. Die Körperdekorationen variierten von Skarifikationen ohne Zugabe von Farbpigmenten bis hin zu eleganten Ganzkörpertattoos. Im Gegensatz

zu Papua Neuguinea waren auf den Salomon-Inseln die Männer wesentlich stärker tätowiert als die Frauen. Zu den beliebtesten Tattoos gehörten stilisierte Darstellungen von Gebrauchsgegenständen.
Die Europäer erreichten die Salomon-Inseln erstmalig gegen Ende des achtzehnten Jahrhunderts, aber man ließ die Inselbewohner lange Zeit in Frieden. So blieb ihre Tätowierkultur bis zu Beginn des zwanzigsten Jahrhunderts von äußeren Einflüssen verschont. Bis dahin hatten nur wenige Europäer einen Fuß auf die Inseln gesetzt, da sie die

Linke Spalte: Kelinga-Papuaner

angeblich kriegerischen und kannibalischen Inselbewohner fürchteten. Vor allem die größeren Inseln im Westen waren für ihre Kopfjäger berüchtigt und die Missionare mussten einen hohen Preis zahlen. Nichtsdestotrotz konnte sich das Christentum zu Beginn des zwanzigsten Jahrhunderts gegen die lokalen Religionen durchsetzen und die Tattoos, Symbol für die Macht der Schamanen und der Priesterkönige, verloren an Bedeutung.
Die einzige Wiederbelebung einer lokalen Tätowierkultur ereignete sich von den 1950ern bis zu den 1970ern auf der Salomon-Insel Tikopia, weshalb man auch heute noch einige alte Männer mit traditionellen Tätowierungen zu Gesicht bekommen kann. Weitere Ausnahmen bilden Ontong-Java und die Insel Nukumanu. Der Holländer Jacob Le Maire erreichte Nukumanu im Jahre 1616 und entdeckte, dass sämtliche Bewohner tätowiert waren. Obwohl das Tätowieren seit den 1930er Jahren immer mehr in den Hintergrund trat, erhielten viele Frauen die Tradition aufrecht, sich vor der Hochzeit von der Hüfte bis zu den Knien tätowieren zu lassen. Nach der Hochzeit war es Brauch, auch den Oberkörper, einschließlich der Brüste, zu tätowieren. Im Jahr 1972 wurde dieser Brauch mit der Begründung, er beinhalte Gewalt gegen Frauen, und wegen seiner Unvereinbarkeit mit dem christlichen Glauben von der Regierung verboten. So wurde schließlich eine Jahrhunderte alte Tradition wirksam in die Knie gezwungen.

Fregattvögel und Schweinswale

Bis ins frühe zwanzigste Jahrhundert hinein waren sämtliche Bewohner der Salomonen entweder tätowiert oder skarifiziert. Die Männer trugen markante Brusttattoos. Eine traditionelle Variation dieses Themas, wie man es auf Tikopia gefunden hat, wurde *fatafata* genannt. Es war eine Erweiterung des *te tau*, einer vom Hals bis zum Nabel reichenden Linie, die sowohl Männer als auch Frauen trugen. Jedes Brusttattoo war ein Unikat und der Tätowierer (*tufunga te tau*) wählte aus etwa 50 Vorlagen das passendste Design aus. Brusttattoos bestanden vornehmlich aus Dreiecken und Rechtecken, die säuberlich horizontal und vertikal so angeordnet wurden, dass sie herrliche geometrische Muster ergaben. Andere Motive, wie stilisiertes Farnkraut, Zickzackmuster und Darstellungen von hölzernen Kopfstützen, wurden von Frauen und Männern gleichermaßen getragen. Elegante Fisch- oder Vogel-Designs wurden in den Mundwinkeln und an den Augen tätowiert, wodurch der Eindruck entstand, das Tiere schwimmend oder fliegend

Tikopianische Frau, ca. 1970

Designs der Rennell-Inseln

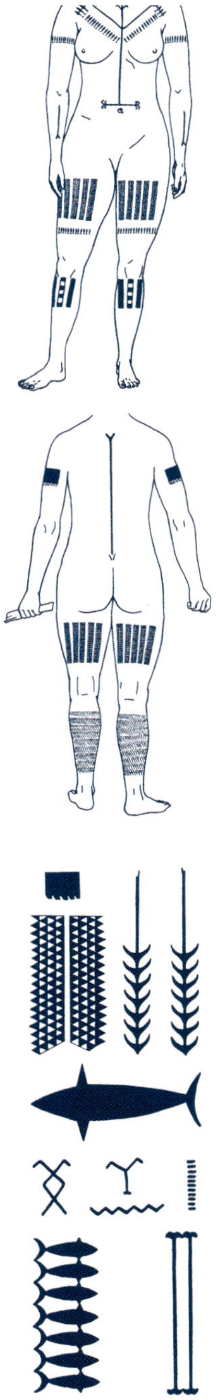

Von links nach rechts (stehend): Samoa, New Ireland, Ponape, Admirality Islands, Tonga, Marshall-Inseln (sitzend): New Ireland, Samoa, Marshall-Inseln

Junge Rennell-Inselbewohnerinnen mit einem „tu´tu" auf der Brust

Frau auf den Salomonen

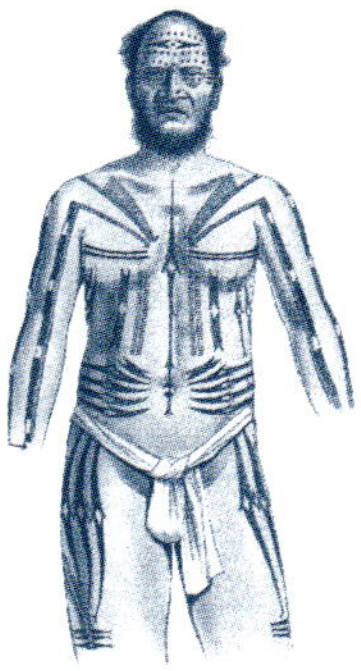

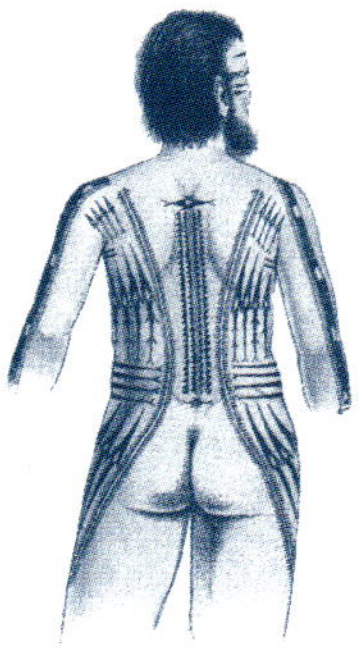

Mann aus Ontong-Java

auf die Mitte des Gesichts zukamen. Andere gebräuchliche Designs waren Darstellungen von Gebrauchsgegenständen, wie Speeren, oder von Tieren, wie Fregattvögeln oder Schweinswalen.

Auf Bellona mussten sich Jungen, die für eine führende Position vorgesehen waren, einem speziellen Tätowierungsritual unterziehen. Meist waren das die erstgeborenen Söhne von Vätern, die im Dorf eine bedeutende Stellung innehatten. Um sich seiner künftigen Position als Anführer würdig zu erweisen, musste sich der Junge das Zeichen des Priesterhäuptlings, das *taukuka*, auf die Brust tätowieren lassen. Auf diese Weise „verdiente" er sich diese halb-vererbte Würde.

Auf anderen Inseln trugen hochrangige Männer riesige Bögen auf dem Gesäß und je mehr Tattoos ein Anführer besaß, umso angesehener war er und umso länger würde man seiner nach seinem Tod gedenken. Offenbar wurde ein Anführer auf Renell am gesamten Körper tätowiert, mit Ausnahme der Zunge und der Fußsohlen, da diese Bereiche zu empfindlich waren.

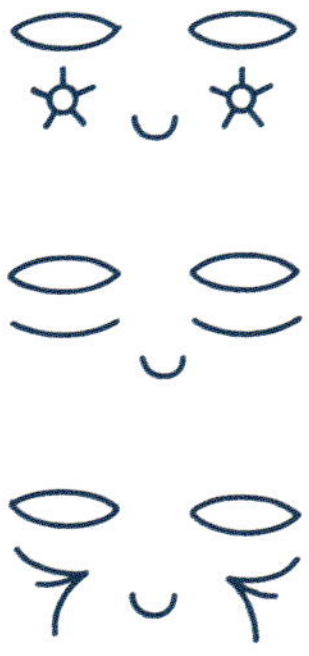

Wangen-Designs, Erromango

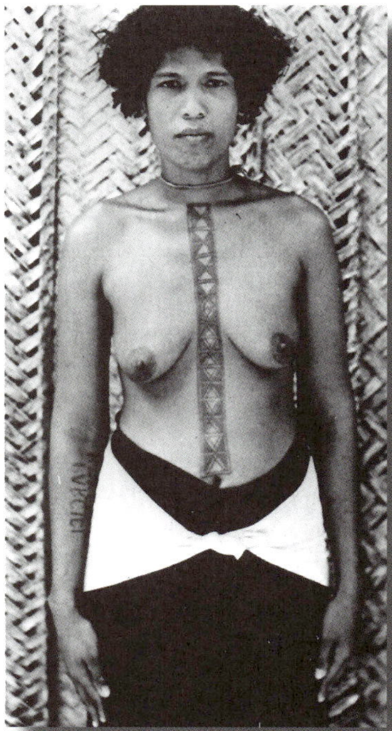

Linke Spalte: Sikaiana-Frau, Stewartinsel

Die Mädchen auf Bellona und Renell hatten alle eine Linie, *tu´u*, zwischen die Brüste tätowiert, ähnlich wie das *te tau* auf Tikopia. Dieses Tattoo erhielten sie, wenn die Brüste voll ausgebildet waren und das Mädchen zur Vermählung bereit. Je höher der Status einer Frau oder deren Familie, desto mehr Tattoos durfte sie dem *tu´u* hinzufügen. Trug beispielsweise die älteste Tochter zehn Fische auf dem Bauch, so durfte die zweitälteste Tochter nur noch acht Fische haben. Die Ähnlichkeiten im Namen und der Formgebung von *tu´u* und *te tau* legen nahe, dass dieses Tattoo von der einen Insel zur anderen gelangt ist. Selbst in ihrer Bedeutung sind sie identisch: Die tätowierte Linie sicherte den Eintritt ins Reich der Toten.

Rechte Spalte: Mann aus Tikopia mit fatafata-Tattoo

Gesang und Trance zur Schmerzlinderung

Die meisten Tätowierer auf den Salomonen waren Männer, die außerdem ein anderes Handwerk ausübten, wie zum Beispiel das Holzschnitzen. Auf Ontong-Java und Santa Anna besaßen nur Frauen aus bestimmten Familien diese Fähigkeit und durften sie auch benutzen. Das Tätowierwerkzeug bestand entweder aus drei zusammengebundenen Dornen oder aus dem Flügelknochen eines Seevogels, der zu einer Nadel angespitzt wurde, die man dann an einem Holzgriff befestigte. Die Tätowierer auf Bellona und Renell konnten aus fünf oder sechs unterschiedlichen Nadeln wählen, je nachdem, welches Detail gerade gestochen wurde. Die Nadel wurde mit einem hölzernen Schlägel in die Haut geklopft. Die Tätowierer auf Bellona klopften dabei zum Rhythmus eines Liedes, das

SCHMERZHAFTE TÄTOWIERUNGEN IM SCHAMBEREICH

Die bedeutendsten Tattoos der Fidschi-Frauen lagen unter ihren traditionellen Röcken, den *liku*, verborgen. Darstellungen sexuellen Inhalts wurden auf Vulva, Hüften und Gesäß tätowiert. Schon in jungen Jahren wurden die Mädchen dazu ermutigt, sich dieser äußerst schmerzhaften Operation zu unterziehen, indem man ihnen erzählte, dass ihre künftigen Ehemänner an diesen Tattoos viel Freude haben würden. Die Vulva und die Innenseiten der Oberschenkel sind natürlich überaus empfindlich. Nichtsdestotrotz zeigten sich die Töchter von Königen und Häuptlingen ebenso bereitwillig wie alle anderen. In einem solchen Fall suchte man zum Trost und zur Ablenkung ein Mädchen aus einer niedriger gestellten Familie aus, die sich gleichzeitig der Prozedur unterzog. Viele Rituale entwickelten sich um den Akt des Tätowierens herum. Um die nicht tätowierten Mädchen anzuspornen, waren diese immer dabei, wenn die Krusten entfernt wurden und die herrlichen Muster zum ersten Mal sichtbar wurden. Beim Baden baten die jungen Mädchen die älteren Frauen, ihnen ihre Tattoos zu zeigen, die sie dann bewunderten. Da der Schambereich eine äußerst empfindliche Stelle ist, durften die Mädchen in den Tagen vor der Prozedur nur auf der Seite und mit angezogenen Beinen schlafen, wodurch sich die Spannung der Haut um die Vulva herum verringerte. Mindestens drei Frauen waren dann nötig: Die Tätowiererin und einige weise Frauen, die die Haut massierten, um sie geschmeidig zu halten und das Mädchen ruhig zu stellen. Der zukünftige Ehemann übernahm die Entlohnung und veranstaltete anschließend ein rauschendes Fest. Er war der erste und, dem Brauch folgend, auch der letzte Mann, der den *liku* seiner Frau anheben und die erotischen Verzierungen bewundern durfte. Scherzhaft machte man ihn darauf aufmerksam, dass, wenn er sich bei der Entjungferung ungeschickt anstellte, seine Frau ihn damit aufziehen würde, dass sie während der Tätowierung ebenso gelitten habe.

Die Tätowierungen unter dem Rock können auch eine gewisse religiöse Bedeutung gehabt haben. Ebenso wie viele andere Melanesier gingen die Bewohner Fidschis davon aus, das Frauen Tattoos tragen mussten, damit es ihnen nach ihrem Tode gut erginge. Man betrachtete es als Geste der Zuneigung, wenn Kinder ihre Eltern lebendig begruben oder sie erwürgten, bevor sie alt und schwach wurden, denn so stellten sie sicher, dass diese im Jenseits einen gesunden Körper hatten. So war ein natürlicher Tod eher die Ausnahme als die Regel und Europäer berichteten darüber, dass sie in manchen Dörfern niemanden antrafen, der älter als 40 war.

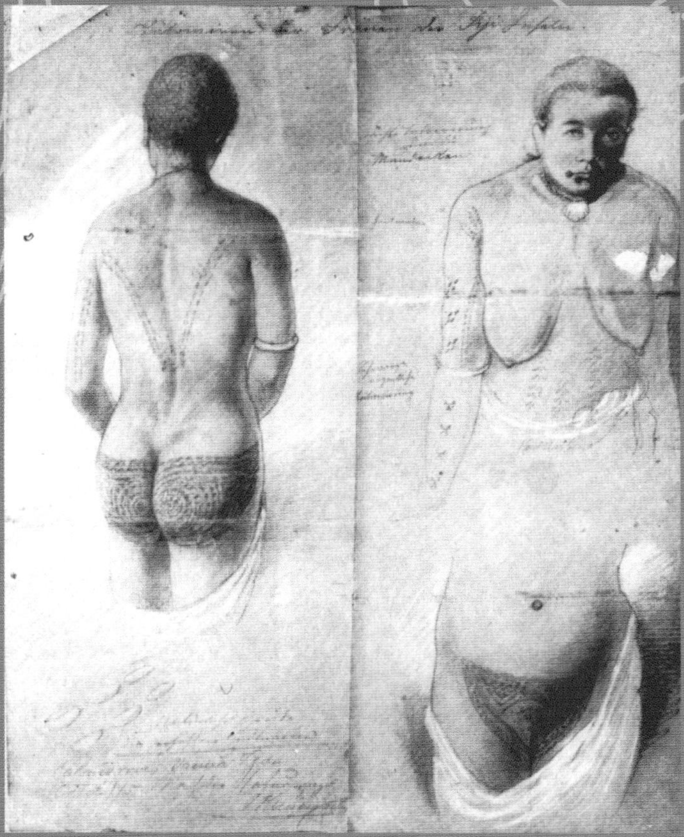

Skizzen von Theodor Kleinschmidt, 1875

Unten:
Designs auf Fidschi

extra für den jeweiligen Klienten erfunden worden war. Das Singen und das rhythmische Klopfen halfen dabei, in eine Trance zu gelangen und linderten die Schmerzen des Klienten. Manchmal murmelte auch ein Priester vorher einige Anrufungen, um den Schmerz zu dämpfen, oder der Person wurde einige Tage vor der Prozedur der Schlaf entzogen, damit sie währenddessen so gut wie bewusstlos war. Auch die Gabe desinfizierender Kräuter in die Wunden wirkte nach der Behandlung schmerzstillend. In den nächsten Tagen trug die frisch tätowierte Person ein Hemd oder einen Rock aus den weichen, weißen Blättern eines jungen Kokospalmensprösslings, damit kein Schmutz

Tätowierwerkzeug aus Fidschi

in die Wunden gelangte und um Reibung zu verhindern. Die Farbpigmente waren nicht nur schwarz oder dunkelblau: Auf Erromango, einer Insel Vanuatus, tätowierte man Sonnen-, Oktopus- und Krebs-Designs manchmal in grüner Farbe, aber auch hier bevorzugte man Schwarz. Manche Tätowierer behaupteten, dass man das tiefste Schwarz mit verbranntem Holz erzielte, dagegen arbeiteten andere mit dem Harz eines bestimmten Baumes, das sie mit Pflanzensaft vermischten.

Gesichtstätowierung der Frauen, Bank Islands, ca. 1920

Die geschlechtliche Bedeutung der Designs auf Fidschi

Fidschi ist die einzige Inselgruppe Melanesiens, auf der das Tätowieren nur den Frauen vorbehalten ist. Erste Zeichnungen jener Tattoos stammen von dem Anthropologen Theodor Kleinschmidt, der einige Jahre auf Fidschi lebte, bis er gegen Ende des neunzehnten Jahrhunderts getötet wurde. Glücklicherweise haben einige seiner Skizzen und Notizen überlebt.

Die Fidschi-Mädchen wurden mit Designs tätowiert, welche die Tätigkeiten darstellten, die sie während ihres Lebens und nach dem Tode ausüben würden. So deutete zum Beispiel ein Halbmond an den Mundwinkeln auf ihre künftige Mutterschaft hin. Auf einigen Inseln zeigten diese Zeichen auch die Zahl der Kinder an, die eine Frau geboren hatte – sie versteckten aber auch die Falten des Alters ganz gut. Bevor eine Frau für einen König oder Anführer Essen zubereiten und servieren durfte, mussten ihre Finger mit Mustern, bestehend aus Linien und Punkten, verziert werden.

MIKRONESIEN

Mikronesien im nordwestlichen Ozeanien ist ein Archipel von über 2.500 Inseln. Einer Legende zufolge befahlen zwei Götter den Bewohnern der Marshall-Inseln, sich mit Mustern zu tätowieren, die mit denen der Fische identisch waren. Dadurch würde die Haut im Alter nicht runzelig werden und selbst nach dem Tode, wenn das Fleisch bereits verfault wäre, würden die Tattoos weiter bestehen. Auch auf den Karolinen betrachtete man es als den Willen der Götter, dass die Menschen Fischmuster tragen sollten.

Wir können davon ausgehen, dass die große Vielfalt an herrlichen bunten Fischen im Meer die mikronesischen Tattoos inspiriert haben.

Auf den Karolinen – der größten Inselgruppe, zu der die Gruppen Ponapé, Kosrae, Yap und Palau gehören – und den Marshall-Inseln bildeten Tätowierungen bis zum beginnenden zwanzigsten Jahrhundert die Hauptform der Körperverzierungen. Ob das Tätowieren auch auf den Marianen verbreitet war, ist unbekannt; die tätowierten

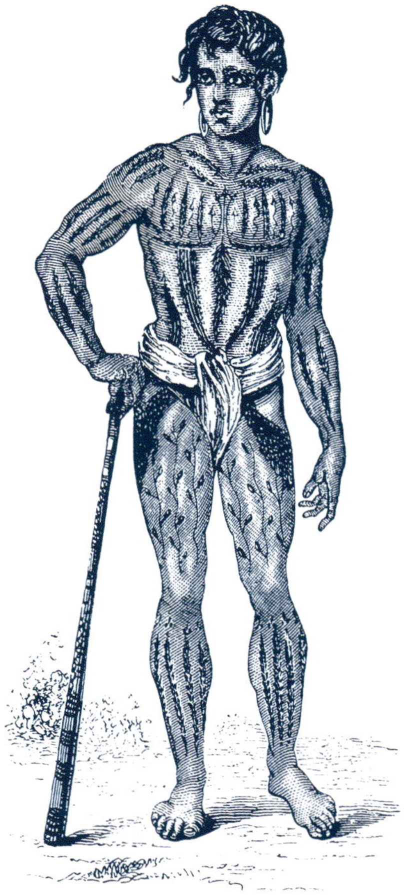

Rechte Spalte: Bewohner der Karolinen, von Jacques Arago, ca. 1820

Bewohner der Karolinen, von Jacques Arago, ca. 1820

Menschen, die im neunzehnten Jahrhundert hier porträtiert worden waren, stammten eigentlich von den Karolinen. Auf den Gilbert-Inseln gibt es zwar einige Hinweise auf Tätowierungen, doch die Menschen dort zogen Skarifikationen vor.
Die mikronesischen Tattoos erfüllten lediglich dekorative Zwecke und nur auf sehr wenigen Inseln standen sie für Status oder Macht. Auf Ponapé, Kosrae und den Marshall-Inseln kennzeichnete die Anzahl von Tattoos die soziale Stellung. Den Sklaven auf Yap war es untersagt, sich zu tätowieren, auf Palau durften sie lediglich ihre Hände verzieren. In Mikronesien war nicht jedermann im selben Ausmaß tätowiert und Männer trugen stets mehr Tattoos als Frauen. Tätowierungen waren sehr teuer und nur sehr wohlhabende Menschen konnten sich ein Ganzkörpertattoo leisten. Auf vielen Inseln stellte das Tätowieren eine bedeutende Kunstform dar, sogar bedeutender als der Kanubau auf Palau und das Herstellen von Zierdecken auf den Marshall-Inseln, und viele lebten von diesem Handwerk. Neben dem Geld brauchte es aber auch noch eine Menge Mut, wenn man einen herrlich verzierten Körper haben wollte. Die durch die Sonne ledrige Haut der Mikronesier ließ sich nur schwer durchstechen, vor allem weil die Nadeln der Tätowierer nicht besonders scharf waren. Die Prozedur wurde mit primitiven, rohen Instrumenten vollzogen, die man aus Fischgräten oder Vogelknochen herstellte, was den Vorgang ziemlich in die Länge zog und sehr schmerzhaft machte.
Trotz der großen Entfernungen zwischen den zahlreichen mikronesischen Inseln weisen die einzelnen Tätowierstile bemerkenswerte Ähnlichkeiten auf. So waren zum Beispiel Gesichtstattoos im gesamten Gebiet verboten. Auf Yap hieß es, dass diese ausschließlich den Göttern vorbehalten waren. Eine Ausnahme bildeten die Könige der Marshall-Inseln, die sich durch einige Streifen auf den Wangen von den anderen bedeutenden Einwohnern abhoben. Doch dieses Tabu im Zusammenhang mit Gesichtstattoos hat es nicht immer gegeben. Augenzeugen berichteten von Männern mit Fischtattoos im Gesicht, die sie auf den westlichen Inseln der Karolinen und auf Abemama, einem Atoll der Gilbert-Inseln, angetroffen hatten. Die mikronesischen Frauen waren am unteren Körper tätowiert, die Männer auf der Brust. Die Brust-Designs auf den Karolineninseln Truk und Mortlock waren eine künstlerische Meisterleistung: Sowohl der Bauch als auch die Brust wurden aufwändig verziert mit vielen kleinen Elementen, die schließlich ein großes Muster ergaben. Die Formen und die Anzahl der Zeichen verwiesen auf den sozialen Status ihres Trägers.

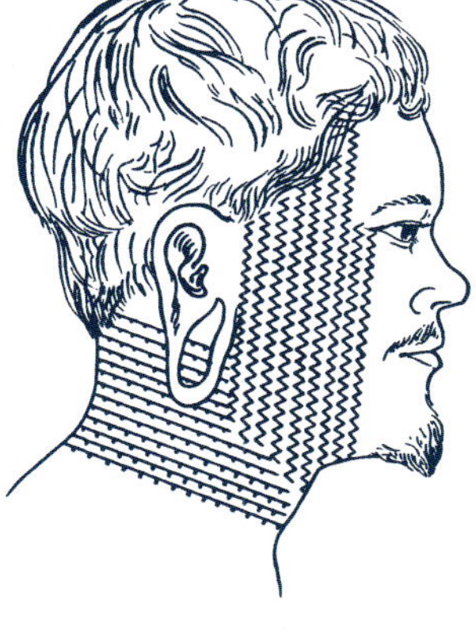

Radak-Häuptling, Marshall-Inseln

BLAUE VULVATATTOOS

Auf den Karolinen trugen die Frauen allesamt die gleichen Tattoos und von Palau im Westen bis hin zu Nukuora im Osten war es Brauch, auch die Vulva zu tätowieren. Diese Übereinstimmung ist bemerkenswert, wenn man bedenkt, dass zwischen diesen beiden Inseln 3.000 Kilometer liegen. Dieses besondere Tattoo wurde unter dem *kaliut* verborgen, dem traditionellen Blätterrock. Sobald sich ein Mädchen für Jungen zu interessieren begann, wurden der Schamhügel und die äußeren Schamlippen blau tätowiert. Die Mädchen mussten damit rechnen, auf Ablehnung zu stoßen, wenn ein Junge unter ihren Rock blickte und dort kein Tattoo vorfand, und erst, wenn sie tätowiert waren, durften sie sich als vollwertige Frauen betrachten.

Wie auf Fidschi und in Papua Neuguinea dienten die blauen Vulvatattoos rein dekorativen Zwecken; nur auf der recht isoliert gelegenen Insel Nukuora hatten sie auch eine religiöse Bedeutung inne. Auf Nukuora wurden zwischen fünf und zehn Mädchen nach einer Woche ritueller Lebensführung gleichzeitig tätowiert und dabei von einem Priester überwacht. Die Mädchen lagen mit gespreizten Beinen auf dem Boden und jeder wurde von einem anderen Mann mit einem scharfen Stein ein einfaches Muster in die Haut geritzt. Dann legte der Priester drei Steine auf den Schambereich und einen Schildkrötenpanzer auf die Brust. Nach einigen Tagen durften die Mädchen den Tempel wieder verlassen und sich mit Männern einlassen. Wurde ein Kind geboren von einer Mutter, die kein solches Tattoo besaß, so wurde es sofort getötet.

TATTOOS UND BASTRÖCKE WERDEN VERBOTEN

Um 1850 waren nahezu alle Männer auf den Karolinen vom Hals abwärts bis zum Ansatz der Oberschenkel tätowiert mit symmetrischen geometrischen Mustern. Die ersten kleinen Tattoos erhielt ein Junge im Alter von zehn Jahren. Ganzkörpertattoos erhielten nur Erwachsene, um eine Verzerrung des Tattoos durch das Wachstum zu verhindern. Kosrae war die einzige Insel, auf der die Männer nicht ganz so ausgiebig tätowiert waren, hier trug man vor allem ein Fischgrätenmuster in der Ellenbeuge und einige elegante Linien entlang der Beine. Auf Nukuora war nur der Häuptling tätowiert mit einer einfachen Linie auf Schultern und Brust. Den Beschreibungen und Zeichnungen aus dem frühen achtzehnten Jahrhundert können wir entnehmen, dass das Tätowieren zu jener Zeit auf den westlicheren Inseln der Region noch nicht besonders weit verbreitet gewesen ist. Die Bewohner von Palau zum Beispiel trugen nur einige kleine Tattoos auf dem Oberarm und bemalten ihre Beine mehrmals im Jahr, statt sie zu tätowieren. Erst nach ihrer ersten Begegnung mit den Europäern begannen sie, sich stärker zu tätowieren.

Mit der Ankunft der Europäer nahm der Austausch von Menschen und Gütern zwischen den einzelnen Inseln allmählich zu und die unterschiedlichen Tätowierstile und anderen Bräuche wurden immer weniger. Die Männer „hüpften“ mit ihren Kanus von Insel zu Insel, tauschten Güter aus und eigneten sich die Tattoos anderer Inseln an – all dies nahm seit der Ankunft Cooks beständig zu. Auch die Westländer beeinflussten den Tätowierstil der Karolinen. Oft besuchten europäische und amerikanische Walfänger, Händler, Schatzsucher und Deserteure die Inseln und suchten dort Zuflucht. Viele waren ihren Bräuchen entsprechend mit Flaggen, Ankern, Kreuzen und Pentagrammen tätowiert. Die neugierigen Inselbewohner integrierten diese Designs von Zeit zu Zeit in ihre eigenen Tattoos. Der Einfluss der Europäer erreichte seinen Höhepunkt im neunzehnten Jahrhundert, als die Spanier auf den Inseln des Archipels Missionen einzurichten begannen. Die Missionare betrachteten es als ihre heilige Pflicht, die Einheimischen zu zivilisieren und zu konvertieren. Die erste Regel, die sie aufstellten, war die Kleiderpflicht für

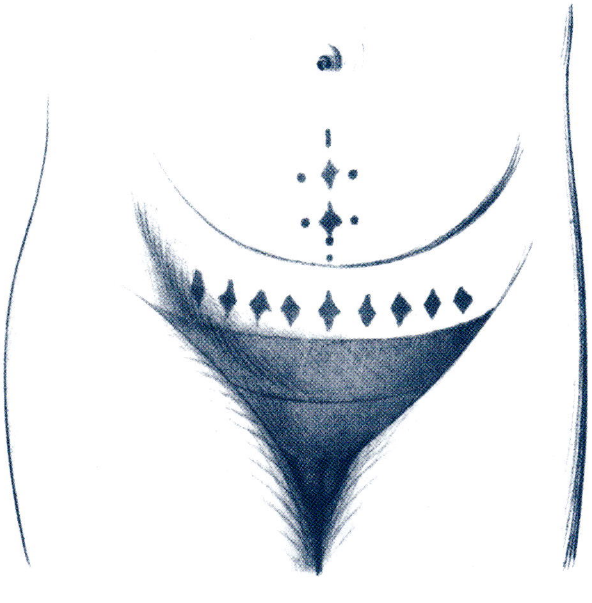

Beckentattoo, Palau

Linke Spalte: *Palauanische Männer zusammen mit Kapitän Wilson, dem ersten Europäer auf dieser Insel, 1783*

die Inselbewohner. Das war das Ende der traditionellen Baströcke der Frauen und der Lendenschurze der Männer. Das Tätowieren galt als verpönt; die Missionare behaupteten, es stehe im Zusammenhang mit Hexerei und Zauberei. Die Einheimischen auf den Karolinen hatten ihre eigenen Gottheiten und Totems, vor allem Familien- und Dorfgötter, doch die Zeremonien, die mit dem Tätowieren einhergingen, hatten nur selten religiöse Bedeutung. Möglicherweise waren die Missionare von der Anwesenheit eines Priesters oder Schamanen bei der Prozedur verunsichert, was aber nur eine präventive Maßnahme des Tätowierers war, um Übel abzuwenden. Das Tätowieren verschwand schließlich auf allen Inseln, auf denen der Einfluss der Missionare besonders stark war, wodurch viele professionelle Tätowierer ihrer Existenzgrundlage beraubt wurden. Doch nicht nur ein uraltes Handwerk war damit verloren, auch viele Bräuche, die mit dem Tätowieren einhergingen, wie Tabus, Zeremonien und Feste, gingen mit ihm unter. Tätowierungen von Taufnamen auf der Brust wurden allerdings toleriert.

Die Kaufleute, die zu den Karolinen strömten, waren vornehmlich Engländer, die von Hong Kong aus nach Mikronesien segelten. Die Deutschen, die große Teile Mikronesiens von den Spaniern übernahmen, interessierten sich eher für den Handel als für die einheimische Kultur. Der kulturelle Verfall ging also weiter und die jungen Leute wurden sich in zunehmendem Maße „der Welt da draußen" bewusst, in der andere Traditionen herrschten. Viele von ihnen weigerten sich nun, so viele Qualen auf sich zu nehmen für eine Tradition, die außerhalb ihrer Inselkultur völlig bedeutungslos war. Während des Ersten Weltkriegs okkupierten die Japaner große Teile Mikronesiens und verboten das Tätowieren. Auf den Marshall-Inseln wurde jeder, der dabei erwischt wurde, wie er sich selbst oder jemand anderen tätowierte, zu dreißig Tagen Zwangsarbeit verurteilt. In den 1930ern war es schon fast unmöglich geworden, noch einen Menschen mit einem traditionellen Tattoo anzutreffen.

Sonnen und Seesterne auf Palau

Auf der Insel Palau, die zu den Karolinen gehört, war das Handwerk des Tätowierens, *melgoth*, ausschließlich den Frauen vorbehalten. Ihr Werkzeug bestand aus dem Knochen eines Flughundes, der so geschnitzt wurde, dass er zwischen drei und sieben scharfe Spitzen erhielt; an einem Ende wurde ein Loch für den Holzgriff hineingebohrt. Während der japanischen Besetzung (1914-15) ging das Tätowieren stark zurück. Bis dahin war jeder tätowiert gewesen und das Handwerk hatte sich über Jahrhunderte hinweg entwickeln können. Erst im neunzehnten Jahrhundert hatten die Männer begonnen, ihre Schultern und den Rücken mit langen und breiten geschwungenen Linien zu tätowieren, ganz ähnlich wie auf Yap. Der Hauptunterschied bestand, abgesehen von den

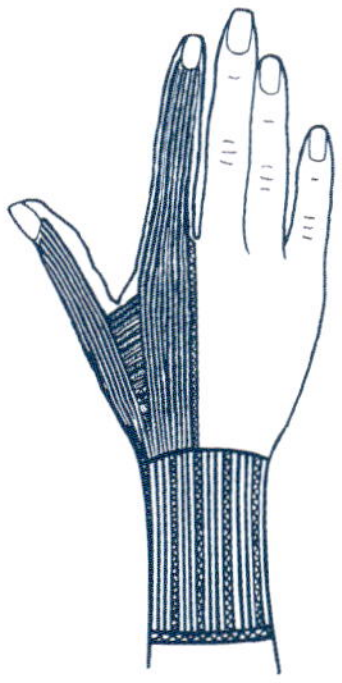

Hand-Design, Palau

Palauanische Frauen, Aquarell, E. Krämer, 1910

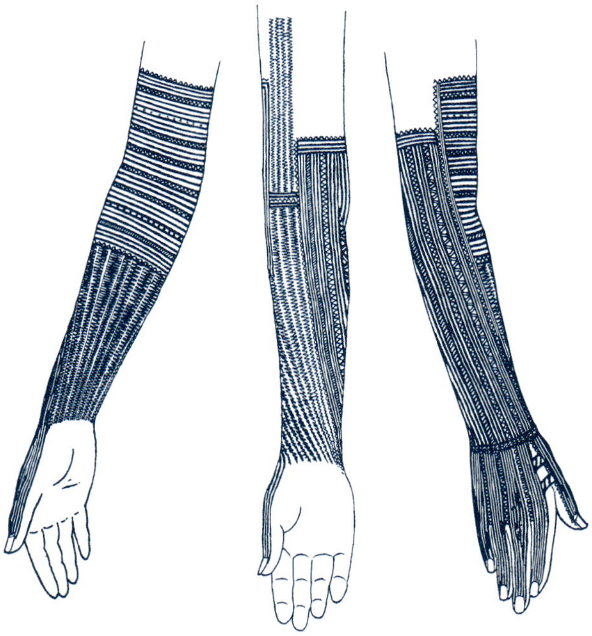

Arm-Designs, Palau

Rechte Spalte: Rücken-Design, Yap, ca. 1930

geometrischen Formen, vor allem darin, dass die Bewohner von Palau auch von ihrer Umgebung inspirierte, stilisierte Motive verwendeten. Darunter waren Sonnen, Vogelkrallen, Fledermäuse, Fliegen, Seesterne und Seeigel. Wie auch anderswo in Mikronesien waren die Frauen lediglich an Armen, Händen und dem unteren Körper tätowiert, der Stil aber war einzigartig. Nur der Daumen, der Mittel- und der Zeigefinger wurden tätowiert, niemals die anderen beiden Finger, und auf der Außenseite der Beine befanden sich Reihen von Kreuzen, Sternen und Zickzacklinien.

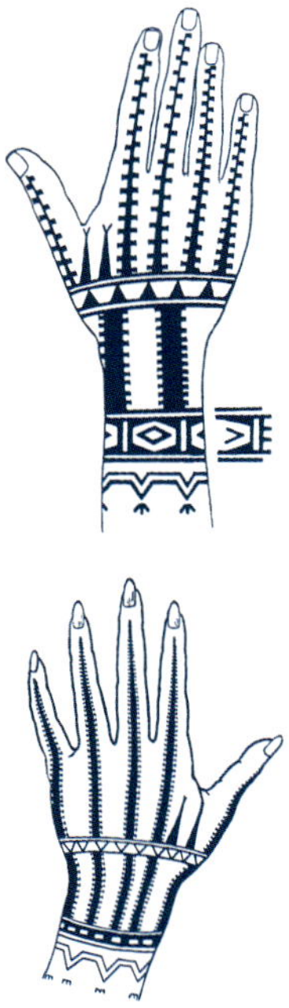

Hand-Design, Yap

Brust- und Kanu-Designs auf Yap

Über einen langen Zeitraum hinweg waren die Yap-Männer mit ihren Kanus nach Ifalik gereist, das 500 Kilometer östlich von ihnen lag, um sich dort von einem Experten, dem *taupotu*, tätowieren zu lassen. Einer Yap-Legende zufolge hatte der Gott Wolfgat das erste Tattoo erschaffen und die Ifalik-Männer sein Handwerk gelehrt. Der letzte große Tätowierer von Ifalik starb 1953. Das Tätowieren konnte auf Yap erst zu Beginn des neunzehnten Jahrhunderts Fuß fassen, nachdem es von der im Norden gelegenen Insel Ulithi eingeführt worden war. Zur damaligen Zeit war es ein Privileg, das nur tapferen Kriegern gewährt wurde, deren Beine und Finger dann mit Ehrenmalen verziert wurden. Die Kunst des Tätowierens wurde *gôtau* genannt und meistens von Frauen ausgeübt, obwohl auch von Männern berichtet wurde, die sich gegenseitig tätowierten. Erst viel später, als es keine Stammeskriege mehr gab, wurden Tätowierungen zu einem modischen Schmuck, mit dem die Männer die Frauen zu beeindrucken hofften. Die Farbpigmente bestanden aus dem Ruß verbrannter Kokosnüsse, den man mit Kokosmilch oder Wasser vermischte. Während des Tätowierens, das mehrere Stunden

Yap-Mann, ca. 1970

andauern konnte, schärften ein anderer Mann oder eine Frau immer wieder das Werkzeug nach.
Die ursprünglichen Tattoos der Yap-Männer bestanden aus einer Linie auf dem Bein, die neben ihrer schmückenden Wirkung auch anzeigte, aus welchem Dorf ein Mann kam. Die charakteristischen Brust- und Rückendesigns wurden erst gegen Ende des neunzehnten Jahrhunderts allgemein üblich und stammten vermutlich von der Insel Ulithi. Sie bestanden aus schmalen, mittigen Linien auf der Brust, die beidseitig von komplizierten geometrischen Mustern geziert wurden. Denselben Stil fand man auch auf Palau und den Sonsorol-Inseln im Südwesten Palaus. Ähnlichkeiten gibt es auch mit dem Stil der Inseln Bellona, Renell und Tikopia, wo sich die Mittellinie in weitere, komplexere Verzierungen verzweigt. Während die Brust-Designs auf den Salomonen immer Unikate waren, waren die der Männer aus dem Westen Mikronesiens identisch.
Die Yap-Frauen waren nur selten tätowiert, es sei denn, sie waren aus einem anderen Dorf entführt worden. In diesem Fall tätowierte man sie auf dem Handrücken, um sie an ihre Herkunft zu erinnern – eine ähnliche Funktion also, wie sie das Tattoo der Männer auf dem Bein erfüllte.

Geheime Tattoos auf Ponapé

Obwohl viele der Inselbewohner zum Christentum konvertiert waren, blühte das Tätowieren auch noch gegen Ende des neunzehnten Jahrhunderts auf Ponapé, einer der Karolinen-Inseln. Eltern tätowierten ihre Kinder heimlich und gegen den Willen der Missionare. Der Stil war einzigartig auf den Karolinen. Vor allem die Frauen trugen herrliche Verzierungen von der Hüfte abwärts, über die Schenkel und das Gesäß, bis zu den Genitalien. Die Tattoos dienten lediglich dekorativen Zwecken und nicht alle Mädchen nahmen diese radikale Prozedur auf sich, vor allem nicht so nah an ihrem Geschlecht. Dieses Tattoo bestand aus rechtwinkligen Elementen um die Genitalien herum. Um den Schmerz zu lindern, behandelten die Tätowierer die Wunden mit desinfizierendem Pflanzensaft. Nachdem sie abgeheilt waren und der Schorf abgefallen war, rieben die Mädchen die Tattoos über mehrere Wochen hinweg mit Kokosnussöl ein.

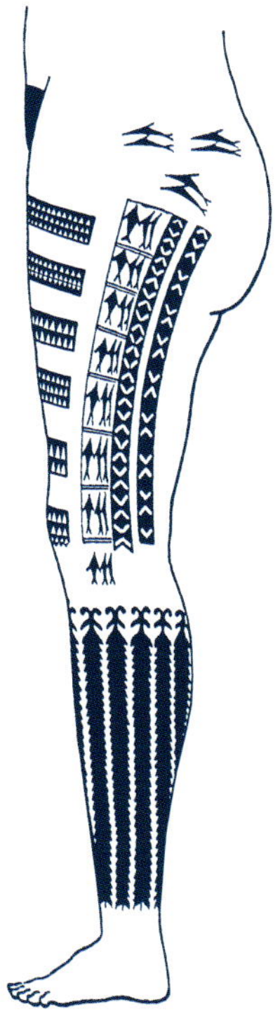

Unten: Oberschenkeltattoo einer Ulithi-Frau, ca. 1900

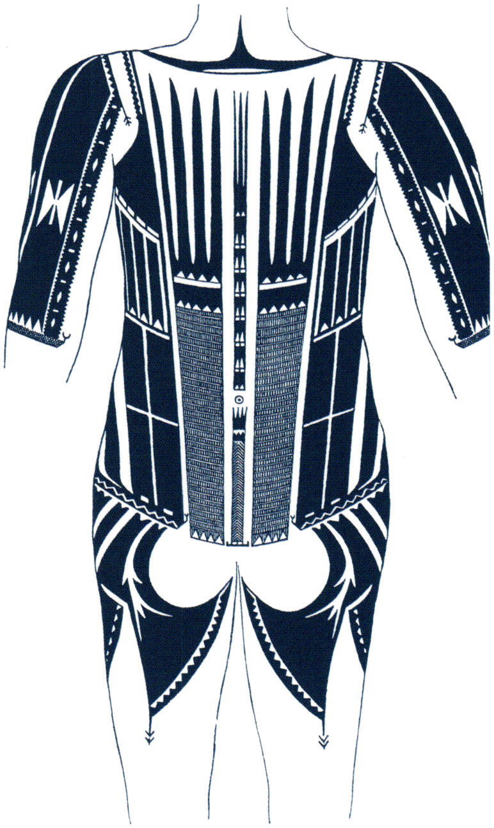

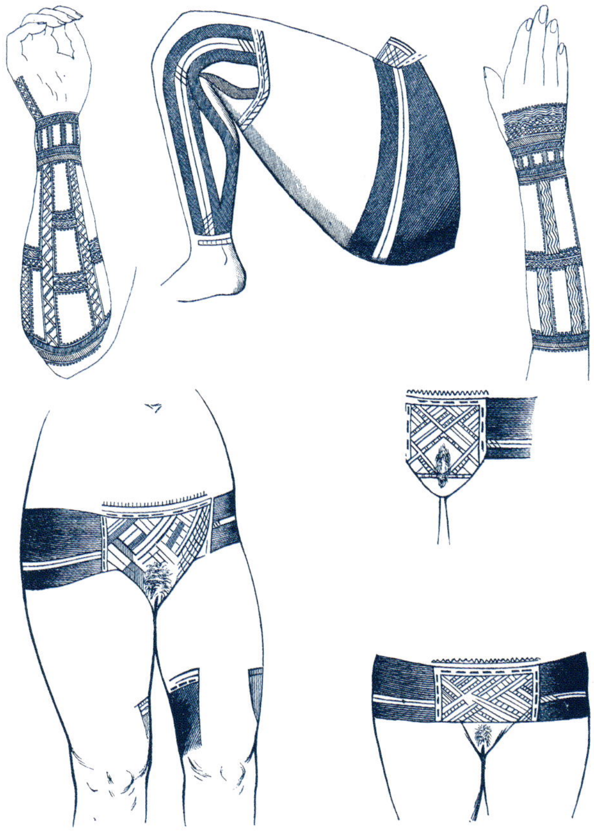

Linke Spalte: Rücken eines Mannes aus Mogomog, Ulithi, ca. 1900

Rechte Spalte: Tattoo-Designs der Frauen, Ponapé, ca. 1900

RELIGIÖSE ZEREMONIEN UND JUGENDLICHE TRENDS

Unser Gesang steigt auf zu den Göttern
Und die Glut erfasst den Künstler
Schlagt die Trommeln
Preiset den Tätowierer
Der schwarze Seevogel
Mit weit gespreizten Schwingen
Fliegt er uns entgegen
Seine Schwärze fließt ein
In die Linien des Künstlers
Zeichne feine Linien, Tätowierer!

Im Gegensatz zum übrigen Mikronesien wurde das Tätowieren auf den Marshall-Inseln von religiösen Zeremonien und Gesängen begleitet, vor allem wenn ein König oder Häuptling tätowiert wurde. Eine Woche vorher begann man mit der Besänftigung der Götter. Orakel wurden befragt und Früchte geopfert. Die Zustimmung der Götter war von entscheidender Bedeutung, denn sonst würde der Tätowierer nicht die nötige Inspiration erhalten, um schöne Tätowierungen zu erschaffen. Die Männer versammelten sich in der Gemeinschaftshütte, wo sie streng nach Rangfolge platziert wurden. Die Frauen blieben draußen und bekamen die Tattoos erst zu Gesicht, wenn sie fertig waren. In absoluter Stille, um keinen Fehler zu machen, zeichnete der Tätowierer nun das Muster auf den Rücken der Person. Dann schlug er das Muster in die Haut, indem er mit einem kleinen Hartholzschlägel auf einen Stock klopfte, an dessen Ende ein Knochenkamm mit drei bis fünf scharfen Zähnen befestigt war. Draußen sangen die Frauen und schlugen den Rhythmus auf Trommeln oder auf ihren Schenkeln mit. Der Gesang und das Trommeln halfen dem Häuptling, in eine Trance zu sinken und so weniger Schmerz zu verspüren. Sobald sich Schorf bildete, konnte die Arbeit an Brust, Hals und Armen beginnen. War das Tattoo vollendet, ließ man den Häuptling einige Tage ruhen, damit seine Wunden heilen konnten. Währenddessen tätowierte der Tätowiermeister die Männer des Dorfes. Sobald der König oder Häuptling sich erholt hatte, trat er hinaus und präsentierte seinen Untertanen stolz seinen bis ins Einzelne geschmückten Körper. Dann beendete er das Ritual, indem er ein großes Fest gab.

Bedeutende Radak-Familie, Marshall-Inseln, von Louis Choris, 1815

Linke Spalte:
Radak-Mann, Marshall-Inseln, von Louis Choris, 1820

Saltikoff-Frau, Marshall-Inseln, von Louis Choris, 1820

Die Kinder auf den Marshall-Inseln wurden mit kleinen, aus Streifen bestehenden Mustern auf Armen und an der Lendenwirbelsäule tätowiert. Erst im Alter von zwanzig Jahren, wenn man die Schmerzen und das damit verbundene Fieber besser aushalten konnte, war es, je nach sozialem Status, erlaubt, weitere Tattoos zu tragen. Das standardmäßige Design der Männer war ein Dreieck, bestehend aus kleinen, miteinander verbundenen Linien, dessen eine Ecke am Nabel begann, während die anderen beiden sich bis über die Schultern erstreckten. Auf ähnliche Weise bedeckten säuberlich angeordnete, horizontale Linien den Bauch und den Rücken. Je höher der Rang einer Person, desto mehr Tattoos trug sie, doch nur ein Häuptling oder König besaß Gesichtstätowierungen. Augenzeugen verglichen einen vollständig tätowierten Bewohner der Marshall-Inseln mit einem mittelalterlichen Ritter im Kettenhemd. Der Zusammenhang zwischen der Anzahl der Tattoos und dem Status traf auch auf die Frauen zu. Während gewöhnliche Frauen nur einige wenige einfache Linien auf Beinen oder Armen trugen, waren die Frauen der Häuptlinge auf Schultern, Hals und Händen tätowiert. Einige Motive ähnelten den Mustern der Zierdecken, die die Inselbewohner anfertigten, meistens jedoch waren sie einfache Abstraktionen von Wellen, Kanus, Fischen, Schweinswalen, Haifischzähnen, Krebsen und Muscheln. Die Motive wurden nach persönlichem Geschmack aus-

Unten:
Frauenarm, Marshall-Inseln, ca. 1850

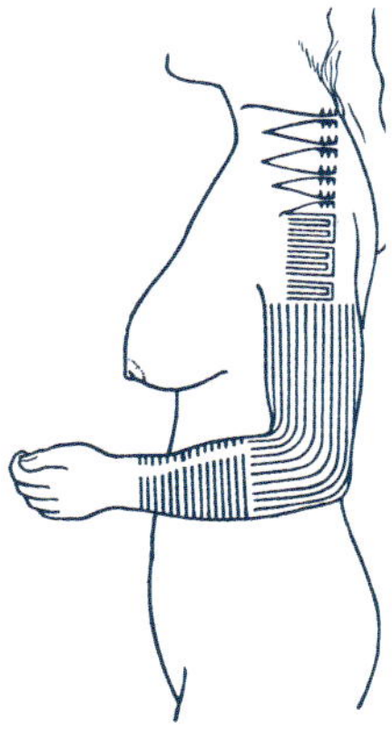

Rechte Spalte: Vollständig tätowierter Bewohner der Gilbert-Inseln, nach Otto Finsch, ca. 1880

gewählt, doch einige hatten auch eine tiefere Bedeutung. Durchbrochene Linien auf dem Oberschenkel zum Beispiel repräsentierten Kletterpflanzen, die für die Vereinigung der Geschlechter standen.

Trends der Gilbert-Inseln

In den Berichten der Seefahrer, die im neunzehnten Jahrhundert die Gilbert-Inseln besuchten, werden Tätowierungen kaum erwähnt. Die Inselbewohner schmückten sich lieber mit Skarifikationen oder Brandnarben, indem sie heiße Gegenstände auf ihre Haut pressten. Tattoos waren ein Luxus, den sich nur die Wohlhabenderen leisten konnten. Innerhalb dreier Generationen hatte sich die Tätowierkultur dann drastisch verändert. Gegen Ende des neunzehnten Jahrhunderts trugen nur noch einige wenige ältere Männer kleine vertikale Fischtattoos auf der Stirn und den Wangen. Im frühen zwanzigsten Jahrhundert wurden junge Männer nur noch auf der Innenseite der Arme tätowiert. Die Designs blieben die gleichen. Sie waren sehr einfach gehalten und bestanden aus Feldern oder Reihen von vertikalen und Zickzacklinien, die die Blätter der Kokospalme repräsentierten. Die Frauen der Gilbert-Inseln waren womöglich die am wenigsten tätowierten in ganz Mikronesien; die einzigen Tattoos, die sie manchmal trugen, befanden sich an Armen und Fingern. Die Eltern auf den Gilbert-Inseln zwangen ihre Kinder nicht sich tätowieren zu lassen, doch einige junge Leute sahen in der Tätowierung eine Möglichkeit, die Gleichaltrigen zu beeindrucken, und so wurde schließlich ein Modetrend geboren. Es entstanden Spannungen zwischen den Gruppen tätowierter und nicht tätowierter Jugendlicher. Solche Feindseligkeiten traten vor allem bei Dorffesten zutage, wo die nicht tätowierten Jungen und Mädchen vom Tanz ausgeschlossen wurden. Stark tätowierte erwachsene Männer wurden hoch geachtet, vermutlich deshalb, weil die Tattoos ihren Wohlstand repräsentierten. Man konnte dies bei Stammestreffen beobachteten, wo ihre Stimme mehr zählte als die der weniger stark Tätowierten. Eine vollständig tätowierte Person war eine Seltenheit auf den Gilbert-Inseln und es wurde nur über eine einzige auf der Insel Banab berichtet.

Mädchen tätowierten sich gegenseitig, die Männer aber bezahlten einen Tätowierer für seine Dienste, um kunstvollere Tattoos zu erhalten. Wie alle Mikronesier im neunzehnten Jahrhundert verwendeten sie einen kleinen Schlägel und einen Stab, an dem einige Nadeln aus Knochen (später auch Metall) befestigt waren. In einer Legende der Gilbert-Inseln wird behauptet, dass einstmals die Tätowierer die Haut mit ihren scharfen Fingernägeln einritzten. In einer anderen Geschichte heißt es, dass es Brauch war, allen Verwandten oder Freunden, die an der Prozedur beteiligt waren, zur Erinnerung eine Linie auf die Brust zu tätowieren.

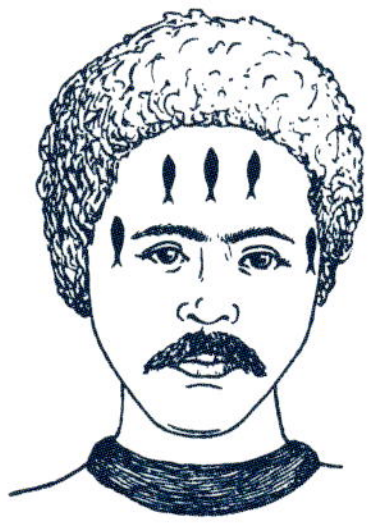

Gesichtstätowierung, Gilbert-Inseln

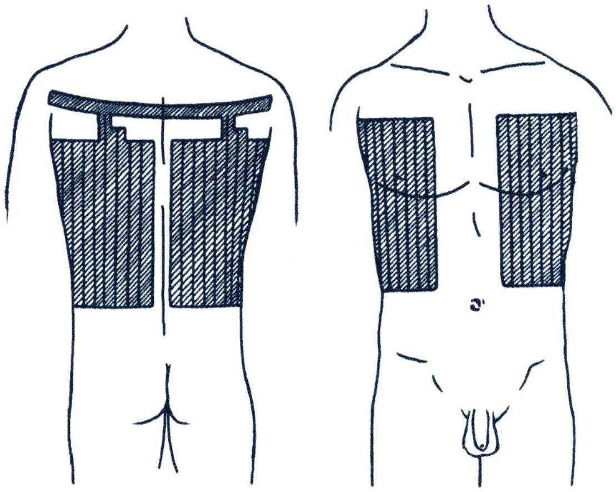

Rumpf-Tattoos, Gilbert-Inseln

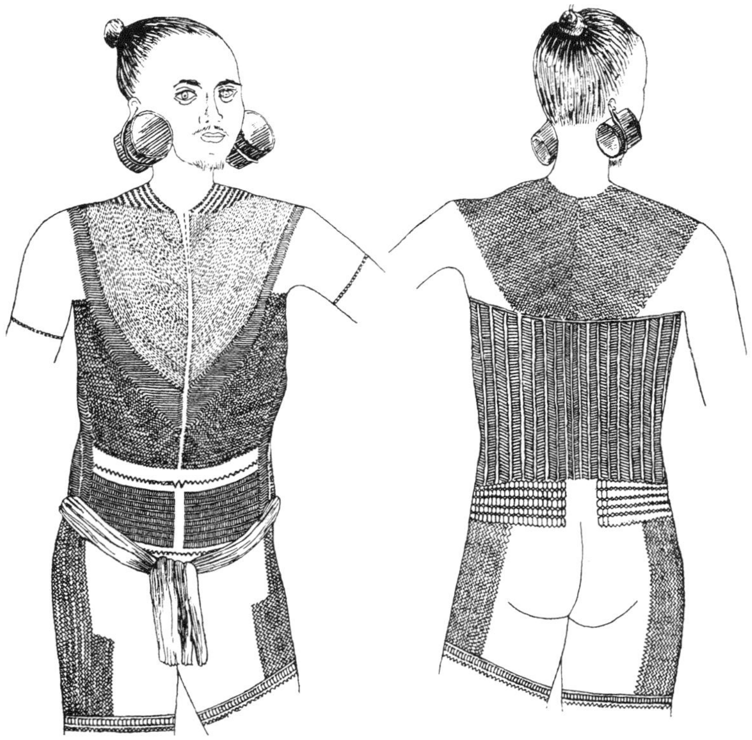

„Kettenhemd"-Tattoo, Marshall-Inseln, ca. 1900

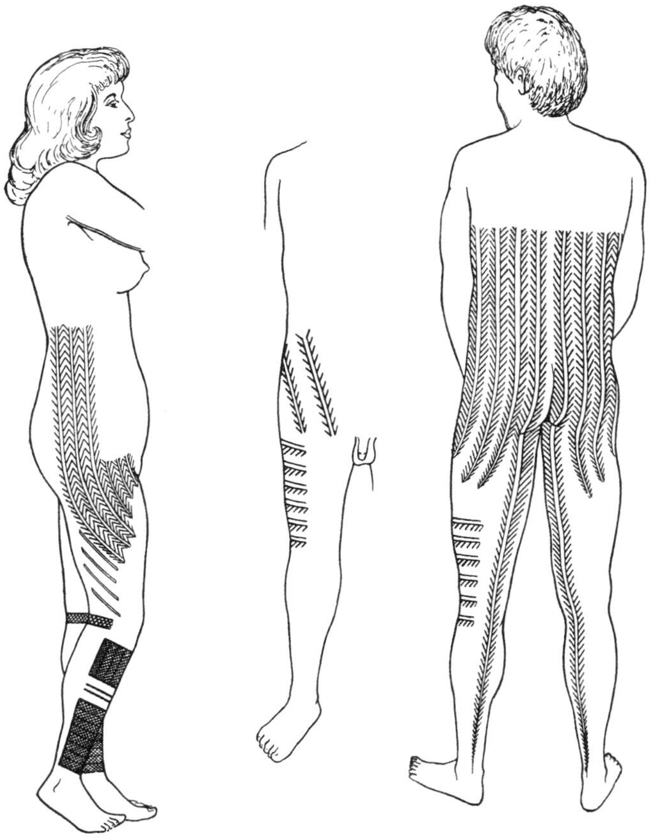

Gilbert-Insulaner, ca. 1900

RUSSLAND
KASACHSTAN
USBEKISTAN
GEORGIEN
ARMENIEN
ASERBAIDSCHAN
TURKMENISTAN
TÜRKEI
SYRIEN
IRAK
LIBANON
IRAN
PALÄSTINA
(ISRAEL)
AFGHANI
JORDANIEN
Marsch-Araber
KUWAIT
BAHRAIN
SAUDI ARABIEN
PAKIS
KATAR
ÄGYPTHEN
V.A.E.
OMAN
SUDAN
YEMEN

KAPITEL 7

DER MITTLERE OSTEN

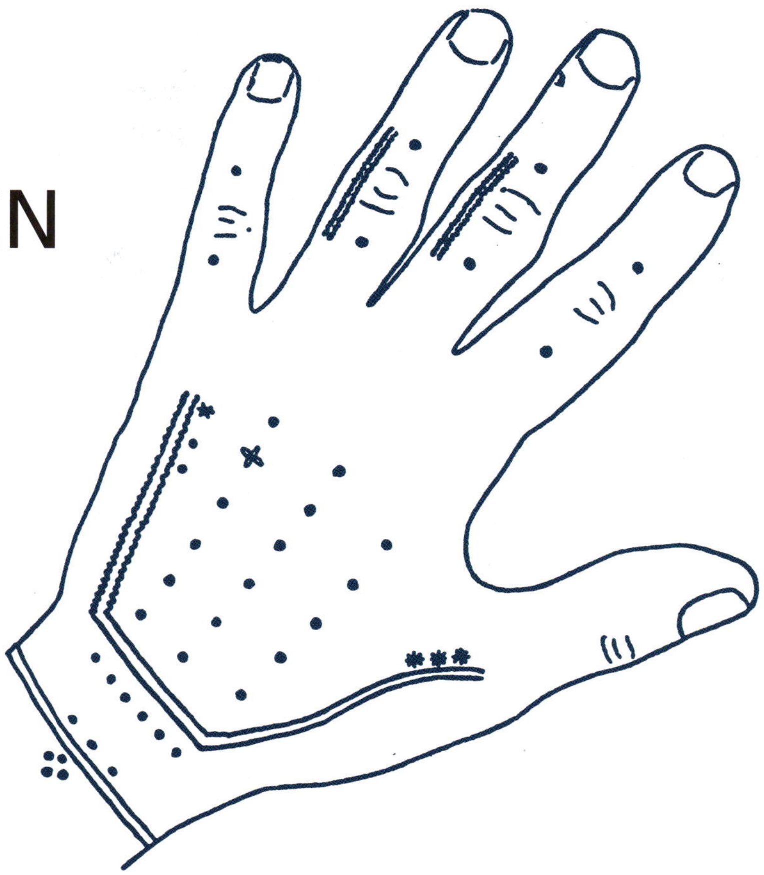

Oh, der Hals meiner Liebsten! Wie der einer Gazelle,
oder einer weißen Antilope, wie die Männer sie auf Pferderücken jagen.
Ihre Brüste sind von Tätowierungen mit kostbaren, teuren Juwelen besetzt,
wie sie weder der Reichtum Persiens noch Syriens erwerben könnte.

Im Mittleren Osten bieten lyrische Dichtung und Tätowierungen eine Möglichkeit zum Ausdruck unterdrückter oder verborgener Gefühle. Vor allem bei den Nomadenstämmen sorgen öffentliche Zurschaustellungen von Gefühlen wie Ärger, Begehren und Lust für Verlegenheit. Selbstkontrolle wird hier hoch geschätzt. Die oben genannten Zeilen stammen von Nimr eben ´Adwân, einem Dichter der Rwala-Beduinen, und sind eine Ode an die Schönheit seiner kürzlich dahingeschiedenen Geliebten. In der Beschreibung ihrer herrlichen Tattoos, mit denen sie ihn immer verführte, verleiht er seiner Trauer Ausdruck. Einem alten arabischen Sprichwort zufolge unterstreichen Tattoos die Reize (*lil-hilā*) eines Mädchens. Sie sind ein intimer Schmuck, den eine Frau benutzt, um ihre weiblichen Reize zum Ausdruck zu bringen und damit zu locken, was ihr normalerweise im täglichen Umgang mit Männern nicht möglich ist.

Beduinen-Mädchen aus Ägypten, ca. 1900

Rechte Spalte oben: Beduinen-Frau, 1965

Rechte Spalte unten: Beduinen-Frau mit Bartmotiv, Syrien

Unten: Tattoos des Al-bu-Muhammed-Stammes

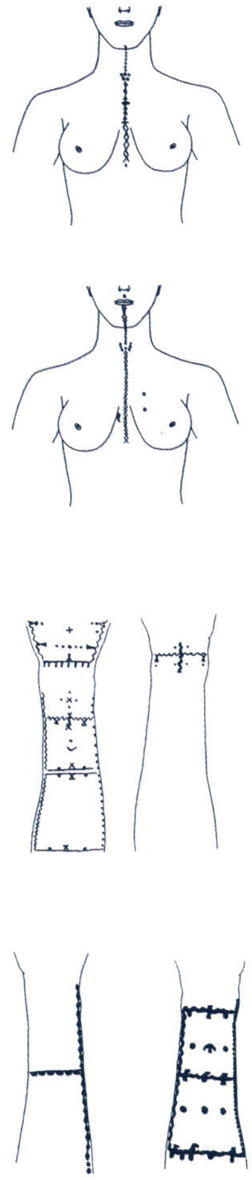

Dieser sinnliche Aspekt jenes Brauches hat längst nachgelassen, aber das Tätowieren wird bei den nomadischen Stämmen immer noch praktiziert, wenn auch die Designs inzwischen weniger kunstvoll sind. Noch bis vor kurzem wären die Männer des irakischen Marsch-Araber-Stammes Al bu Muhammad nie auf die Idee gekommen, eine Frau ohne jegliche Tätowierung zu heiraten. Bis zum neunzehnten Jahrhundert konnte man mit Tattoos die Männer stimulieren. Sämtliche arabische Prostituierte trugen zierende Tattoos auf Händen, Armen und vor allem auf den Brüsten. Persische Bauchtänzerinnen trugen die Röcke tief auf den Hüften, um die Tattoos auf dem Bauch und dem unteren Rücken zeigen zu können. Auch viele andere Perserinnen trugen ihre Gewänder vom Hals bis zum Nabel offen und zeigten die fantastischen Darstellungen von Vögeln, Blüten und Gazellen in blauer, roter und schwarzer Tinte. Daraus können wir schließen, dass Tätowierungen im Mittleren Osten durchaus sozial anerkannt waren, ob sie nun erotisch waren oder nicht. 1927 bemerkte der deutsche Künstler und Abenteurer Carl Arriens, dass die „Beduinenmädchen stolz die Tätowierungen auf ihren Brüsten jedem Reisenden zeigten, der sie sehen wollte. Auch die maronitischen libanesischen Frauen waren bereit, ohne jegliche Scham ihre Tätowierungen zu zeigen“. Die Frauen des Mittleren Ostens und Nordafrikas verwendeten zudem Henna (siehe Kapitel 8) und Kajal, um einen vorübergehenden

Körperschmuck anzubringen. Kajal, ein schwarzes Pulver aus dem Mineralstoff Antimonsulfid, ist bei den Beduinen (vom arabischen *bedu*, „Wüstenbewohner“) sehr beliebt und sie verwenden es, um ihre Augen vor der Sonne zu schützen. Heutzutage sind erotische Tattoos auf den Brüsten und im Schambereich nicht mehr sehr verbreitet. Der geläufigste Schmuck bei den Frauen besteht in einem zurückhaltenden Tattoo zwischen den Augenbrauen. Die Männer des Mittleren Ostens sind seit ehedem weitaus weniger tätowiert als die Frauen.

DIE EXTRAVAGANTE TÄTOWIERKULTUR DES ALTEN PERSIENS

Über das Tätowieren im Mittleren Osten vor dem neunzehnten Jahrhundert ist nur wenig bekannt und beschränkt sich auf einige Einzelberichte aus dem persischen Reich (dem heutigen Iran). Im alten Persien tätowierte die Obrigkeit dann und wann Sklaven, bei denen eine Flucht nicht auszuschließen war, mit Worten wie „Halte mich auf, ich bin ein entlaufener Sklave". Der griechische Geschichtsschreiber Herodot berichtet davon, wie ein persischer Häuptling einmal eine geheime Botschaft auf den kahlrasierten Schädel eines Sklaven tätowierte. Nachdem sein Haar wieder nachgewachsen war, sandte er ihn zu einem Verbündeten mit der Botschaft, dass man ihm sein Haar wieder abrasieren sollte. Das Tattoo wies den Verbündeten an, einen Aufstand gegen König Darius von Persien vorzubereiten. Bis zum siebten Jahrhundert, als die Europäer sich wieder einmal dorthin vorwagten und von dekorativen Tattoos berichteten, gibt es keine weitere Erwähnung einer persischen Tätowierkultur. Vor allem die persischen Frauen waren mit verschiedenen Designs geschmückt, darunter Bäume, Blüten, Vögel, Sonne, Mond und Sterne. Reiseberichten zufolge scheint das Tätowieren in Persien bis zum neunzehnten Jahrhundert weit verbreitet gewesen zu sein, danach wurde es nur noch von den unteren Schichten und den Nomadenstämmen im Süden praktiziert.

VERBREITUNG DURCH ZIGEUNER UND BEDUINEN

Die Tattoo-Designs arabischer und nicht arabischer Stämme im Mittleren Osten und Nordafrika weisen viele Gemeinsamkeiten auf. Dies ist wahrscheinlich dem Einfluss der Beduinen und Zigeuner zu verdanken. Die Beduinen haben ihren Ursprung in Arabien und Syrien, wanderten dann aber bis nach Mesopotamien (dem heutigen Irak), Jordanien, Ägypten und in andere Gebiete Nordafrikas. Von allen Frauen dieser Länder besaßen die Beduinenfrauen die meisten Tattoos. Zumeist wurden sie von den Nawar tätowiert, einem Zigeunerstamm, der sich, den Fußstapfen der Beduinen folgend, im Mittleren Osten und in Nordafrika verbreitet hatte. Bis Anfang des neunzehnten Jahrhunderts tätowierten die Nawar die Menschen in Syrien, Ägypten, Libyen sowie im Irak und Iran. Sie beherrschten die Technik, kannten die Designs und verstanden sich darauf, eine hochwertige Tinte herzustellen, indem sie eine Paste aus Ruß und Wasser, Paraffin oder Pflanzensaft mischten. Darüber hinaus wurde Muttermilch hoch geschätzt, da man ihr magische Eigenschaften zuschrieb.
Die Zigeuner verbreiten die Praktik vermutlich bis nach Osteuropa, wo sie unter anderem katholische Bosnier tätowierten. Europäische Zigeuner tätowierten fast nur andere, sich selbst, wenn überhaupt, nur äußerst selten.
Die Zigeuner des Mittleren Ostens dagegen folgten lokalen Bräuchen und waren ebenfalls tätowiert. Die Frauen des Zigeunerstammes der Kurbat aus Syrien und dem westlichen Iran tätowieren bis heute ihre Gesichter, achten jedoch darauf, dabei nicht dieselben Designs zu verwenden, wie für ihre beduinischen Klienten. Für die Beduinenfrauen wäre es unmöglich, trügen die Zigeunerinnen die gleichen Tattoos wie sie selbst.
Neben der lokalen Bevölkerung tätowierten die Zigeuner auch christliche wie islamische Pilger auf dem Weg nach Jerusalem, Mekka oder Medina. In der Türkei und in Armenien stand das Tätowieren in engem Zusammenhang mit der Pilgerfahrt. Das türkische Wort für Tattoo ist *haji* und ist einem Terminus entlehnt, welcher einen Muslimen bezeichnet, der eine Pilgerfahrt nach Mekka vollendet hat. Das gebräuchliche Wort für Tattoo in Armenien lautet *mahdesi* (*mah* = „Tod", *desi* = „Ich habe gesehen") und entstammt der Bezeichnung der Armenier für eine Pilgerreise. Doch das Tätowieren war in Armenien und der Türkei nicht nur den Pilgerfahrten vorbehalten und manchmal tätowierten Eltern ihre Kinder mit einer Mondsichel, um den Bösen Blick abzuwehren.

SCHÖNHEITSMALE UND DIE VERSE DES KORAN

Die Tattoos aus dem Mittleren Osten haben in Bedeutung und Aussehen vieles gemeinsam mit den Tattoos aus Nordafrika. Wie an anderen Orten der Welt auch bestand die wichtigste Funktion der Tätowierungen bei Frauen darin, ihre Anziehungskraft zu steigern. Die auffälligsten

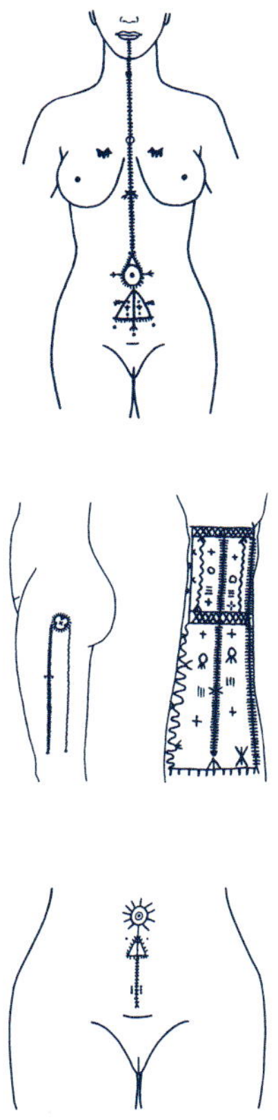

Tätowierungen von Frauen aus Sulubba (oben), Nawar (mitte) und Shammar (unten)

Rechte Spalte: Beduinen-Frau, Jordanien, ca. 1960

Gegenüber linke Spalte: Persische Frau mit dekorativen Tattoos, von H. Cooper, ca. 1800

Gegenüber rechte Spalte: Arabischer Kaufmann, ca. 1850

Verzierungen fanden sich am Kinn und auf der Stirn, zwischen den Augenbrauen. Im Allgemeinen waren die Muster dreieckig, unterschieden sich aber dennoch von Stamm zu Stamm. Die Frauen Libyens, der Yeziden, der irakischen Marsch-Araber, Shammar-Beduinen und Turkmenen trugen allesamt Tattoos von Fruchtbarkeitssymbolen im Gesicht, die den *siyāla* oder *foula* der marokkanischen Berber stark ähnelten (siehe Kapitel 8). Im Iran trugen sogar die Frauen der Oberschicht Muster aus blauen Sternen auf dem Kinn. Manchmal waren diese Kinn-Designs ziemlich aufwändig und ähnelten eher einem Bart als einem Tattoo. Dieses Bart-Design (*sharib hasan*) war bei den Sulubba, einem nordarabischen, Zigeuner-ähnlichen Stamm, und den Shammar-Beduinen sehr beliebt. Noch heute kann man es bei einigen älteren Beduinen-Frauen in Jordanien und Syrien antreffen.

Magische Liebestattoos und blaue Lippen

Das Tattoo zwischen den Augenbrauen war einstmals bei den Frauen im gesamten Mittleren Osten und Nordafrika verbreitet und wird noch heute von einigen Nomadenstämmen verwendet. Das gängigste Design ist ein Dreieck aus gekreuzten Linien, es gab aber auch Ausnahmen. Die Frauen aus Samaria in Jordanien trugen nur eine einzelne Linie zwischen den Augenbrauen und eines der wenigen indigenen Tattoo-Designs, das noch heute in Afghanistan verwendet wird, ist ein Schönheitsfleck zwischen den Augenbrauen.

Unten: Beduinen-Frauen aus Arabien, ca. 1920

Eine weibliche Tätowiererin kratzte einen ca. 1 cm großen Flecken Haut weg oder stach mit einer Nadel solange in die Haut, bis sie zu bluten begann. Dann wurde eine grüne, blaue oder schwarze Pigmentpaste in die Wunde gerieben, je nachdem, welcher Farbton erzielt werden sollte. Die afghanischen Frauen waren einstmals wesentlich stärker tätowiert, doch zu Beginn des zwanzigsten Jahrhunderts verbot König Amanullah diesen Brauch, woraufhin er bald ausgestorben war. Nicht ganz so offensichtlich, aber dennoch den nordafrikanischen Designs sehr ähnlich, waren die Tätowierungen an anderen Körperstellen, wie zum Beispiel den Brüsten, Händen oder Füßen. Beduinen-Mädchen der Sbaa in Syrien wurden zwischen ihren Brüsten mit einem Design namens *esh-shagareh* („der Baum") tätowiert. Dieses Motiv erfreute sich auch bei ägyptischen Frauen und Männern großer Beliebtheit, die es auf dem rechten Handrücken trugen. Das Tätowieren der Brust wurde nicht nur bei den Nomadenstämmen praktiziert. In Bagdad, der Märchenstadt aus *Tausendundeiner Nacht*, verzierten die Frauen der unteren Klassen ihre Brüste mit östlichen Motiven, wie Kreisen, Sicheln und Sternen. Die Tätowierer in Bagdad waren echte Künstler, die diesen erlesenen und ungemein komplexen Designs viel Zeit und Energie widmeten. Magische Liebestattoos waren besonders beliebt bei den Frauen in Bagdad. Drei Punkte auf dem Handrücken bedeuteten, dass eine Frau die Liebe ihres Mannes erhalten wollte; befanden sie sich auf der linken Hand, wollte sie ihn loswerden. Der Zauber wirkte aber nur, wenn während des

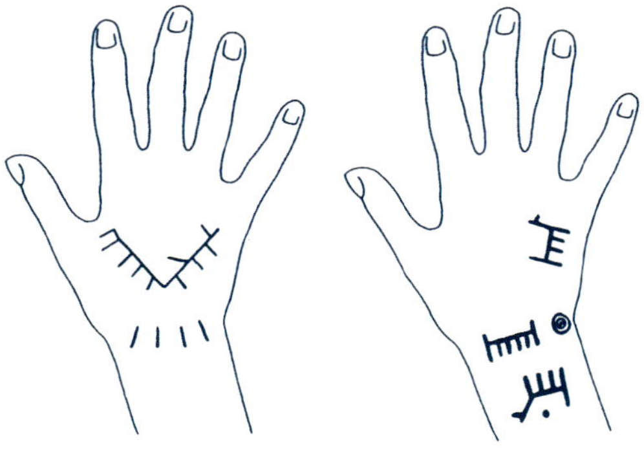

Hand- und Handgelenkmotive yezidischer und kurdischer Männer, ca. 1950

Tätowierens jemand laut aus dem Koran vorlas. Ein Brauch, den die Frauen des Mittleren Ostens pflegten, den man in Nordafrika aber nur selten antraf, war das Tätowieren der Lippen mit blauer Farbe (*bertoum*). Bei vielen irakischen Stämmen und den nordarabischen Rwala-Beduinen galt dies als Inbegriff der Schönheit. Einige Shammar- und andere Beduinen-Frauen tätowierten selbst ihr Zahnfleisch blau, allerdings nicht, um, wie die Äthiopier, den Kontrast mit den Zähnen zu betonen, sondern um Zahnfäule vorzubeugen und Zahnschmerzen zu behandeln.

Medizinische oder Amulett-Tattoos waren im Mittleren Osten recht geläufig und traten oftmals in Form von kleinen Punkten und Kreuzen auf. Kleinere Tattoos, vor allem an Händen und Füßen, verliehen magischen Schutz oder steigerten die Körperkraft. Ein Tattoo auf der rechten Hand schützte vor dem Bösen Blick und einem Tattoo auf der Linken wurde eine medizinische Wirkung zugeschrieben. Zauberpunkte um den Nabel herum oder oberhalb des Pos sollten die Möglichkeit einer Schwangerschaft steigern. Am weitesten verbreitet war der tätowierte Punkt auf der Nase eines Kindes. Die Sterblichkeitsrate von Kindern war hoch und hier, ebenso wie in Nordafrika, machte man böse Geister dafür verantwortlich. Frauen, die bereits mehrere Kinder verloren hatten, tätowierten den folgenden fortan einen Punkt auf die Nase. Manchmal wurde Henna in die Haut gestochen als Heilmittel gegen Kopfschmerzen, Blähungen und Muskelschmerzen. Im Irak unterstützten kleine Punkte auf den Schläfen die Heilung von *kerkas*, einer Augenerkrankung, die sich durch übermäßiges Zwinkern und Tränen auszeichnet. In Kenäreh im südlichen Iran linderten zwei Punkte auf beiden Seiten der Glabella (des weichen Teils des Stirnbeins zwischen und oberhalb der Augenbrauen) die Augenschmerzen.

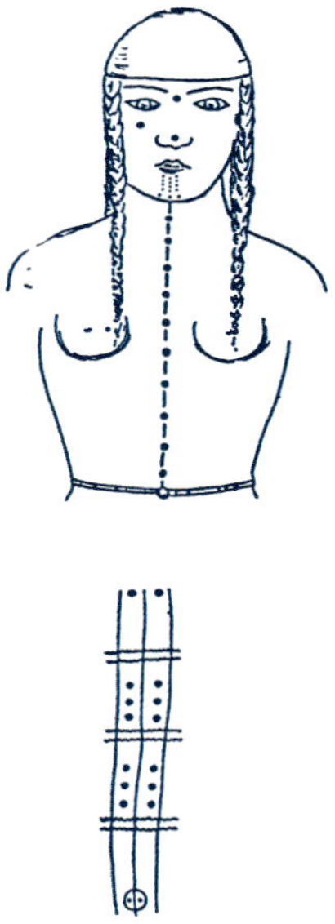

Designs der Marsch-Araber, Irak, ca. 1930

Sichelmonde, strahlende Sonnen und Sterne

Die Männer im Mittleren Osten waren weniger aufwändig tätowiert als die Frauen. Bei den Marsch-Arabern war es für Männer schändlich (*„aib“*) tätowiert zu sein, doch bei angeworbenen Soldaten wurde es akzeptiert. Afghanische Männer, die in der englischen oder indischen Armee gedient hatten, besaßen meistens Tattoos ihrer Namen oder von landestypischen Mustern. In den 1950ern und 1960ern war die halbe irakische Armee mit einem oder mehreren Tattoos versehen, sowohl die Araber als auch die Beduinen. Diese befanden sich vor allem an den Händen und Handgelenken und sollten ihrem Träger Mut und Stärke verleihen. Zeitweise wurden auch Registrierungsnummern tätowiert, aber meistens bestanden die Designs aus kleinen Punkten, Kleeblättern und Linien, seltener waren auch Tiere, wie Hunde, Schlangen und Gazellen, dargestellt.

Ungefähr die Hälfte aller Männer in Syrien, Jordanien und im Irak war an der rechten Hand oder am Handgelenk tätowiert. Die Tattoos am Handgelenk vertrieben vermutlich böse Geister oder stärkten es. Die Shammar-Beduinen nennen das Zeichen auf dem Handgelenk *khasr* und seine Funktion bestand darin, die Kraft beim Getreidemahlen zu steigern. Die Turkmenen tätowierten sich mit kleinen Punkten oder Reihen von Punkten sowie einer strahlenden Sonnenscheibe und Kreisen. Die yezidischen Männer brannten eine runde Narbe in die Mitte der strahlenden Scheibe, um ihre Kraft noch zu steigern. Iranische Männer tätowierten sich mit Versen aus dem Koran, wie zum Beispiel *Ya Ali madad* („Hilf uns, O Ali“). Ali, der Cousin des Propheten Mohammed, war der Begründer der islamistischen Schiitenbewegung.

Rechte Spalte: Araber aus Bagdad mit Tätowierungen auf Stirn und Schläfen, von Eric Kennington, 1918

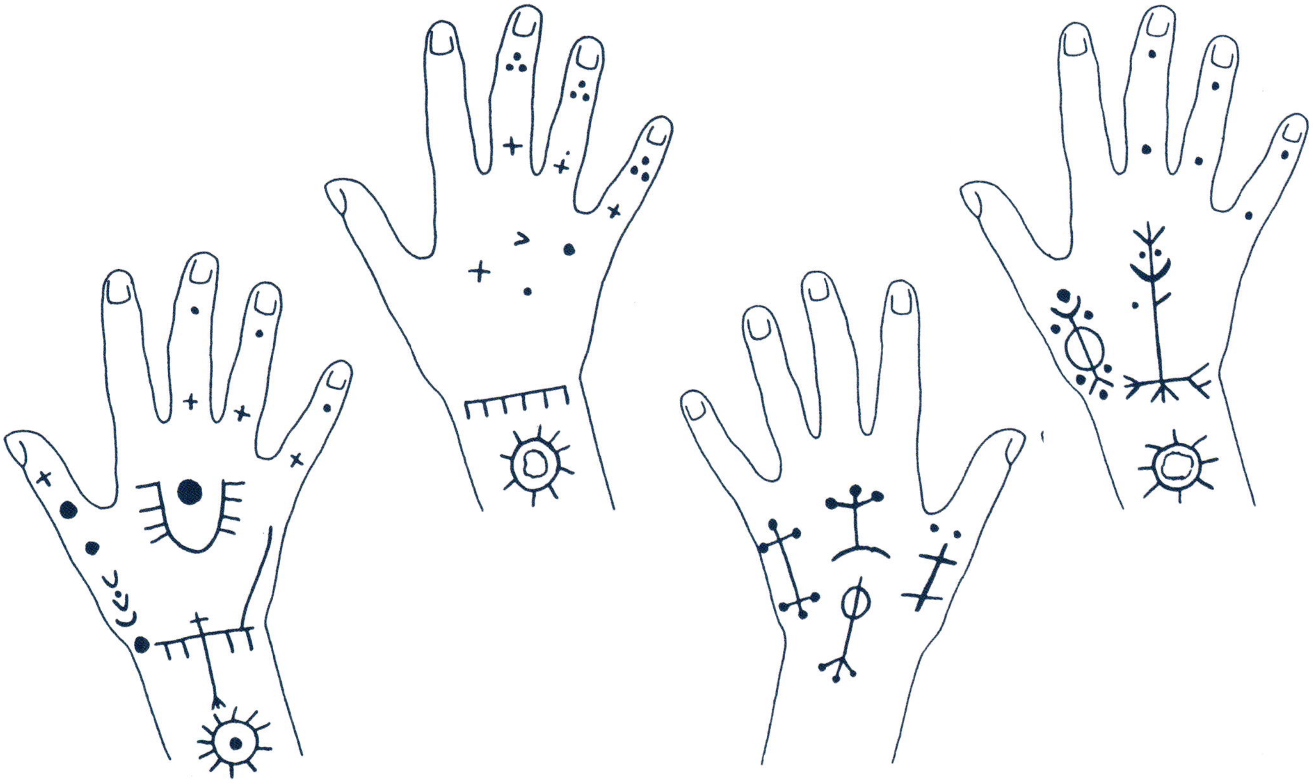

Hand- und Handgelenkmotive der Yeziden- und Shammar-Beduinen, ca. 1940

STRAFTÄTOWIERUNGEN UNTER SADDAM HUSSEIN

Nach seiner Niederlage im Ersten Golfkrieg im Jahre 1991 hatte der irakische Diktator Saddam Hussein kurzzeitig die Kontrolle über die Armee und die Bevölkerung verloren. Um seine Autorität wieder herzustellen, erließ er 1994 neun Dekrete und führte schwere Strafen ein für eine Reihe von Vergehen, wie zum Beispiel Diebstahl, Korruption und Fahnenflucht. Darunter waren auch die Todesstrafe, Amputationen (allgemein gebräuchlich in der muslimischen Welt) sowie Straftätowierungen. Deserteuren, Kriegsdienstverweigerern und jedem, der diesen geholfen oder sie versteckt hatte, wurde ein Teil des Ohres abgeschnitten und ein „X" zwischen die Augenbrauen tätowiert. Im Dekret war festgelegt, dass die Tätowierung im selben Krankenhause zu erfolgen hatte wie die Amputation und enthielt sogar Regelungen über die technischen und medizinischen Standards, die das Krankenhaus einhalten musste, um die Operation durchzuführen. Nach 1994 trafen diese Bestrafungen auch gewöhnliche Kriminelle. 1994 meldete Amnesty International die Ausstrahlung einer Sendung im irakischen Fernsehen, bei der Bilder von einem Mann in einem irakischen Krankenhaus gezeigt wurden, dem die Hand amputiert und der auf der Stirn tätowiert worden war. Dieser Mann, Ali Ubaid Abed Ali, war verurteilt worden, weil er Geld und einen Fernseher gestohlen hatte. Der Nachrichtensprecher fügte dem noch hinzu, dass dies jedem eine Lehre sein sollte, der meinte, er könne die Rechte anderer Menschen verletzen.

In den Augen eines Abendländers scheint ein Straftattoo vielleicht eine weniger harte Strafe zu sein als eine Amputation, aber für die Araber mit ihrer tief verwurzelten Kultur von persönlicher Ehre, Stolz und Selbstbestimmung, ist die Schande, den Rest ihres Lebens als Verbrecher gezeichnet zu sein, wirklich schwer zu tragen. Die Straftätowierungen ausgerechnet zwischen den Augen zu platzieren, wie es auch bei den Schmucktattoos der Frauen der Fall ist, setzt der Erniedrigung die Krone auf. Diese Stelle kann man nur schwer verbergen und jeder, der auf diese Weise gezeichnet ist, ist zu einem Leben am Rande der Gesellschaft verdammt. Das Dekret erklärte außerdem, dass ein jeder, der ein solches Tattoo entfernte oder versuchte es zu entfernen, selbst tätowiert oder ihm Hand oder Ohr amputiert werden sollten. Obwohl sie eine harte Strafe riskierten, weigerten sich viele Ärzte, Straftätowierungen zu applizieren – sogar öfter, als dass sie sich einer Amputation entgegenstellten. Eine Reihe von Ärzten wurde 1995 in Amara hingerichtet, weil sie sich beharrlich weigerten, Deserteure auf der Stirn zu tätowieren.

MAROKKO
Berber
TUNESIEN
ALGERIEN
Berber
LYBIEN
Berber
ÄGYPTEN
WEST-SAHARA
Berber
Beduinen
Beduinen
MAURETANIEN
MALI
NIGER
SENEGAL
GAMBIA
Fulani
TSCHAD
SUDAN
ERITREA
BURKINA-FASO
Hausa
Mossi
Zul
Danakil
Tigré
DSCHIBUTI
GUINEA
Ishan
NIGERIA
SOMALIA
SIERRA-LEONE
TOGO
BENIN
ÄTHIOPIEN
Kru
LIBERIA
GHANA
Yoruba
ZENTRALAFRIKA
ELFENBEIN-KÜSTE
KAMERUN
Babinga
Baka
UGANDA
KENIA
ÄQUATORIAL GUINEA
Bayele
Mbuti
GABUN
KONGO
RUANDA
BURUNDI
Massai
KONGO-BRAZZAVILLE
TANSANIA
Bashilange
Bena Lulua
ANGOLA
Lunda
SAMBIA
MALAWI
Makonde
Tsanga
Mucusso
Cuangare
Tonga
Ngoni
MOSAMBIK
MADAGASKA
SIMBABWE
Sakalava
Bara
Antanosy
Antandroy
Mahafaly
San
NAMIBIA
BOTSWANA
SWAZILAND
SÜDAFRIKA
LESOTHO
Makalaka

KAPITEL 8

AFRIKA

„Ein Skorpion kann eine Frau so viele Male stechen, wie sie Tattoos besitzt, aber Gott wird gnädig sein, wenn sie einen Geldbetrag in Höhe der Kosten für ihre Tattoos den Armen spendet.“

Dies ist eine der vielen möglichen Antworten, die man erhält, wenn man die Berber zu ihren Tattoos befragt. Viele von ihnen glauben, dass der Koran die Praktik verbietet und dass Gott diejenigen bestrafen wird, die Tattoos tragen. Paradoxerweise blickt dieses nordafrikanische Volk auf eine der weltweit ältesten Tätowiertraditionen überhaupt zurück. Die Forschungen von Susan Searight haben ergeben, dass in einigen Regionen, vor allem im Rif- und Atlasgebirge, mehr als die Hälfte der Frauen eines Stammes tätowiert sind. Noch bis vor kurzem hätte kein Berber eine Frau ohne Tattoos geheiratet.

Marokkanische Familie aus dem Mittleren Atlas, 1960

Die ambivalente Einstellung der Berber resultiert aus einer widersprüchlichen Interpretation des Korans. Das Tätowieren wird nicht explizit verboten, allerdings haben einige islamische Theologen eine Reihe von Gesetzen verfasst (*hadith*), in denen es missbilligt wird. Das Nichtvorhandensein einer zentralen islamischen Instanz hat zur Folge, dass, außer in Ländern mit einer orthodoxen islamischen Regierung, kein generelles Verbot existiert. Im Iran sind Tattoos selten und in Afghanistan so gut wie ausgestorben, weil der dortige König, Amanullah, sie bereits im frühen zwanzigsten Jahrhundert verboten hatte. Die Kleriker drückten im Bezug auf das Tätowieren unter gewissen Umständen schon einmal ein Auge zu: Medizinische Tattoos werden toleriert und auch, wenn der Träger eines Tattoos zum Zeitpunkt der Tätowierung noch jung und naiv gewesen ist oder unter Zwang gestanden hat, übt man Nachsicht. Doch ob es nun verboten ist oder nicht, das Volk akzeptiert das Tätowieren als traditionellen Brauch. Einige behaupten sogar, dass Fatima, die Tochter des Propheten Mohammed, dem Brauch ihrer Zeit entsprechend tätowiert gewesen sei.

Als man in Ägypten Mumien und Figurinen entdeckte, die aus der Zeit zwischen 2000 und 3000 v. Chr. stammten und tätowiert zu sein schienen, gingen viele davon aus, dass die arabische Welt die Wiege der Tätowierungen sein musste, allerdings machte man ähnliche Funde auch im Sudan, der Heimat der alten Nubier. Inzwischen geht man davon aus, dass sich das Tätowieren, unabhängig von äußeren Einflüssen, an verschiedenen Orten der Welt entwickelte. Die Ausgrabung der tätowierten Gletschermumie Ötzi, die sogar noch älter ist als die ägyptischen Mumien, erhärtet diese Theorie. Lange Zeit glaubte man, dass die schwarzen Afrikaner sich nicht tätowierten, weil die Zeichen auf ihrer dunklen Haut kaum zu sehen gewesen wären. Tatsächlich aber gab es bei vielen afrikanischen Stämmen überaus lebendige Tätowierbräuche, die heute allerdings aufgrund der Modernisierung erheblich zurückgegangen sind.

VEREINZELTE PUNKTE IM MAGHREB

Der Maghreb umfasst die nordafrikanischen Länder Marokko, Algerien und Tunesien und sowohl die Araber als auch die Berber, welche die beiden größten ethnischen Gruppen dieser Region bilden, sind tätowiert. Von diesen beiden sind die Berber stärker und sichtbarer tätowiert. Als Ureinwohner dieses Gebietes erhielten sie ihren Namen von den Römern, die sie für Barbaren hielten – sie selbst nennen sich Amazigh. Zwischen dem siebten und dreizehnten Jahrhundert drängten die Araber die Berber in den Osten Algeriens und das Rif- und Atlasgebirge Marokkos zurück, wo die meisten von ihnen bis heute leben. Die übrigen sind Nomaden, die in der afrikanischen Wüste von Ägypten bis zum Senegal verstreut leben.

Es gab die Annahme, dass die Araber das Tätowieren zu den nordafrikanischen Berbern gebracht hätten. Obwohl die beiden Tätowierkulturen viele Ähnlichkeiten aufwiesen – die Berber kannten Tätowierungen schon vor der Eroberung durch die Araber – ist es viel wahrscheinlicher, dass sie sich gegenseitig beeinflussten. In einem Bericht, zu Beginn des sechzehnten Jahrhunderts in Auftrag gegeben von Papst Leo X., schreibt Leo Africanus (ein Pseudonym für Alhassan ibn Mohammed Alwazzan), dass die arabischen Frauen des Maghreb bemalt gewesen seien und dass einige Männer schwarze Kreuze auf Wangen und Handflächen tätowiert hatten. Er behauptet, dass die Verwendung des Kreuzes auf die Invasion der Vandalen in Marokko im fünften Jahrhundert zurückzuführen sei. Der König der Vandalen rekrutierte Araber in seine Armee und ließ ihnen ein Kreuz auf Stirn, Hände oder Wangen tätowieren, um sie von seinen eigenen Truppen unterscheiden zu können. Weiter schreibt Ibn Chaldun, ein islamischer Geschichtsschreiber

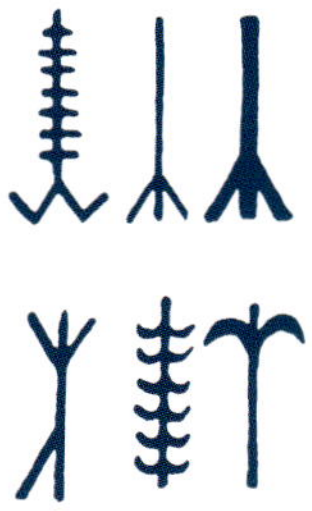

(Baum-) Motive der Chedjra

Tunesische Kinn-, Hand- und Stirnmotive

Marokkanische Berber-Mädchen

„Kaffer“ aus Mosambik mit Gesichtstätowierungen, ca. 1600

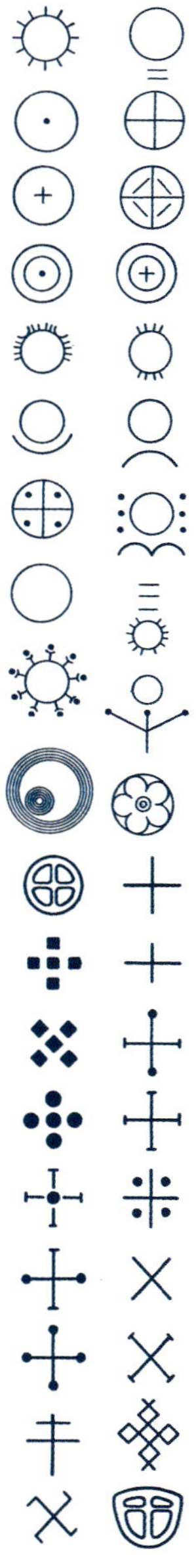

Marokkanische Tattoomotive

des vierzehnten Jahrhunderts, dass Yezid, der arabische Statthalter Ifrikias (entspricht im Groben dem heutigen Tunesien) aus dem zehnten Jahrhundert, Berber-Wachen besessen habe, die ihre Namen auf die rechte Hand tätowiert trugen, während auf ihrer Rechten zu lesen war „Yezids Wache“. Das versetzte die Berber so in Rage, dass sie den Herrscher umbrachten.

Andere Geschichten sehen den Ursprung des Kreuztattoos im Christentum. Während der Herrschaft der Vandalen konvertierten viele Berber zum Christentum, um keine Steuern zahlen zu müssen. Um einer Steuerhintergehung entgegenzuwirken, mussten die Christen ein tätowiertes Kreuz auf der Hand tragen. Das Kreuz ist auch heute noch ein beliebtes Motiv, obwohl man es nur noch selten auf den Handflächen oder den Wangen sieht. Anscheinend tätowierten auch die Tuareg, Sahara- und Sahel-Nomaden im neunzehnten Jahrhundert Kreuze auf Stirn oder Handrücken. Nach dem Einmarsch der Araber vermischten sich die ver-schiedenen Kulturen und die meisten Berber traten zum Islam über. Die nomadischen Mauren, die vornehmlich von den Berbern und Arabern abstammten, bevölkerten die nord-afrikanische Küste und bis zum frühen siebten Jahrhundert den Süden Spaniens. Das Wort „Maure“ benutzten die Europäer im Zusammenhang mit allen dunkelhäutigen Menschen des südlichen Mittelmeerraumes. Der niederländische Forscher Théodore de Bry, der die Mauren Mosambiks als „Kaffer“ (arabisch für „heidnisch“) bezeichnete, berichtete, dass ihre Körper und Gesichter mit heißen Klingen durchstochen wurden und bemalt waren. Spanische Missionare in Lateinamerika beschrieben die tätowierten Menschen, die sie dort antrafen, als „welche, die sich auf die gleiche Weise bemalen, wie die Mauren in Afrika“.

Henna und Harkous in den Großstädten

Historische Quellen belegen, dass die Menschen im Maghreb, besonders in den unteren Klassen, auf eine lange Tätowiertradition zurückblicken können. Wie bei den alten Griechen lehnte die Oberschicht auch hier alle Bräuche der unteren Klassen ab und betrachtete Tätowierungen als Kontrollwerkzeuge. Wohlhabende algerische Familien verwendeten Tattoos, um ihre Sklaven zu kennzeichnen und Davongelaufene zurückzubringen. Traditionelle Tätowierungen trifft man in den Ballungsräumen des Maghreb nur selten an. Mit der Zeit vermischten sich die indigenen Tattoo-Designs der Ahnen mit europäischen und asiatischen Designs: Um 1900 waren Gewehre, Fahrräder, nackte Mädchen und Rosen beliebte Motive bei den tunesischen Männern. Der Tätowierer war meistens ein Fremder ohne festen Arbeitsplatz, der laut rufend seine Dienste anpries, wenn er durch die Straßen zog. Für unkomplizierte Tattoos wurden sehr einfache Werkzeuge verwendet, aufwändigere Designs wurden mit einem grob geschnitzten Holzstock vor dem Tätowieren zunächst auf die Haut gedruckt.

Die Städterinnen schmückten sich gern mit Henna oder anderen Farbpigmenten, manchmal auch mit einem diskreten Tattoo, das unter der Kleidung verborgen werden konnte. *Harkous* nannte man die Bemalungen, mit denen die Frauen zu Familienfesten oder anderen Anlässen ihre Gesichter oder Hände verzierten. Vergleichbar mit

Rechte Spalte: Tunesischer Tätowierer, ca. 1900

Schönheitsflecken bildeten solche Dekorationen einen schönen Kontrast zu ihrer hellen Haut. Wie die Tattoos, denen sie ähnelten, wurden *Harkous* oft an denselben Stellen im Gesicht angebracht und bestanden aus kleinen Linien und Punkten zwischen den Augenbrauen, die einen Stern oder ein Dreieck bildeten. Man konnte unterschiedliche Farbpigmente dafür verwenden, zum Beispiel Tusche oder eine Mischung aus Gallapfel, Ruß und Lorbeer oder Öl. Die ärmeren Frauen benutzten Kohle, womit sich nur gröbere Linien erzielen ließen. Henna war teuer und nur schwer zu bekommen und so waren Hennamalereien damals nur den Wohlhabenderen vorbehalten. Heute sind sie weiter verbreitet und werden nach dem wöchentlichen Besuch im *hamam*, dem Frauenbadehaus, zu Hochzeiten und anderen Feierlichkeiten aufgetragen.

Ein echtes Tattoo, das sich bei den Städterinnen größter Beliebtheit erfreute, war das *hammaqat* oder „das Tattoo, das [die Männer] in den Wahnsinn treibt". Indem man die einzigen Körperstellen, die die städtischen Frauen, im Gegensatz zu den Landbewohnerinnen, in der Öffentlichkeit zeigen durften, diskret tätowierte, sollten die Männer verführt werden. Das *hammaqat* wurde für gewöhnlich an den Füßen angebracht; das *Harkous* zwischen den Augenbrauen.

Lebendige Tätowierkulturen in ländlichen Gegenden

Aus den Städten mögen die traditionellen Tätowierungen vielleicht verschwunden sein, doch die Frauen vieler ländlicher arabischer und Berber-Stämme erhalten den Brauch der Gesichtstätowierung noch immer aufrecht. Besonders zwei Berbergruppen, nämlich die Shawiya aus dem algerischen Aurés und die Zemmour aus der marokkanischen Provinz Kenitra, führen die Tradition fort, während die Tuareg das Tätowieren fast gänzlich aufgegeben haben. Noch bis vor 50 Jahren waren fast alle Berber-Frauen und -Männer tätowiert. Die Tattoos dienten der Verschönerung, boten ihrem Träger magischen Schutz vor dem Bösen Blick oder beugten Krankheiten vor. Zudem hatten viele Berber-Tattoos einen sexuellen Beigeschmack. Die Jungen der Aith Sádden, die in der Nähe von Fés leben, tätowierten eine ihrer Hände und manchmal noch dazu den Unterarm und die Schultern, um damit die Frauen zu beeindrucken. In einem Lied desselben Stammes wird ein schönes tätowiertes Mädchen besungen, das für sexuelle Gefälligkeiten von den Männern gut bezahlt wurde und bei seiner Vermählung einen hohen Brautpreis erzielte.

Magische Tattoos – als Schutz vor Krankheit und Tod – wurden bereits ab einem frühen Alter appliziert. Im Gegensatz dazu wurden Fruchtbarkeits- und Schönheitssymbole, wie sie noch heute die Gesichter vieler Frauen zieren, erst mit einsetzender Pubertät, kurz vor der Heirat, tätowiert. In einigen Berberstämmen war es Brauch, kleine Kinder zu tätowieren, weil man glaubte, dass diese Schmerzen besser vertragen könnten als Erwachsene. Eine Tätowiererin malte die Designs mit Tinte auf die entsprechende Stelle und stach sie dann mit einer oder mehreren Nadeln, die an einem Holzstück befestigt waren, in die Haut. Wenn das Blut zu fließen begann, rieb sie Kohle in die Wunden und fügte noch den Saft von grünem Getreide hinzu, um den Farbton zu intensivieren.

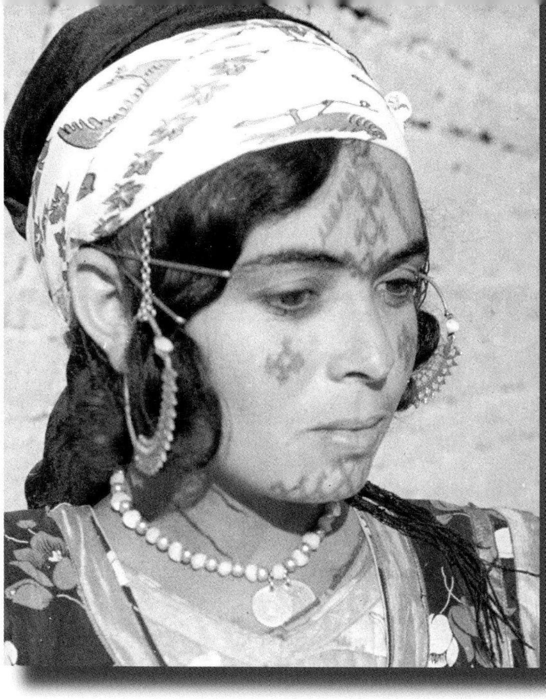

Algerische Frau aus dem Aures, 1960

Harkous-Muster

Linke Spalte: Handverzierungen aus Henna

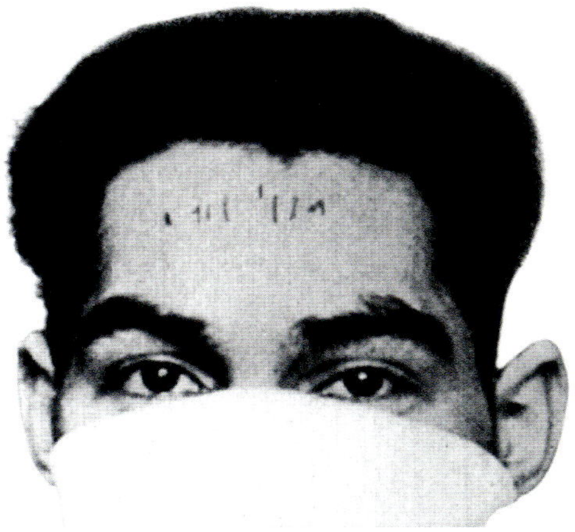

Linke Spalte: Medizinische Tattoos auf der Stirn eines jungen Mannes, Algerien, ca. 1930

Oben: Tanit-Design

Sayala-Kinnmuster

Der Ursprung der Tattoosymbole

Wenn auch der Koran in seiner Einstellung gegenüber Tätowierungen nicht eindeutig ist, so gilt dies nicht für sein Verbot über das Abbilden von Menschen und Tieren. Aus diesem Grund basiert die islamische Verzierungskunst auf abstrakten geometrischen und floralen Mustern. Tätowierungen bestehen für gewöhnlich aus Kreisen, Linien, Punkten, Wellen, Dreiecken, stilisierten Darstellungen von Gegenständen oder, äußerst selten, Tieren. Fast alle dieser Motive finden sich auch auf den Stoffen der Berber und ihren berühmten Teppichen sowie auf der Keramik, die von manchen Berberstämmen hergestellt wird. Im Jahre 1910 stellte der Franzose René Chabelard die recht plausible These auf, dass viele dieser Tattoosymbole von altertümlichen Mittelmeerkulturen, wie den Ägyptern, Karthagern und Hethitern, abstammten. Palmen (*djeriba*) in allen möglichen Variationen gehörten zu den beliebtesten Tattoomotiven in Nordafrika. Bei den Karthagern waren Palmen ein Symbol für das Leben und galten als Glückszauber, was wahrscheinlich von dem Symbol der libyschen Göttin Ta-Neit herrührt.

Bei den Berber-Mädchen nahm das Palmentattoo die Form einer einfachen Linie direkt unter dem Mund an, der manchmal eine Reihe von Punkten beigefügt wurde. Das *siyala* (*sayala* in Tunesien), wie es genannt wurde, war ein Fruchtbarkeitssymbol und stellte das schönste Tattoo dar, das ein Mädchen besaß. Das ultimative Schönheitssymbol der wesentlich stärker tätowierten südtunesischen Mädchen war das *foula*, ein gleichschenkliges Dreieck, dessen Spitze die Unterlippe berührte. Außerdem zierten die Mädchen ein *arnine*, ein Punkt auf der Nase, oder *dhabbane* (Fliegen), die als Kreuze oder Scheiben auf der Wange prangten. Ein weiteres gebräuchliches Grundmotiv war die stilisierte Palme (*chedjra*). Die Wurzeln der Palme wurden von dem ägyptischen Buchstaben „M" oder einer doppelten Zickzacklinie, der ägyptischen Hieroglyphe für Wasser, repräsentiert.

Tunesische Jungen kombinierten sie mit Kreuzen auf dem Bizeps beider Arme, um Kraft und Glück zu erlangen. Das *cettrat*, eine tätowierte Linie, nicht länger als ein Zentimeter, zwischen den Augenbrauen vieler Frauen, hielt der Forscher Chabelard für einen Buchstaben des libyschen Alphabets. Das Kammmuster, *mechta*, wurde auf die Handgelenke tätowiert; die Funktion seiner drei bis fünf Zacken bestand im Schutz gegen den Bösen Blick. Das *burnous* Tattoo entstand aus dem Kammmotiv und ähnelte den weiten Gewändern selben Namens, die noch heute in dieser Region getragen werden. Der französische Anthropologe Philippe Berger deutete 1894 darauf hin, dass das *burnous* Tattoo und die Tattoos auf Armen und Beinen der tunesischen Frauen ursprünglich eine Darstellung der großen Göttin Tanis gewesen sein könnten. Sie war die oberste Göttin Karthagos und entsprach vermutlich Ta-Neit, der bereits erwähnten libyschen Göttin. Darstellungen von ihr zieren Amphoren, Lampen und Amulette, die man in den Ruinen des alten Karthagos gefunden hat, das circa sechzehn Kilometer westlich vom heutigen Tunis lag. Zusätzlich zu den Tätowierungen am Kinn und zwischen den Augenbrauen, die für alle sichtbar waren, tätowierten sich viele Frauen außerdem ihre Füße, Knöchel, Knie und Oberschenkel, zwischen den Brüsten oder im Schambereich. Die Tätowierungen auf Rücken und Brüsten folgten den Konturen des Körpers, was einen eleganten und sinnlichen Effekt erzielte. Diese Tattoos waren meistens wesentlich zarter und kunstvoller als die sichtbaren Tattoos. Da die Frauen sich verständlicherweise weigerten, ihre Kleider abzulegen, war eine Erforschung dieses Bereiches der Tätowierungen äußerst schwierig und die einzigen Informationen über intimere Tattoos konnte man nur aus dem Studium algerischer

Rechte Spalte: Tunesierin mit einem sayala auf der Stirn, dem foula auf dem Kinn und dhabbane auf den Wangen

Linke Spalte:
Tunesierin mit einem foula-Kinntattoo

und marokkanischer Prostituierter gewinnen. Die erlesenen Tätowierungen am Hals und zwischen den Brüsten sollten die Vorstellungskraft der Männer anheizen. Auch einige ländliche Frauen trugen solche koketten Tattoos, die sich einstmals bei den städtischen Prostituierten größter Beliebtheit erfreuten. Die Formen dieser Tätowierungen variieren zwischen den einzelnen Berbergruppen: Die Variante der Shawiya besteht aus einer Kette aneinandergereihter Rauten, doch sowohl bei den im marokkanischen Atlasgebirge ansässigen Beraber-Berbern als auch bei den Zemmouren waren die Designs viel kunstvoller und bestanden aus herrlichen Verflechtungen, die sich vom Kiefer abwärts, am Brustkorb entlang und über die Brüste erstreckten. Frauen aus dem Rifgebirge trugen eine einzelne Linie, die sich vom Hals bis halb unter das Brustbein zog. Einige dieser Frauen besaßen ein Fruchtbarkeitssymbol oberhalb des Schambereichs, das nach der Hochzeit, allerdings vor Vollziehung der Ehe, angebracht wurde.

Schutz vor dem Bösen Blick

Neben ihren schmückenden Eigenschaften hatten die Tattoos im Maghreb auch immer eine magische Funktion inne; so boten Kreuze, Punkte und stilisierte Tiere Schutz vor Unglück und böswilligen Geistern. Junge Mädchen trugen manchmal kleine Punkte im Schambereich, die den Bösen Blick abwenden sollten oder magisch-medizinische Eigenschaften besaßen. Man ging im Allgemeinen davon aus, dass der Böse Blick in besonders verwundbaren Situationen, zum Beispiel Übergangsphasen, wie Pubertät, Schwangerschaft oder Geburt, von einer Person Besitz ergreifen konnte. Der Begriff des Bösen Blickes – also dass jemand allein durch einen Blick Unglück über andere, deren Kinder und ihr Vieh bringen kann – ist in ganz Afrika verbreitet. Magische Tätowierungen auf der Nase, am Mund, zwischen den Augenbrauen, in den Augenwinkeln oder auf dem Schamhügel hindern das Böse daran, durch die Körperöffnungen in den Körper einzudringen.

Der Archäologe Sir Ernest Wallis Budge stellte 1961 die These auf, dass sich die magischen Tattoos aus den Amuletten entwickelt haben könnten, welche die Araber als Schutz vor dem Bösen Blick bei sich tragen. Diese Amulette werden um den Hals getragen oder bestehen aus kleinen Blechdosen, in denen sich Papierrollen befinden, die mit Versen aus dem Koran oder magischen Formeln beschriftet sind. Ein tätowierter Zauberspruch erfüllte denselben Zweck, bot aber dauerhaften Schutz.

Ungeborene Babys und Kinder galten als besonders verwundbar. Wurde ein Baby in eine Familie geboren, die bereits ein Kind verloren hatte, so tätowierte man es präventiv auf der Nase. Die Funktion dieses Zeichens ist vergleichbar mit dem auf die Nase tätowierten Punkt im Mittleren Osten. Das Kreuz galt als wirksamster Schutz gegen den Bösen Blick, weil dessen schädliche Energie von ihm in alle vier Himmelsrichtungen zerstreut würde. Aus

Oben:
Palmenmotive

Oben:
„Nechta" Kammmotiv

Oben:
Burnusmotive der Chouai

Oben:
Tanitmotiv

Rechte Spalte:
Brusttattoos einer Beraber-Berberfrau

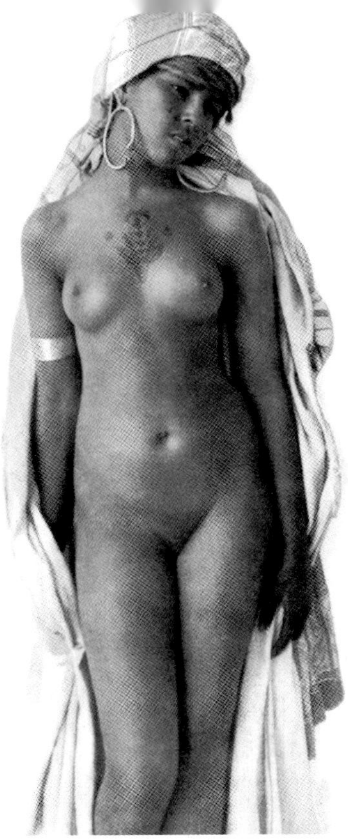

Berbermädchen mit Brusttattoo, ca. 1920

Unten: Magisches Fersentattoo

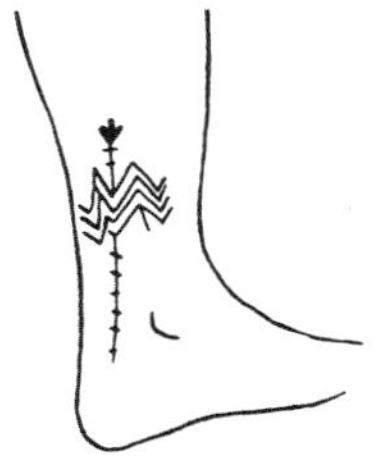

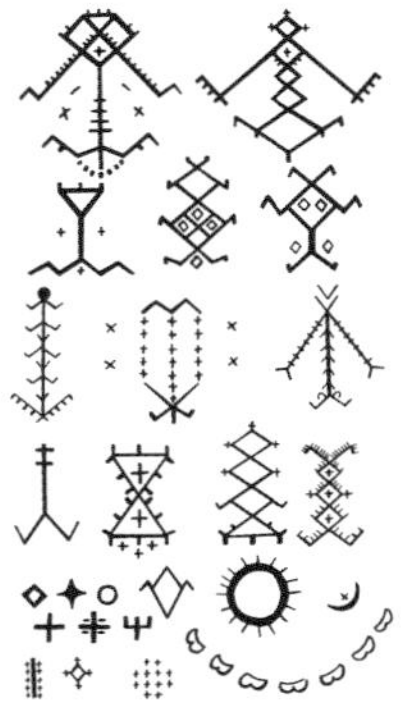

Oben: Chouai-Lusam-Designs

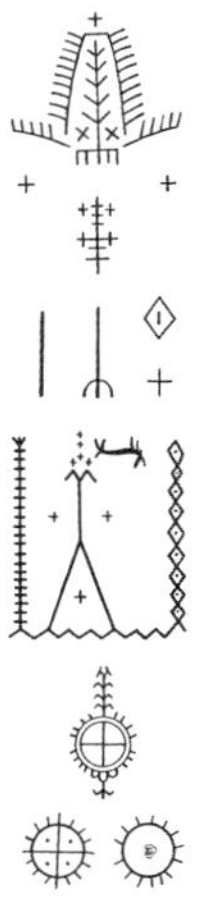

Oben: Couai-Ahajam-Designs

diesem Grund trugen einige marokkanische Frauen ein tätowiertes Kreuz zwischen den Augenbrauen und an ihren Fersen Zeichen, die die Et tâbi'a', einen weiblichen, Kinder mordenden Dämon, abwehren sollten. Der Brauch gebot es, dass Frauen ohne Fersentattoo keine Kinder bekommen durften und dass das Tattoo seinen Zweck nur dann erfüllen würde, wenn es mit einer Nadel gestochen war, die in einem gebrauchten Leichentuch aufbewahrt worden war.

Das Kreuz war auch ein gebräuchliches Mittel gegen Muskelschmerz, Hautkrebs und Impotenz. Medizinische Tattoos entfalteten ihre Wirkung nur dann, wenn sie mit einem Messer angebracht worden waren: Nadeln eigneten sich nur für dekorative und magische Designs. Die Ouled-Abderrahman, ein Shawiya-Stamm aus dem Aurés, applizierten ihre medizinischen Tattoos vorzugsweise mit einem Mordmesser und, wenn möglich, durch den Mörder selbst. Babys der Kroumirie (Araber) und Mogod (Berber), zweier Stämme des tunesischen Kroumirie-Gebirges, bekamen ein kleines magisches Zeichen, das *ayacha*, auf die Stirn tätowiert. Dieser Einschnitt wurde ebenfalls mit einem Messer vorgenommen und das fließende Blut symbolisierte mystische Lebenskräfte. Der Ruß, den man in die Wunde rieb, ergab schließlich ein Tattoo. In früheren Zeiten besaßen sämtliche Bauern der Sahel ein *ayacha*.

Augenscheinlich wird die Wirksamkeit medizinischer und magischer Tattoos nicht den Zeichen selbst zugeschrieben, sondern den Werkzeugen und den damit verbundenen Ritualen. Überraschenderweise scheinen einige Schutztattoos ihren Ursprung im Islam zu haben. Zu einem der mächtigsten dieser Tattoos gehört die „Hand der Fatima", der Tochter des Mohammed, die für die Hand Gottes steht und alles Schlechte abwehrt. In Marokko findet man stilisierte Abwandlungen dieser Hand an Wänden und Türen vieler Häuser. Einige weitere gebräuchliche Schutz-Designs sind dieser Hand entlehnt, darunter die fünfblättrige Palme oder die Ziffer 5. Ebenfalls ein mächtiger Schutz ist das „allsehende Auge", ein einzelnes menschliches Auge, das die Wachsamkeit und den Schutz Gottes symbolisiert. Viele marokkanischen Jungen lassen sich noch heute eine Kombination aus diesem Auge und der Hand tätowieren.

Stammeszeichen

Es ist nicht erwiesen, ob die Bewohner des Maghreb Tätowierungen als Stammeszeichen verwendeten. In den meisten Fällen suchte der Empfänger selbst das Design aus und die Tattoos hatten nur äußerst selten eine religiöse oder ethnische Bedeutung. Angehörige desselben Stammes oder derselben Familie trugen oft unterschiedliche Designs. René Chabelard war der Annahme, dass die Tattoos im Schambereich der Frauen Stammeszeichen darstellten, das steht allerdings im Widerspruch mit der gebräuchlichen Funktion von Stammeszeichen als Erkennungsmerkmal. Nur wenige Motive waren Pflicht – dass zum Beispiel die Mitglieder des im Rifgebirge ansässigen Amarth-Stammes allesamt eine schräge Linie seitlich des Kinnes tätowiert hatten, war eher die Ausnahme als die Regel. Nichtsdestotrotz wiesen die Tattoos innerhalb eines Stammes gewisse Ähnlichkeiten auf und für Außenstehende war ersichtlich, wer einem bestimmten Stamm angehörte. Die meisten tunesischen Hamma-Berber-Frauen aus Gabes trugen drei parallele Linien, die vom Haaransatz bis zu den Augenbrauen reichten, und die Matmata-Frauen hatten auf der Nasenspitze eine kurze Linie und ein Kreuz unter dem rechten Auge tätowiert. Die algerischen Ouled-sidi-Abid-Frauen tragen ein Kreuz auf der rechten Wange, während sich die Frauen der Ouled-Nail, in der Nähe von Djelfa, durch ihre Version der *djeriba* (Palme) auszeichnen. Die tunesischen und algerischen Kabyle-Berber, die sich bis heute intensiv tätowieren, konnte man früher an dem Kreuz auf ihrer Stirn erkennen.

Linke Spalte: *Berberfrau der Ouled-Naïl, ca. 1900*

ALTÄGYPTISCHE TÄTOWIERBRÄUCHE

Die Theorie, das Tätowieren habe seinen Ursprung im Alten Ägypten und sich von dort aus in Afrika und schließlich auch dem Rest der Welt ausgebreitet, basiert auf Ausgrabungen im späten neunzehnten Jahrhundert, bei denen einige gut erhaltene Mumien und viele Figurinen aus der Zeit um 2000 v. Chr. entdeckt worden sind. Die Mumien und Figurinen von Frauen sind mit schwarzen Punkten auf dem Unterbauch verziert, von denen man annimmt, dass sie Tätowierungen darstellen. Andere Figurinen, die vermutlich ebenfalls Tätowierungen aufweisen, stammen sogar aus 3000 v. Chr. Trotzdem war es etwas voreilig zu behaupten, Ägypten sei die Wiege der Tätowierungen gewesen. Im benachbarten Nubien (dem heutigen Sudan) hat man Mumien gefunden, die einer noch älteren Zivilisation entstammen und ebenfalls Zeichnungen aufweisen, die Tätowierungen ähneln. Zudem sind die Tattoos der ägyptischen Mumien so schlicht, dass es unwahrscheinlich ist, dass keine andere Zivilisation die Technik beherrscht haben sollte. Die Entdeckung der Gletschermumie Ötzi, der um 3000 v. Chr. starb, bestätigt dies (siehe Kapitel 1).

Koptische Christen und islamische Mauren

In europäischen Reiseberichten aus dem siebzehnten Jahrhundert finden sich frühe Beschreibungen der Kopten (ägyptische Christen), ägyptischen Mauren, der *fellahs* (Bauern) und der armen arabischen Wüstenbewohner, in denen auch auf deren permanente blaue Hautverzierungen hingewiesen wird. Seit dem siebten Jahrhundert wurde Ägypten von islamischen Arabern beherrscht, die auch das übrige Nordafrika eroberten. Jahrhunderte lang trugen die afrikanischen Christen ein tätowiertes Kreuz im Gesicht oder auf den Armen. Im frühen siebzehnten Jahrhundert brannten oder tätowierten die Christen aus Abessinien (dem heutigen Eritrea) vier Symbole auf ihre Gesichter, die mit den vier Eckpunkten eines imaginären Kreuzes übereinstimmten. Spätestens seit dem siebzehnten Jahrhundert trugen die ägyptischen Kopten ein Kreuz auf der Innenseite des Handgelenks und manchmal auch auf der Stirn. Sie erklärten, dass sie diesen Brauch eingeführt hätten, um sich von der islamischen Mehrheit zu unterscheiden und ihre christliche Beisetzung sicherzustellen. Es gibt aber noch eine weitere, nicht bestätigte Theorie, der zufolge der Tätowierbrauch seinen Ursprung im Aufstand der Kopten gegen die Araber hat, welcher von diesen jedoch im Jahre 725 erbarmungslos niedergeschlagen wurde. In der Folge zwang man sie, das Tattoo eines Löwenkopfes auf der rechten Hand zu tragen.

Im Jahr 1665 schrieb der Reisende und Philosoph George Sandys Folgendes über die ägyptischen Mauren: „Um einander ihre Liebe zu bezeugen, bemalten Männer wie Frauen

Unten: *Verschiedene nordafrikanische Tattoos*

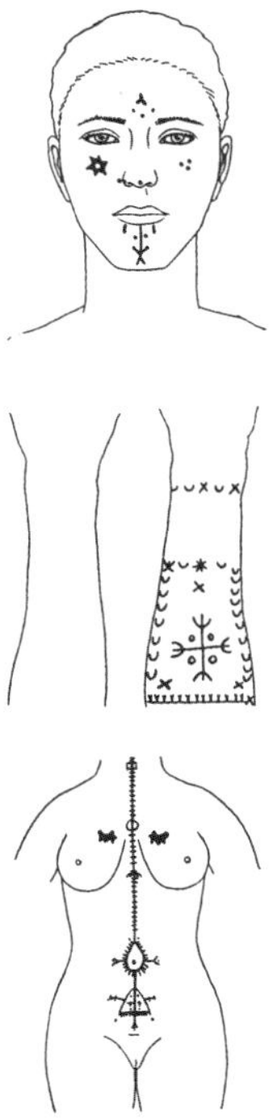

Mumie einer Tänzerin aus Theben

DIE TÄTOWIERTEN BRÄUTE DER TOTEN

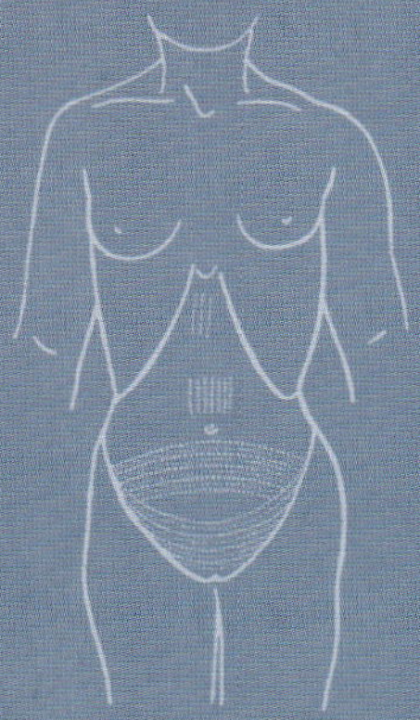

Tätowierungen der Mumie der Priesterin Amunet, ca. 2000 v. Chr.

Die tätowierten ägyptischen Mumien haben bei vielen die Fantasie beflügelt, vermutlich aufgrund der mystischen Aspekte der Entdeckungen. 1891 wurde in Deir el-Bahari, einem Tal in der Nähe von Theben (dem heutigen Luxor) die Mumie der Amunet, einer Priesterin der Göttin Hathor, ausgegraben. Man glaubt, sie sei die Geliebte des Pharao Mentuhotep II. gewesen, der um 2000 v. Chr. gelebt hat. Säuberlich angeordnete Punkte und Linien zieren ihre Arme, Oberschenkel und den Unterleib; zwei weitere Mumien von Tänzerinnen, die ebenfalls dem Hofstaat Mentuhoteps II. angehörten, trugen ähnliche Zeichnungen. Da sich die Tätowierungen am Unterleib befinden, gingen ägyptische Archäologen davon aus, dass es sich um Fruchtbarkeits- und Verjüngungssymbole handelte. Steinfigurinen aus derselben Periode sind ebenfalls mit winzigen, gestochenen Zeichen am Unterleib und um den Schamhügel herum verziert.

Da die Figuren lediglich in den Gräbern männlicher Mumien gefunden worden sind, nannte man sie „Bräute der Toten". Manche glaubten, dass diese „Bräute" den Verstorbenen sexuell erregen sollten, um so dessen Wiedergeburt zu sichern. Die Göttin Hathor stand nicht nur für Musik, Tanz und Mutterliebe – sie war außerdem die aufreizende Göttin der Sexualität und der Fruchtbarkeit. Demnach ist es gut möglich, dass die Tätowierung der Amunet und der anderen Tänzerinnen deren Schönheit unterstreichen und erotisierend wirken sollten. Es wurden sogar noch ältere antike weibliche Figurinen entdeckt, die mit Zeichen geschmückt sind, welche Tätowierungen darstellen könnten. Wenn es wirklich Tätowierungen sind, bedeutet das, dass man bereits vor 5.000 Jahren in Ägypten tätowiert hatte.

Eine „Braut der Toten"

Statuette vom oberen Nil, ca. 4000 v. Chr.

Es existieren auch Beweise für eine Tätowierpraxis im Ägypten des Neuen Reiches (1550-1070 v. Chr.). Auf Darstellungen von Musikerinnen, Tänzerinnen und Schwimmerinnen auf Vasen, Töpfen und Bildern sieht man vermutlich Tätowierungen des Gottes Bes. Wie Hathor stand auch er für Sexualität und Fruchtbarkeit und war zudem der Beschützer der Schwangeren. In Gestalt eines gut gelaunten nackten Zwerges zierte sein Bild die Körper der Frauen und die Amulette, die sie trugen. Bis zur griechisch-römischen Zeit wurde er auch auf Säulen in den Häusern schwangerer Frauen abgebildet. Als Tätowierung übernahm er vermutlich die Funktion eines Fruchtbarkeitssymbols. Legenden berichten davon, dass der Pharao Amenophis IV. (oder Echnaton, der von 1350-34 v. Chr. regierte) und seine Gemahlin Nofretete den Namen des Gottes Aton auf ihre Körper tätowiert hatten. Allerdings wurden auf den Mumien keine derartigen Tätowierungen gefunden. Im Grab des Pharaos Seti, der von 1291-78 v. Chr. regierte, fand man Wandmalereien, auf denen vier gefangene libysche Krieger dargestellt sind, welche die Symbole der Göttin Ta-Neit auf ihren Armen tragen.

Ägyptisches Wandgemälde, darauf gefangene libysche Krieger mit Kriegsgefangenentattoos

ihre Gesichter mit Bögen und Blüten, indem sie mit Nadeln die Haut durchstachen und den Saft eines Krautes hinein rieben." Weiter erwähnte er, dass professionelle maurische Tätowiererinnen ihre Dienste auf Märkten den ärmeren ägyptischen Frauen feilboten. Zu jener Zeit ließen sich die Frauen der Oberschicht mit temporären Tattoos verzieren, wobei eine Paste verwendet wurde, die aus einer Mischung aus Hühnermist und Safran bestand. Ein runder Fleck wurde auf jede Wange gemalt, ein Dreieck zwischen die Augenbrauen und manchmal auch ein Palmenzweig auf das Bein. In den wenigen Tagen, an denen die Muster sichtbar waren, durfte nur der Ehemann sie betrachten.

Im neunzehnten Jahrhundert schmückten sich vor allem die Frauen der unteren Klassen mit Tätowierungen. Sie konnten sich die temporären Dekorationen mit Henna, einem teuren Färbemittel, das aus den Blättern der Hennapflanze gewonnen wird, die an den Ufern des Nils wächst, nicht leisten und griffen deshalb darauf zurück, Stirn, Kinn, Hände, Arme und Brüste mit permanenten blauen Linien zu verzieren. Neben dem Kreuz verwendeten auch koptische Frauen dekorative Tattoos, doch im Gegensatz zu den ägyptischen Frauen, die sich von Tattoomeistern der Zigeuner tätowieren ließen, tätowierten sie sich selbst. Als Färbemittel verwendeten sie Indigo, welches sie aus der Indigopflanze gewannen; war dieses nicht verfügbar, vermischten sie Ruß mit Kräutersäften und, wenn möglich, Muttermilch. Das letztere Rezept wird noch heute in vielen Ländern verwendet. Nach dem Tätowieren wird eine Paste aus zerriebenen Blättern auf die Wunden gerieben, um den Schmerz zu lindern und die Heilung zu fördern.

Im neunzehnten Jahrhundert waren Darstellungen von Fischen, Löwen und Moskitos beliebte Tattoomotive, doch am gebräuchlichsten war ein Design, das aus einem gepunkteten Dreieck und drei vertikalen Linien bestand. Dieses Design wurde in einer seiner vielen Abwandlungen sowohl Männern als auch Frauen auf die Schläfen tätowiert. Wie bei vielen anderen kleinen Tattoos bestand auch seine Funktion

Unten: Stilisierte tunesische Darstellung der Göttin Ta-Neit

Linke Spalte: Wandgemälde, darauf eine Tänzerin mit einer Tätowierung des Gottes Bes auf dem Oberschenkel

Christliche Abessinier, Druck von Jan Huygen van Linschoten, 1600

Oben: Ägyptische Tattoo-Designs, ca. 1920

Oben: Ägyptischer „Maure", ca. 1600

darin, seinen Träger magisch zu ermächtigen, das Leben zu verlängern oder böse Geister abzuwehren. Die vielen zufälligen Punkte auf den Körpern von Jungen bescherten Glück oder Vitalität. Ähnlich wie die Frauen des Maghreb tätowierten die ägyptischen Mütter ihre Babys mit einer kleinen magischen Linie, um den Bösen Blick abzuwenden. Ein Zeichen auf der linken Ferse zum Beispiel sollte den Dämon Karineh abwehren, der es auf Kinder abgesehen hatte. War ein erwachsener Mann von einem bösen Geist besessen, konnte er durch das Tattoo eines Fisches auf der Arminnenseite geheilt werden. Medizinische Tattoos waren eine Spezialität der koptischen Frauen: Beckenbeschwerden wurden mit Punkten auf dem Unterleib behandelt. Der Anthropologe Fouquet stellte im Jahre 1899 fest, dass diese Tattoos den Zeichen auf dem 4.000 Jahre alten mumifizierten Körper der Priesterin Amunet entsprachen. Daraus schloss er, möglicherweise etwas vorschnell, dass Amunet ähnliche Beschwerden gehabt und ihre Tattoos medizinischen Zwecken gedient haben müssten.

Heutzutage ist kaum ein junger Ägypter noch mit traditionellen Designs tätowiert. Abendländische Motive sind populär geworden, besonders in den größeren Städten. Die städtischen Jugendlichen grenzen sich ab von dem, was in ihren Augen alte ländliche Bräuche sind. Das traditionelle koptische Kreuz sieht man nur noch selten, obgleich eini-

Rechte Spalte: Ägyptische Frau, ca. 1800

ge Mütter auch heute noch ihre Kinder auf diese Weise zeichnen. Traditionelle Designs findet man noch bei den Beduinen. Beispielsweise wurden die Mädchen aus dem Dorf Silwa, südlich von Luxor an den Ufern des Nils gelegen, noch bis zu den 1960ern in Vorbereitung auf ihre Hochzeit tätowiert.

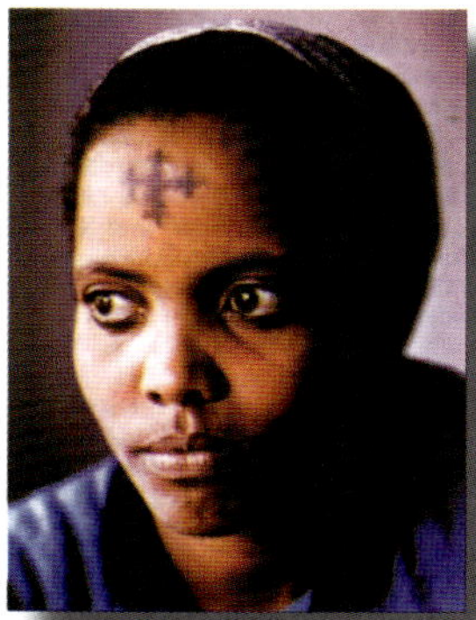

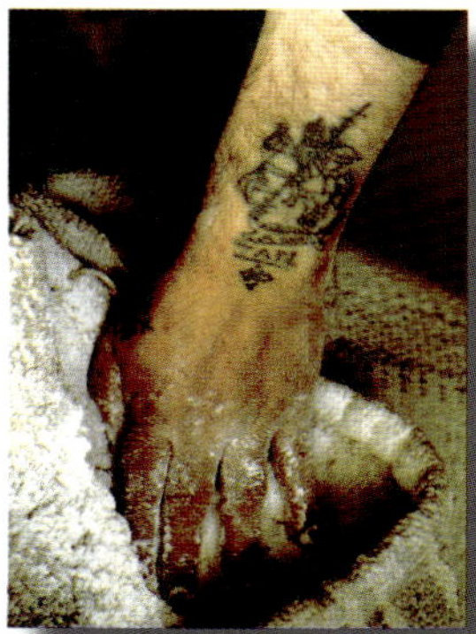

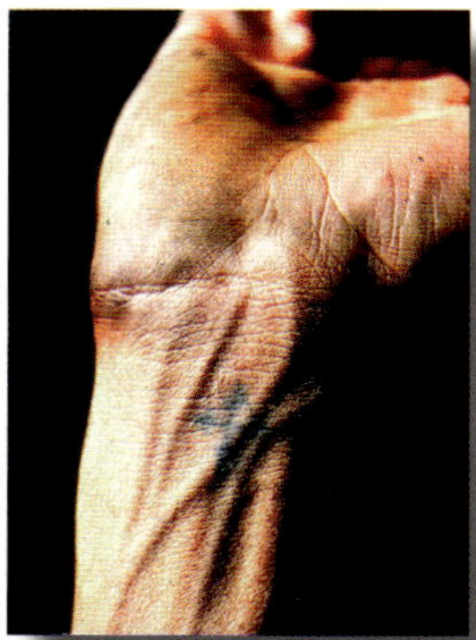

Rechts: Koptische Tattoos

NARBENTATTOOS IN SCHWARZAFRIKA

Lange Zeit nahm man an, dass die Schwarzafrikaner sich nicht tätowierten, da indigene Tattoos normalerweise in einem hellen Blau gehalten sind und sich von der dunklen Haut der Schwarzen nicht abheben würden. Es stellte sich heraus, dass dem nicht so ist: Der Effekt eines Tattoos auf schwarzer Haut kann zuweilen raffinierter sein als auf heller Haut. Die Pygmäen vom Äquator, die Buschmänner und die Bantu aus Südafrika und die vielen ethnischen Gruppierungen aus West-, Zentral- und Ostafrika tätowieren sich allesamt oder haben es zumindest in der Vergangenheit getan. Auch Skarifikationen, das Erzeugen von Narbengewebe als Form des Körperschmuckes, sind gebräuchlich. Oft werden mit Ruß vermischtes Paraffin oder andere Färbemittel in die Wunden gerieben, um den Kontrast hervorzuheben. Die so entstehenden Tattoos sind im Allgemeinen als Narbentattoos bekannt. Stammeszeichen, tätowiert oder nicht, halfen dabei, Freund von Feind sowie Fremde von Angehörigen unterscheiden zu können. Abendländische Sklavenhändler konnten die freundlich gesinnten afrikanischen Stämme anhand ihrer Stammeszeichen erkennen, von denen manche zu eben diesem Zweck appliziert worden waren. Bei den Kru, die in den Küstengebieten Liberias und Sierra Leones leben, tragen einige Männer bis heute charakteristische Gesichtstätowierungen, die auf die Zeiten des Sklavenhandels zurückgehen: eine vertikale Linie in der Stirnmitte, die einen Schiffsmast repräsentiert. Die Europäer versprachen, die Kru in Frieden zu lassen, wenn ihnen eine sichere Durchfahrt durch deren Gebiet gewährt würde. Ehe die Europäer ihre Gefangenen als Sklaven nach Übersee schickten, kennzeichneten sie sie mit Eigentumstätowierungen. Auch afrikanische Herrscher

Ägyptische Frau mit Bauchtattoos, ca. 1820

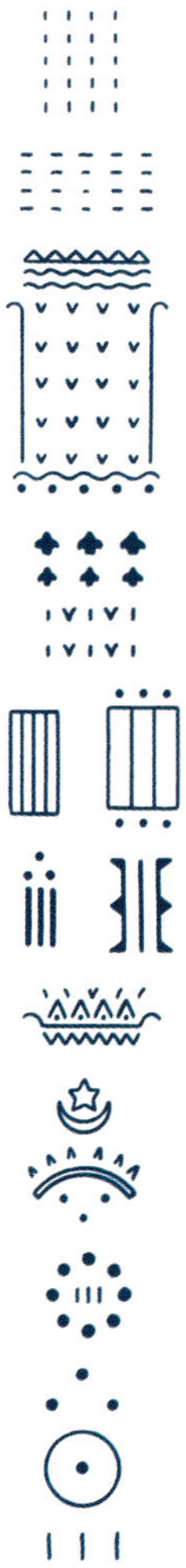

Oben: Ägyptische Designs

Unten: Koptisches Engelsmotiv

Linke Spalte: Frau aus Alexandria, ca. 1840

kennzeichneten die Sklaven, die sie im Krieg gefangen genommen hatten. Im neunzehnten Jahrhundert besaß der Sultan von Aussa (einer autonomen Region in Danakil, Äthiopien) angeblich eine Armee von über 300 schwer bewaffneten Sklaven, die sein Wappen, einen dreizackigen Stern, auf den Arm tätowiert trugen.
Narben im Gesicht und Tätowierungen dienten als Masken, hinter denen ein Krieger sein Alter – und möglicherweise auch seine Angst – verbergen konnte. Die tiefen dunklen Furchen und Grate machten einen Furcht einflößenden Eindruck, die den Gegner schon vor Beginn der Schlacht einschüchterten. Aus eben diesem Grund tätowierten die Krieger aus dem Sudan ihre Gesichter mit einer Reihe Furcht erregender Zeichenmuster.
Stammeszeichen konnten die Identität ihres Trägers auch verbergen: Zu Beginn des neunzehnten Jahrhunderts fürchtete eine Bande von Ngoni, die vor den Heeren des Zulu-Königs Shaka flüchtete, dass sie von dessen Spionen selbst im benachbarten Sambia noch ermordet werden könnte, weshalb sie ihre Gesichter mit den Stammeszeichen der Tonga tätowierte.
Ob ihre Funktion nun religiöser, sozialer oder dekorativer Natur waren, so mussten die Menschen in jedem Fall eine Qual über sich ergehen lassen, um eine Tätowierung zu bekommen. So konnte beispielsweise ein Makalaka-Mädchen in Südafrika erst dann heiraten, wenn ihre Brüste und ihr Bauch mindestens 4.000 Mal eingeschnitten und eine schwarze Flüssigkeit in die Wunden gerieben worden war. Im neunzehnten Jahrhundert wurden den Männern der Bena Lulua und der Bashilange im Kongo tiefe spiralenförmige Furchen ins Gesicht geritzt, ein Brauch, den sie sich mit den Maori aus Neuseeland teilen (siehe Kapitel 6). Der Schmerz war ein essentieller Bestandteil des Rituals, eine Probe für ihren Mut und ihre Männlichkeit. Die Narben waren ein sichtbarer Beweis für ihre Initiation, Fruchtbarkeit, ihr Erwachsensein oder ihre Berechtigung zur Heirat und steigerten somit vermutlich ihre Attraktivität gegenüber dem anderen Geschlecht.

Zwei stark skarifizierte Frauen aus der westafrikanischen Wüste

Die Schmucktattoos der Frauen

Im neunzehnten Jahrhundert waren die Frauen aus Abessinien (dem heutigen Eritrea) berühmt für ihre herrlichen Schmucktattoos. Der Mode ihrer Zeit entsprechend, ließen die bedeutenden Frauen ihre Nägel wachsen, färbten ihre Handflächen und Fußsohlen mit Henna ein, schminkten ihre Augenlider mit Kajal und frisierten ihr Haar täglich mit Butter. Außerdem stachen sie sich ins Zahnfleisch, bis es rot wurde, um so den Kontrast mit ihren Zähnen hervorzuheben. Tigre-Frauen, besonders die in der damaligen Hauptstadt Adoua, tätowierten sich am ganzen Körper mit wunderschönen Mustern aus Sternen, Kreisen, Linien und Kreuzen. Mit einem hohlen Stock stempelten sie Kreise auf die Haut und stachen dann das Motiv mit selbst gefertigten Eisennadeln und einem grünen Pflanzenfarbstoff ein. Nach ein paar Tagen blieb ein dauerhaftes Zeichen zurück, von dem die Tigre meinten, es sei auf den Knochen noch mehrere Jahre nach dem Tod zu sehen. Die Tigre tätowierten auch überaus detaillierte, realistische Ringe auf ihre Finger. Manche tätowierten ihr gesamtes Zahnfleisch blau, während andere kleine Teile freiließen, um ein blau-rot-kariertes Muster zu erzeugen. Die Massai aus Tansania und Kenia tätowierten ihr Zahnfleisch schwarz, auch hier sollte der Kontrast zum Weiß der Zähne verstärkt werden. Die Massai-Frauen tätowierten außerdem Linien um ihre Augen herum; die Tigre-Frauen ließen das übrige Gesicht frei von Dekorationen.

Linke Spalte: Frau aus Tigré, Abessinien, ca. 1850

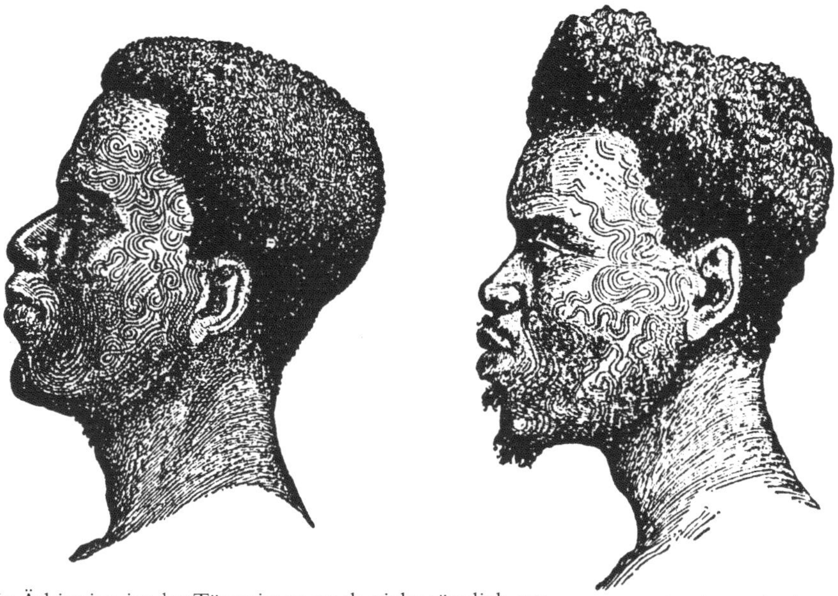

Gesichtsspiralen der Bashilange, Kongo, ca. 1900

In Äthiopien ist das Tätowieren noch nicht gänzlich ausgestorben. Noch bis vor kurzem tätowierten die Krieger der Tsamai und Kara aus der Omo-Region ihre Arme und die Frauen des Konso-Stammes, der im Süden des Chamosees ansässig ist, tätowierten Stirn und Brüste mit einfachen Mustern. Die Frauen der Danakil (auch Afar), einem nomadischen Volk aus dem nordöstlichen Äthiopien, tragen Skarifikationen am Bauch und den Brüsten und Tätowierungen um die Augen herum, während die Männer sich mit Kriegstrophäen schmücken.

Heute findet man umfangreiche dekorative Tätowierungen nur noch bei den nomadischen Völkern im Norden Nigerias und an dessen Grenzen zu Tschad, Niger und Kamerun. Die Frauen der Mossi, Zul und Fulbe verzieren ihre Gesichter, Arme und Brüste mit komplizierten geometrischen Mustern. Die Tattoos zweier nomadischer Fulbe-Stämme, nämlich der Woodabe und der Bororo, sind ebenso schön wie die der Tigre in Äthiopien. Wie in Äthiopien sind es auch hier die Frauen des Stammes, die intensiv mit ungewöhnlichen, aber reizvollen Tattoos geschmückt sind. Die Zeichen im Gesicht scheinen die Stimmung ihres Trägers widerzuspiegeln. Die Verzierungen in den Mundwinkeln erzeugen den Eindruck eines Lächelns, die sonderbaren Streifen unterhalb der Augen könnten Tränen sein, die die Wangen hinab rollen, und die Linien auf den Wangen könnten ein Erröten andeuten. Allerdings nimmt man an, dass die Zeichen eigentlich von einem alten Skarifikations-Ritual der Hausa abstammen. Seltsamerweise tragen die Hausa, eine große ethnische Gruppe aus dem Norden und Nordwesten Nigerias, nur äußerst selten oder gar keine Tattoos – und das, obwohl sie als *yan jarfa*, als fachkundige

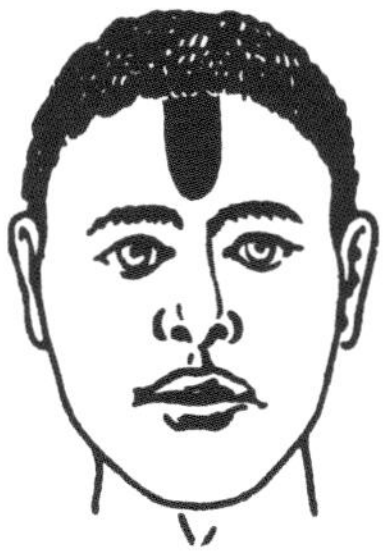

Stirntattoo der Kru, Liberia

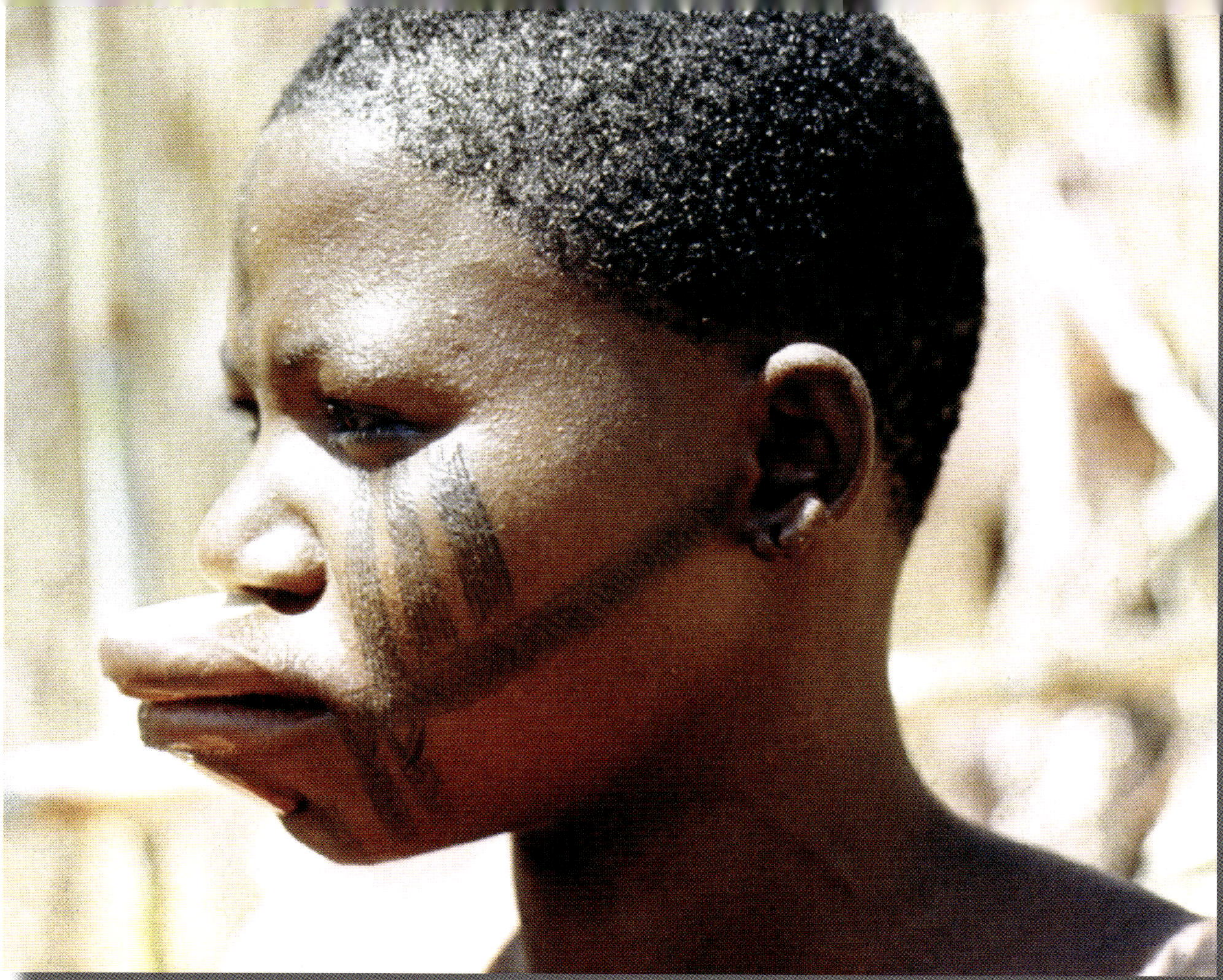

Zul-Frau mit Lippen-Plug und Gesichtstätowierung, Nigeria

Tätowierer, bekannt sind. Die Designs der Mundtattoos ähneln sehr stark den Skarifikationen der Hausa, den *yan baki*. Ursprünglich sollten sie magischen Schutz bieten für Kinder, von denen man annahm, dass in ihnen verstorbene Kinder inkarniert seien. Die Woodabe und Bororo tragen noch heute ganz ähnliche Zeichen, um den Bösen Blick abzuwehren, den man, genau wie in Nordafrika, für viele Unglücke verantwortlich macht.

Die Tattoos der Ishan aus Edo, einem Bundesstaat in Nigeria, sind Überbleibsel eines Skarifikations-Rituals aus dem fünfzehnten Jahrhundert in Benin-Stadt. Der Herrscher dieser Zeit befürchtete, dass seine Untertanen von der Stadt wegziehen würden und befahl, dass sie alle mit dem Stadtwappen gezeichnet werden sollten. Im Laufe der Jahrhunderte entwickelte sich diese Narbe zu einem Symbol, das die freien Bürger von Benin-Stadt von Sklaven und Fremden unterschied. Zu Beginn des zwanzigsten Jahrhunderts wurde der Brauch von den britischen Kolonialherren verboten, tauchte aber in späteren Jahren in Form eines Tattoos wieder auf.

Gefärbte Narben im südlichen Afrika

Gefärbte Narben sind bei den südlichen Stämmen Nigerias und im südlichen Afrika weit verbreitet. Nigerianische Yoruba-Frauen zum Beispiel reiben die Narben auf ihren Brüsten traditionell mit einer Mischung aus Kajal und Indigo ein, um die Farben zu intensivieren. Heute tragen manche von ihnen Gesichtstätowierungen und gewundene Motive, Zickzacklinien und Buchstaben an den Waden.

Die eingefärbten, hervorstehenden Narben (auch als *uri* bekannt) der Ibo in Nigeria bestehen aus drei Reihen von Einschnitten vom Hals bis zum Bauch und weiteren zwei Reihen um die Taille herum. Der Tätowierer öffnet mit einem Messer leicht die eingeschnittene Haut und reibt vorsichtig feines Kohlepulver hinein. Bei Feierlichkeiten werden diese Vernarbungen mit *uli*-Farbe verziert, einem Farbstoff, der aus der *randi cordata* Pflanze gewonnen wird und mehrere Wochen lang hält.

Bis vor einiger Zeit wurden noch alle Frauen in Simbabwe mit den *nyoras*, Narbentattoos, ihres Stammes geschmückt. Man rieb Kohle oder Asche in eine kleine Wunde, die man zuvor mit einer Rasierklinge oder einer Glasscherbe geschnitten hatte. Es gab drei Arten der *nyora*: zum Stamm

Gegenüber: Danakil-Frau, Äthiopien, ca, 1970

Seite 202: Frau der Buschleute, Namibia, ca. 1960

Seite 203: Fulani-Bororo-Nomaden, Niger, ca. 1970

Seite 204: Fulani-Woodabe-Nomaden, Niger, ca. 1970

Seite 205: Chokwe-Frau, Namibia, ca. 1960

Mossi-Frau, Burkina Faso, 1971

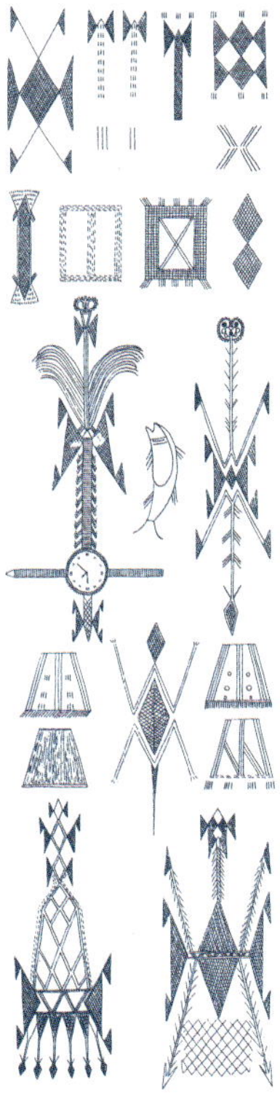

Designs der Hausa

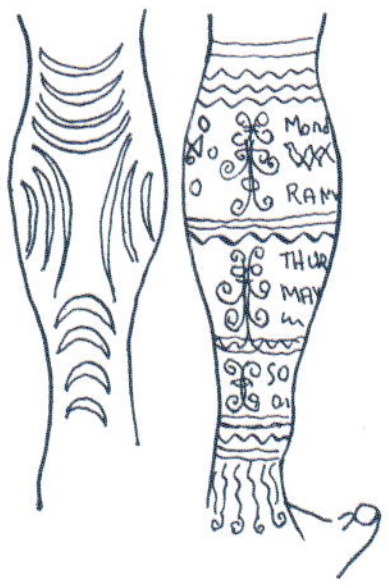

Beinmotive der Yoruba

gehörige, magische und medizinische. Je nach seiner Bedeutung konnte ein Muster aus über 100 Einschnitten bestehen. Stammeszugehörige Narbentattoos zeigten an, zu welchem Dorf oder Stamm eine Frau gehörte – sehr nützlich, wenn die Krieger in feindliche Dörfer eindrangen, um entführte Frauen zu befreien. Doch neben ihrer praktischen Funktion ergänzten die *nyoras* auch die Schönheit einer Frau. Neben den Zeichen auf ihren Schläfen, auf der Stirn und den Wangen besaß sie auch eine Reihe von hervorstehenden Narben, die sich von der Brust bis zum Schambereich erstreckten. Diese waren für Liebhaber äußerst reizvoll und nur ihnen war es auch erlaubt, sie zu berühren. Für gewöhnlich machte die Mutter, Großmutter oder Schwester die Einschnitte, doch manchmal bezahlte die Familie auch einen Experten. Medizinische und magische Narbentattoos oblagen der Verantwortung des „Witchdoctors". Nur er wusste, mit welchen Zeichen man bestimmte Krankheiten behandelte, einen Exorzismus oder ein magisches Ritual durchführte. Magische *nyoras* zogen ihre Macht aus Tierfett: Löwenfett steigerte die Kraft und Hühnerfett die Attraktivität.

Buschmänner und Bantu im Süden Afrikas

Lange vor der Ankunft der Europäer war das südliche Afrika von Buschmännern, Hottentotten und Bantu bevölkert. Buschmänner und Bantu waren einstmals stark tätowiert. Die Tattoos der Buschmänner wurden von einem Handwerker gleichen Geschlechts angefertigt. Zuerst skizzierten er oder sie das Muster auf der Haut und machten dann eine Reihe von Einschnitten – waren die Schnitte zu oberflächlich, verschwand das Tattoo innerhalb weniger Monate wieder. Ein dunkler Farbstoff aus fein geriebener

Linke Spalte: Tätowierausrüstung, Ibadan, Nigeria, 1971

Rechte Spalte: Yoruba-Frau, Nigeria, 1971

Kohle wurde dann in die Wunden gerieben. Bei den San Buschmännern, auch Kalahari-Buschmänner genannt, war das Tätowieren Bestandteil des Hochzeitsrituals und symbolisierte die gegenseitige Abhängigkeit der Partner voneinander.

Wie die angolischen Mucusso und Cuangare besaßen auch die Bantu Tattoos, die denen der Buschmänner ähnelten. Das Design bestand zumeist aus einer einzelnen vertikalen Linie oberhalb der Nase, manchmal waren es aber auch mehrere Linien, die vertikal oder fächerförmig angeordnet waren. Ehe sie ein solches Tattoo tragen durften, mussten die Jungen ihren Mut bei der Jagd unter Beweis stellen, indem sie eine Antilope töteten. Ein Jäger erhielt im Laufe seines Lebens weitere Tattoos auf wichtigen Muskeln, um seine Erfolgschancen zu steigern. Die Narben und Tattoos der Frauen waren Schönheitssymbole, welche ihre natürliche Schönheit unterstreichen sollten. Nur selten trug man zusätzlichen Schmuck, denn die Verzierungen sollten voll zur Geltung kommen.

Die Männer und Frauen der Lunda, die in Angola, Sambia und im Kongo wohnhaft sind, tätowierten kleine Kreuze und Kreise in ihre Gesichter und über der Nase, zwischen den Augen, einen Streifen, der eine Palme repräsentierte.

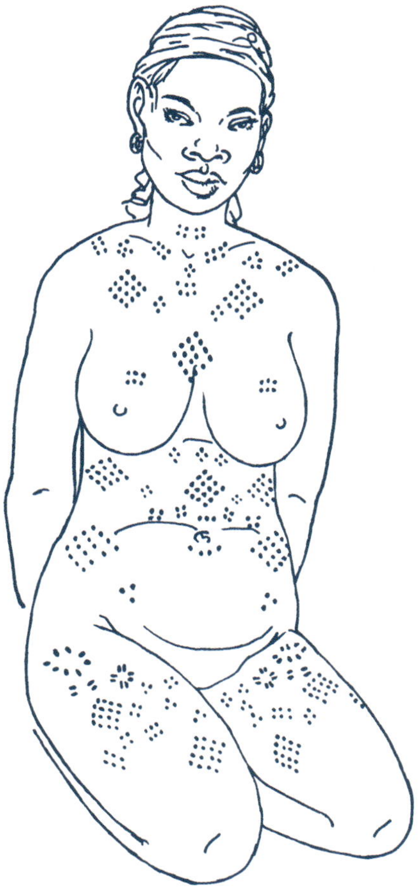

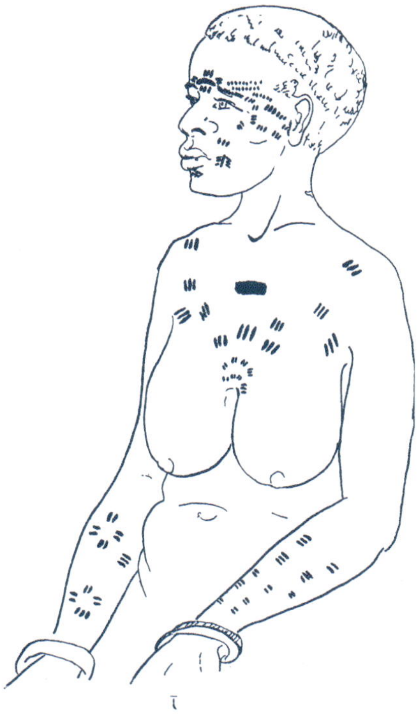

Frauen mit nyora-Tattoos, Simbabwe

In Namibia und Angola waren vor allem die erwachsenen Sekele und Auen (zwei Kung-sprechende Gruppen des Jägervolkes der Khoisan) tätowiert. Die Kung haben eine gelbliche Hautfarbe und besiedeln in Gruppen ein Gebiet vom südlichen Angola bis zur nördlichen Kalahari.

Die Jungen und Mädchen der Tsanga und Makonde – Makua-Stämme aus Mosambik – bekamen unmittelbar vor oder nach den Übergangsritualen der Pubertät feine geometrische Muster ins Gesicht tätowiert. Vor 1900 durften nur die Makua-Häuptlinge Gesichtstätowierungen tragen, die übrigen Stammesangehörigen mussten sich mit weniger repräsentativen Narben am Bauch zufrieden geben. Alle Makua-Stämme verwendeten eine dieser Methoden, um den Körper zu zeichnen. Einige Gesichtstätowierungen wurden sehr grob angefertigt, indem man Farbstoffe in tiefe Einschnitte rieb, wodurch die resultierenden Dekorationen ziemlich plump wirkten. Ein sehr beliebtes Design bestand aus zwei gekreuzten, eingefärbten Linien, was dem Gesicht den Anschein gab, als sei es aus vier Teilen zusammengenäht worden. Zu den subtileren Designs gehörte eine stilisierte Palme zwischen den Augenbrauen der Frauen und ein sternenförmiges Blütenmuster, das Stirn und Wangen der Männer zierte.

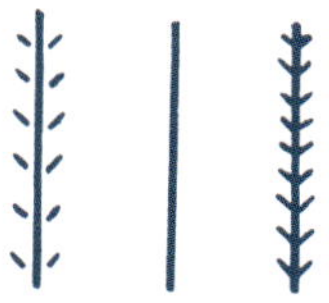

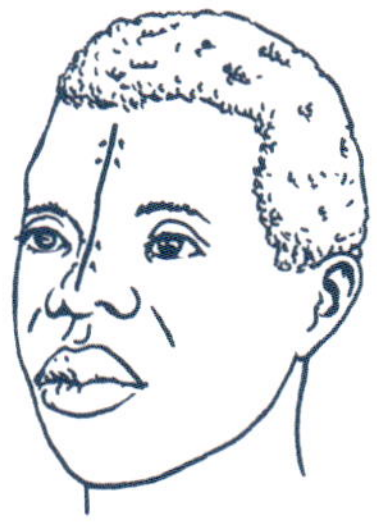

Stirn-Designs der Lunda, Angola

Linke Spalte: Mädchen der Sekele-Buschleute, Angola, ca. 1960

DIE BRÄUCHE DER PYGMÄEN GEHEN VERLOREN

Bis zum Beginn des zwanzigsten Jahrhunderts war das Tätowieren bei den Pygmäenstämmen der äquatorialen afrikanischen Regenwälder Brauch. Die Pygmäen waren vornehmlich Jäger und Sammler. Gegenüber Traditionen und Initiationsritualen hegen sie eine gewisse Abneigung. Ihre Hauptnahrungsquelle ist der Regenwald, mit dem sie ein ungewöhnliches, nahezu spirituelles Band verbindet. Die Mbuti-Pygmäen aus dem Kongo besitzen ein System medizinischer Tattoos oder Wundeinfärbungen, das auf der Lebenskraft des Regenwaldes beruht. Die Asche der Hölzer und Pflanzen, die man für die Färbemittel verwendet, sind in ihren Augen Quellen der Kraft, Gesundheit und des Glücks. Wird jemand krank, so nimmt man eine Reihe von Einschnitten vor und reibt daraufhin eine Paste aus Asche und Spucke in die Wunden.

Das Tätowieren geschah freiwillig und obgleich die Designs eigentlich vollkommen der Kreativität des Tätowierers überlassen bleiben sollten, sahen sie doch alle ziemlich ähnlich aus. Der Tätowierer zeichnete die Muster mit Asche auf die Haut und verwendete ein Messer, um die Zeichnung mit kleinen parallelen Linien zu füllen. Dann presste er mit dem Daumen einen schwarzen Farbstoff, der aus verbranntem Harz gewonnen wurde, in die Haut. Auch von den Bayele aus dem äquatorialen Guinea und den Babinga aus der Zentralafrikanischen Republik ist bekannt, dass sie bis ins späte zwanzigste Jahrhundert hinein ihre Gesichter mit blauen Narben verzierten.

Die Baka, ein Pygmäenstamm aus dem Regenwald Kameruns, tätowieren sich auch heute noch und ihre Gesichts-Designs ähneln sehr stark denen der Zul aus Nigeria. Sie tragen zwei breite, querliegende Streifen auf den Wangen und dünne horizontale Streifen ober- und unterhalb der Augen. Es scheint, das auch bei den Baka der Brauch des Tätowierens verloren geht. Nicht jeder trägt heutzutage noch Tattoos und diejenigen, die welche haben, sind meistens älter als vierzig. Der rege Kontakt mit der Welt außerhalb könnte der Grund dafür sein, dass die jungen Menschen den alten Bräuchen entsagen. Viele Stammesmitglieder gehen inzwischen mit Gewehren auf die Jagd, anstatt mit den weniger treffsicheren traditionellen Waffen, und tragen westliche Kleidung. Die Menschen hier haben offensichtlich das Gefühl, dass Tattoos nicht zu einem modernen Lebensstil passen.

Rechts: Khung-Frauen mit kolorierten Narben, Namibia, ca. 1960

Gegenüber: Buschfrau, Namibia, ca. 1960

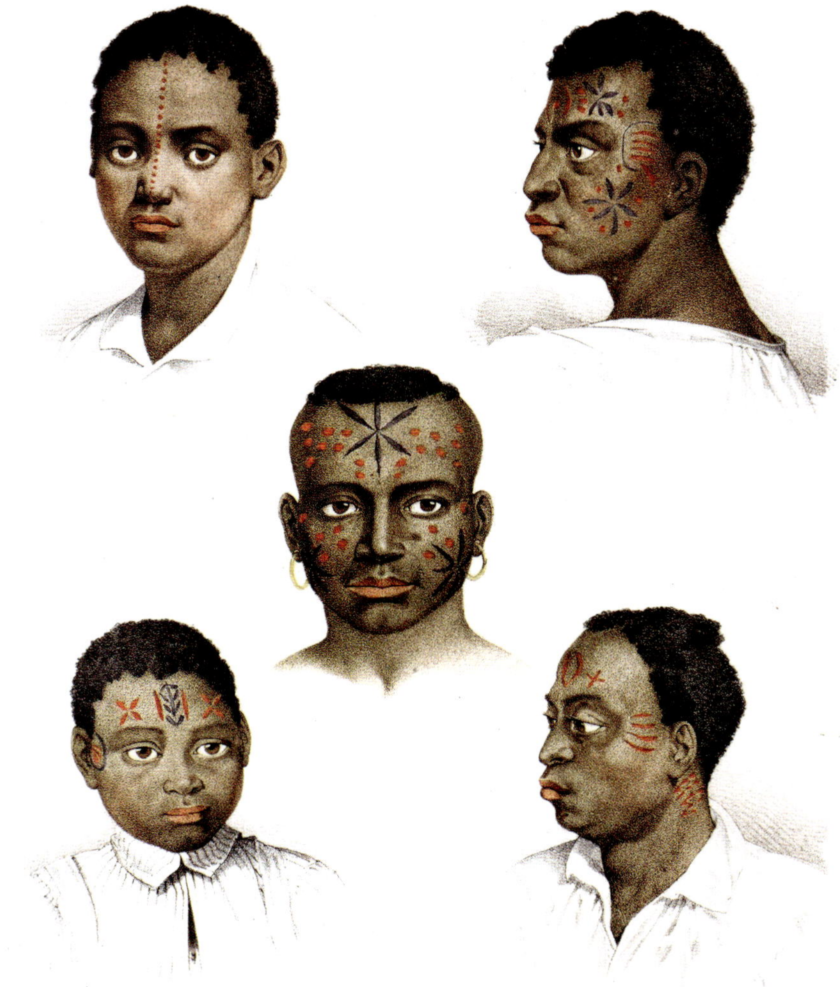

Oben:
Gesichts-Designs der Khunga und Tsanga, Mosambik, ca. 1850

Rechte Spalte:
Antandroy-Frau mit Kreuzmotiven auf dem linken Arm, der Brust und dem Rücken; den Namen ihres Mannes auf dem rechten Arm, Madagaskar, ca. 1930

Swastikas und Sonnenräder auf Madagaskar

Auf Madagaskar, einer Insel vor der Küste Mosambiks, kann das Tätowieren auf eine lange Geschichte zurückblicken. Bereits im Jahre 1626 berichteten Kapitäne, dass die Bewohner sich Zeichen in die Haut ritzten. Die Kreuze, die die Einheimischen auf die Brust tätowiert trugen, verblüfften die jesuitischen Missionare, welche die Insel um dieselbe Zeit besuchten. Alles, was sie noch zu tun hatten, war das Symbol mit dem Christentum in Verbindung zu bringen. Schätzungsweise die Hälfte der Bevölkerung konvertierte zum Christentum, doch der Brauch des Tätowierens wurde noch bis vor Kurzem aufrecht erhalten – ganz im Gegensatz zu vielen anderen Gegenden, in denen die Missionare Einzug gehalten hatten. Die Madagassen hatten eine Abneigung gegen Skarifikationen und bevorzugten echte Tattoos, *tombokalana* (von *tomboka*, „(kenn)zeichnen"). Die einfachen geometrischen Muster wurden mit Kaktusnadeln eingestochen, wobei man eine Tinte verwendete, die man aus Getreideasche und dem Saft eines Nachtschattengewächses gemischt hatte.

Die wichtigsten Stämme, die sich auch im zwanzigsten Jahrhundert noch tätowierten, waren die Antandroy, Sakalava, Mahafaly, Antanosy, Bara und Tanala. Die Männer trugen für gewöhnlich Gesichtstattoos, bestehend aus einer einzelnen oder doppelten Linie, welche das Gesicht umrahmte, und nach innen zulaufende Winkel oberhalb der Augen. Die Frauen trugen außerdem komplizierte Muster auf der Brust und manchmal einen Armreif am Handgelenk. Der madagassische Stil zeichnete sich vor allem durch seine Asymmetrie aus, vor allem bei den Männern; die Sakala zum Beispiel trugen auf jeder Wange ein anderes Design.
Die Tattoos besaßen ursprünglich wahrscheinlich magische Funktionen, dienen aber in den jüngeren Generationen nur noch reinen Dekorationszwecken. Das könnte durchaus der Grund dafür sein, weshalb die Männer den Tätowierbrauch früher ablegten als die Frauen, denn diese schätzten die Tattoos besonders aufgrund ihrer kosmetischen Qualitäten. Viele Designs besaßen eine erotische Bedeutung oder wurden damit assoziiert. Die Arme der Antandroy und Mahafaly wurden mit Inschriften verziert – Kürzel für die Namen von (Ex-)Geliebten. Bei den Tanala trugen lediglich die Frauen Tätowierungen, welche aus erotischen Darstellungen am unteren Rücken bestanden. Die Sakalava-Frauen trugen das Tattoo eines Sonnenrades, *masoadro*, zwischen den Brüsten, das ihr Geschick in Liebesdingen förderte. Auf ganz Madagaskar – wo die Kuh vielen heilig ist und am Familiengrab geopfert oder mit einer Bestattung geehrt werden kann – werden Viehdiebe mit einem Zeichen tätowiert, das sich mit dem Sonnenrad vergleichen lässt. Man glaubte, dass dieses Tattoo nachts aufleuchten würde, wenn der Dieb erneut zuschlug. Bis zum Ende des neunzehnten Jahrhunderts wurden auch Mörder und betrügerische „Witchdoctors“ mit diesem Tattoo gekennzeichnet.
Im Laufe des zwanzigsten Jahrhunderts ging das Tätowieren auf Madagaskar stark zurück. Zwar waren 1950 noch viele der Älteren tätowiert, doch bei den jungen Leuten beschränkte sich der Brauch fast ausschließlich auf die Mädchen, die allerdings keine traditionellen Motive verwendeten. Spätere Generationen lehnten den Brauch schließlich gänzlich ab, mit der Begründung „Wir leben in einer zivilisierten Welt, darin hat das Tätowieren keinen Platz“.

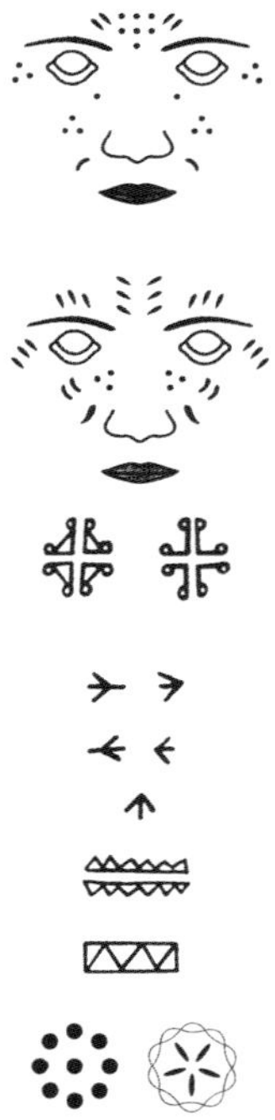

Oben: Makuan-Muster, Mosambique

Rechte Spalte: Muster der Antandroy, Madagaskar

Unten: Gesichts-Designs: Makoa (Frauen) und Sakalava (Männer)

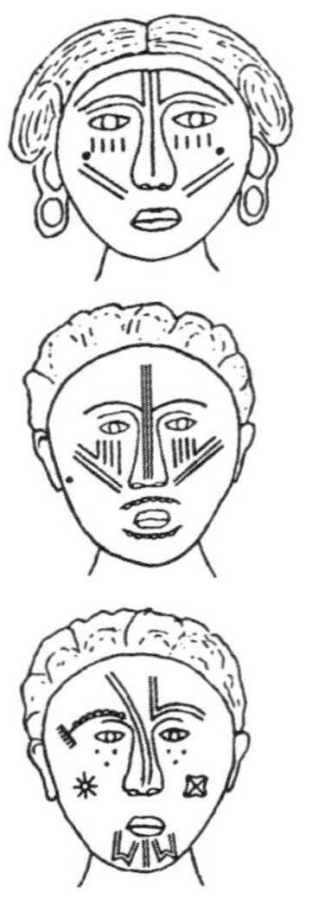

Linke Spalte: Antandroy-Frau, Madagaskar

MEXIKO
KUBA
BELIZE
Maya
GUATEMALA
HONDURAS
EL SALVADOR
NIKARAGUA
COSTA RICA
PANAMA
Warrau
Makushí
Wapishana
VENEZUELA
GUYANA
KOLUMBIEN
Taulipang
SURINAM
Arawak
FRANZ.
GUYANA
Desana
Jurí & Pasé
Trió
Manta
Ticuna
ECUADOR
Mayoruna
Tupinambá
Jívaro
Shipibo
Remo
Conibo
Mundurucu
Amahuaca
Tapiete
Yamarikuna
Karajá
Apiaca
Kayabí
Tapirapé
PERU
Inkas
BRASILIEN
Nazca
BOLIVIEN
Mbayá
Coroado
CHILE
Chamacoco
PARAGUAY
Chorotí
Toba
Ashluslay
Abipón
Mocovi
Charrúa
Minuane
URUGUAY
ARGENTINIEN
Tehuelche
Ona

KAPITEL 9

LATEINAMERIKA

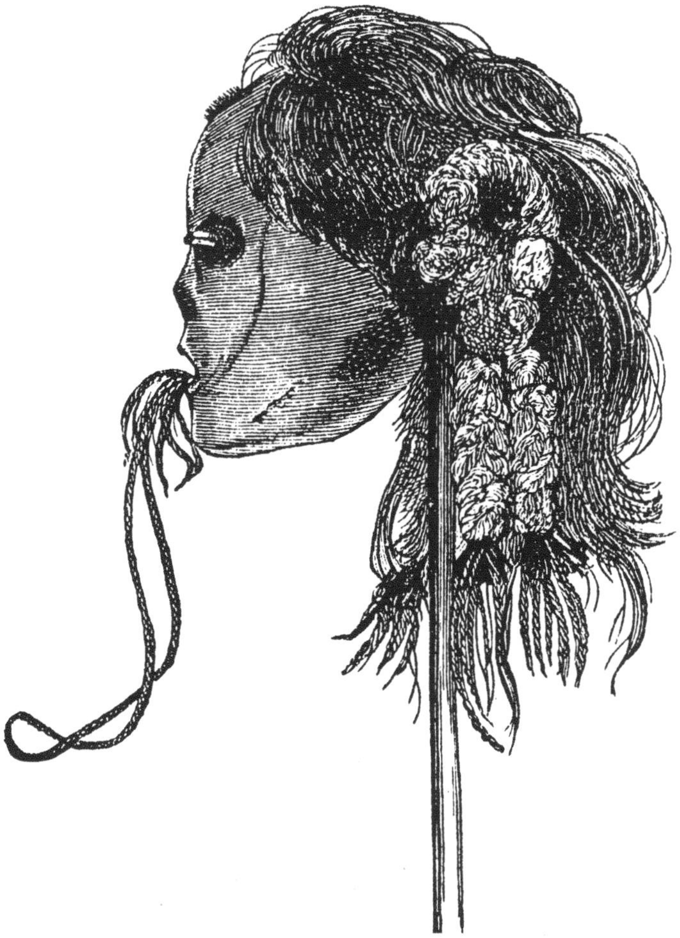

„Die verschiedenen Gestalten, welche ihre Idole darstellen, sind furchtbar hässlich und ähneln Schildkröten, Alligatoren, Kröten und Schlangen. Die meisten davon sind allerdings bizarre, monströse Darstellungen von Menschen. Das Volk nennt diese Idole „zemis" und sie stellen sie her aus Kalk, Stein und Ton. Sie verteilen sie überall im Haus, verzieren ihre wichtigsten Möbelstücke damit und tätowieren sie sogar auf ihre Körper."

Vergötterung der „Zemis",
Druck aus dem 17. Jh.

Der französische Jesuitenpriester Pierre François Xavier de Charlevoix konnte sich nur wenig erwärmen für die Kultur der Eingeborenen Lateinamerikas, als er im sechzehnten Jahrhundert dort an Land ging. Seine Beobachtungen, wie oben beschrieben, sind typisch für viele Europäer, die ähnliche Erfahrungen gemacht haben. Im Jahre 1492 erreichte Christopher Columbus Hispaniola, eine der Westindischen Inseln, besser bekannt als Haiti und die Dominikanische Republik. Angesichts der Bräuche in der Neuen Welt waren die Spanier perplex, während die Einheimischen die Spanier für Götter hielten, die in ihren Schiffen vom Himmel herabgestiegen waren. In den folgenden Jahren trafen die Spanier kaum auf Widerstand, als sie die Karibik, Mittelamerika und die Küsten Südamerikas eroberten. Als sie allerdings ins Inland vordrangen, um dort nach Gold und Sklaven zu suchen, verlangsamte sich ihr Vormarsch. Der Regenwald am Amazonas, der von Hunderten von Stämmen bewohnt wird, schien undurchdringlich für sie. So konnte das Gebiet über Jahrhunderte hinweg unverändert bleiben.

Die Spanier beeilten sich, den Einwohnern der Gebiete, die sie besetzten, deren heidnische Bräuche auszutreiben. Konquistadoren und Missionare gleichermaßen veröffentlichten präzise, wenn auch unvollständige, Beschreibungen der Bewohner jener Gebiete, die wir heute als Haiti, Mexiko, Mittelamerika, Ecuador, Kolumbien und Venezuela kennen. Der erste spanische Statthalter von Haiti, Kapitän Gonzalo Fernandez de Oviedo y Valdés, war überzeugt davon, dass die Einheimischen vom Teufel besessen wären. Er schrieb: „Sie drucken Bilder ihrer Dämonen in schwarzer Farbe auf ihre Körper, wie ein Stempel, der den Rest ihres Lebens unauslöschlich bleibt." Die Tattoos entstanden, indem man mit Flintklingen Figuren in die Haut schnitt und dann zerriebene Kohle in die Wunden rieb. Die Missionare waren offensichtlich mit diesem Phänomen vertraut, denn sie verglichen die tätowierten Südamerikaner mit den in ähnlicher Weise geschmückten spanischen Mauren und manche fanden sie sogar attraktiv. Nichtsdestotrotz waren es die Missionare, die einen erbarmungslosen Feldzug gegen das Tätowieren und andere heidnische Praktiken führten. Manche Kulturen und Stämme sind dabei vollständig untergegangen. Lediglich die Bewohner des undurchdringlichen Amazonasgebietes und einiger weniger anderer Regionen schafften es, ihre Tätowierkulturen mit ins zwanzigste Jahrhundert zu nehmen.

DIE KRIEGERTATTOOS IN MITTELAMERIKA

Im Jahr 1519 begann der spanische Forschungsreisende Hernán Cortés seine Eroberung Mittelamerikas. Bei seiner Ankunft in Yukatan im südlichen Mexiko stellte er fest, dass zwei seiner Landsleute bei den Maya lebten: ein katholischer Priester und ein Mann namens Guerrero, der acht Jahre zuvor Schiffbruch erlitten hatte. Cortés veranlasste ihre Freilassung, doch Guerrero wollte bei den Maya bleiben. Während seines Aufenthaltes hatte er die Religion der Maya angenommen, ihre Sprache und ihre Bräuche erlernt und die Tochter eines einheimischen Adligen geheiratet. Da er Mitgefühl für das Schicksal der Maya empfand, gab er ihnen Informationen preis, mit deren Hilfe sie den spanischen Invasoren Widerstand leisten konnten. Der Priester jedoch verriet die Maya an Cortés. 1535 kämpften spanische Soldaten an der Küste von Honduras gegen eine Gruppe von Maya-Kriegern. Die Maya waren weit unterlegen und wurden allesamt abgeschlachtet. Guerrero, der an der Seite der Maya gekämpft hatte, befand sich auch unter den Toten. Sein Körper war über und über von Maya-Schriftzeichen und Designs bedeckt, die als Merkmale für einen hohen Status interpretiert wurden. Bei den Maya und anderen indigenen mexikanischen Völkern war es Brauch, dass Tätowierungen als Auszeichnungen für Tapferkeit im Kampf verliehen wurden. Die Spanier beobachteten solche Tattoos bei den Zapoteken, Huaxteken, Totonaken, Itzá und Maya. Die Designs, die für gewöhnlich auf der Brust und den Oberschenkeln getragen wurden, stellten Schriftzeichen, stilisierte Affen, Tiger, Schlangen, Adler und andere Vögel dar. Die Anzahl der Darstellungen zeigten den Rang eines Kriegers an. Ein junger Krieger begann mit einer oder zwei symbolischen Figuren und fügte dann für jedes seiner Opfer ein Design hinzu. So konnte man durchaus einen alten Krieger antreffen, der über und über mit Zeugnissen seiner glorreichen Vergangenheit geschmückt war. Die Krieger der Itzá schmückten zudem ihre Gesichter mit einer Darstellung des Tieres, das entweder ihr Totem oder ihren Familiengeist repräsentierte. Bei den Maya waren Gesichtstätowierungen tabu, allerdings deuten Verzierungen auf präkolumbianischer Keramik und Statuetten darauf hin, dass dem nicht immer so gewesen ist. Weiterhin ist bekannt, dass der mayanische Adel, wenn er beim Stehlen ertappt wurde, öffentlich vom Kinn bis zum Ohr tätowiert wurde.

Das Tätowieren selbst muss überaus schmerzhaft gewesen sein. Der Tätowierer malte die Designs auf die Haut auf, schnitt sie dann mit einem scharfen Flintmesser ein und rieb Pulver in die Wunden. Die Tattoos der Maya-Frauen ähnelten denen der Männer, waren jedoch etwas zarter. Ihre Brüste wurden nicht tätowiert, damit es beim Stillen keine Schwierigkeiten gab. Die Otomí-Frauen aus dem südlichen Mexiko tätowierten ihre Brüste, indem sie blaues Pulver in kleine Einschnitte hinein rieben.

Der Brauch des Tätowierens begegnete den Spaniern sowohl in Mexiko als auch im übrigen Mittelamerika. Die Adligen in Nicaragua und Costa Rica waren tätowiert und Missionare, die in Nicaragua von einem dortigen Herrscher Land kauften, verwendeten ein Abbild seines Gesichtstattoos als Siegel für den Handel, ganz ähnlich wie es später die Engländer mit den Maori-Häuptlingen hielten, die auf ähnliche Weise tätowiert waren (siehe Kapitel 6). Der nicaraguanische Adel versah seine Sklaven und Kriegsgefangenen mit Eigentumstätowierungen. Auch die Kuna und San Blas aus Panama tätowierten ihre Sklaven.

Linke Spalte und unten: Gesichtstätowierungen der Maya

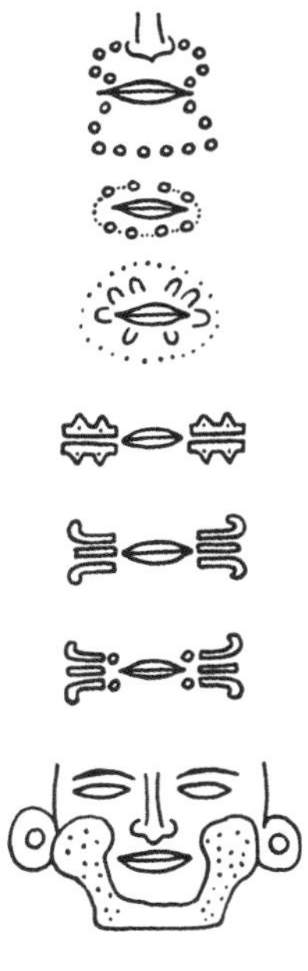

Links: Tattoo-Designs der Totonaken

Inquisition und Tätowierungen

Für die spanischen Missionare waren die Tattoos der Maya und der anderen indigenen Völker Symbole deren heidnischer Kultur. Einer der bekanntesten und erbittertsten Kämpfer gegen heidnische Überzeugungen war der Franziskaner Diego de Landa, der von 1549 an durch Mittelamerika reiste. Er war überaus zornig, als er erfuhr, dass einige Einheimische sich selbst nach dem Übertritt zum Katholizismus immer noch tätowierten. Er bat den spanischen König um Erlaubnis, eine Inquisition führen zu dürfen, welche ihm auch erteilt wurde. Wo auch immer er hinkam, verbot er das Tätowieren und veranlasste die Zerstörung von allem, das mit den heidnischen Überzeugungen in Verbindung stand. Statuetten, Schreine und Manuskripte wurden allesamt verbrannt, ebenso wie all jene, die sich weigerten, ihrer Religion zu entsagen. Wessen Leben verschont geblieben war, wurde versklavt und mit Tätowierungen gezeichnet.

Nach der Ankunft der Missionare war das Tätowieren schon bald aus Mittelamerika und Mexiko verschwunden. Einige wenige Stämme schafften es dennoch, den Brauch mit ins zwanzigste Jahrhundert hinein zu nehmen. Darunter waren auch die nicaraguanischen Miskito, Sumo und Paya, die geometrische Muster auf ihre Gesichter, Arme und Brust tätowierten. Die Bribri, welche an der Ostküste Costa Ricas leben, schnitten mit scharfen Steinen Linien in ihre Haut und füllten sie mit kochendem Harz. Der Brauch der panamaischen San Blas-Frauen, eine Linie auf den Nasenrücken zu tätowieren, ist längst verschwunden, doch temporäre traditionelle Tätowierungen konnten überleben. So gibt es beispielsweise bei den panamaischen Völkern Emberá und Wounaan Designs, die Geschlechtern und Altersgruppen zugeordnet werden. Farbpigmente werden aus dem Brei der Jagua-Frucht gewonnen. Nach dem Erhitzen liefert die Substanz, die aus dem Brei gezogen wird, einen abriebfesten Farbstoff, der erst dann verschwindet, wenn die Haut sich schält.

KARIBISCHE KULTE

Auf Haiti stießen die Spanier auf die Taino, einen karibischen Arawak-Stamm aus den tropischen und subtropischen Küstengebieten des nordwestlichen Südamerikas. Die Arawak lebten in kleinen Stammesgemeinschaften und waren vornehmlich Bauern. Sie waren Pantheisten und ihre Götter und Dämonen, die *zemis*, wurden oft als groteske anthropomorphe Wesen mit übertriebenen männlichen oder weiblichen Geschlechtsorganen dargestellt. Auch die Himmelskörper spielten in ihrer Religion eine große Rolle. Die Taino waren sehr geschickte Holzschnitzer und fertigten wunderbare Kunstgegenstände und Werkzeuge an. Inspiriert waren diese von ihren Göttern, welche menschliche, pflanzliche oder tierische Gestalt annehmen konnten, wie zum Beispiel Schildkröten, Kröten, Eidechsen und Vögel. Die Taino malten die *zemis* auf ihre Körper und tätowierten sie dann mit scharfen Schilfrohrblättern ein. Wahrscheinlich praktizierten auch andere Arawak-Stämme das Tätowieren:

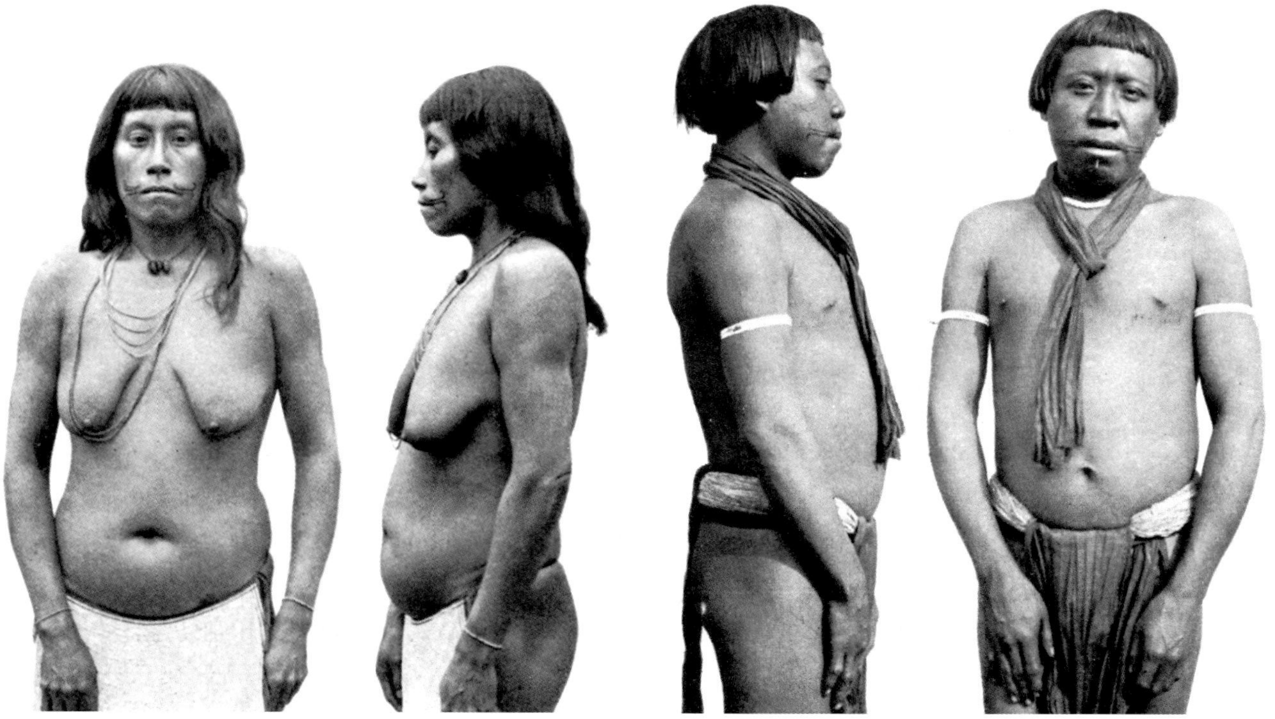

Taulipang-Kariben aus Kaualinalemong auf dem Roroima-Fluss

Auf dem Festland hat man Holzstempel mit komplexen geometrischen Mustern und Tierfiguren ausgegraben; man nimmt an, dass diese dazu verwendet wurden, um Tattoo-Designs auf die Haut zu drucken.
Die Kariben, die ebenfalls in der Karibik zu Hause waren, waren grausamer und kämpferischer als die Arawak. Männliche Gefangene wurden schrecklich gefoltert und dann während großer Orgien verspeist. Es scheint, dass diese kannibalischen Rituale damit begannen, dass die Krieger sich selbst skarifizierten und dann schwarze Farbpigmente in die Wunden rieben, um sie deutlicher hervorzuheben. Über den Körperschmuck anderer Bewohner entlang der karibischen Küste Kolumbiens und Venezuelas ist wenig bekannt. Scheinbar verzierten einige Stämme aus dem nordwestlichen Venezuela, darunter die Teque, Chagaragoto und Quiriquire, ihre Körper mit einer schwarzen Farbe aus Jagua- oder Jenipaposaft, die mehrere Wochen lang sichtbar blieb. Auch fein zerriebene Kohle wurde in die Einschnitte gegeben. Bei dem kriegerischen kolumbianischen Caracas-Stamm gab es eine Kriegerklasse mit speziellen Tattoos, die den jeweiligen Rang anzeigten. Wenn er seinen ersten Sieg errungen hatte, durfte ein Krieger sich am rechten Arm tätowieren lassen; nach dem zweiten auf der Brust und nach dem dritten wurden ihm Linien von den Augen bis zu den Ohren tätowiert.

Brasilianische Kannibalen

Maroons und Einheimische in Surinam und Guyana
Seit dem achtzehnten Jahrhundert gab es immer häufiger Berichte über die Menschen und Bräuche der karibischen Küstenregionen. Die Maroons, die in den Regenwäldern Surinams lebenden Nachfahren von geflohenen Sklaven, tätowierten wunderschöne symmetrische Designs um den Nabel herum und vom Oberschenkel bis zum Schambereich. Einige Maroons schneiden die Muster noch in die Haut und reiben zerriebene Kohle und den Saft des Aronstabes in die Wunden.
In seinem Buch über seine Abenteuer in Surinam und Guyana schrieb der schottische Kapitän John Stedman im

Kannibalen, Holzschnitt aus dem 16. Jh.

Jahre 1798, dass die Menschen dunkle violett-blaue Tinte verwendeten, die sie *tapowripa* nannten und die ihre Haut mindestens zehn Tage lang einfärbte. Den Farbstoff gewannen sie aus der apfelähnlichen Frucht des Lawaan-Baumes.

Kariben aus Surinam

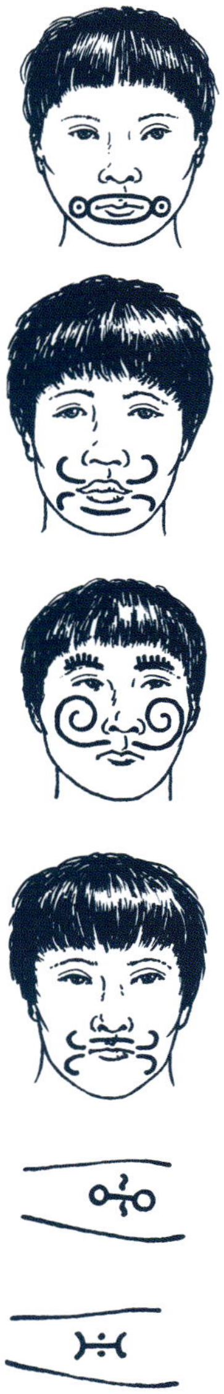

Designs der Kariben

Im Scherz malte sich einer von Stedmans Offizieren, der die Wirksamkeit anzweifelte, einen Schnauzbart ins Gesicht und konnte ihn dann nicht wieder abwaschen. Eine Woche lang zog er zur großen Belustigung seiner Gefährten so verziert zur Parade durch Paramaribo auf.

Die meisten Stämme der Kariben, Warrau und Arawak in Guyana und Surinam tätowierten sich bis weit ins neunzehnte Jahrhundert hinein. Die meisten Tattoos trugen sie im Gesicht, vor allem um den Mund herum. Für Jungen und Mädchen repräsentierten sie den Weg in das Erwachsenendasein. Die Linien und Punkte um den Mund ähnelten sehr stark den Gesichtstätowierungen aus dem Amazonasgebiet. Bis ungefähr zu den 1850er Jahren scheinen zwei guyanische Kariben-Stämme, die Trio und die Ojana, auf genau dieselbe Weise tätowiert gewesenen zu sein wie es die Einwohner Ozeaniens einstmals waren. Innerhalb von vierzig Jahren verringerte sich die Anzahl ihrer Tattoos bis auf einige Zeichen im Gesicht und der Arminnenseite, die durch das Einreiben kleiner Einschnitte mit tropischen Pflanzenfarbstoffen oder Kürbisasche entstanden. Die Männer glaubten, dass diese Tattoos ihr Geschick bei der Jagd und beim Klettern verbesserten.

Trio- und Ojana-Mädchen erhielten durch die Tattoos eine magische Einweihung. So war es beispielsweise entlang der karibischen Küstenregionen üblich, dass Mütter ihren Töchtern einen Talisman ins Gesicht tätowierten, vorzugsweise in den Mundwinkeln, damit sie einmal gutes *cassiri* brauen würden, ein dem Bier ähnliches Getränk aus vergorenem Kassavasaft. Ohne Rücksicht auf die widerspenstige Tochter kratzte die Mutter die Linien mit einem Raubfischzahn ein. Der Saft der Jaguafrucht wurde als Färbemittel verwendet und manchmal auch mit Honig vermischt, damit das Mädchen köstlichen süßen *cassiri* herstellen würde. Die magischen Zeichen der guyanischen Makusi-, Taulipang- und Patamona-Mädchen bestanden aus breiten Streifen um den Mund herum oder aus kleinen Haken in den Mundwinkeln. Letztere trugen auch die guyanischen Warrau-Mädchen. Die Wapisiana und Palicour, Arawak-Stämme aus Französisch-Guyana, waren sehr umfangreich tätowiert. Wapisiana-Frauen trugen eine einzelne elliptische Linie um den Mund, die Männer zwei Linien, die das Gesicht durchquerten. Die Palicour tätowierten drei enge parallele Linien, welche über das Kinn von einem Ohr zum anderen reichten. Die Jungen anderer Arawak-Stämme – der Jurí, Pasé und Uainumá aus dem mittleren Amazonasgebiet – bekamen von ihren Vätern große Flächen um den Mund herum tätowiert. Die Jurí verdanken diesem Brauch sogar ihren Namen: *Juru pixuna* bedeutet „Schwarzmund“. Während des Heranwachsens wurde das Tattoo des Jungen vergrößert und reichte manchmal bis zu den Augen.

Rechte Spalte:
Guyanisches Paar

Linke Spalte: Warrau-Frau

PRÄKOLONIALES BRAUCHTUM IM AMAZONASGEBIET

Einige Stämme des Amazonasgebietes konnten ihre präkoloniale Kultur erhalten und tätowieren sich bis heute, wenn auch nur sporadisch. Die Matis, ein kleiner Pano-Stamm im westlichen Amazonasgebiet, tragen immer noch Gesichtstattoos. Unter anderem sind diese auch ein Tribut an den Jaguar, den sie aufgrund seiner Eigenschaften verehren, den sie aber auch als Menschenfresser fürchten. Auch ein anderer Pano-Stamm, die Mayoruna, und die Karajá aus dem zentralen Amazonasgebiet waren tätowiert. Die Bewohner der Regenwälder konnten sich der Invasion der Spanier und später der Portugiesen und anderen Europäern widersetzen. Die extreme Luftfeuchtigkeit, Insekten und Sümpfe machten das Gebiet für Soldaten mit Pferden und Kanonen so gut wie undurchdringlich. Außerdem wurden die spanischen und portugiesischen Abenteurer auf

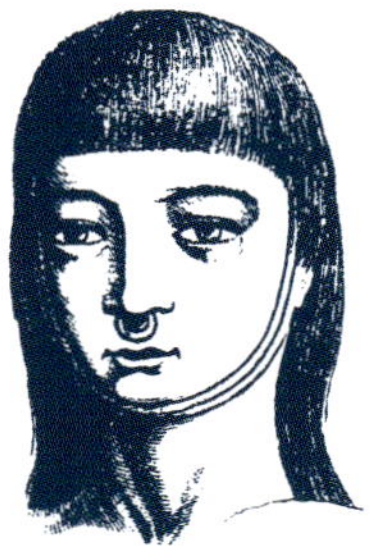

Palicour

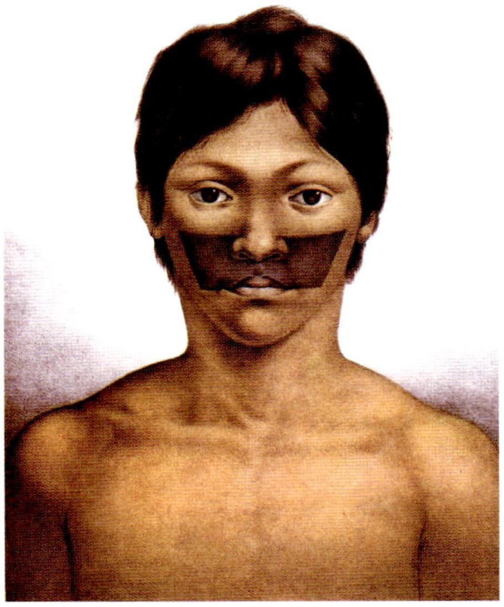

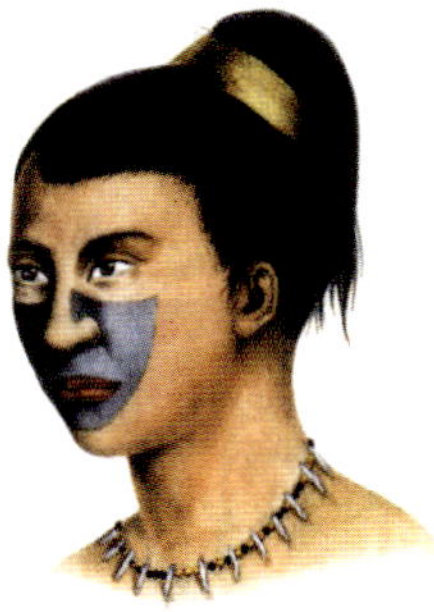

Pasé

Rechte Spalte: Jurí

ihrer Suche nach Gold und Sklaven vom Kampfgeist der Einheimischen abgeschreckt. Obgleich sie nur mit Pfeil und Bogen bewaffnet waren, stellten sie doch Furcht erregende Gegner dar und griffen jeden Eindringling an. Im Jahre 1599 überfielen die Jivaro zwei spanische Siedlungen in Ecuador und töteten alle Männer. In symbolischen Vergeltung gossen sie geschmolzenes Gold in den Mund des spanischen Statthalters, bis seine Eingeweide explodierten. Noch heute leben die Jivaro fast genau so, wie sie es seit Hunderten von Jahren getan haben, doch das Tätowieren verschwand zu

Linke Spalte: Wapisiana-Mann

SKLAVEN – VON EUROPÄERN GEBRANDMARKT UND TÄTOWIERT

Das erste indigene Volk, dem die Spanier 1492 auf den Bahamas, Kuba und Haiti begegneten, waren die Awarak. Bereits im Jahre 1500 mussten sämtliche Häuptlinge eine bestimmte Anzahl ihrer Männer für den Dienst in spanischen Goldminen abtreten. Der spanische Statthalter von Haiti, Oviedo, ging noch einen Schritt weiter und führte das System der Repartimientos (Zwangshandel; Anm. d. Übers.) ein, was letztendlich zum Aussterben der Awarak führte. Unter diesem System wurden alle Männer von Haiti und den benachbarten Inseln unter den spanischen Kolonialherren als Arbeitsverpflichtete für Goldminen und Plantagen benutzt. Diese Politik wurde damit gerechtfertigt, dass die Einheimischen spanisch lernen und gute Christen werden konnten. Tatsächlich aber mussten sie körperliche Schwerstarbeit unter unmenschlichen Bedingungen verrichten. Viele starben an Erschöpfung und Unterernährung; andere begingen Selbstmord und töteten ihre Kinder, um ihnen dieses Schicksal zu ersparen. Widerstände wurden rücksichtslos niedergeschlagen. Rebellen wurden getötet oder versklavt und tätowiert. Die Pocken und andere europäische Seuchen erledigten den Rest. 1535 gab es nur noch 500 indigene Haiter und die Kolonisten mussten Afrikaner und Eingeborene anderer Länder importieren. Im Jahre 1545 wurde das System wieder abgeschafft und die Spanier verwüsteten die Insel, bevor sie sich nach Peru und Mexiko wandten. Sir Francis Drake besuchte Haiti im Jahre 1585 und berichtete, dass es nicht einen einzigen Awarak mehr gab. Allen karibischen Inseln, bis auf Kuba, war ein ähnliches Schicksal beschieden, ganz gleich, ob die Kolonisten nun Spanier, Franzosen, Engländer oder Holländer waren. In den nun folgenden Jahrhunderten verschifften die europäischen Kolonialmächte viele afrikanische Sklaven zur Arbeit auf den karibischen Zuckerplantagen. Manchmal wurden die Sklaven schon vor dem Transport gebrandmarkt. An ihrem Ziel angekommen, wurden sie mit dem Wappen des Plantagenbesitzers gebrandmarkt, wozu man einen kleinen silbernen Stempel von vier bis fünf Zentimetern Breite verwendete. Auf die betreffende Stelle, welche man brandmarken wollte, wurde Fett geschmiert und geöltes Papier gelegt. Dann wurde der rotglühende Stempel sanft auf die Haut gedrückt, angeblich um unnötigen Schmerz zu vermeiden, eigentlich aber nur, um ihr Eigentum nicht zu beschädigen.

Brandeisen, 17. Jh.

Wandgemälde von Diego Rivera, Palacio Nacional, Mexiko-Stadt, ca. 1930

Brandeisen, 19. Jh.

Jurí- und Pasé-Krieger

Beginn des zwanzigsten Jahrhunderts. Zuvor erschufen sie schwarze Muster auf den Armen, indem sie ein Stück brennenden Kautschuks auflegten. Streng genommen sind das also keine Tattoos, sondern Brandmale.
Viele weitere Stämme des westlichen Amazonas in Kolumbien, Peru und Ecuador tätowierten sich bis zum Beginn des zwanzigsten Jahrhunderts. Besonders die Pano-Stämme aus dem Ucayali-Tal waren ausgiebig tätowiert: Remo, Koto und Mayoruna trugen Tattoos auf den Wangen und auf der Stirn. Einige der modernen Mayoruner tätowieren eine schwarze Fläche um den Mund herum. Trotz ihrer isolierten Lage wiesen einige Tätowierstile europäische Einflüsse auf: Kicho-Männer tätowierten ein Muster, dass dem Buchstaben „B“ ähnelte, auf ihre Körper und ein Kreuz auf die Stirn. Im achtzehnten Jahrhundert schafften es einige Missionare, in Gebiete vorzudringen, die den Eroberern und Regierungsbeamten bislang verschlossen geblieben waren. Nicht selten führten sie als Mittler einen Waffenstillstand herbei, wie es bei den Portugiesen und den Munduruku der Fall war. Im Gegensatz zu den ersten Jahren der Kolonialisierung stellte sich die katholische Kirche in dieser Zeit oftmals auf Seiten der indigenen Bevölkerung, in der Hoffnung, deren Gebiet vor Schatzsuchern und anderen Abenteurern schützen zu können. Ortsansässige Bischöfe verwalteten Gebiete, wo besondere Regelungen die einheimische Bevölkerung schützten. So konnten viele Stämme des Amazonasgebietes viel von ihrer ursprünglichen Kultur erhalten, ganz im Gegensatz zu den Völkern Nordamerikas oder der Karibik.

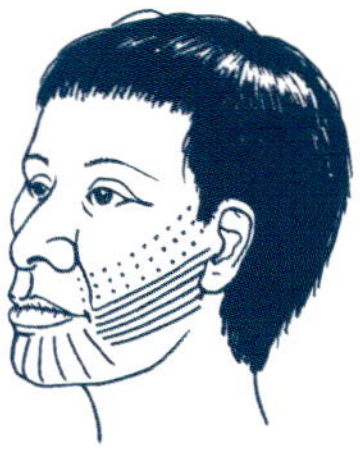

Pano-Remo-Mann mit Kinntattoo

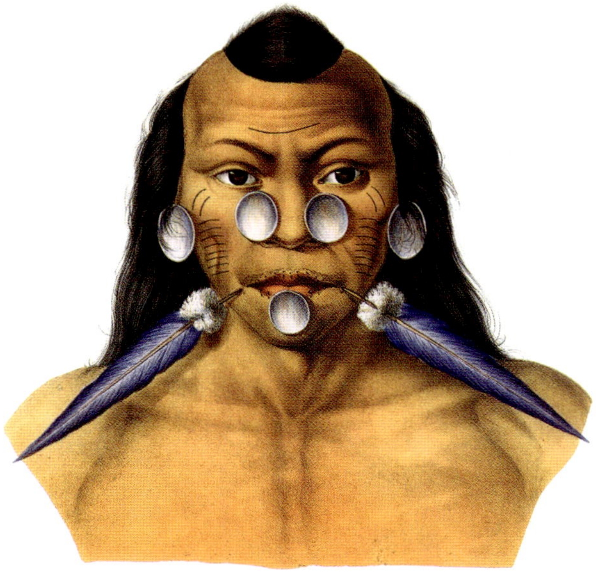

Linke Spalte: Mayoruna-Krieger

Rechte Spalte: Indianermädchen der Jivaro

Rache für die Habgier des Spaniers: Geschmolzenes Gold wird in seinen Mund gegossen

Über die Tätowierpraxis der Amazonasvölker zur Zeit der ersten spanischen Eroberer ist nur wenig bekannt. In den Berichten der ersten Missionare und Reisenden werden Körperdekorationen erwähnt, leider wird aber nicht deutlich, in welcher Gestalt diese vorkamen. Es ist unwahrscheinlich, dass es sich ausschließlich um Tattoos handelte, denn viele Einheimische bemalten ihre Körper auch mit dem Saft der Jenipapo-Frucht und des Annattostrauches. Dieser ergab eine violette Farbe, die mehrere Tage bis Wochen sichtbar blieb.

Der deutsche Historiker Ulrich Schmidel nahm 1534 an einer großen spanischen Expedition teil. Auf seiner Reise durch das Amazonasgebiet beobachtete er einen Stamm, den er „die Scherven" nannte. Die Männer trugen riesige Schnauzbärte und ihre Körper waren mit Mustern bemalt, die aus Tausenden von Punkten bestanden. Die Frauen waren sogar noch ausgiebiger geschmückt, einschließlich des Schambereichs. Aus den Beschreibungen und den dazugehörigen Illustrationen wird ersichtlich, dass es sich um Tattoos gehandelt haben könnte. Der Holländer Johannes Lerius, der ebenfalls durch Brasilien reiste, war etwas genauer in seinen Darstellungen, als er 1555 schrieb, dass die Einheimischen ihre Körper mit dem Saft der Jenipapo-Frucht schwarz bemalten. Diese Verzierungen blieben höchstens zwei Wochen sichtbar und waren deshalb keine Tattoos.

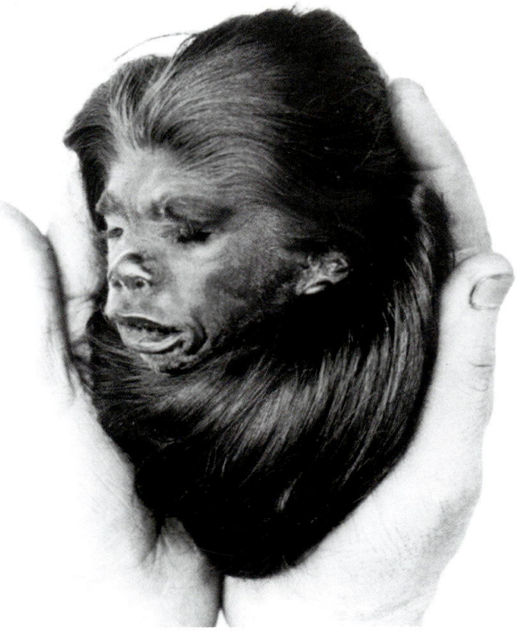

Rechte Spalte: Schrumpfkopf als Kriegstrophäe

Tätowierte Nägel und magische Rüstungen

Einige der Stämme entwickelten individuelle Stile. Das Stammeszeichen der Amahuaka, einem Pano-Stamm, bestand in einer einzelnen Linie über der Nase. Ein Stamm vom Papurí-Fluss, die Desana, besaßen einfache Kinntattoos, die aus einer oder mehreren Linien bestanden und sich unterhalb des Mundes über das Kinn erstreckten. Die Aráras tätowierten schwarze Streifen von den Mundwinkeln zu den Schläfen.

Etwas mehr wissen wir über die Karajá, die auf der Flussinsel Ilha do Banal in Zentralbrasilien leben. Ihre Abgeschiedenheit hat sie vor westlichen Einflüssen bewahrt, dennoch gingen einige Bräuche verloren. Heutzutage tragen die Karajá Kleidung, weshalb sie sich nicht mehr schwarzweiß bemalen, doch ihr traditionelles Stammestattoo hat überlebt. Jungen und Mädchen erhalten dieses Tattoo zu Beginn der Pubertät. Auf jeder Wange wird direkt unter

Unten: Télèbies-Mann

den Augen ein Kreis tätowiert, der zwölf Millimeter im Durchmesser misst. Der Tattoo-Spezialist, *wairadú*, presst das Ende eines abgeschnittenen Bambusrohres auf die gewünschte Stelle, wodurch ein gleichmäßiger Kreis entsteht. Diesen schneidet er dann mit einer scharfen Steinklinge ein und reibt einen blauen Farbstoff hinein, der aus der Jenipapo-Pflanze gewonnen wird. In der Vergangenheit trugen die Mädchen auch manchmal noch einen blauen Punkt auf dem Kinn, der sie attraktiver machen sollte. Häuptlinge und deren Frauen waren am Kinn mit mehreren schwarzen Linien tätowiert, die ihren Status unterstrichen.

Die früheren Nachbarn der Karajá aus dem Süden, die Tapirapé, wurden nach ihrer Hochzeit mit vertikalen Linien am Kinn und von den Mundwinkeln über die Wangen ausstrahlenden Linien tätowiert. Im Jahre 1886 entdeckte der Anthropologe Meyer ein seltenes Tattoo, welches die

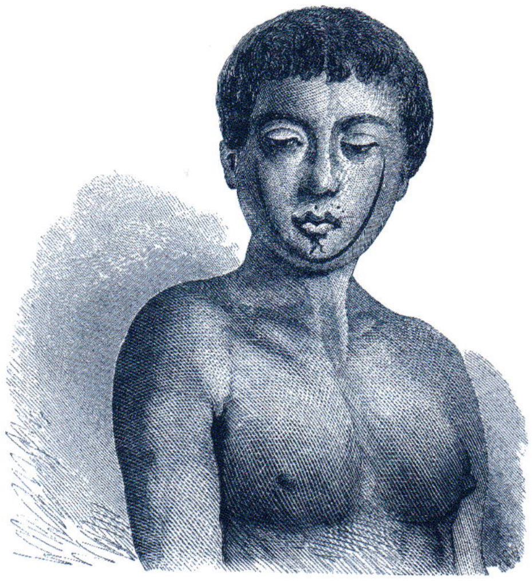

Yamarikuna trugen, die im Gebiet des Xingu-Flusses, im Westen der Karajá, lebten. Er begegnete einem jungen Paar, deren Nägel tätowiert waren. Seinen Aufzeichnungen und Skizzen zufolge hat es den Anschein, dass die Nagelmuster eingekratzt und dann mit schwarzen Farbpigmenten gefüllt worden waren.

Die kriegerischen und kannibalischen Stämme der Tupinamba und Munduruku aus dem Amazonasgebiet verfügen über eine sehr ausgeprägte Tätowierkultur. Männer wie Frauen waren vollständig von Tätowierungen bedeckt, die sie vor den Geistern erschlagener Feinde beschützen sollten. „Tupinamba" ist ein Sammelbegriff für alle Stämme, die den Tupi-Guarani-Dialekt sprechen. Bis zum Beginn des siebzehnten Jahrhunderts dominierten sie das westliche Brasilien und erlangten durch die Veröffentlichung der illustrierten Reiseberichte des deutschen Soldaten Hans Staden im Jahre 1552 einen gewissen Bekanntheitsgrad bei den Europäern. Dieser war, nachdem er 1552 Schiffbruch erlitten hatte, zusammen mit einigen Portugiesen von den Tupinamba gefangen genommen worden. Seine Gefährten wurden rasch aufgegessen, denn frühere Begegnungen hatten zu einem tiefen Groll gegen die Portugiesen geführt. Staden aber hatte während seines dreijährigen Aufenthalts in Brasilien recht gut Tupi sprechen gelernt und bat den Häuptling, ihm sein Leben zu schenken. Er gab vor, Franzose zu sein, wurde aber schnell entlarvt. Dennoch konnte er ein paar weitere Monate überleben und schließlich gelang ihm die Flucht.

Linke Spalte:
Pano-Remo-Frau

Unten:
Desana-Mann und verschiedene brasilianische Frauentattoos

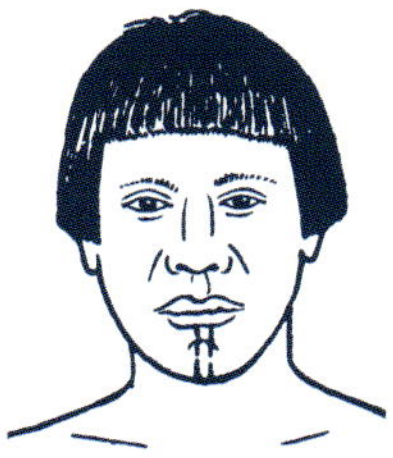

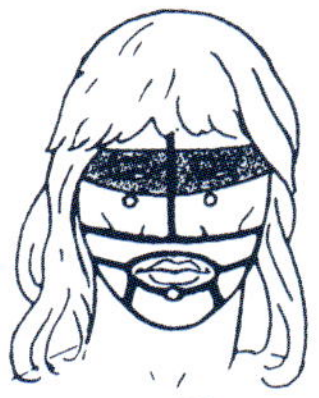

Linke und rechte Spalte:
Arára-Männer

ZWEI TYPISCHE TATTOOS DES AMAZONAS

Während des achtzehnten und neunzehnten Jahrhunderts wagte sich eine wachsende Anzahl von Europäern immer tiefer in das Amazonasgebiet hinein. Dem haben wir zu verdanken, dass sich ein deutlicheres Bild der einheimischen Tattoobräuche zeichnen lässt. Die Tupi-sprechenden Apiaka, die entlang des Arinos-Flusses siedeln, kamen erst zu Beginn des neunzehnten Jahrhunderts in Kontakt mit den Kolonisten. Scheinbar bemalten sie ihre Arme und Beine mit einer Vielfalt an Mustern und stachen Stammesmotive in ihre Gesichter. Das Design der Männer bestand aus drei parallelen Linien von den Ohren zum Mund und einer viereckigen Fläche um den Mund herum, während die Frauen ein breites Band zierte, das vom Kinn zu den Ohren verlief. Die Kayabi-Männer, die etwas weiter im Süden lebten, trugen auf Höhe des Mundes zwei parallele Linien und einen einzelnen Streifen auf den Wangen, ihre Frauen trugen zwei vertikale Linien um den Mund.

Wie es scheint, gibt es zwei Tattoo-Designs, die sich im gesamten, riesigen Amazonasgebiet durchsetzten. Das erste war ein Tattoo um den Mund herum, das meistens flächig war, manchmal jedoch nur aus ein paar Linien in den Mundwinkeln bestand. Das zweite bestand aus mehreren parallelen Bögen oder Streifen, die sich vom Kinn oder Mund bis zu den Ohren erstreckten. Sie wurden entweder einzeln oder in vielen Kombinationen tätowiert. Auch wenn sie jeweils unterschiedlich ausgeführt worden waren, fand man diese beiden Tattoos bei den karibischen Stämmen im nordöstlichen Amazonasgebiet, bei den Pano und benachbarten Stämmen weit im Westen sowie bei den Apiaka, die tief in den Regenwäldern Zentralbrasiliens zu Hause sind.

Die Tattoos wurden bereits in einem frühen Alter mit einem Dorn appliziert, wobei Harz oder Ruß als Tinte dienten. Einige Stämme verwendeten den scharfen Zahn eines Piranhas oder anderen Raubtieres und als Färbemittel Jenipaposaft. Nur äußerst selten hat man diese beiden Designs außerhalb des Amazonasgebietes angetroffen und niemals in der Karibik oder in Mittelamerika. Im sechzehnten Jahrhundert erwähnte Ulrich Schmidel ähnliche Streifen in den Gesichtern der Frauen des Chaco-Stammes und die Spanier beschrieben die Manta, einem Stamm der ecuadorianischen Küste, als „die Menschen mit den tätowierten Gesichtern", da diese von den Ohren bis zum Kinn tätowiert waren. Die Europäer nahmen an, dass diese Gesichtstattoos Stammeszeichen waren, die als Erkennungszeichen dienten. Vermutlich dachten sie das deshalb, weil es ihnen selbst leichter fiel, die einzelnen Stämme anhand ihrer Gesichtstattoos voneinander zu unterscheiden. Die Ticuna zum Beispiel trugen eine wunderschöne Abwandlung des Mundtattoos: Dekorative Schnörkel entsprangen den Mundwinkeln und ringelten sich über die Wangen. Die Conibo und Shipibo, zwei der großen Pano-Stämme, waren mit breiten Streifen vom Mund zu den Ohrläppchen tätowiert. Es gibt noch viele weitere Varianten. Es ist allerdings merkwürdig, dass so verschiedene Stämme wie die Warrau, Arawak, Kariben und Pano so ähnliche Stammeszeichen verwendeten. Vermutlich ahmten sie einander nach und jeder Stamm verlieh dem Tattoo seine eigene Gestalt und Bedeutung. Im zentralen Amazonasgebiet scheint die Breite eines Mundtattoos den Status eines Mannes angezeigt zu haben.

Links und rechts unten: Eingeborene Boliviens, von A. d´Orbigny, ca. 1800

Linke Spalte:
Apiaco mit tätowiertem oder gefärbtem Mund, von Hercule Florence, ca. 1830

Conibo mit Gesichtstätowierung, von V. Rion, ca. 1860

Gesichtstätowierungen der Shipibo, von V. Riou, ca. 1860

Karajá-Mann,
ca. 1950

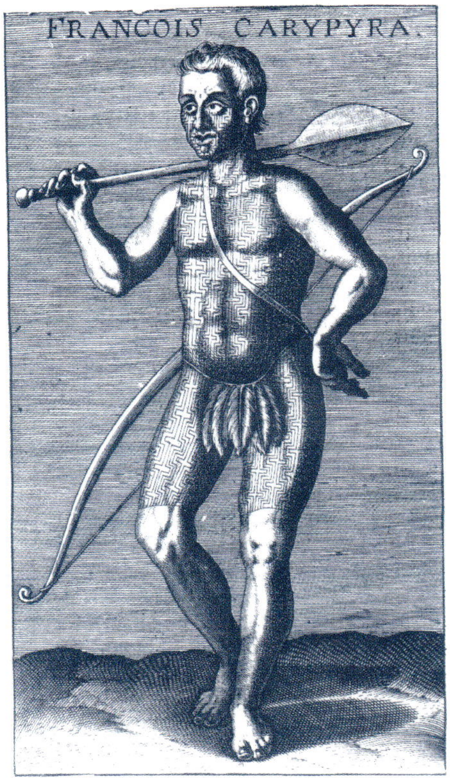

Linke Spalte: *Tupinamba, von Claude d´Abbeville, 1614*

Da sie die Rache der Geister ihrer Opfer nach einem Überfall fürchteten, schützten sich die Tupinamba-Krieger, indem sie sich eine Rüstung aus Linien auf die Körper tätowierten. Der Schamane oder Medizinmann ritzte mit einem „Wundkratzer", einer Säge aus den Zähnen wilder Tiere, eine Rüstung aus parallelen Linien über den gesamten Körper. Dann wurden verbranntes Jatobakautschuk oder brauner Jenipaposaft in die frischen Wunden gerieben. Tätowieren war bei den Tupinamba auch Teil eines Übergangsrituals für Mädchen. Nach ihrer ersten Menses wurde dem Mädchen der Kopf rasiert und geometrische Muster auf den Rücken tätowiert. Bis zu ihrer zweiten Periode wurde sie isoliert (*tapu*). In den ersten drei Tagen war es ihr nicht erlaubt, ihre Hängematte zu verlassen und wenn es nötig war, wurde sie von ihrer Mutter hinausgetragen. Sobald ihre zweite Menstruation einsetzte, bekam sie weitere Tattoos auf den Brüsten, dem Bauch und dem Gesäß und durfte sich daraufhin wieder freier bewegen. Doch erst bei der dritten Menstruation wurden alle Tabus aufgehoben.

Die Munduruku, die heute ein friedlicher Stamm von Kautschuksammlern sind und an den Ufern des Tapajóz leben, waren einstmals der gefürchtetste und mächtigste Stamm in Zentralbrasilien. Sie waren Kopfjäger und sammelten die Köpfe ihrer Feinde als Kriegstrophäen. Zu Beginn des neunzehnten Jahrhunderts verhandelten die Portugiesen einen Waffenstillstand, was ihnen das Leben rettete – im Gegensatz zu den Tupinamba. Der englische Biologe Henry Walter Bates nahm 1852 an einer Expedition entlang des Tapajóz teil. Die Männer des Dorfes, in dem sie Halt machten, waren gerade von der Jagd auf eine Horde „wilder" Pararauate zurückgekehrt. Einige Dorfbewohner waren im Gesicht, an den Schultern und auf der Brust tätowiert. Einer der Krieger trug ein halbrundes flächiges Tattoo über Kinn und Mund. Erstaunlicherweise wies der Häuptling, ein junger Mann, gar keine Tätowierungen auf. Bates behauptete, das liege daran, dass die Munduruku ihre Kinder nach dem Waffenstillstand mit den Portugiesen kaum noch tätowierten. Es könnte aber auch sein, dass die Munduruku-Krieger erst das Recht auf ein Tattoo erwarben, wenn sie einen Feind getötet hatten. Sie bedeckten ihre Körper mit ineinander verschlungenen Tattoos als Schutz vor den Geistern ihrer Opfer. Die Technik ähnelte der des Südpazifiks. Sie verwendeten einen großen Kamm, der aus scharfen *pupunha*, Palmendornen, bestand und dem Wundkratzer der Tupinamba ähnelte. Indem sie fest auf den Kamm schlugen, wurden kleine Löcher in die Haut gebohrt, die man dann mit Kohle auffüllte.

Oben: *Kreisstempel der Karajá*

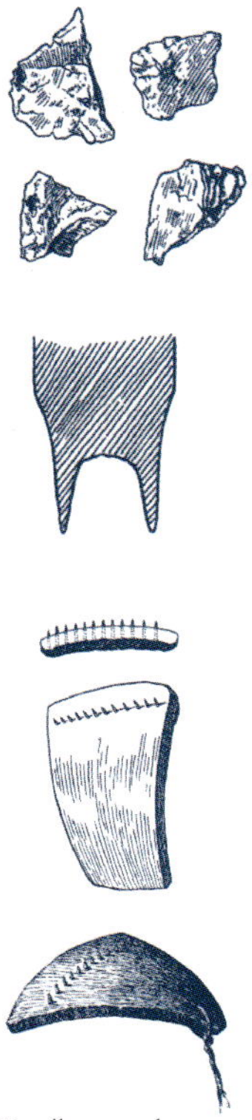

Wundkratzer der Munduruku

Munduruku, von Hercule Florence, 1830

Munduruku-Krieger, von Hercule Florence, 1828

Kopfschmuck der Munduruku, von Hercule Florence, 1830

Linke Spalte: Munduruku-Krieger mit Kriegstrophäe, von Barbara Rodrigues, 1828

GESCHMÜCKTE FRAUEN IM GRAN CHACO

Auch die Menschen, die im Süden des Amazonasgebietes die weiten Prärien Perus, Uruguays und Argentiniens bewohnen, waren ausgiebig tätowiert. Allerdings bevorzugten sie im Gegensatz zu ihren nördlichen Nachbarn eine temporäre Körperbemalung, die sie vor allem zu Zeremonien trugen. Die argentinischen Tehuelche (Patagonier) beispielsweise waren gezwungenermaßen tätowiert und benutzten stattdessen Farbe, um sich zu bestimmten Anlässen zu schmücken. Die Frauen malten sich am Abend vor ihrer Hochzeit weiß an mit einer Substanz, die dem Gipspulver ähnelt, ebenso taten das Kinder an ihren Geburtstagen und Männer nach der Geburt eines Kindes. Bei einigen Tehuelche wurden Tätowierungen auch genäht, ähnlich wie bei den Inuit Kanadas und Alaskas. Ein Stückchen Haut des Unterarms wurde zwischen Daumen und Zeigefinger gehalten und ein mit Ruß getränkter Faden wurde unter die Hautoberfläche genäht. Zwar ist diese Technik in Südamerika kaum verbrei-

Apiaco-Familie, von Hercule Florence, 1828

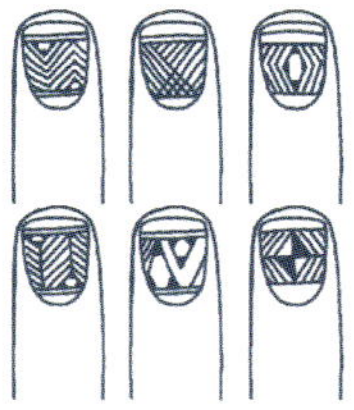

Oben: Nageltattoos der Yamarikuna

tet, doch auch von den Coroado im östlichen Brasilien wird sie verwendet.

Die Charuás, Yaró und Minuané aus den Prärien Uruguays tätowierten sich ebenfalls. Das Leben der Charruás sollte sich für immer verändern, als die Spanier Pferde ins Land brachten. Einstmals Fischer, wurden sie nun zu nomadischen Jägern. Sie waren geschickt mit dem *balos*, einem beschwerten Lasso, und hielten große Viehherden. Männer und Frauen tätowierten ihre Gesichter mit blauen Linien, wobei die Anzahl der Linien ihren Stamm anzeigte. Einige Gruppen der Charruás tätowierten ihren gesamten Körper. Wenn wir den Erzählungen der Missionare Glauben schenken wollen, müssen die schönsten Tätowierungen in ganz Südamerika die der Frauen vom Gran Chaco gewesen sein. Der Gran Chaco ist eine weite Ebene, die sich über Teile Argentiniens, Boliviens und Paraguays erstreckt und ihren Namen von dem spanischen Wort *quechua*, „Jagdgründe", bekommen hat. Alle Frauen in dieser Region, bis auf die der Chamacoco, waren tätowiert. Man glaubte, die Frauen besäßen keinen natürlichen Schutz gegen die Kräfte der bösen Geister, und so boten magische Tattoos ihnen dauerhaften Schutz. Dieser Glaube war so stark, dass die Männer nicht tätowierte Frauen mieden. Die Mädchen wurden aus diesem Grund schon lange vor der Pubertät mit Tattoos geschmückt. Schließlich wurden die Tätowierungen auch zu Symbolen für Status und Schönheit und ihre ursprüngliche magische Bedeutung ging verloren. Vor allem die Frauen der Guaycurú-Indianer – darunter die Mbayá, Toba, Pilagá, Mokoví, Payaguá und Abipón – waren überaus kunstvoll tätowiert. Sie waren die herrschenden Stämme des Gran Chaco, vor allem die starken Reiter der Abipón, Mbayá und Toba. Die Frauen erhoben das Tätowieren zu einer Kunstform, an der auch die Männer teilhaben konnten.

Oben und rechts: Mocoví, ca. 1750

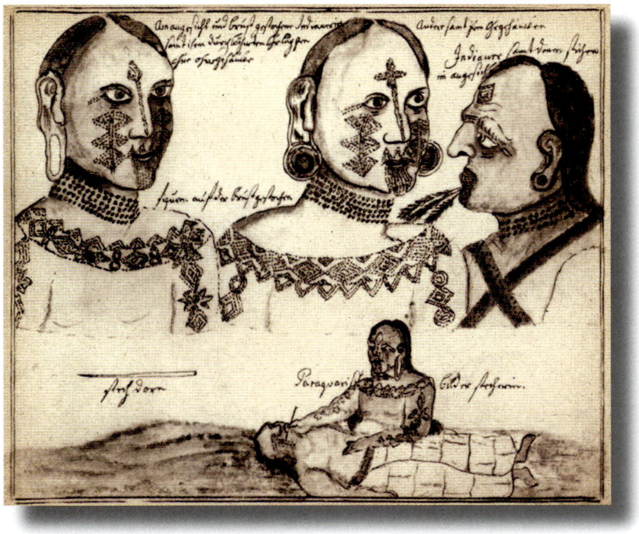

Tattoos der Frauen als Statussymbol

Florian Paucke, ein Deutscher, der 1752 in der Missionsstation im Gran Chaco arbeitete, beschrieb die Tattoos der Mokoví. Während die Männer nur drei bis vier Linien zwischen den Augen oder unter der Nase trugen, waren die Tätowierungen der Frauen sehr viel aufwändiger. Man sagte den Mädchen, dass die lange und schmerzhafte Tortur sie auf die Geburt ihrer Kinder vorbereite. Nach Vollendung der Tattoos durfte das Mädchen eine Weile das Haus nicht verlassen, da man glaubte, dass frische Luft die Tattoos zerstöre. Eine der älteren Frauen war die Tätowiererin und benutzte einen Kaktusstachel und einen Farbstoff aus Ruß, Spucke und Asche. Die Asche besaß magische Eigenschaften und schützte vor übel wollenden Geistern. Die Muster bestanden aus fünf oder sechs dreieckigen Motiven unter der Nase sowie einer Raute auf der Stirn. Nachdem das Gesichtstattoo vollendet worden war, wurden Brüste und Arme tätowiert. Die Stachel enthielten eine kleine Menge natürlichen Giftes, was die Augenlider und Lippen extrem anschwellen ließ, und der Heilungsprozess dauerte manchmal über drei Monate an.

Pater Martin Dobritzhofer, ein jesuitischer Missionar, hinterließ detaillierte Beschreibungen der Tätowierpraktiken der Abipón, einem Stamm, der im achtzehnten Jahrhundert das südliche Paraguay bewohnte. Er war der Ansicht, dass die Stammesangehörigen durch die Tattoos abscheulich anzusehen waren und nicht einmal wüssten, was die Muster eigentlich bedeuteten. Er schaffte es nicht, den Brauch auszurotten, konnte aber die Männer und Frauen überzeugen, sich als Stammeszeichen ein Kreuz auf die Stirn zu tätowieren. Aus den Tattoos einer Frau konnte man ihre Abstammung erkennen. Je mehr Tattoos sie besaß, desto höher war ihr Status innerhalb des Stammes. Eine Frau, deren Gesicht nur drei oder vier schwarze Linien zierten, war entweder von geringerer Geburt oder eine Gefangene oder Sklavin. Bereits 1535 beobachtete man Tätowierungen bei den Frauen der Mbayá (Cueremagbas), die aus wenigen blauen Streifen im Gesicht bestanden. Im siebzehnten Jahrhundert trugen adlige Frauen Vierecke und Dreiecke auf

Tanzende Patagonier, von B. Castelli, ca. 1850

ihren Schultern und Handgelenken, während Frauen niederen Ranges nur eine Reihe auseinandergehender Linien auf der Stirn hatten. Gegen Ende des neunzehnten Jahrhunderts verloren die Tattoos ihre prestigeträchtige Bedeutung und der Brauch starb innerhalb weniger Generationen gänzlich aus.

Die Toba waren von allen Stämmen des Gran Chaco die mächtigsten. Fremden und Missionaren waren sie entschieden feindlich gesinnt. Zurückblickend war dies eine weise Entscheidung, denn die Toba gehören zu den wenigen übrig gebliebenen indigenen Völkern der Region. Die Mädchen wurden während der Ernte der lokalen Spezialität, *chauchas del algarrobo*, einem Gericht aus Johannisbrotfrüchten, tätowiert. Die Eltern baten dann die Stammesältesten, eine Zeremonie zu veranstalten, während der ihren Töchtern ein Name gegeben werden würde. Eine Frau aus dem Stamm, welche die Vorfahren des Mädchens kannte, suchte dann einen Namen aus, der dem Charakter des Mädchens am besten entsprach. Das Ritual endete mit der Tätowierung der Gesichter der Mädchen.

Die Mataco-Matagayo sprechenden Stämme des zentralen Gran Chaco waren nicht ganz so aufwändig tätowiert wie die der Guaycurú-Gruppe. Die ursprüngliche Funktion ihrer Tattoos – nämlich die Frauen vor Krankheiten und bösen Geistern zu schützen – war eine ähnliche. Die Designs der Ashuslay bestanden aus einer Linie am Kinn, während die Choroti-Mädchen eine Linie auf der Stirn trugen. In den Jahren vor der Pubertät wurden ihnen weitere Linien, Kreise und Sicheln hinzugefügt. Die Chiriguano und Tapiete waren auf dieselbe Weise tätowiert wie die Choroti.

Neben dem magischen Schutz, den sie boten, machten Tätowierungen auch deutlich, ob eine Frau noch zu haben

Oben und linke Spalte: Abiponer, von Martin Dobritzhoffer, 1784

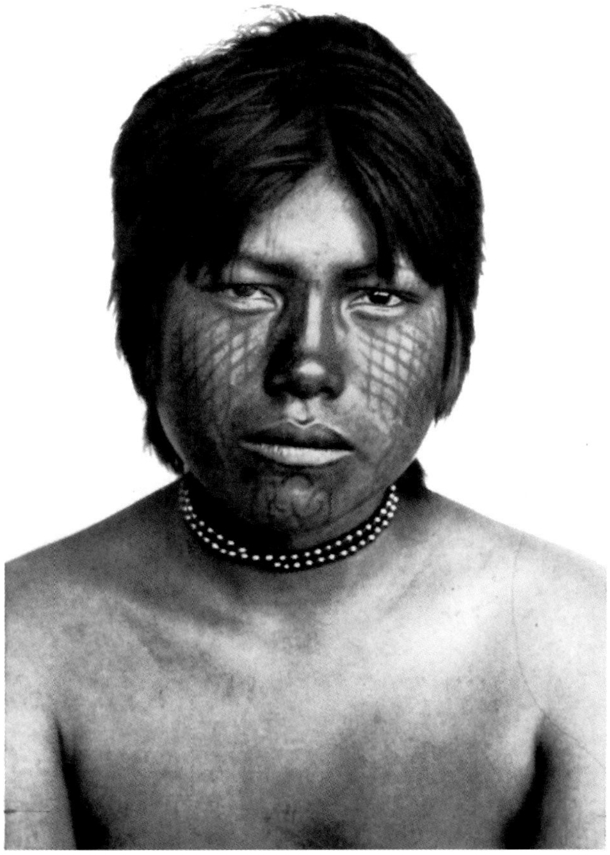

Rechte Spalte oben: Netzmuster der Toba

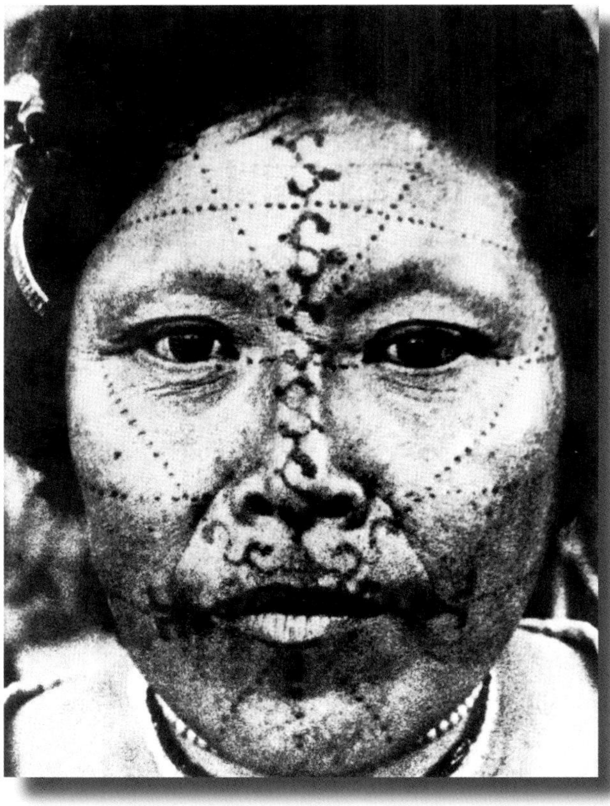

Rechte Spalte unten: Caduveo-Frau

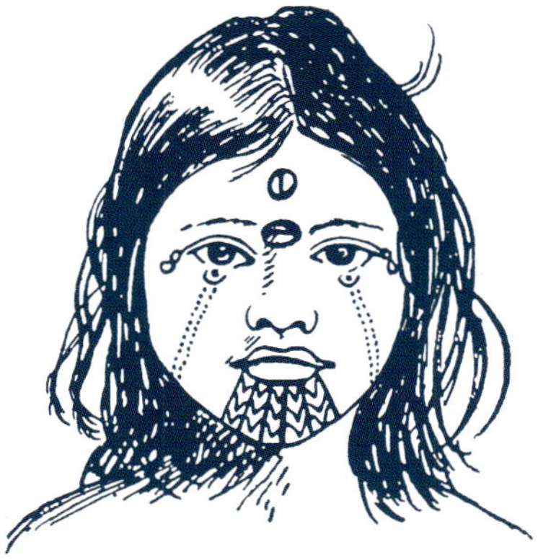

war. Die Frauen der Macá und Ashuslay tätowierten unmittelbar nach ihrer Hochzeit blaue Linien und Rauten auf das Kinn, um ihren neuen Familienstand anzuzeigen. Mit beginnender Pubertät wurde den Payaguá-Mädchen ein zwei Zentimeter breiter violetter Streifen tätowiert, der vom Haaransatz über die Nase bis zur Oberlippe verlief. Wenn sie sich verlobte, wurde der Streifen bis zum Kinn verlängert und nach der Hochzeit wurden die Brüste tätowiert.

Feuerland

Auf Feuerland, im südlichsten Zipfel des Kontinents, herrscht ein subarktisches Klima. Die indigene Bevölkerung bemalte sich mit einer öligen Substanz, die sie zugleich

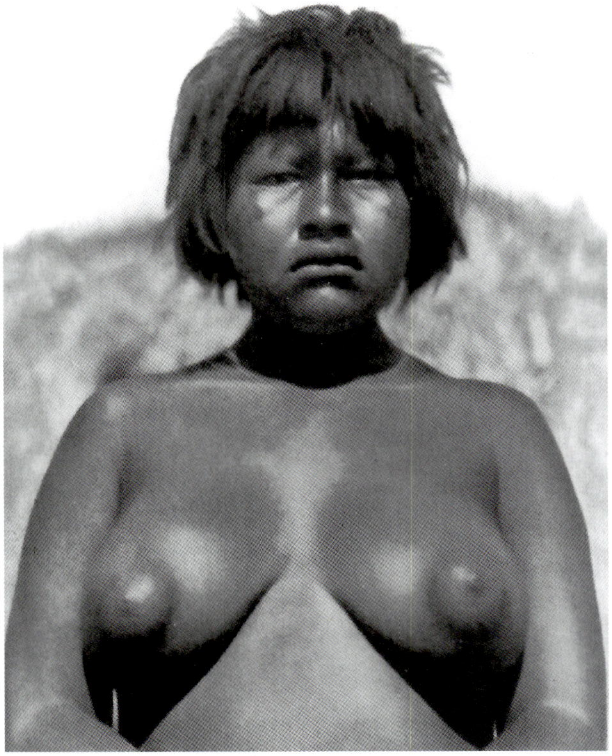

vor Insekten und der Kälte schützte. Obschon sie einen Großteil des Tages damit zubrachten, sich mit dieser Salbe einzureiben, fanden sie dennoch Zeit für das Tätowieren. Besonders bei den Jugendlichen zweier Gruppen der Ona – den Selk´nam und den Haush – wurde das Tätowieren gegen Ende des neunzehnten Jahrhunderts plötzlich populär. Mädchen und Jungen verzierten ihre Körper mit kleinen Tattoos, indem sie Kohle in eine Reihe kleiner, tiefer Einschnitte quer über dem Unterarm rieben. Die Narben verblassten nach und nach und ließen hellblaue Linien zurück. Die Eltern missbilligten diese Praktik und blieben bei den traditionellen Körperdekorationen.
Ein anderer Stamm aus Feuerland, die Yámana, verwendeten Tattoos um anzuzeigen, wenn ein Jugendlicher den Wassertanz vollzogen hatte. Mit beginnender Pubertät mussten Jungen und Mädchen sich einer Reihe von Ritualen und Belastungsproben unterziehen, die sich über mehrere Monate hinweg zog. Erst nach deren Vollendung wurden sie als vollwertige Stammesmitglieder

Linke Spalte: Choroti-Frau, ca. 1910

Rechte Spalte: Antis-Paar, von V. Riou, ca. 1860

Oben: Gesichts-Designs der Choroti

Linke Spalte: Toba-Frau

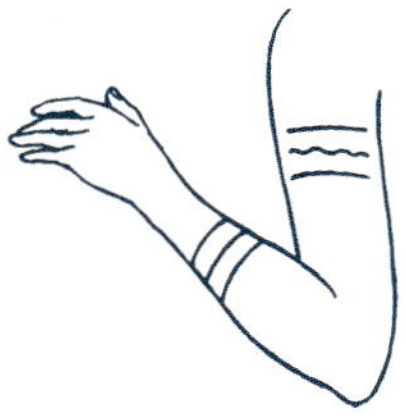

Armmuster der Choroti

Rechte Spalte: Gesichts-Designs aus Feuerland

angesehen. Der Wassertanz war ein wichtiges Element dieser Rituale und symbolisierte die Abhängigkeit des Stammes vom Wasser. Alle Dorfbewohner gingen ins Wasser und führten einen freudigen, allerdings streng choreografierten, Tanz auf. Danach versammelten sie sich in der großen Gemeinschaftshütte und den angehenden Stammesmitgliedern wurden kleine vertikale Inzisionen in die Brust geschnitten, in welche dann roter Farbstoff geschmiert wurde. Nach ein paar Tagen blieben unauslöschliche Linien zurück als Beweis, dass sie an dem Ritual teilgenommen hatten. Die Furcht vor den spanischen Missionaren setzte diesen Initiationsritualen schließlich ein Ende.

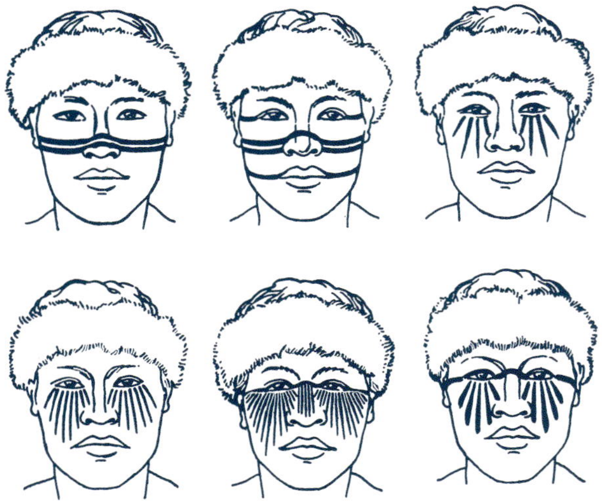

TÄTOWIERTE INKA-MUMIEN

An der Westküste Südamerikas, vor allem in Peru und in den Anden, existierte einstmals eine Anzahl hochentwickelter Zivilisationen, wie zum Beispiel die Inka. Mit der Ankunft der spanischen Konquistadoren – und der darauf folgende Tod zweier überaus bedeutender Inka-Führer – erklang das Todesgeläut für dieses einst so mächtige Reich. Der Spanier Pizarro ließ den großen Inka-Führer Atahualpa hinrichten, weil dieser, als er in spanischer Gefangenschaft war, heimlich die Ermordung seines eigenen Halbbruders Huascar veranlasst hatte. Bei den Inkas gab es ein Klassensystem und Dynastien. Die Priester bildeten eine eigene Klasse und widmeten sich ausschließlich der Verehrung der vielen Götter der Inka. Die Herrschaft des Führers war uneingeschränkt und umfasste riesige Gebiete, die in kleinere Bezirke unterteilt waren.

Ausgrabungen in den ausgedörrten Regionen Perus haben mehrere Inka-Mumien aus dem elften Jahrhundert zutage befördert, die möglicherweise tätowiert waren. Einige Experten sind der Ansicht, dass die Hautdekorationen keine echten Tätowierungen darstellen, sondern Körperbemalungen aus Jenipaposaft, die erst nach dem Tod hinzugefügt worden waren. Einige dieser Mumien sind über 2.000 Jahre alt. Wenn es sich also um echte Tattoos handelt, kann man davon ausgehen, dass sogar noch ältere Stämme, wie die Nazca, Moche und Chimu, mit der Praktik vertraut waren. Man hat eine herrliche 1.500 Jahre alte Mumie eines Mädchens mit zwei Meter langem Haar und dem Tattoo eines Vogels auf ihrem linken Arm entdeckt. Auch Keramik und Vasen wurden ausgegraben, die mit Zickzacklinien, Rauten und stilisierten Tieren, wie Schlangen, Vögeln, Fischen und Fabelwesen, verziert sind. Diese Motive könnten auch für Tätowierungen verwendet worden sein.

Weibliche Terrakotta-Statuetten, Nazca-Kultur, 100-700 n. Ch

Links unten: Terrakotta-Statuette eines Gefangenen, Mochica-Kultur, 100 v. Chr. - 600 n. Chr.

Rechts unten: Weibliche Terrakotta-Statuette, Nazca-Kultur, 100-700 n. Chr.

Kutchin
Dené
Tlingit
Tsimshian
Haida
Shuswap
Kwakiutl
Lillooet
Thompson
Okanagan
KANADA
Kust Salish
Spokane
Chipewyan
Makah
Nootka
Cree
Puyallup
Blackfoot
Chinook
Crow
Chippewa
Ottawa
Huronen
Twana
Sioux
Tolowa
Cheyenne
Ponca
Klamath
Yuma
Neutral
Irokesen
Shasta
Omaha
Ioway
Hutchnom
Illinois
Fox
Mattoal
Delawaren
Yurok
Hupa
USA
Kansa
Cahuilla
Arapaho
Oklahoma
Cherokee
Mohave
Osage
Quapaw
Walapi
Kiowa
Chickasaw
Roanoke
Apache
Sixtown
Pomeoc
Navaho
Hinsai
Caddo
Creek
Pima
Komantschen
Wichita
Choctaw
Timucua
Kickapoo
Seminole
MEXIKO

KAPITEL 10

NORDAMERIKA

„Ich habe mich freiwillig diesen schmerzhaften Prozeduren unterzogen. Man hatte mich eingeladen, auf einem Tigerfell Platz zu nehmen. Einer der Wilden verbrannte ein wenig Stroh und vermischte die Asche mit Wasser. Diese einfache Mixtur verwendete er, um die Umrisse einer Ziege zu zeichnen, darauf folgte die Skizzierung mit festen Nadeln, die in die Haut gestochen wurden und das Blut zum Fließen brachten. Das Blut hinterlässt zusammen mit der Asche ein unauslöschliches Bild. Hinterher rauchte ich mit ihnen eine Pfeife."

Zwischen 1757 und 1762 reiste der französische Marineoffizier Bernard Bossu zu Fuß durch das Mississippi-Tal und lebte eine Zeitlang bei den Quapaw. Die Quapaw betrachteten ihn als einen großen Mann und zeichneten ihn mit dem Kriegertattoo einer Ziege auf dem Bein. Er gehörte zu den wenigen Fremden, denen eine solche Ehre zuteil wurde. Obschon es bei den nordamerikanischen Indianern zu jener Zeit eine sehr lebendige Tätowierkultur gab, starb sie erstaunlicherweise innerhalb weniger Generationen aus.

Mann aus Florida, von John White, 1585, nach Jaques Le Moyne de Morgues, ca. 1564

Nachdem Columbus in Amerika gelandet war, rissen die Spanier große Landstriche der Neuen Welt an sich. Dennoch dauerte es ein weiteres Jahrhundert, ehe andere europäische Seemächte ihre Abgesandten ausschickten, um die Tauglichkeit der Gebiete für eine Kolonialisierung zu erwägen. Während einer solchen Reise zur Kartierung Floridas, zeichnete der Franzose Jacques Le Moyne de Morgues kunstvoll tätowierte Häuptlinge. Auch John White, der erste englische Gouverneur von Virginia, porträtierte die amerikanischen Indianer, die er gesehen hatte. Der Holländer Théodore de Bry erwarb die Vervielfältigungsrechte an Whites und Le Moynes Aquarellen. Sein illustriertes Buch über Amerika, das 1603 erschien, eröffnet uns gute, wenn auch ein wenig verzerrte Eindrücke der indigenen Praktiken jener Zeit. De Brys Drucke und Beschreibungen – ideali-

Rechte Spalte: Frau aus Virginia, von John White, 1585

sierte Betrachtungen der Indianer – sollten neue Siedler in die Neue Welt locken. Die Indianer wurden mit europäischen Charakteristika dargestellt und ihr Glauben an übernatürliche Mächte wurde als primitiv und harmlos abgetan. Die Geschichte Amerikas ist ein wirklich anschauliches Beispiel für die Zerstörung einer indigenen Kultur durch die Europäer. Kriege und die Krankheiten, welche die Europäer unbeabsichtigt einschleppten, dezimierten die Bevölkerung erheblich. Ohne Chancen gegen die dominante westliche Kultur konnten nur kleine und unbedeutende Gruppen überleben, einige davon in Reservaten. Die amerikanischen Anthropologen des zwanzigsten Jahrhunderts versuchten rasch, die im Untergang begriffenen Kulturen zu dokumentieren, doch für viele Traditionen war es bereits zu spät. Vieles von der ursprünglichen Pracht und Bedeutsamkeit

Timucua-Frau, Florida, nach Jaques Le Moyne de Morgues, ca. 1564

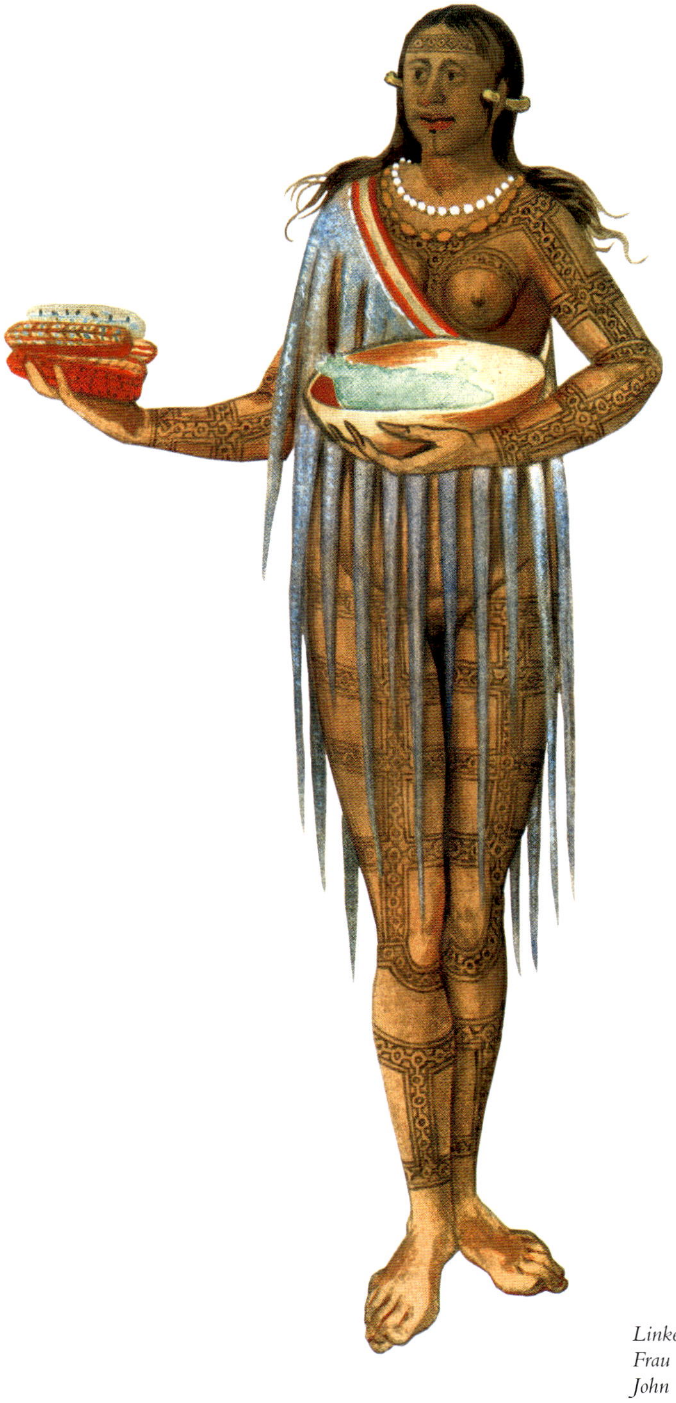

Linke Spalte: Frau aus Virginia, von John White, 1585

Sonnenpriester aus Louisiana, ca. 1700

der Tätowierungen war schon Ende des neunzehnten Jahrhunderts verloren gegangen. Wie es ein eingeborener Kalifornier ironisch ausdrückt: „Als sie begannen, die Kleidung des weißen Mannes zu tragen, waren die Tattoos ohnehin nicht mehr sichtbar".

Kriegertattoos waren einstmals weit verbreitet im östlichen und nordöstlichen Nordamerika. Sie waren *die* Symbole männlicher Kraft schlechthin, doch ihre Bedeutung nahm angesichts der europäischen Hegemonie immer weiter ab und schließlich verschwanden sie gegen Ende des achtzehnten Jahrhunderts. Einst waren die Tattoos Ehrenzeichen für privilegierte Krieger der Cree, Sioux, Cheyenne, Arapaho und deren Familien. Diese Stämme lebten in den amerikanischen Plains, jenem riesigen Grasland zwischen den Rocky Mountains und dem Mississippi, wo sie sich mit frühen Kolonisten erbitterte Kämpfe lieferten. Am längsten konnte das Tätowieren im Westen Nordamerikas überleben. Obschon die meisten Frauen dekorative Tattoos trugen, waren die Männer mancher Kriegerstämme, wie der Apachen und Komantschen, nur gelegentlich tätowiert.

Wichita-Frau, von (links) und nach (rechts) George Catlin, ca. 1850

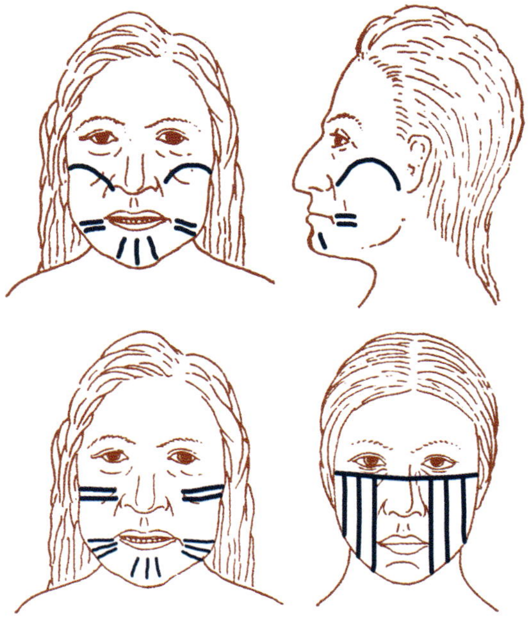

Linke und rechte Spalte: Thompson-Tattoos

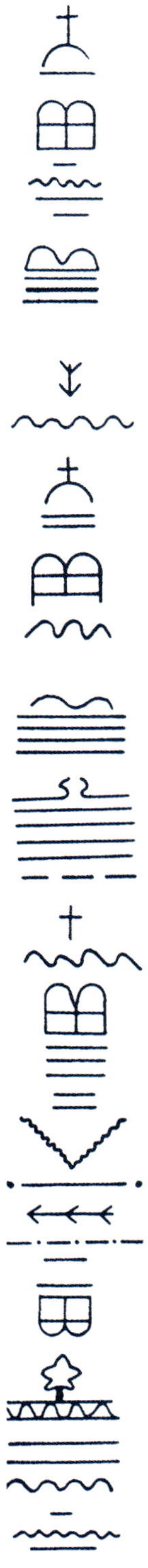

Thompson-Designs

DEKORATIVE TATTOOS

Tätowierungen waren in erster Linie ein Schmuck für die Frauen fast im gesamten Westen Amerikas und sollten anziehend auf das andere Geschlecht wirken. Im Allgemeinen gilt: Je südlicher der Stamm, umso kunstvoller die Designs. Im südwestlichen Oklahoma nannten die Komantschen und Kiowa ihre Nachbarn, die Wichita, sogar „das tätowierte Volk". Angehörige dieses Stammes trugen komplexe Muster aus Linien und Dreiecken im gesamten Gesicht, am Hals und auf der Brust. Um die Brustwarzen der Frauen wurden drei konzentrische Kreise tätowiert, die dafür sorgen sollten, dass ihre Brüste später im Leben nicht herabhängen würden. Weiter südlich, im Grenzgebiet des heutigen Texas und Louisianas, waren die Frauen der Caddo, Hasinai und Kadohadacho ausgiebig mit einer Vielfalt von Blüten und anderen Designs tätowiert. Die Spanier zeigten sich entsetzt darüber, dass die am stärksten tätowierten Frauen auch die begehrtesten waren.

Einige magische Tattoos versprachen Schönheit und ewige Jugend. Bis zum neunzehnten Jahrhundert wurden die Pima aus dem südlichen Arizona schon bald nach der Geburt mit einer kleinen Linie unter dem unteren Augenlid tätowiert. Die Mütter der benachbarten Opata tätowierten ihren Babys Schönheitsmale – schwarze Punkte – um die Augenlider herum. An anderen Orten symbolisierten Tätowierungen Liebe und Treue. Die Jungen des Thompson-Stammes aus British Columbia tätowierten sich mit einer Vielfalt von Traumbildern, um die Mädchen zu beeindrucken. Die Mädchen tätowierten einander die Handgelenke mit Designs, die männliche Attribute beinhalteten: ein Pfeil für einen Jäger und ein Rad für einen Spieler. Sie hofften, dadurch würden sich ihre Hochzeitsaussichten verbessern. Tätowieren war für verliebte Jugendliche der Walapai und Yavapai aus dem zentralen Arizona eine amüsante und fesselnde Freizeitbeschäftigung. Jungen und Mädchen schnappten sich das jeweilige Objekt ihrer Begierde, banden es am Boden fest und tätowierten Liebessymbole auf seinen bzw. ihren Arm. Auch Frischvermählte der Thompson und der Pima tätowierten einander, um ihre ewige Liebe zu bezeugen.

Kinntattoos wie bei den Inuit

Es gibt ein besonderes Schönheitssteigerndes Tattoo, das vom weiten subarktischen Norden über die westlichen Küstenstaaten bis hinunter zur mexikanischen Grenze in allen Stämmen verbreitet gewesen ist. Alle Frauen und auch die Männer einiger Stämme tätowierten von

Gesichtstätowierungen der Walapai

Dene-Frau

Cree-Frau, von Karl Bodmer, 1833

Linke Spalte:
Yuki-Frau, ca. 1870

Rechts Spalte:
Tatu-Frau, ca. 1870

den Mundwinkeln auseinander laufende Linien über das Kinn und einige Streifen auf die Wangen. Europäische Reiseberichte aus dem achtzehnten Jahrhundert belegen, dass die alten Stämme aus dem Norden auf diese Weise verziert waren: die Kutchin aus dem Nordwesten, die Chipewyan und Dené aus der Mackenzie Region sowie die Cree und Chippewa in Ontario. Die meisten kalifornischen Stämme trugen ähnliche Tattoos, doch diese waren zarter und kunstvoller: Die Yurok und Karok tätowierten die Linien in Form zarter Blätter; in Nordkalifornien war das Kinn der Frauen fast vollständig blau tätowiert, wobei schmale Linien ausgespart wurden; Shasta-Frauen trugen große schwarze Flächen auf dem Kinn und den Wangen; und die weiter südlich lebenden Yuma und Mohave füllten den Raum zwischen den Linien manchmal vollständig mit schwarzer Farbe auf. Neben dem traditionellen Kinntattoo trugen die meisten kalifornischen Frauen außerdem Tätowierungen auf den Brüsten, Armen und Oberschenkeln. Die Huchnom wurden aufgrund ihrer starken Tätowierungen sogar „Tatu" genannt, ein Name, der ihnen vermutlich von französischen Pelzhändlern gegeben wurde.

Das Kinntattoo ist möglicherweise von der Arktis aus nach Süden gewandert, doch auch umgekehrt wäre es denkbar. Es ist bekannt, dass die Völker der Arktis und die nordamerikanischen Indianerstämme sich gegenseitig beeinflussten. Je weiter im Norden die Stämme ansässig waren, desto größer waren die Ähnlichkeiten ihrer Tattoos. Die Kutchin und die Cree standen in engem Kontakt mit den Inuit und hatten einige Bräuche mit ihnen gemein. Zwei weitere Stämme, die das Kinn tätowierten, waren die Talkema und die Twana, welche die Staaten zwischen den subarktischen Gebieten und Kalifornien besiedeln – also Oregon und Washington. Zudem benutzten die Chipewyan und die Twana dieselbe Technik wie die Inuit, wobei eine Nadel mit einem rußigen Faden so tief unter der Haut durchgezogen wurde, wie es erträglich war.

Auf die meisten Europäer machten die schwarzen Linien auf den ebenmäßigen Gesichtern der Frauen keinen Eindruck, wohingegen innerhalb des Stammes Kinntattoos das Schönheitssymbol schlechthin darstellten. Außerdem glaubte man, dass dieses Tattoo magischen Schutz bot vor allen möglichen Krankheiten, wie zum Beispiel Rheuma oder Kopfschmerzen. Frühe Kolonisten in Kalifornien vermuteten, die Männer würden anhand der Kinntattoos ihre Frauen wiedererkennen, wenn sie sich bei anderen Stämmen aufhielten. Zu jener Zeit gab es jede Menge Stammeskonflikte. Die Männer wurden für gewöhnlich sofort getötet, die Frauen aber waren wertvolle Kriegstrophäen. Nach der Schlacht war es üblich, dass die Kriegsteilnehmer weibliche Gefangene austauschten, und man nimmt an, dass die Kinntattoos bei der Identifizierung halfen. Die Indianer haben diese Theorie stets abgelehnt, ebenso wie die Idee, dass die unterschiedlichen Linien Lebensphasen anzeigten, wie es bei den Inuit-Frauen der Fall ist. Stattdessen beharren sie darauf, dass die Tätowierungen lediglich ein Schmuck zur Freude der Männer waren. Nichtsdestotrotz gab es tatsächlich Stämme, die Tattoos dazu verwendeten,

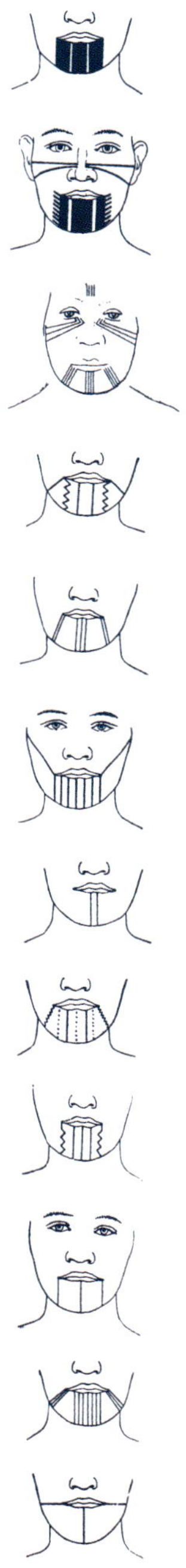

Kinnmuster aus Kalifornien

Linke Spalte:
Kutcha-Kutchin-Häuptling, ca. 1850

Rechte Spalte:
Mohave-Frau, ca. 1900

Unten:
Kinnmuster der Hupa

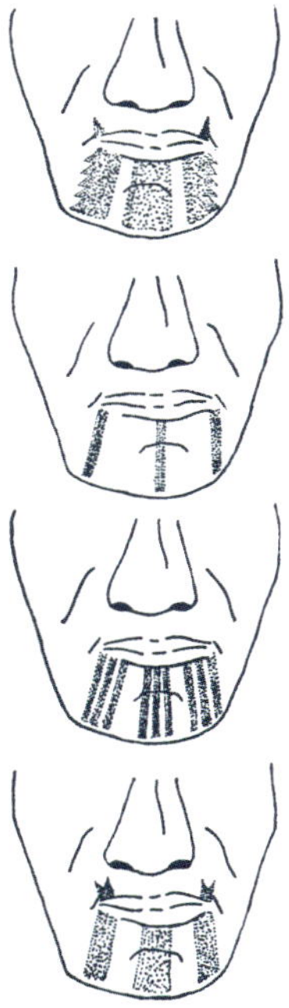

Lebensphasen anzuzeigen. Bei beginnender Pubertät wurden die Juaneño-Mädchen mit einer Anzahl von Linien auf dem Kinn tätowiert, die sich von der Unterlippe bis zu den Brüsten und Armen hinab erstreckten. Das Kinntattoo der Mohave hat scheinbar den Familienstand einer Frau angezeigt.

Worin auch immer die ursprüngliche Bedeutung gelegen haben mag, die Mädchen betrachteten das Kinntattoo immer mehr als Inbegriff weiblicher Vollkommenheit. Tattoos waren keine Pflicht, der soziale Druck war aber so gewaltig, dass kein Mädchen sich widersetzte. Zögerlichen Mädchen erzählte man, dass ihnen Eidechsen in den Mund kriechen würden, wenn sie einmal alt wären, oder dass sie später einmal wie Männer aussehen würden. Die Pima glaubten, dass die Linien Falten verhinderten und die Jugend erhielten. Den Yuma-Mädchen sagte man, dass sie ohne Tattoos keinen Zutritt zum Reich der Toten bekämen. Die Männer und Frauen der Mohave tätowierten ihr Kinn, weil sie glaubten, dass jeder, der kein Tattoo besaß, nach dem Tode in einem Rattenloch hausen musste. Sie hatten solche Angst, dass die Familie eines Verstorbenen dessen Tattoos noch einmal mit schwarzer Farbe nachzog; und eine kränkelnde ältere Person ohne Tattoos konnte sich durchaus noch einmal für ein solches entscheiden, um nach dem Tode ein besseres Leben führen zu können.

Mädchen kalifornischer Stämme wurden normalerweise von ihrem neunten Lebensjahr an tätowiert. Je nach Stamm wurden die Tätowierungen von einem Schamanen, einem männlichen Ältesten oder der Mutter des Mädchens vorgenommen. Mit zunehmendem Alter war es den Mädchen gestattet, weitere Linien oder andere Tattoos hinzuzufügen. Bei den Klamath zum Beispiel war es Brauch, sich gegenseitig zu tätowieren – Mädchen tätowierten Mädchen und Jungen tätowierten Jungen. Das Tätowieren fand ohne Zeremonien statt, allerdings veranstaltete man ein großes Fest für das gerade tätowierte Mädchen und deren Eltern. Die Mädchen mussten für die Farbe Harze sammeln und sich manchmal auch an Tabus halten. In einigen Stämmen durften die Mädchen kein Fleisch essen, ehe die Wunden nicht verheilt waren, Ungehorsam wurde jedoch nicht bestraft. Hupa-Mädchen durften nur blaue Nahrung und Seetang zu sich nehmen, weil sonst die Tattoos nicht blau werden würden. Anstelle einer Nadel verwendete man ein scharfes Stückchen weißen Quarzes, um die Muster in die

Haut zu ritzen. Dies war ein langwieriger und schmerzhafter Prozess und die Mädchen weinten hemmungslos. Der Tätowierer, ein männlicher Ältester, schabte mit einem Stock das Blut vom Kinn und rieb schwarze Tinte in die Wunden. Die Designs hatten für gewöhnlich keinen Namen, man beschrieb sie einfach als „ein paar und drei senkrechte" oder „breite Linie mit ein paar daneben".

Tolowa-Mann, 1923

Kreuz oder Kreis auf der Stirn

Die Männer von nur sehr wenigen kalifornischen Stämmen trugen Gesichtstätowierungen. Unter ihnen befanden sich die Klamath, die einen tätowierten Kreis unter jedem Auge für den Inbegriff männlicher Schönheit hielten. Mattoal-Männer trugen einen blauen Kreis auf der Stirn. Im Allgemeinen tätowierten die Männer jedoch lieber ihre Arme und die Brust. In einer Geschichte wird von einem Mann erzählt, der den Rat mehrerer Ältester ignorierte und an einer gefährlichen Stelle schwimmen ging. Er wurde von der Strömung fortgerissen und es dauerte zehn Tage, bis seine Stammesgefährten seine Leiche zwischen zwei Felsen eingeklemmt fanden. Nichts war mehr von ihm übrig geblieben, bis auf Haut und Knochen, man konnte ihn jedoch anhand der Tattoos auf seinem Arm identifizieren. Einige Hupa-, Tolowa- und Yurok-Männer trugen ein

Tolowa-Mann beim Abmessen einer Perlenkette, 1923

Linke Spalte: Sioux-Frau mit Kinntattoo und einem Punkt auf der Stirn, von George Catlin, 1832

Rechte Spalte: Chinook-Mutter mit Kind

sehr markantes Armtattoo: Sobald sie das Erwachsenenalter erreicht hatten, wurde eine Reihe von zehn schrägstehenden Linien in bestimmten Abständen auf den oberen oder unteren rechten Arm tätowiert. Man verwendete diese Linien, um den Wert von Muscheln, Pfeilen und Perlenketten festzulegen, die als Zahlungsmittel dienten. Muscheln wurden aufgereiht und abgemessen, indem man die Kette zwischen Daumen und Zeigefinger hielt und am linken Arm entlangführte. Die Linie, an der die Kette endete, bestimmte deren Wert. Bei den südlicheren Cahuilla erfüllten Muschelketten rein zeremonielle Zwecke und ihr Wert wurde mit Hilfe einer Stelle am Handgelenk bestimmt. Alle Clanführer der Cahuilla hatten dieses Zeichen, *tcic´hiinut*, auf ihr Handgelenk tätowiert.

Im amerikanischen Südwesten waren Kinntattoos nicht besonders gebräuchlich: Unter der spanischen Herrschaft wurde ein tätowiertes Kreuz zu einem beliebten Symbol unter den südlichen Stämmen. Die Apachen kombinierten es mit einer Sichel, um ein Ankermuster zu erzeugen. Damit brandmarkten sie ihre Pferde und die Männer trugen es als Tattoo im Gesicht. Sämtliche Yavapai-Männer hatten ein Kreuz auf der Stirn, eines auf jeder Wange und manchmal waren die Quadranten mit Punkten gefüllt. Zum ersten Mal wurde dieses Tattoo im achtzehnten Jahrhundert beschrieben, aus älteren Dokumenten geht jedoch hervor, dass die Spanier die Yavapai bereits im sechzehnten Jahrhundert als „Cruzados“ bezeichneten. Diesen Namen verdanken sie ihrem eigenartigen Brauch, Kreuze aus Schilfrohr auf der Stirn zu tragen. Zunächst sorgte dies für Verwirrung unter den spanischen Soldaten und Verwaltern, die keine Ahnung hatten, wie die Indianer auf die Idee gekommen waren, das Kreuz zu verwenden. Später stellte sich heraus, dass ein Missionar, dem das Wohl der Einheimischen am Herzen lag, es ihnen zu Beginn des sechzehnten Jahrhunderts gezeigt hatte. Er wusste um die Grausamkeit seiner fanatischen Landsleute und sagte den Stammesmitgliedern, sie sollten sofort ein Kreuz anlegen, sobald sie einem weißen Mann begegneten. Die Spanier würden dann denken, sie seien Christen, und sie in Frieden lassen.

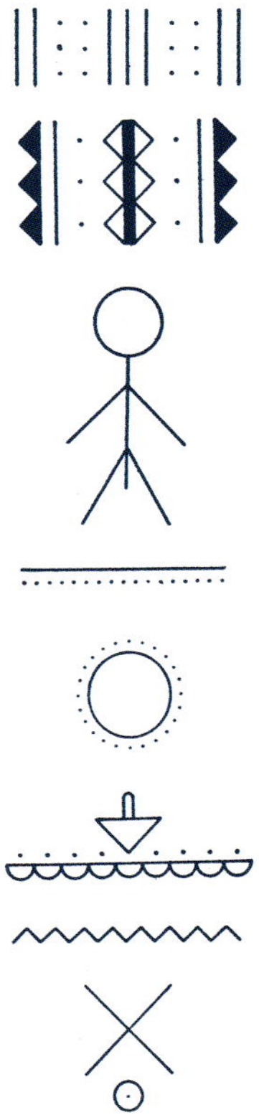

Designs der Yavapai

Sämtliche Frauen der Crow, Blackfoot, Sioux, Ioway und Kiowa, die alle in den Plains lebten, trugen ein weiteres dekoratives Tattoo-Design: einen runden Fleck in der Mitte der Stirn. Die Größe und Farbe des Kreises variierte von Stamm zu Stamm: Bei den Sioux war er bläulich, wogegen die Arapaho den Kreis noch mit roter Farbe in der Mitte und einem Rand aus Kohle verzierten. In den nördlichen Plains an der Grenze zu subarktischen Gebieten trugen die Frauen Stirnkreise und Kinntattoos, die in jeder Region anders aussahen. Die Frauen der Assiniboin (ein den Sioux verwandter Stamm), der Crow und der Blackfoot waren mit einem Kreis auf der Stirn und einigen Linien am Kinn tätowiert. Manchmal hatten diese Tattoos eine tiefere Bedeutung, die man sich vermutlich ausgedacht hatte, um die Menschen dazu zu ermutigen, sich tätowieren zu lassen. Die Sioux zum Beispiel glaubten, dass ihre Tattoos sie nach dem Tode dazu befähigten, an Hihan Kara, der Eulenmacherin, vorbeizukommen. Hihan Kara war eine alte Frau, die den Pfad zum Himmel versperrte. Sie begutachtete

Linke Spalte:
Kutchin-Jäger,
ca. 1800

die Seelen der Toten und stieß all jene, die keine Tattoos besaßen, vom Pfad herunter. Diese stürzten dann zurück auf die Erde, wo sie nun bis in alle Ewigkeiten herumwandern mussten.

Bei den Salish oder Flatheads aus dem Küstengebiet Columbias und des Fraser Rivers bekam man nur selten ein Kinntattoo zu Gesicht. Ihre Nachbarn, die Chinook, prägten den Begriff „Flatheads“, da sie einen sonderbaren Brauch ausübten, der den Schädel verformte. Mütter befestigten ein Brett an der Stirn ihrer Babys, wodurch der Hinterkopf nach und nach kegelförmig wuchs. Die Chinook nannten alle, die einen normalen Kopf hatten, „Flathead“. Ihre Tattoos erfüllten rein dekorative Zwecke. Die Frauen verzierten ihren gesamten Körper, meistens mit Darstellungen von Tieren und Vögeln, die ihnen im Traum erschienen waren.

Auch einige Salish-Stämme waren für ihre komplexen Tattoos bekannt: die im Landesinneren beheimateten Coeur

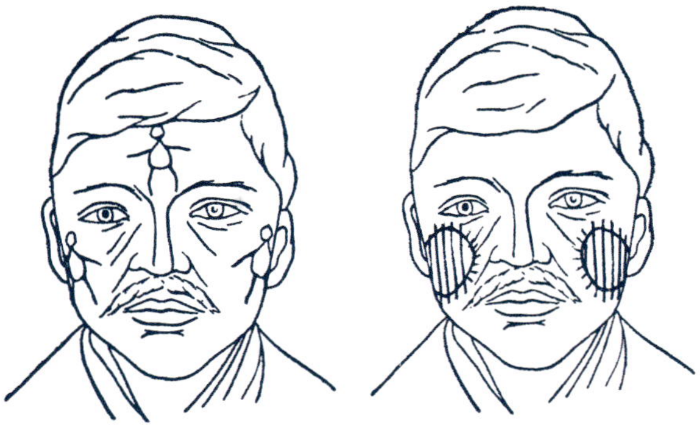

Rechte Spalte oben:
Gesichts-Designs der Lillooet-Teit

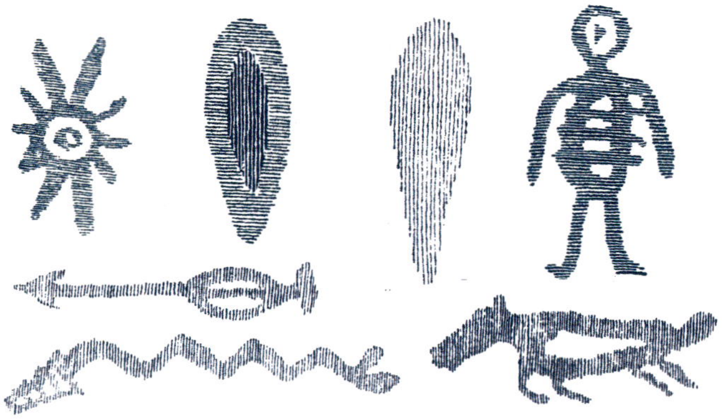

Motive der Lillooet-Teit

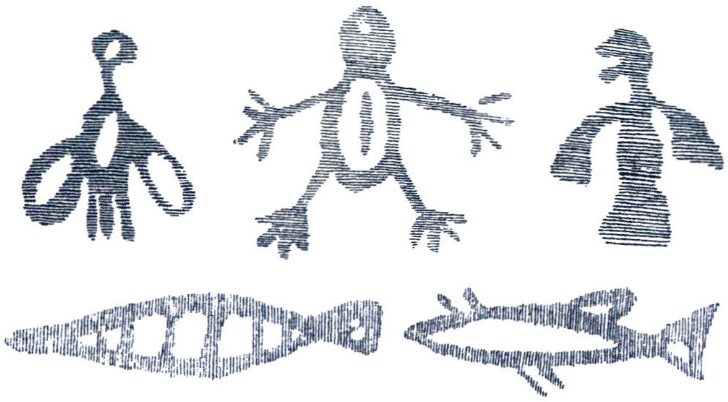

d´Alenes (Skitswish), Kalispel, Spokan, Lillooet, Secwepemc und Okanagon sowie die an der Küste lebenden Quinault, Puyallup, Twana und Cowichan. Die Tätowierungen befanden sich für gewöhnlich an den Handgelenken und den Unterarmen und bestanden aus geometrischen Mustern, wie Linien und Punkten, sowie Darstellungen von Bären, Hirschen, Schlangen, Bergen und Pfeilen. Die Coeur d´Alene-Frauen besaßen eine Gesichtstätowierung aus weit auseinander laufenden oder vertikalen Linien, die manchmal mit Kreisen auf den Wangen oder einer Linie unter der Nase kombiniert wurden. Die Designs wurden nach ihren Formen benannt: „Pfeilspitze“ für Dreiecke, „Schwanzfeder“ für vertikale Linien auf dem Kinn und „Adlerschwanz“ für auseinander laufende Linien. Die Tattoos der Bella Coola, eines Salish-Stammes, der mit einer anderen Gruppe, den Kwakiutl, zusammen lebte, entstammten den traditionellen Designs anderer Stämme. Offensichtlich waren sie von europäischen Seemännern stark beeinflusst worden, denn sie tätowierten sich mit Darstellungen von Schiffen, menschlichen Figuren und sogar Namen auf den Unterarmen und der Brust.

Illinois-Häuptling, ca. 1700

Sioux-Krieger mit rituellen Tätowierungen, von Karl Bodmer, 1833

Linke Spalte: Mandan-Häuptling mit Kriegssymbolen, ca. 1870, nach Franz Keller Leuzinger

KRIEGERSYMBOLE UND EHRENMALE

Mit Ausnahme der Stämme der Westküste verzierten fast alle Krieger und Häuptlinge ihrer Körper mit Kriegs- und Eroberungssymbolen. Bereits im sechzehnten Jahrhundert berichtete die französische Armee von einem Heer von über 3.000 tätowierten Kriegern im Westen der Großen Seen, angeführt vom Häuptling der Miami. Für diese Armee waren jeweils die besten der Stämme der Illinois, Sioux, Fox, Sauk und Kickapoo ausgewählt worden. Die meisten von ihnen waren mit verschlungenen Linien und Kriegssymbolen, wie Tomahawks, Keulen und Pfeilen, tätowiert. Nur ein Krieger, der sich durch seinen Mut, seine Kraft oder Führungsqualitäten ausgezeichnet hatte, erwarb das Recht, sich mit diesen Symbolen, welche die Feinde einschüchterten, zu tätowieren. Die Kutchin aus dem Nordwesten waren wegen ihres kriegerischen Heldenmutes sehr gefürchtet. Anhand der Linien auf dem Arm, von denen eine jede für einen erschlagenen Feind stand, konnte man die stärksten Männer erkennen. Die Krieger der Furcht erregenden Komantschen- oder Apachen-Stämme aus dem Südwesten rieben Ruß oder Erde in ihre frischen Kriegswunden, wodurch ein dauerhaftes Mal zurückblieb. Ein solches Zeichen der Tapferkeit wirkte auf Freunde wie Feinde Respekt einflößend. Die Krieger der Cree aus den Plains durften erst dann ihr erstes Tattoo empfangen, wenn sie ihren ersten Feind getötet hatten. Dauerte dies aber zu lange, so konnte der Krieger auch ausnahmsweise eher tätowiert werden, solange dies in einem Traum vorhergesagt worden war.

Den Kriegern der Stämme aus den Plains – Omaha, Osage, Ponca, Kansa und Quapaw – stand eine Auswahl von Kriegssymbolen zur Verfügung, darunter Bären, Keulen, Pfeile und Tomahawks. Am stärksten tätowiert waren die Krieger der Irokesen-, Huronen-, Neutral- und Tobacco-Stämme, die im Osten der Großen Seen zu Hause waren. Die Irokesen tätowierten Stammestotems auf ihre Brust und auf die Schenkel Symbole, welche die Anzahl der von ihnen erschlagenen Feinde verrieten. Die Neutral und Tobacco waren von allen am umfangreichsten tätowiert; ihre Körper waren vollständig mit Darstellungen von Schlangen, Eidechsen, Ungeheuern, Drachen und Eichhörnchen bedeckt.

Die Präsenz der Europäer trieb die andauernden Stammeskonflikte oftmals auf die Spitze. Französische, englische und holländische Pelzhändler errichteten im Nordosten

Oben: Totemzeichen der Cree

Cree-Häuptling, von Karl Bodmer, 1832

Links:
Tätowierter Osage, Florida, ca. 1700

Mitte:
Krieger aus Florida, ca. 1700

Rechts:
Irokesen-Krieger mit tätowierten Kriegssymbolen, ca. 1800

Siedlungen. Schon bald gerieten die Europäer in Streit miteinander und benutzten die einheimischen Stämme, um für sie Kämpfe um Land und Handelsgebiete auszutragen. Die Europäer, die auf Biberfelle aus waren, brachten Schusswaffen in Umlauf, welche die Stämme nun gegeneinander richteten. Die Huronen, ein großer Kriegerstamm, den man an seiner Haartracht erkannte – ein aufrecht stehender mittiger Haarschopf – lebten knapp hinter der Grenze zu Kanada und waren mit den Franzosen verbündet. Ihre südlicheren Nachbarn und Erzfeinde, die Irokesen, verachteten die Franzosen und stellten sich auf Seiten der Engländer und Holländer. Ermutigt und unterstützt von den Europäern lieferten sich die beiden Stämme eine schicksalhafte Schlacht. Die Ottawa und Potawatomi, ebenfalls stark tätowiert, schlossen sich der Auseinandersetzung mit den Irokesen an, doch die Huronen wurden geschlagen. Im Jahre 1649 wurden sie in einer Schlacht, an der auch die Mohawk teilnahmen, praktisch ausgelöscht.

Die Krieger mit den meisten Tattoos mögen im Nordwesten gelebt haben, doch diejenigen, deren Tattoos in den Augen der Europäer die schönsten waren, bewohnten den Südwesten. Die Weißen waren der Ansicht, dass fünf der Stämme in dieser Region ihren Nachbarn kulturell überlegen gewesen seien: die Cherokee, Creek, Seminolen, Choktaw und Chikasaw. Die Häuptlinge dieser Stämme regierten ihre Untergebenen mit einer absoluten Macht, weshalb sie von den Franzosen und Engländern wie Könige behandelt wurden. Als die Franzosen im sechzehnten Jahrhundert Florida erreichten, waren sie erstaunt über die prachtvollen roten, schwarzen und himmelblauen Tattoos, die die Einheimischen zierten. Sie zeigten sich so beeindruckt von deren Schönheit und Raffinesse, dass sie behaupteten, kein europäischer Maler könne ihnen das Wasser reichen. Nur Kriegern oder Königen war es vorbehalten, Brust, Bauch und Schultern mit Eroberungssymbolen zu tätowieren.

Die Franzosen waren die ersten, die den Timucua begegneten, einem grausamen, kriegerischen Volk, das vermutlich später zu den Seminolen gehörte. Timucua-Häuptlinge und ihre Frauen stachen durch die verschlungenen Motive hervor, welche über den gesamten Körper tätowiert waren. Ähnlich verziert waren auch die Creek-Häuptlinge: Sie trugen eine Vielzahl herrlicher Muster und Bildzeichen an den Arm- und Beinansätzen. Die Bildzeichen berichteten von bedeutungsvollen Ereignissen innerhalb der Familie und des Stammes. Die Militärführer der Chikasaw tätowierten große Schlangen als Symbol ihrer Stärke auf ihre Körper, was sie noch Furcht erregender aussehen ließ. Creek- und

Sa Ga Yeath Qua Pieth Tow, Mohawk-Häuptling, von John Verelst, 1710

Cherokee-Krieger tätowierten eine Sonne in die Mitte ihrer Brust und bedeckten den Rest ihrer Körper mit dekorativen Schnecken, Blüten, Tieren, Sternen und Mondsicheln. Natchez-Krieger durften erst, nachdem sie ihren ersten Feind getötet hatten, das ultimative Kriegssymbol auf ihre rechte Schulter tätowieren: eine Kriegskeule mit dem Bildzeichen des besiegten Stammes darunter. Über das Tätowieren bei den Choktaw ist nur wenig bekannt, aber allem Anschein nach trugen sämtliche Krieger ihre Familientotems auf den Bauch und die Arme tätowiert. Die Sixtown, ein kleinerer Choktaw-Clan, unterschieden sich von anderen Choktaw, indem sie ihre Mundwinkel blau tätowierten, wo auch ihr Beiname „Blaumünder" herrührt. Tätowierte sich ein Krieger unverdient mit Ehrenmalen, wurde er schwer bestraft. Die Creek und Cherokee entfernten das Symbol sofort wieder, indem sie grünen Getreidesaft darauf rieben. Wenn sich diese Methode erfolgreich zeigte, so war das Design entweder nicht tief genug tätowiert oder aber nur auf die Haut gemalt worden. Der französische Marineoffizier Bernard Bossu wurde Zeuge davon, wie ein Quapaw-Häuptling entschied, dass ein Krieger das Tomahawk-Tattoo auf seiner Brust nicht verdient hatte, und anordnete, dass man es wegschnitt. Aus Mitleid mit dem Betrüger schlug Bossu eine alternative Methode vor. Er anästhesierte ihn mit Opium, entfernte das Tattoo mit Spanischer Fliege (ein Reizgift, das aus dem Blasenkäfer gewonnen wird und Cantharidin enthält, das Blasen auf der Haut hervorruft) und verband die Wunde mit Bananenblättern.

Rechte Spalte: Plains-Indianer

Linke Spalte: Dakota mit einem Bärenkrallentotem auf der Brust, von Karl Bodmer, 1832

Timucua-Häuptlinge in Kriegsgewand, ca. 1560 nach Jacques Le Moyne de Morgues

König und Königin der Timucua, ca. 1560, nach Jacques Le Moyne de Morgues

Creek-Krieger,
ca. 1750

Osage-Häuptling mit rituellen Tätowierungen

Lapowinsa, Delaware-Häuptling, von G. Hesselius, 1735

Ponca-Mädchen, von George Catlin, 1832

EHRENMALE FÜR PRIVILEGIERTE KRIEGER

Neben den Kriegssymbolen gab es noch weitere Ehrenmale, die ausschließlich Kriegern zustanden, die eine privilegierte Stellung innehatten. Der „Skalp-Hüter" der Mohave zum Beispiel trug ein T-förmiges Muster auf beiden Wangen. In den Plains war es nur den besten Osage-Kriegern und -Hütern vorbehalten, sich das „Kriegs-Ehren-Bündel" auf Rücken und Brust tätowieren zu lassen. Das Design des „Kriegs-Ehren-Bündels" bestand aus einem heiligen Steinmesser und den zeremoniellen Pfeifen des Stammes. Jeder „Hüter der Pfeifen" trug ein tätowiertes Zickzackmuster auf der Brust. Viele Teile des Designs symbolisierten das Messer, die Pfeifen und Sonnenstrahlen oder Wigwams. Schädel deuteten an, dass der Träger im Krieg Feinde getötet hatte, außerdem standen sie für Vitalität und verlängerten das Leben ihres Trägers um die Anzahl der Tage, die seine Feinde noch gelebt hätten, wären sie nicht getötet worden.

Bei den Omaha oder Ponca war es eine große Ehre, wenn man am *Hon´hewachi* teilnehmen durfte, dem „Nachttanz" oder „die von der Nacht gesegnet sind". Die Ehre einer Teilnahme wurde Männern zuteil, die während einer *potlatch* (einer Zeremonie, während der der Gastgeber große Mengen an Geschenken verteilte, um Ansehen zu erlangen) mehr als 100 Geschenke gegeben hatten. Wem diese Ehre erwiesen wurde, der erhielt außerdem das Recht, das *Xthexe*, das Stammeswappen für Prestige, auf die Brust seiner ältesten Tochter tätowieren zu lassen. Dieses Design beinhaltete den heiligen *Waxthe´xe*-Stab, der, zusammen mit den zeremoniellen Pfeifen, für die Einheit des Stammes standen. Hatte ein Mann während eines *potlatch* sogar noch mehr Geschenke verteilt, so durfte er ein weiteres weibliches Mitglied seiner Familie mit anderen Ehrenzeichen tätowieren. Da diese Tattoos so prestigeträchtig waren, konnte die Auswahl eines Empfängers durchaus Missmut hervorrufen. Einige Mädchen trugen eine Schildkröte oder einen zunehmenden Mond im Nacken oder auf der Hand, die in der Kombination für die Kräfte des Wassers und des Windes stehen. Mädchen, die kein Recht auf diese Motive besaßen, ließen sich freiwillig mit verschiedenen Figuren tätowieren. Darunter befand sich die Scheibe der Plains-Völker oder ein vierzackiger Stern auf der Stirn. Zusammen standen sie für die Vereinigung von Mann und Frau und waren zudem ein Fruchtbarkeitssymbol.

Das Tätowieren von Ehrenmalen war eine kostspielige Zeremonie und mit vielen Ritualen verbunden. Das *Xthexe* und die Symbole des *Hon´hewachi* konnten nur von einem Tätowierer aus der Gemeinschaft gestochen werden. Seine Stellung war vererbbar und seine Kräfte erhielt er aus Visionen. Der Tätowierer verwendete mehrere, zusammen gebundene Nadeln, die an einem Ende mit kleinen Glöckchen oder den Rasseln einer Klapperschlange verziert waren. Gegen Ende des neunzehnten Jahrhunderts wurden die Holzsplitter von Stahlnadeln ersetzt. Traditionell endete die Operation damit, dass der Tätowierer das mit Kohle angereicherte Blut von den Wunden des frisch tätowierten Mädchens leckte.

CLANTOTEMS

Bei den Männern vieler nordamerikanischer Indianer war es Brauch, ein Clan-, Stammes- oder Familientotem auf die Brust zu tätowieren. Das stärkte den Zusammenhalt innerhalb des Stammes und verlieh dem Träger die Eigenschaften des Totemtieres. Die Crow und Blackfoot aus den Plains nannten ihre Arapaho-Nachbarn „das tätowierte Volk", denn bei ihnen trug jeder Mann drei Stammessymbole auf der Brust. Im gesamten subarktischen Gebiet tätowierten die Männer ihr Totem auf die Brust, um dadurch das innere Band mit ihrem *Manitu*, einer übernatürlichen Macht oder Geist, zu stärken. Wenn ein *Manitu* im Traum erschien, konnte das ein hinreichender Grund dafür sein, sich ein Totemtier tätowieren zu lassen, wobei die Darstellung vom Traum inspiriert wurde. Zu den Motiven gehörten Büffelköpfe, Donnervögel, Fährten von Pferden, Sonnen und Sterne. Der Bär war das beliebteste Totem der Krieger der Dené aus dem Westen. Die Stämme hatten tiefes Vertrauen in die magischen Fähigkeiten ihrer Schamanen und glaubten an die Existenz von guten und bösen Geistern. Der Schamane interpretierte ihre Visionen, vermittelte zwischen Stamm und Geisterwelt und heilte Krankheiten. Zudem war er der „Besitzer des Tätowierbündels" und damit auch der Einzige, der die Prozedur vornehmen konnte. Das Tätowieren von persönlichen Totems und anderen wichtigen Motiven wurde von Trommeln und heiligen Gesängen begleitet. Der Schamane benutzte ein Messer oder mehrere zusammengebundene Nadeln. Weinen galt als Schwäche und die Männer hätten sich eher die Zunge abgebissen, als sich dabei ertappen zu lassen.

Auch bei den Haida, Bellabella und den Kwakiutl von der Westküste Amerikas waren Clantattoos gebräuchlich. Die Haida von den Queen Charlotte Islands und die Kaigani, ein Haida-Stamm, der den Prince-of-Wales-Archipel südlich von Alaska bewohnte, waren im zwanzigsten Jahrhundert berühmt für ihre prächtigen und herrlich farbigen Tattoos. Männer wie Frauen trugen Tätowierungen auf der Brust, den vorderen Oberschenkeln, den Unterschenkeln und zwischen den Schulterblättern. Frauen waren außerdem am Unterarm, den Händen und Fingerknöcheln tätowiert. Diese Tattoos wiesen auf die Totemfamilie der Frau hin: Bär, Biber, Wolf oder Adler oder auch eine der Fischfamilien. Besonders nützlich waren sie bei der Identifizierung wichtiger Personen während Feierlichkeiten oder Tänzen, zu denen man nur halb bekleidet war. Jedes Design hatte eine eigene Bedeutung und war zurückzuführen auf die Clantotems, in welche die Stämme traditionell unterteilt wurden.

Bei den Haida waren dies die Raben- und die Adlerclans. Diese Unterteilung nahm in hohem Maße Einfluss auf die sozialen Beziehungen: So war zum Beispiel die Heirat zwischen Mitgliedern desselben Clans verboten. Die Raben- oder Adlerclans wurden nochmals in Gruppen und Familien untergliedert. Jede Gruppe hatte das Recht auf einen Namen (gewöhnlich waren es die Namen der Orte, an denen sie lebten) und durfte spezielle Zeichen tragen – Symbole ihrer Totems und Stämme, meist in Form von Darstellungen der Tiere aus der Stammesmythologie. Besonders beliebt waren

Dené-Mann

Unten: Muster der westlichen Dené

Unten: Totems der westlichen Dené

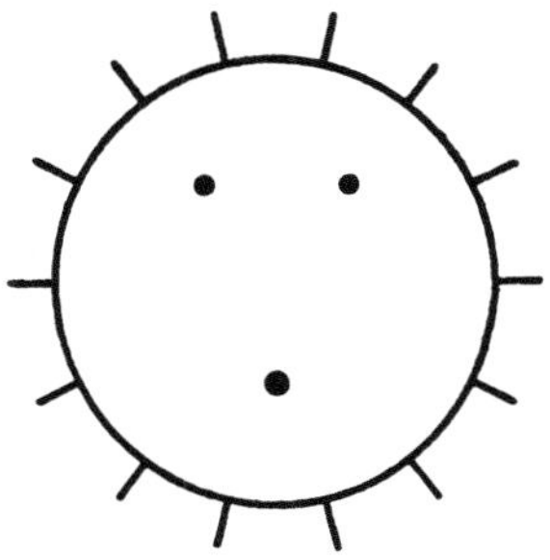

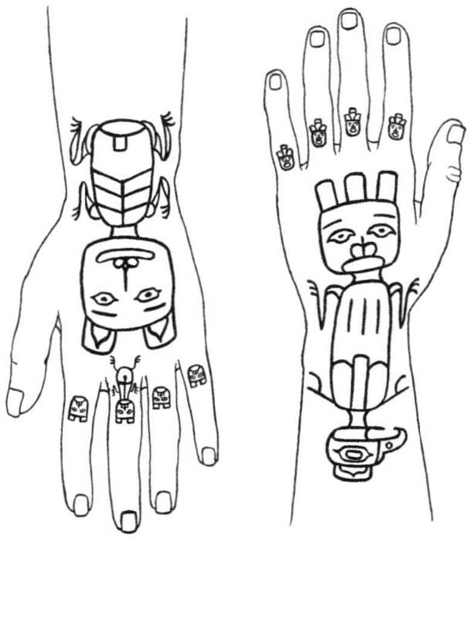

Linke Spalte: Sonnen-Design der Kwakiutl

Rechte Spalte: Totems der Haida

Linke Spalte:
Johnny Kit Elswa mit dem Tattoo eines Bärentotems auf der Brust, 1883

Rechte Spalte:
Häuptling der Haida, 1873

Unten:
Totempfahl der Haida

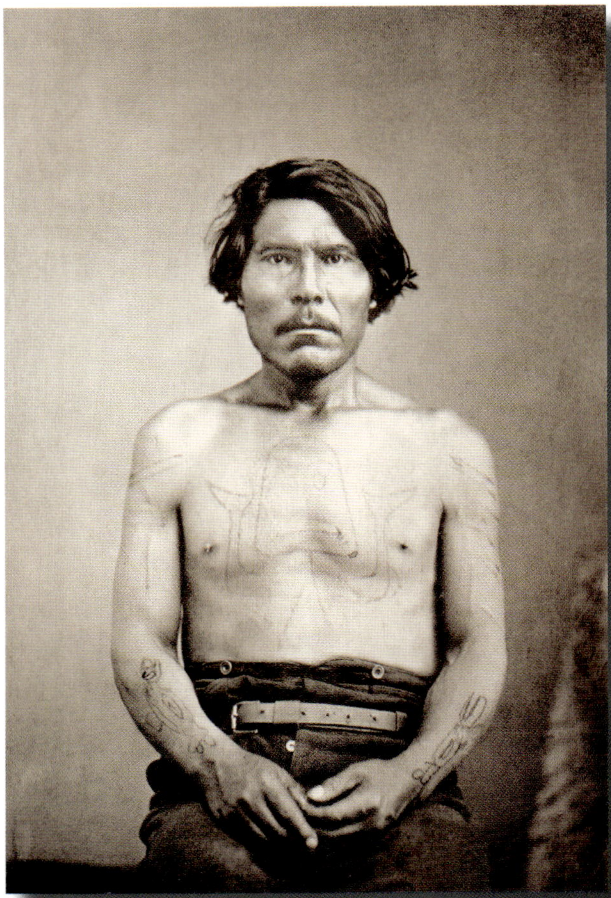

bei den Haida der Donnervogel (*skamskwin*), der Bärenkopf (*hoorts*), Heilbutt (*hargs*), Frosch (*flkamskostan*), Biber (*tsching*), Wolf (*wasko*), Oktopus (*noo*), Katzenhai (*kahátta*), das Fabelwesen Groppe (*kull*) und der Dorsch (*kahatta*). Das erste Tattoo eines Jungen war immer eines der Symbole der zwei Clans: ein Bär oder ein Orca, wenn er zum Rabenclan gehörte, ein Adler, wenn er zum Adlerclan gehörte. Sobald er im Rang stieg und sein Ansehen wuchs, durfte er auch die zugehörigen Symbole tätowieren lassen. Nur dem Häuptling war es erlaubt, ein beliebiges seiner Clansymbole zu verwenden. Die Familienzeichen und -Totems, welche auf Häuser und Kanus gemalt und in Decken und Kleider gewebt wurden, waren dieselben, die auch in den Tattoos zu sehen waren.

Der Tätowierer, ein begabter Zeichner, skizzierte die Umrisse des Totemtieres mit einem Stab und dunkler Farbe auf die Haut. Dann verwendete er ein Stück Knochen oder Elfenbein, an dem fünf oder sechs Nadeln befestigt waren, und tätowierte exakt die Hälfte des Designs. Nachdem die Wunden geheilt waren, was gemeinhin einige Tage dauerte, spiegelte er das Design entlang einer imaginären Linie und vervollständigte das Tattoo. Farbpigmente – Kohle für Schwarz und Ocker für Rot – wurden hinzugefügt, bis die gewünschten Farben erreicht waren. Das Tätowieren fand meistens im Rahmen wichtiger Rituale statt, wie zum Beispiel der Errichtung eines Totempfahls vor der Behausung des Häuptlings. Junge Männer versammelten sich dann am Haus und der Häuptling verteilte Geschenke und bezahlte die Tattoos sämtlicher Jungen, um seinen Status zu proklamieren.

Bei den Bellabella und den Kwakiutl war das Tätowieren von Clansymbolen nicht so stark verbreitet. Stammesangehörige der Kwakiutl waren manchmal mit dem Familienzeichen eines verstorbenen Freundes oder einer geliebten Person tätowiert. Beim Volk der Nootka, das auf Vancouver Island und an der benachbarten Küste lebt, waren ausschließlich die Mädchen der Makah- und Clayoquot-Unterstämme tätowiert, und zwar an Schienbeinen, Armen

Totems der Haida:
1. Donnervogel
2. Frosch
3. Fabelwesen
4. Schwärmer
5. Bär
6. Dorsch
7. Bergziege
8. Groppe, Fabelwesen
9. Groppe
10. Donnervogel
11. Katzenhai
12. Mythischer Wolf
13. Doppelrabe
14. Krähe
15. Seeungeheuer

Haida-Paare

und Händen. Die Clayoquot zogen dabei eine Angelschnur, an der eine schwarz gefärbte Nesselfaser befestigt war, unter der Haut entlang. Die Tlingit aus dem Süden Alaskas verwendeten dieselbe Technik, die sie *kuh karlh ot kuh kay chul* nannten, „in die Haut nähen". Es ist nur wenig bekannt über die Tattoo-Designs der Tlingit, doch eine tragische Geschichte erzählt uns von einem Stammesangehörigen, der zehn Linien auf den Arm tätowiert hatte. Jede Linie stand für eines seiner Kinder, die an den Windpocken gestorben waren, die die Spanier nach Amerika eingeschleppt hatten. Die Chippewa aus den Plains von Minnesota in der Nähe des Red Lake gehörten zu den letzten Stämmen, die noch tätowierten. Ihre Technik, die in den 1930ern ausstarb, ähnelte der Akupunktur und wurde verwendet, um durch Rheuma und Knochenbrüche ausgelöste Schmerzen zu behandeln. Eine Frau, die sich mit den einheimischen Kräutern und Pflanzen auskannte, übernahm das Tätowieren. Mit einer Nadel und einer Mischung aus Wasser, Schwarzpulver und Kräutern tätowierte sie runde Flecken auf die betroffenen Stellen. Daraufhin gab sie morsches Holz oder Hühnermist in die Wunden, um das Infektionsrisiko zu senken. Diese Behandlung zogen die Chippewa der westlichen Medizin vor. Ein Chippewa Holzfäller, der sich die Hüfte gebrochen hatte, konnte aufgrund der Schmerzen nach der Operation seinen Laster nicht mehr fahren. Als er es nicht mehr aushielt, ließ er sich an der betroffenen Stelle tätowieren, was angeblich positive Wirkung zeigte.

Clantotems der Kwakiutl

TÄTOWIEREN IM AMERIKA DER JÜNGEREN GESCHICHTE

Die Stämme der Ureinwohner und deren Tätowierbräuche sind zwar in den Hintergrund gerückt, doch das heißt nicht, dass auf dem Kontinent nicht mehr tätowiert wird. Ebenso wie die Europäer fühlen sich auch die jungen Amerikaner in den Bann dieser uralten Praktik gezogen und die großen Städte haben sich zu Zentren einer überaus lebendigen zeitgenössischen Tätowierkunst entwickelt, die ihre Wurzeln in den Stammes-Zeichen (Tribals) hat. Auch früher schon hatte das Tätowieren außerhalb der Traditionen der Indianer in den USA Anklang gefunden und war bei den Frauen der gehobenen Gesellschaft Ende des neunzehnten Jahrhunderts sehr beliebt. Wie in Europa gaben auch hier umherziehende tätowierte Exzentriker den Anstoß für diese Kunstform. Am berühmtesten war „Prinz Konstantin", ein albanischer Grieche, dessen gesamter Körper, einschließlich seines Penis und des Kopfes, von Hunderten wunderlicher Tiere und anderen Mustern übersät war. Er durchreiste Europa und besuchte auch Amerika drei Mal zwischen 1870 und 1880, ehe er dann spurlos verschwand. In den Vereinigten Staaten war er ungeheuer erfolgreich. Es war die Zeit des großen Zirkus und der damit verbundenen „Freak-Shows". In einer Vorführung menschlicher Kuriositäten stellten die „Wunder-Phänomen-Ausstellungen" bärtige Frauen, fette Menschen, siamesische Zwillinge und andere Unfälle der Natur zur Schau – manche davon echt, andere künstlich erzeugt. Die lebendigen tätowierten Ausstellungsstücke – für gewöhnlich Frauen –, die von der gesellschaftlichen Norm abwichen, indem sie sich nur mit Farbe „kleideten", zogen riesige Menschenmassen an. Reißerische Geschichten um ihre Herkunft waren ebenfalls keine Seltenheit. „La Belle Iréne", Irene Woodward (1863-1916), die in Amerika sehr bekannt war und auch in Europa auf Tournee ging, behauptete, ihr Vater habe sie als Kind tätowiert, um sie in Texas vor den Sioux zu schützen. Tatsächlich aber waren ihre Tattoos das Werk eines professionellen weißen Tätowierers – von denen ungefähr 300 in den 1920ern ihre Dienste anboten und die „Freak-Shows" mit neuen Attraktionen versorgten. Sie verwendeten die elektrische Tätowiermaschine, welche als erste ihrer Art im Jahre 1891 von dem Amerikaner Samuel O´Reilly entwickelt und patentiert wurde (siehe Kapitel 1). Seine Erfindung machte das Tätowieren weniger schmerzhaft und gewährte einen gleichmäßigeren Tintenfluss. In der westlichen Tätowier-Welt entwickelten sich der neuartige „amerikanische Stil" und die vielfarbigen Blüten und Drachen der traditionellen japanischen Tattoos zu den gefragtesten Tätowierstilen. Viele Designs, die mit dem amerikanischen Stil in Verbindung stehen, lassen sich kaum von einer moralischen Warte aus betrachten: patriotische Flaggen, Adler, pathetische und pedantische Grundsätze und Nationalhelden. Gegen Ende des neunzehnten Jahrhunderts wurde das Tätowieren bei der kulturellen und sozialen Elite, einschließlich der Könige, immer beliebter. Bevor es in den 1920ern und 30ern von anderen Modeerscheinungen abgelöst wurde, war das Tätowieren ein weit verbreiteter Trend, vor allem in England und in den Vereinigten Staaten.

Um 1950 war man in Europa und den Vereinigten Staaten in seiner Einstellung zum Tätowieren wieder bei der Missbilligung der 1850er angelangt: Das war nur etwas für Wilde an abgeschiedenen Küsten oder für die untersten Schichten der Gesellschaft im eigenen Land. Die Beliebtheit von Tattoos bei Bikern und anderen Subkulturen konnte daran nichts ändern, bis 1990 plötzlich Tattoos auf den Laufstegen erschienen und östlich anmutende Stoffe von gefeierten Modeschöpfern als Accessoires genutzt wurden. Das Tattoo wurde plötzlich Mode und zu einem Lifestyle-Symbol. Tattoos werden deshalb aber noch lange nicht überall akzeptiert und ebenso wenig von allen als Kunstform betrachtet. Während das Tätowieren in Stammesgesellschaften ein obligatorisches Gruppenritual war, das von „höheren" Kräften auferlegt wurde, stammen die modernen amerikanischen und europäischen Tattoos eher von einer „niederen" Ebene und mussten sich demnach fortwährend gegen Vorurteile und sogar offenen Widerstand durchsetzen.

Mohave-Indianer,
ca. 1800

Aleuten
Pazifische Inuit
Nunivak Inuit
Bering-Straße Inuit
St. Lawrence-Insel Inuit
Koriak
Kotzebue Sound Inuit
Sibirische Inuit
Tschucktschen
ALASKA
Nordalaska-Küsten Inuit
Nordalaska-Binnen Inuit
Yakuten
KANADA
Süden
Süden
Süden
Süden
SIBIRIEN
Copper Inuit
Caribou Inuit
Netsilik
Tungu
Salirmiut
Iglulik
Polar Inuit
Quebec Inuit
Baffin Land Inuit
West Grönland Inuit
GRÖNLAND
Labradorküsten Inuit
Ost Grönland Inuit
RUSSLAND
NORWEGEN
SCHWEDEN
ISLAND
FINNLAND

KAPITEL 11

ARKTIS

„Komm schon, Kind, wenn du dich nicht tätowieren lässt, werden dir nach deinem Tod furchtbare Dinge geschehen. Böse Geister werden dich holen und aus deinem Schädel eine Tropfwanne machen, um damit das Fett ihrer Öllampen aufzufangen."

Bei den Völkern, die um den Polarkreis herum leben, war das Tätowieren weit verbreitet. In der Vergangenheit bestand ein ungeheurer Druck in der Gemeinschaft der Inuit (Eskimos), sich tätowieren zu lassen. Der Auszug aus einer Geschichte, wie er oben erzählt wird, macht den Mädchen deutlich, dass sie keine Chance hatten, dem Tätowierer zu entkommen, sobald sie die Pubertät erreicht hatten.

Oonolaska-Paar

Unten:
Tattoo-Designs der Inuit auf Grönland

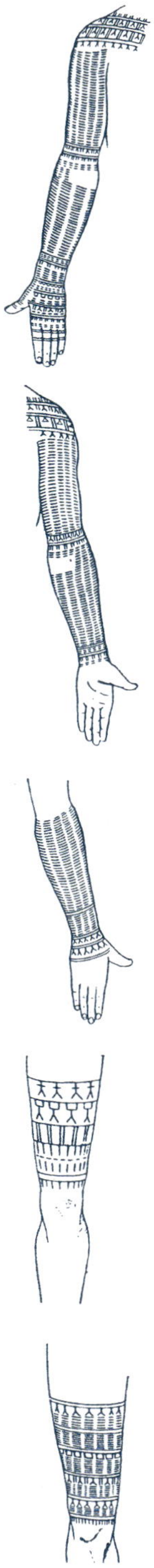

Die Gebiete, die im Norden an den Polarkreis angrenzen, laden mit ihren eisigen Winden und dem Permafrostboden nicht gerade dazu ein, sich hier niederzulassen. Dennoch haben es Menschen geschafft, sich diesen Bedingungen anzupassen und viele haben sich angesiedelt. Bei den alten Römern und Griechen ist die Rede von einem mythischen Volk aus dem Norden, den Hyperboräern (vom griechischen *boreos*, „nördlich"), womit sie vermutlich die Inuit meinten. Heute sprechen wir von arktischen und subarktischen Stämmen, zu denen die nordamerikanischen Inuit sowie die Völker aus dem Norden Sibiriens gehören.

Historisch gesehen lebten sie in kleinen, abgeschiedenen Gruppen entlang der Küsten oder als Hirten im Inland; heute leben viele von ihnen in Gemeinschaften mit modernen Annehmlichkeiten. Obschon sie ihren nomadischen Lebenswandel aufgegeben haben, müssen diese Gemeinschaften auch heute noch auf traditionelle Überlebensstrategien zurückgreifen, wie Fischen, Jagen und Viehzucht, erledigen diese Aufgaben allerdings inzwischen mit Hilfe von Gewehren, Autos, Schneemobilen und Motorbooten. Viele Traditionen sind verloren gegangen, auch das Tätowieren, das noch zum Ende des neunzehnten Jahrhunderts von sämtlichen arktischen Völkern praktiziert wurde.

Es gibt zahlreiche Theorien über die Ursprünge des Tätowierens in der Arktis. Eine davon besagt, dass Stämme wie die Tungusen das Tätowieren im dreizehnten Jahrhundert mit nach Sibirien brachten, als sie vom südlichen Asien aus dorthin wanderten. Eine jüngere und plausiblere Theorie geht davon aus, dass sie sich vom Südpazifik aus über die Westküste Nordamerikas bis in den Norden nach Alaska verbreiteten und Sibirien über die Beringstraße erreichten. Das überzeugendste Argument für diese Theorie ist die Tatsache, dass die Kinntattoos, die von Inuit- und sibirischen Frauen gleichermaßen getragen werden, auch bei den Indianerstämmen der Westküste Nordamerikas zu finden waren. In seiner einfachsten Form bestand dieses Tattoo aus einer einzelnen senkrechten Linie auf dem Kinn, doch meistens zogen sich mehrere Linien, ausgehend von der Unterlippe, über und unter dem Kinn entlang. Manchmal gehörten auch horizontale Linien auf den Wangen dazu. Auch andere auffällige Formen der Körperdekoration deuten auf einen kulturellen Austausch zwischen den nordamerikanischen Indianern und den Inuit Alaskas hin.

Die Männer und Frauen vieler Inuit-Stämme stießen sich eine Muschel oder eine Elfenbeinnadel durch die Nasenscheidewand. Die westlichen Inuit durchstachen ihre Unterlippen in den Mundwinkeln und setzten blaue oder grüne Quarze oder Elfenbeinschmuck (Labrets) in die Löcher ein. Diesen Brauch hat man auch bei verschiedenen nordamerikanischen Indianerstämmen beobachtet. Diese Belege lassen jene neue Verbreitungstheorie glaubwürdig erscheinen und legen nahe, dass die globale Ausbreitung der Tätowierkultur kein ausschließlich modernes Phänomen ist. In vergangenen Zeiten verbreitete sich das Tätowieren durch Völkerwanderungen und Handelsrouten über große Entfernungen hinweg auch ohne die modernen Mittel der Kommunikation oder des Transports.

EINE FRAGE VON LEBEN UND TOD FÜR DIE INUIT

Das Wort „Eskimo", das zur Bezeichnung der Inuit gebraucht wird, war von den Europäern eingeführt worden und ist vermutlich kanadischen Ursprungs. Die indigenen Völker des Polarkreises ziehen allerdings die Bezeichnung „Inuit" vor, was in ihrer Sprache „Menschen" bedeutet. Historisch betrachtet waren die Inuit mächtige Gegner, die von anderen Stämmen gefürchtet wurden, und dehnten

Bewohner des Kotzebuesunds, von Louis Choris, ca. 1820

EINE BEMERKENSWERTE TECHNIK

Die bemerkenswerte Methode, mit der man in der Arktis zu tätowieren pflegte, ist zum ersten Mal im Jahre 1701 belegt durch Evert Ysbrants, einem Abgesandten Peter des Großen, der zu jener Zeit gerade auf dem Weg nach Peking war. Auf seiner Reise begegneten ihm in Mittelsibirien die Tungusen, deren Frauen Muster im Gesicht trugen, die mit einem gefetteten schwarzen Faden eingenäht worden waren. Die Fäden wurden erst nach einigen Tagen wieder entfernt, wobei ein sichtbares genähtes Muster zurückblieb. Die Tungusen verwendeten meistens eine Fischgräte als Nadel, manchmal aber auch einen angespitzten Knochen oder Elfenbein. Der Faden wurde aus Rentiersehnen hergestellt, die ab und zu auch mit Frauenhaar umwickelt wurden. Danach traf man diese Methode bei allen arktischen und subarktischen Stämmen an.

Auch die Inuit nähten ihre Tattoos, indem sie mit rußigem Fett getränkte Fäden unter der Haut entlang führten und sie dann wieder herauszogen, wobei sie mit dem Daumen auf die Haut drückten, damit die Farbe an Ort und Stelle blieb. Die Grönland-Inuit hatten einen speziellen Ausdruck für diese Technik: *kakiorneq*, „mit einer Nadel gestochen werden“. Nach der Prozedur rieb man Waltran in die Wunden, um die Heilung zu fördern. Die Technik des Nähens war allen Stämmen gemein, doch besaß jeder sein eigenes Farbrezept und die Flüssigkeit, die man dem Ruß oder der zerriebenen Holzkohle als Basis für die Farbe beimischte, variierte von Stamm zu Stamm. Es konnte sich um Tierblut handeln, um Pflanzensaft (z. Bsp. Seetang), Robbentran oder gar Urin, der desinfizierend wirkt. Tätowiert wurde meistens von älteren Frauen, die erfahren waren im Nähen von Kleidung und Segeln. Die Designs wurden freihändig genäht, nachdem man sie auf die Haut gezeichnet hatte. Das war äußerst schmerzhaft und tagelange Infektionen und Schwellungen waren keine Seltenheit.

Paar aus Sankt-Lorenz, von Louis Choris, ca. 1820

sich über große Gebiete hinweg aus, von den Inseln im Südwesten Alaskas bis hin zur Westküste Grönlands. Die Inuit werden in drei Gruppen unterteilt: die Central Inuit Kanadas, die Western Inuit aus Alaska und die Eastern Inuit aus Grönland.

In den vergangenen Jahrhunderten war das Tätowieren bei den meisten Inuit-Stämmen Brauch. Ein Beispiel sind die Inuit, die in der Nähe von Thule auf Grönland lebten. Im Jahre 1867 emigrierte eine Gruppe tätowierter kanadischer Inuit in dieses Gebiet, wo die einheimische Bevölkerung, obschon sie zunächst einmal schockiert war von der Praktik, den Brauch sehr bald schon übernahm. Allerdings war das Tätowieren damals bereits im Verschwinden begriffen und es gibt nur wenige Beispiele für das Tätowieren bei den Inuit des zwanzigsten Jahrhunderts, wie die älteren Frauen mit den Gesichtstätowierungen, die in den 1970ern auf der Sankt-Lorenz-Insel lebten. Die Tätowierkultur war jedoch nicht der einzige indigene Brauch, der verloren ging; viele weitere Bräuche wurden nach der Ankunft der Europäer nicht mehr gepflegt. Einen besonderen Einfluss auf Religion, Moral und Gepflogenheiten der Inuit hatten die Missionare. Die Bewohner Grönlands zum Beispiel stellten das Tätowieren nach ihrer Konvertierung zum Christentum im achtzehnten Jahrhundert sofort ein.

In dem Maße, in dem der Glaube an das Übernatürliche und Magische zurückging, verloren auch die Tattoos viel von ihrer ursprünglichen mystischen Bedeutung. Tattoos spielten eine wichtige Rolle in der Einstellung der Inuit zu Leben und Tod. Die Inuit sahen im Tod nichts weiter als einen Übergang von einer Daseinsform in eine andere. Einige gingen in das Land der Toten unter dem Meer, um dort im Überfluss vorhandene Meeressäuger zu jagen, andere gingen in den Himmel, das zweite Jenseits, wo sie Karibus und andere Tiere jagten. Das dritte Jenseits war das Reich der Indolenten, der ungeschickten Jäger und schlecht tätowierten Frauen.

Auch das Ansehen des Schamanen – eines Zauberpriesters mit vermeintlichen hellsichtigen und heilerischen Fähigkeiten – sank rapide nach der Ankunft der Missionare. Eine der letzten Inuit-Populationen, die noch an die magischen Kräfte ihres Schamanen glaubte, lebte auf der Sankt-Lorenz-Insel. Der Schamane tätowierte die Männer mit einer Reihe von Zeichen mit magischen und heilenden Eigenschaften. So schützte beispielsweise ein kleiner Kreis auf der Unterlippe einen Mann vor dem Tod durch Ertrinken, weitere kleine Symbole wurden zur Behandlung von Beschwerden herangezogen: ein Zeichen auf der Stirn gegen Herzbeschwerden und eines neben den Augen bei Augenproblemen. Hatte ein Kotzebue-Bay-Inuit einen Feind getötet, dann wurden ihm vier Linien auf die Wangen tätowiert, um ihn vor einem Vergeltungsangriff durch den Geist des Toten zu schützen.

Das Kinntattoo – ein Schönheitssymbol

Obwohl sie nach der Ankunft der Europäer unter großen Druck gerieten, tätowierten viele Inuit-Frauen sich weiterhin bis zum Ende des neunzehnten Jahrhunderts. Überdies galten Kinntattoos ohnehin als Inbegriff weiblicher Schönheit. Dieses Tattoo war zu jener Zeit bereits sehr alt. Der deutsche Forscher Martin Frobischer war im

Linke Spalte: Inuit, 1566

Gegenüber: Inuit-Frau, Alaska, ca. 1900

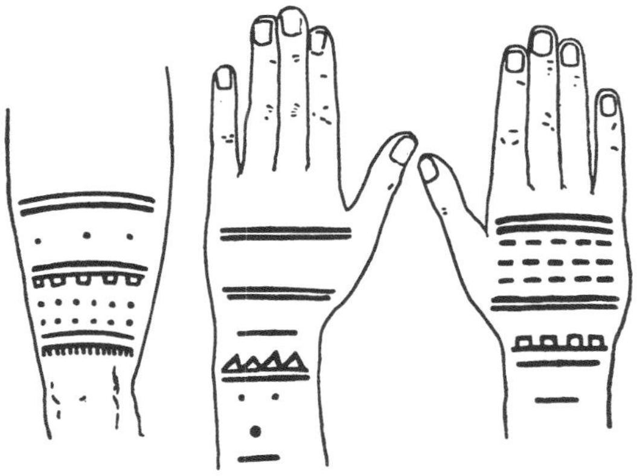

Hand- und Arm-Designs der Inuit

Jahr 1589 einer der ersten, der das typische Inuit-Design zu Gesicht bekam. Er beschrieb, dass die Frauen der Baffininsel (im Norden Kanadas), in der Nähe der Frobisher-Bucht (benannt nach dem Forscher), blaue Streifen auf dem Kinn, den Wangen und um die Augen herum trugen, die von weiteren geritzten Zeichen auf der Stirn und an den Handgelenken ergänzt wurden. Die Entdeckung von Mumien auf Grönland und in Alaska belegen, dass das Kinntattoo sogar noch älter ist. Im Jahre 1972 entdeckte man in der Nähe einer abgelegenen Siedlung, Qilakitsoq, auf Grönland Gräber mit acht 500 Jahre alten mumifizierten Körpern. Jede der fünf weiblichen Mumien besaß ein Tattoo auf dem Kinn. Auch eine 1.600 Jahre alte weibliche Mumie, die man auf Sankt-Lorenz gefunden hatte, trug Tätowierungen, bestehend aus auseinander laufenden Linien und Punkten, auf Armen und Fingern, es gab jedoch kein Kinntattoo. Die Inuit tätowierten bereits wenige Jahrhunderte nach Christi Geburt, auch wenn das charakteristische Kinntattoo sich erst noch entwickeln sollte.

Im Laufe der Jahrhunderte gab es verschiedene Erklärungen für das Kinntattoo der Inuit-Frauen. Ein deutsches Plakat für eine Expedition aus dem Jahr 1566 zeigt eine Illustration einer Inuit-Frau und einem Kind, die in Neufundland, im Norden Kanadas, ins Gefängnis geworfen worden waren. Der Begleittext erklärt, dass die Zeichen im Gesicht der Frau von himmelblauer Farbe seien und als Erkennungsmerkmal dienten.

Da Frauen hoch geschätzt wurden, versuchten Angehörige anderer Stämme nicht selten, sie zu entführen. So liegt es nahe, dass die Tattoos eine rasche und leichte Identifizierung der Frauen ermöglichte, wenn man sie zu retten versuchte. Die Tattoos könnten die Frauen bei Streitigkeiten aber auch vor Verletzungen und dem Tod beschützt haben.

Allerdings lautet die allgemein anerkannte Erklärung, dass die Tattoos für verschiedene Lebensabschnitte einer Frau standen und Teil von Initiationsritualen waren. Sobald die Mädchen in die Pubertät kamen, erhielten sie die ersten Linien auf dem Kinn. Weitere konnten hinzugefügt werden, wenn sie heirateten oder Kinder bekamen. Logischerweise konnten die Frauen anhand ihrer Tattoos identifiziert werden, weshalb man auch annahm, es seien Eigentumszeichen, die sie von ihren Ehemännern erhalten hatten. Der erste Missionar auf Grönland, der Norweger Hans Egede, schrieb 1763, dass in den indigenen Gemeinschaften ein großer sozialer Druck ausgeübt wurde, sich tätowieren zu lassen. Nichtsdestotrotz gab es immer wieder Frauen, die

Inuit-Frau

sich dieser Prozedur nicht unterziehen wollten, vielleicht aufgrund der Richtlinien der Missionare oder weil dadurch ihre Chancen stiegen, einen Mann vom Festland heiraten zu können, was zu jener Zeit eine beliebte Möglichkeit war, den eigenen sozialen Status zu steigern. Egede zufolge nähten die Frauen auf Grönland auch schwarze Linientattoos zwischen die Augen, auf den Hals, die Arme und sogar auf die Oberschenkel. Die jungen Frauen der Kodiak-Insel waren sehr aufwändig auf den Brüsten tätowiert, um ihre Männer zu erfreuen, und auch die Frauen vieler Central-Inuit-Stämme ließen sich auf den Brüsten, an Armen und Beinen tätowieren.

Die Tattoos der Männer – Tapferkeitsbeweise

Bei den männlichen Inuit, ebenso wie bei den sibirischen Tschuktschen, waren Tattoos Belege für Errungenschaften auf der Jagd und im Kampf. Die Kapitäne der Walfänger der Point-Barrow-Inuit bekamen für jeden gefangenen Wal eine Linie auf die Wange tätowiert. Auch die Frauen hatten Anteil an ihrem Erfolg und erhielten das „Walzeichen" auf ihren Wangen. Junge Männer von Sankt-Lorenz bekamen, wenn sie ihren ersten Wal, Eisbären oder ihr erstes Walross erlegt hatten, eine Linie über die Knochen ihrer Finger tätowiert. Die Tattoos der Inuit standen in keinem besonderen Zusammenhang mit Magie oder sozialem Status. William Perry, ein englischer Marineoffizier und Polarforscher schrieb im Jahre 1824, dass einige kanadische Iglulik-Männer Tattoos zur Erinnerung an die Toten auf ihren Händen trugen. Im Osten Grönlands zeichnete man Mörder mit einem Tattoo auf der Nase.

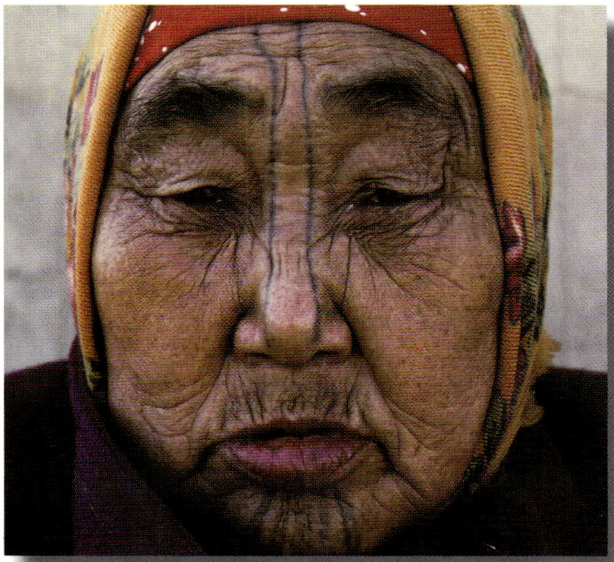

Mann von der Kodiak-Insel, ca. 1800

Enge Verwandte der Inuit, die Aleuten von der Inselgruppe der Aleuten im Südwesten von Alaska, verzierten ihre Hände und Gesichter mit Tattoos von Vögeln, Blüten und geometrischen Formen. Die Designs waren identisch mit jenen, die sie für zeremonielle Masken und andere Schnitzereien verwendeten. Der deutsche Doktor G. H. von Langsdorff gehörte zu den wenigen Glücklichen, die diese zu Gesicht bekommen hatten, und seit seinem Bericht aus dem Jahr 1812 wurden sie nicht mehr gesehen.

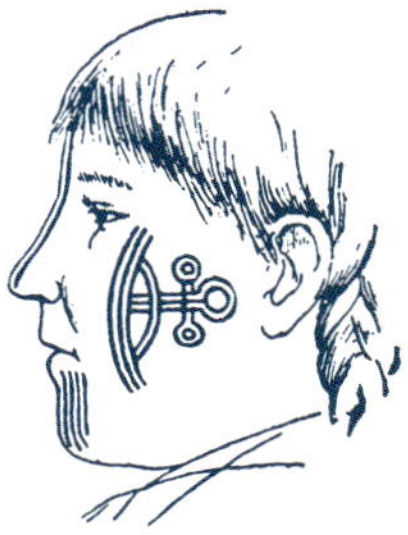

ZEICHEN MÄNNLICHEN HELDENMUTES IN SIBIRIEN

Oben: Designs der Tschuktschen

Die Tschuktschen, die in abgelegenen Regionen Sibiriens und auf einigen Inseln der Beringstraße, darunter auch Sankt Lorenz, zu Hause waren, trugen von allen bekannten sibirischen Stämmen die aufwändigsten und komplexesten Tattoos. In ihrer eigenen Sprache bedeutet das Wort Tschuktschen „Rentiere im Überfluss". Diese Tiere waren entscheidend für ihr Überleben und sie nutzten so gut wie alles, den Dung, die Haut und das Fleisch, wenngleich für die Tschuktschen der Küstenregionen das Fischen die Existenzgrundlage war. Die Tattoos der Frauen der Küsten-Tschuktschen waren von allen die raffiniertesten und erfindungsreichsten. Im Alter von neun oder zehn Jahren wurden die Mädchen zum ersten Mal tätowiert, und zwar mit einer Linie, die von der Stirn bis zur Nasenspitze verlief. Sie diente dazu, im Jenseits die Männer von den Frauen zu unterscheiden. Nach der Pubertät wurden die Mädchen

Linke Spalte: Tschuktschen-Frau, Sibirien

Tungusen-Frau,
ca. 1840

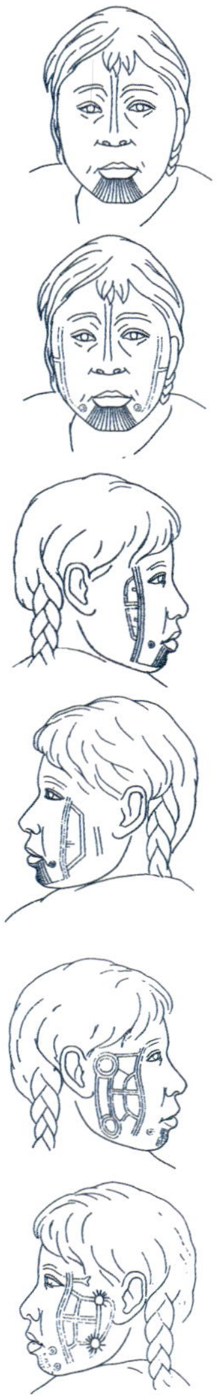

Oben:
Gesichts-Designs der Tschuktschen

mit weiteren Verzierungen auf Kinn, Wangen, Armen und Händen tätowiert. Davon waren die geometrischen Muster auf den Wangen besonders eindrucksvoll. Die Bedeutung dieser Tattoos ist unklar. Die Tschuktschen-Frauen fanden sie einfach nur attraktiv; andere sind der Ansicht, dass die komplexen Muster Darstellungen des Stammbaums der Trägerin waren. Diese geometrischen Wangentattoos finden wir in Gemälden aus dem neunzehnten Jahrhundert, wo Tschuktschen-Männer abgebildet sind. In späteren Drucken fehlen sie allerdings.

Die Tschuktschen-Männer erhielten ihre Tattoos meist als Anerkennung ihres Heldenmutes. Der Polarforscher William Hulme Hooper, der im Jahre 1853 zu den ersten Europäern gehörte, die den Tschuktschen begegneten, beschrieb permanente Ehrenmale auf den Körpern der Männer. Diese waren als Lohn für das Töten eines feindlichen Stammesmitglieds oder eines Bären oder für den Fang eines Wals tätowiert worden. Männer der Kolyma-Tschuktschen bekamen für jeden getöteten Feind einen kleinen Punkt auf das obere Handgelenk tätowiert. Bei einigen Männern war das gesamte Handgelenk mit solchen Malen bedeckt.

Auch die Frauen des ostsibirischen Stammes der Koryaken, der eng mit den Tschuktschen verwandt ist und südöstlich von ihnen lebte, besaßen Gesichtstätowierungen, die allerdings meistens eine religiöse Funktion erfüllten. Die pantheistischen Koryaken verehrten eine ganze Reihe lokaler Naturgötter und die Schamanen spielten in ihrem Alltag eine zentrale Rolle. Viele Tattoos der Koryaken dienten als Amulette oder Talismane, die übelwollende Mächte fernhalten sollten. Das am meisten beobachtete Tattoo war eine Menschengestalt, die ihren Träger vor verschiedenen Gebrechen schützte. Diese wurden auch an bestimmten Stellen angebracht, um akute Schmerzen zu behandeln.

Rechts:
Tunguse im Sommer (links)
und im Winter (rechts), von E. Ysbrants Idess, ca. 1700

Gegenüber:
Inuit-Frau, Alaska, ca. 1900

Zweitausend Jahre alte Rentiermotive

Die Tungusen-Mädchen in Mittelsibirien besaßen keine Kinntattoos, sondern trugen drei Bögen im Gesicht, die sich von den Mundwinkeln bis zu den äußeren Augenwinkeln erstreckten. Der äußere Bogen war mit Y-förmigen Figuren verziert. Die benachbarten Jakuten trugen Linien auf Kinn und Wangen, ähnlich denen der ostsibirischen Völker.
Die Ostiaken und Samojeden (Nenzen) lebten weit im Westen Sibiriens an der Grenze zu Europa. Ostiakische Frauen tätowierten ihre Handrücken, ihre Unterarme und Oberschenkel. Die Männer einiger Ostiaken-Stämme tätowierten ein persönliches Zeichen, eine Art Signatur, auf ihr Handgelenk. Das Tätowieren bei den Samojeden verschwand in dieser Region mit deren Konvertierung zum Christentum im Jahr 1825, doch einige samojedische Mädchen, die weiter östlich an der Grenze zu Asien zu Hause waren, hatten Reihen von schwarzen Kreisen in die Armbeuge tätowiert. Diese wurden in einem sehr frühen Alter eingenäht und sollten sie vor verschiedensten Krankheiten beschützen. In der russischen Stadt Tomsk traf man im Jahr 1913 noch ältere Männer und Frauen an, die Tattoos von Rentiergeweihen und anderen Tiermotiven auf den Wangen trugen. Sie könnten den Zeichen der sibirischen Pazyryk ähneln, die 2.000 Jahre früher ähnliche Motive aufwiesen.
Traditionelles Tätowieren ist in Sibirien vollständig ausgestorben. Bereits im neunzehnten Jahrhundert berichteten europäische Besucher in Sibirien von einem Rückgang. Möglicherweise haben die zaristischen Russen, die seit dem siebzehnten Jahrhundert große Gebiete Sibiriens annektierten, oder der orthodoxe Klerus, der ihnen folgte, vom Tätowieren abgeraten oder es verboten. Wo auch immer der Untergang des Tätowierens begründet liegt, so konnte es doch nur bei Stämmen wie den Tschuktschen in den entlegensten Winkeln Sibiriens bis zum frühen zwanzigsten Jahrhundert überleben.

Jakuten-Frau

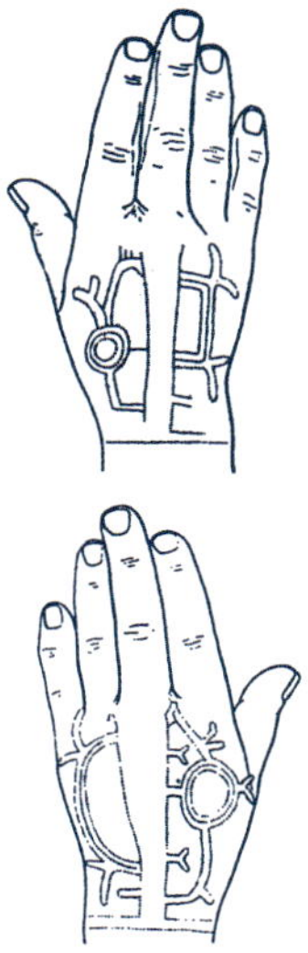

Oben: Hand-Designs der Tschuktschen

Links: Tungusen-Frauen

Gegenüber: Stillende Inuit-Frau

BILDNACHWEIS

WIR MÖCHTEN FOLGENDEN MENSCHEN UND INSTITUTIONEN DANKEN,
DIE UNS ERLAUBT HABEN, BILDER AUS IHREN SAMMLUNGEN ZU VERWENDEN.

- Anatomical Museum Vrolik, Amsterdam, 44 r, 144
- Bibliothèque Nationale de Paris, 83
- Christoph von Führer-Haimendorf, 93 ro
- Charles O'Rear, Corbis, 28 lo
- Claudia Kuster, 52 lo, 53
- Cook Islands' Library & Museum, Rarotonga, 151, 152, 154 lo
- Cor Jaring, 85, 87
- David Howard, 89, 90, 91, 92
- Dejan K., 51
- Eberhard Fischer, 120 ro, 122 lu
- Eliot Elisofon, 164 lu
- Eliot Elisofon, Eliot Elisofon Photographic Archives, National Museum of African Art, Smithsonian Institute, Washington, D.C., 201, 204, 206 lo
- Freer Gallery of Art and Arthur M. Sackler Gallery, Smithsonian Institute, Washington, D.C.: Partial purchase & gift of Henry and Nancy Rosin, 67
- Germanisches National Museum, Nürnberg, 37 lo
- Gilles Frenken, 21, 58, 69, 78, 149
- Harald Schultz, 226
- Hedda Morrison, 102
- Horikazu, 56
- Jan van Teeffelen, 203
- Jay Ullal, 122 ru
- John Woram, 43 lu
- Joost Hölscher, 4, 30 ru, 31 r
- Keibunsha Publishing Co. Ltd., Tokyo, Japan, frontis piece, 59
- Kulturgeschichtliches Bildarchiv Hansmann, 25 l, 194
- Marco Bratt, 52 ro & u, 114, 116
- Maria Fisch, 17 l, 202, 205, 207, 208, 209
- Mick Pendergrast, 161 ru, 164 rm
- Nasrin Lalhrach, 196 lu
- National Anthropological Archives, Smithsonian Institute, Washington, D.C. 33, 34, 68 ro, 221 ru, 222, 238, 239, 244 ro, 245, 254 lo, 256 ro, 266, 271, 272
- National Museum of Antiquities, Leiden, 181, 197
- National Museum of Ethnology, Leiden, 150 r, 155, 167, 173, 265, 267
- Nusantara Ethnographical Museum, Delft, 107 ro
- Photo Archives South Tirol Museum of Archaeology, 16, 26, 27
- Peter von Ham & Aglaja Stirn, 125, 126 ru, 127, 128, 129, 130, 131, 132, 269 lu
- Pitt Rivers Museum, University of Oxford, 133, 158 u
- Raymond Decary, 210
- Reimar Schefold, 109, 110, 111, 112, 113, 115
- Richard Harrington, 268
- Roy Sieber, Eliot Elisofon Photographic Archives, National Museum of African Art, Smithsonian Institute, Washington, D.C., 206 ru & lu
- Royal Tropical Institute, Amsterdam, 74 ru, 79 lu, 88, 100, 103, 104, 105 lo, 106, 107 u, 121, 124, 126 lo, 136, 141, 143 lo, 145, 148, 157, 158 lo, 190 ru, 191, 193 l, 198
- Sandra de Vries, 76 lu, 123 ru
- Spaarnestad photo archive 48, 80, 82, 178 ro, 180, 186, 187, 189
- The James Henry Green Charitable Trust, 75 lo, 79 ro
- Thomas Ives, 196 ru
- Tokyo University, 58 lu, 68 lu
- University of the South Pacific, Fiji, 154 ru, 172, 269 ro
- Victor Englebert, 200
- W. R. van Gulik, National Museum of Ethnology, 97 m
- www.shunya.net, 178 ru

LITERATUR

A

Abbeville, Claude d'. Histoire de la mission des pères capucins en l'isle de Maragnan et terres circonvoisins. Graz: Akademische Druck, 1963.

Adepegba, C.O. Decorative Arts of the Fulani Nomads. Ibadan: Ibadan University Press, 1986.

Africanus, Leo. The History and Description of Africa and of the Notable Things Therein Contained. London: Hakluyt Society, 1896.

Agassiz, Louis. A Journey in Brazil. Cambridge: The Riverside Press, 1891.

Alberich, Julio Cola. Amuletos y Tatuajes Marroquies. Madrid: Instituto de Estudios Africanos, 1949.

Alzina, Francisco Ignacio. Historia natural de las islas Bisayas del padre Alzina. Madrid: Consejo Superior de Investigaciones, 1996.

Ammar, Hamed. Growing up in an Egyptian Village. London: Routledge & Kegan Paul, 1966.

Anderson, Dewey & Walter Crosby Eells. Alaska Natives. A Survey of Their Sociological and Educational Status. Stanford: University Press, 1935.

Aniakor, Chike C. Body Art in Africa: Painting, Tattooing and Scarification. In: Theodore Celenko (ed.), Egypt in Africa, 78-80. Indianapolis: Indiana University Press, 1996.

Anonymous. Les merveilles des races humaines: les types, les moeurs, les coutumes. Paris: Hachette, 1920.

Arago, Jacques. Voyage Autour Du Monde. Bruxelles: Société Typographique Belge, 1840.

Armitage, C.H. The Tribal Markings and Marks of Adornment of the Natives of the Northern Territories of the Gold Coast Colony. London: Royal Anthropological Institute of Great Britain and Ireland, 1924.

Arriens, Carl. Unter Kabylen und Beduinen. Berlin: Im Verlag Ullstein, 1927.

Arringer, Rudolf M. Der Weibliche Körper und seine Verunstaltungen durch die Mode. Berlin: Verlag für Kultur und Menschenkunde, 1931.

Azara, Félix de. Voyages dans L'Amérique Méridionale. Paris: Dentu, 1809.

B

Bahadur, K.P. Caste, Tribes & Culture of India. Vols. 2 & 5. New Delhi: Ess Ess Publications, 1978.

Bancroft, Hubert Howe. The Native Races of The Pacific States: Wild Tribes. Leipzig: F.A. Brockhaus, 1875.

Barker, John & Anne Marie Tietjen. Women's Facial Tattooing among the Maisin of Oro Province, Papua New Guinea. Oceania (60): 217–34. Sydney: Oceania Publications, 1990.

Barrett, S.A. The Ethno-Geography of the Pomo and Neighbouring Indians. American Archaeology and Ethnology (6). Berkeley: University of California Press, 1908.

Barton, F.R. Tattooing in South Eastern New Guinea. The Journal of the Royal Anthropological Institute of Great Britain (48):22–79. London: The Royal Anthropological Institute of Great Britain and Ireland, 1918.

Basden, G.T. Niger Ibos. London: Frank Cass & Co., 1966.

Batchelor, John. The Ainu of Japan. London: The Religious Tract Society, 1892.

Bates, Henry Walter. The Naturalist on The River Amazons. London: John Murray, 1892.

Bates, Oric. The Eastern Libyans. London: Frank Cass & Co., 1970.

Bayliss-Smith, Tim. Tattooing on Ontong Java, Solomon Islands. The Journal of the Polynesian Society 96(1):107–10. Auckland: The Polynesian Society, 1987.

Bazin. Étude sur le Tatouage dans la Régence de Tunis. L'Anthropologie (1):566–79. Paris: Masson et Cie, 1890.

Beechey, F.W. Narrative of a Voyage to the Pacific and Beering's Strait. London: Henry Colburn & Richard Bentley, 1831.

Belaieff, Juan. The Present-Day Indians of the Gran Chaco. Handbook of South American Indians (1):371 ff. Washington: U.S. Government Printing Office, 1946.

Berger, Philippe. Rapport sur les Tatouages Tunisiens. Revue d'Assyriologie et d'Achéologie orientale 3(2):33–41. Paris: Ernest Leroux,1894.

Berghaus, Hendrik. De Volken van den Aardbodem. Trans. M.J. van Oven. Gouda: G.B. van Goor, 1855.

Beri, Caterina Pigorini. I Tatuaggi Sacri e Profani. Della santa casa di Loreto. Fermo: Andrea Livi Editore, 1994.

Bernatzik, Hugo Adolf. Owa Raha. Wien: Bernina Verlag, 1936.

Bertholon, M. Le. Exploration Anthropologique de la Khoumirie. Bulletin de Géographie Historique et Descriptive (4):415–69. Paris: Ernest Leroux,1894.

Betham, Sir William. The Gael and Cymbri. Dublin: William Curry, 1834.

Beuchat, H. Manuel d'Archéologie Américaine. Paris: Librairie Alphonse Picard et Fils, 1912.

Beukering, J.A. van. Bijdrage tot de antropologie der Mentaweiers. Utrecht: Kemink, 1947.

Beukering, J.A. van. Een en ander over het taoueeren bij de Mentaweiers. Tijdschrift voor Indische Taal, Land en Volkenkunde (80):322–32. Batavia: Koninklijk Bataviaasch Genootschap van Kunsten en Wetenschappen, 1941.

Bezacier, Louis. Note sur quelques tatouages des Moï.

Bulletins et travaux. Institut Indochinois pour l'Etude de l'Homme. Hanoi, 1942.

Bhattacharyya, N.N. Indian Puberty Rites. Calcutta, Indian Studies, 1968.

Bhowmik, K.L. Tribal India. A Profile in Indian Ethnology. Calcutta: The World Press Private, 1971.

Bianci, Robert Steven. Tattooing and Skin Painting in the Ancient Nile Valley. In: Theodore Celenko (ed.), Egypt in Africa, 81–83. Indianapolis: Indiana University Press, 1996.

Blaine, Martha Royce. The Ioway Indians. Norman: University of Oklahoma Press, 1979.

Blink, H. De Bewoners der Vreemde Werelddeelen: Afrika – Azië – Amerika – Australië. Amsterdam: Uitgevers-Maatschappij Elsevier, 1898.

Blixen, Olaf and Miguel A. Klappenbach. Notas sobre Tatuajes y Pinturas Corporales de los Makiritare. Comunicaciones Anthropologicas del museo de historia natural de Montevideo 1(5):1–7. Montevideo: Museo de Historia Natural, 1966.

Blond, Albert le & Arthur Lucas. Du Tatouage chez les Prostituées. Paris: Société d'Éditions Scientifiques, 1899.

Boas, Franz. Primitive Art. Cambridge (USA): Harvard University Press, 1927.

Boas, Franz. The Central Eskimo. Washington: Smithsonian Institute, 1888.

Boas, Franz. The Kwakiutl of Vancouver Island. In: Frans Boas (ed.), The Jesup North Pacific Expedition. Memoir of the American Museum of Natural History (5). Leiden: E.J. Brill, 1909.

Bock, Carl. Le tatouage au Laos occidental. Revue D'Ethnographie (3):259–61. Paris: Ernest Leroux, 1885.

Bock, Carl. Temples and Elephants. London: Sampson Low, Marston, Searle & Rivington, 1884.

Boer, M.G. de. Van Oude Voyagiën. Met Tasman en Bontekoe. Amsterdam: H. Meulenhoff, 1913.

Boggiani, Guido. Viaggi d'un artista nell' America Meridionale: i Caduvei. Roma: Ermanno Loescher, 1895.

Bogoras, Waldemar. The Chuckchee. In: Frans Boas (ed.), The Jesup North Pacific Expedition. Memoir of the American Museum of Natural History (7). Leiden: E.J. Brill, 1909.

Bohannan, Laura and Paul. The Tiv of Central Nigeria. In: Daryll Forde (ed.), Etnographic Survey of Africa: Western Africa part VIII. London: International African Institute, 1953.

Bolton, Gambier. Pictures on the Human Skin. Strand Magazine (13): 425–34. London: George Newnes, 1897.

Bossu, Bernard. Nieuwe Reizen naer Noord-Amerika. Amsterdam: Steven van Esveldt, 1769.

Bouteiller, Macelle. Le Tatouage: Technique et valeur sociale ou magico-religieuse dans quelques sociétés d'Indochine (Laos, Siam, Birmanie et Cambodge). Bulletin en Mémoires Société Anthropologie (4):515–34. Paris: Masson et Cie, 1953.

Brewster, A.B. The Hill Tribes of Fiji. London: Seeley, 1922.

Brown, George. Melanesians and Polynesians. Their life-histories described and compared. London: MacMillan & Co., 1910.

Brown, Robert. The Peoples of the World. London: Cassell & Company, 1870.

Brown, Robert. The Races of Mankind. London: Cassell, Petter, & Galpin, 1938.

Bry, Théodore de. India Orientalis (1). Leipzig: Gustav Kiepenheuer Verlag, 1603.

Buck, P.H. Ethnology of Mangareva. Bernice Pauahi Bishop Museum Bulletin 157. Honolulu, 1938.

Buckingham, J.S. Travels in Mesopotamia. London: Henry Colburn, 1827.

Buckland, A.W. On Tattooing. The Journal of the Anthropological Institute of Great Britain and Ireland (17):318–28. London: The Anthropological Institute of Great Britain and Ireland, 1888.

Bürck, August. Die Reisen des Venezianers Marco Polo im dreizehnten Jahrhundert. Leipzig: B.R. Leubner, 1845.

Burckhardt, John Lewis. Notes on the Bedouins and Wahabys. London: Henry Colburn and Richard Bentley, 1831.

Buschan, Georg. Die Sitten der Völker. Stuttgart: Union Deutsche Verlagsgesellschaft, 1914.

Buschan, Georg. Illustrierte Völkerkunde. Die Völker Asiens, Australiens und der Südseeinseln. Berlin: Globus Verlag, 1922.

C

Carelli, Mario. A la Decouverte de L'Amazone. Les Carnets du Naturaliste Hercule Florence. Paris: Découvertes Gallimard Albums, 1995.

Carey, Iskandar. Orang Asli. The Aboriginal Tribes of Peninsular Malaysia. Kuala Lumpur: Oxford University Press, 1976.

Carswell, John. Coptic Tattoo Designs. Beirut: American University of Beirut Press, 1958.

Cartmail, Keith St. The Art of Tonga. Honolulu: University of Hawai'i Press, 1997.

Castillo-Fiel. The Bayele, a pygmy tribe in Spanish Guinea. African Abstracts (1):75–76. London: Oxford University Press, 1948.

Catlin, George. Illustrations of the Manners, Customs and Condition of the North American Indians. London: Henry G. Bohn, 1857.

Cerulli, Ernesta. Peoples of South-West Ethiopia and its Borderland. North East Afrika part III. London: International African Institute, 1956.

Chabelard, Rene. Le Tatouage des Indigènes en Afrique du Nord. Alger: University D'Alger, 1910.

Chappel, T.J.H. Decorated Gourds in North-eastern Nigeria. Lagos: The Nigerian Museum, 1977.

Charlevoix, Pierre François-Xavier de, Histoire de l'isle Espagnole ou de S. Dominque. Amsterdam: Chez François l'Honoré, 1733.

Chiappelli, Fredi. First Images of America. The Impact of the New World on the Old. Los Angeles: University of California Press, 1976.

Choris, M. Louis. Voyage Pittoresque autour du monde, avec des portraits de sauvages d'Amérique, d'Asie, d'Afrique, et des îles du Grand Ocean. Paris: Firmin Didot Frères, 1822.

Chungshee, H. Liu. A Study of the Tattooing Custom Among the Li of Hainan. Journal of the American Oriental Society, 198. New Haven: The American Oriental Society, 1937.

Chunyang, An and Liu Bohua (eds.). Where the Dai People Live. Beijing: Foreign Languages Press, 1985.

Clark, Leonard. Among The Big Knot Lois Of Hainan. The National Geographic Magazine (74):391–407. Washington: The National Geographic Society, 1938.

Clavel, M. Le Tatouage Aux Iles Marquises. Revue d'Ethnographie (3): 134–49. Paris: Ernest Leroux, 1885.

Clavel, M. Les Marquisiens. Paris: Octave Doin, 1885.

Clayton, A.C. The Paraiyan. Madras Government Museum Bulletin (5), no. 2:53–85. Madras: Government Press, 1906.

Clercq, F.S.A de. Ethnographische Beschrijving van de West- en Noordkust van Nieuw-Guinea. Leiden: P.W.M. Trap, 1893.

Codrington, R.H. The Melanesians. Studies in their Anthropology and Folk-Lore. Oxford: Claredon Press, 1891.

Cole, Fay-Cooper. The Peoples of Malaysia. New York: D. Van Nostrand Company, 1945.

Conway Whittle Sams, B.L. The Conquest of Virginia. New York: G.P. Putnam's Sons, 1916.

Cook, James. A Voyage to the Pacific Ocean. Undertaken by the Command of His Majesty, for Making Discoveries in the Northern Hemisphere: Performed Under the Direction of Captains Cook, Clerke and Gore, in His Majesty's Ships the Resolution and Discovery, in the Years 1776, 1777, 1778, 1779, and 1780. London: G. Nicol and T. Cadell, 1784.

Cook, James. A Voyage Towards the South Pole and Round the World. Performed in His Majesty's Ships the Resolution and Adventure, in the Years 1772, 1773, 1774, and 1775. London: W. Strahan and T. Cadell, 1779.

Cooper, John M. The Yahgan. Handbook of South American Indians (1):81 ff.

Cowan, J. The last of the Ngati-Mamoe. The Journal of the Polynesian Society (14):193 ff. Wellington: The Polynesian Society, 1905.

Creux, Francois du. Historiae Canadensis sive Novae Franciae. Paris: Cramoisy, 1664.

Crooke, William. Things Indian. London: John Murray, 1906.

Cruise, Richard A. Journal of a Ten Months' Residence in New Zealand. London: Longman, Hurst, Rees, Orme, Brown, and Green, 1824.

Cunningham, J. F. Uganda and its Peoples. London: Hutchinson & Co., 1905.

Curtis, Edward S. The North American Indian in Twenty Volumes, vols. 14, 18 & 20. New York: Johnson Reprint Corporation, 1930.

D

Dalton, Edward Tuite. Descriptive Ethnologie of Bengal. Calcutta: The Government of Bengal, 1872.

Dampier, William. A New Voyage Round the World. London: James Knapton, 1703.

Darwin, Charles. Journal of the Researches into the Geology & Natural History of the Various Countries Visited During the Voyage of H.M.S. Beagle Round the World. London: J.M. Dent & Sons, 1901.

Darwin, Charles. The Descent of Man.

Dautremer, Joseph. Burma under British Rule. Trans. George Scott. London: T. Fisher Unwin, 1913.

Davies, G.H. The Origin of Tattooing. The Journal of the Polynesian Society (20):167–69. New Plymouth: The Polynesian Society, 1911.

Dawson, George Mercer. Les Sauvages Haidahs des Iles de la Reine-Charlotte. Rapport des Opérations de 1878–79. Montreal: Exploration Géologique de Canada, 1880.

Deacon, A. Bernard. Malekula: A Vanishing People in the New Hebrides. London: George Routledge & Sons, 1934.

Decary, Raymond. Les Tatouages Malgaches. La Revue de Madagscar (9):41–48. Tananarive: Imprimerie Officielle, 1954.

Decary, Raymond. Moeurs et Coutumes des Malgaches. Paris: Payot, 1951.

Decary, Raymond. Tatouages Malgaches. Les Tatouages Antandroy. La Revue de Madagscar (4):37–54. Tananarive: Imprimerie Officielle, 1933.

Déchelette, Joseph. La Peinture Corporelle et le Tatouage. Revue Archéologique 4(9):38–50. Paris: Ernest Leroux, 1907.

Delessert, M. Eugène. Voyages dans Les Deux Océans, Atlantique et Pacifique. Paris: A. Franck, Libraire, 1868.

Denham, Major Dixon. Narrative of Travels and Discoveries in Northern and Central Africa. London: John Murray, 1826.

Dickson, H.R.P. The Arab of the Desert. London: Allen & Unwin, 1949.

Domenech, L'Abbé Em. Voyage Pittoresque dans les Grands Déserts du Nouveau Monde. Paris: Morizot, 1862.

Donner, Kai. Bei den Samojeden in Sibirien. Stuttgart: Verlag von Strecker und Schröder, 1926.

Dornan, S. S. Pygmies & Bushmen of the Kalahari. London: Seeley, 1925.

Duffield, A. J. On the Natives of New Ireland. The Journal of the Anthropological Institute of Great Britain and Ireland (15):114–21. London: The Anthropological Institute of Great Britain and Ireland, 1886.

Dumont d'Urville, M. Voyage Pittoresque Autour du Monde. Paris: Furne et Cie, 1842.

Dumoutier, G. Notes Ethnologiques et Historiques sur Les Giao-Chi. L'Anthropologie (1): 651–55, Paris: Masson et Cie, 1890.

Durham, M. E. Some Tribal Origins Laws and Customs of the Balkans. London: George Allen & Unwin Ltd., 1928.

E

Eakin, Lucille, Erwin Lauriault & Harry Boonstra. People of the Ucayali: The Shipibo and Conibo of Peru. International Museum of Cultures (12). Dallas: International Museum of Cultures, 1986.

Eberle, Oskar. Cenalora: Leben, Glaube, Tanz und Theater der Urvölker. Freiburg: Walter Verlag, 1954.

Egede, Hans Povelsen. Beschryving van Oud-Groenland, of eigentlyk van de zoogenaamde Straat Davis; behelzende desselfs natuurlyke historie, standsgelegenheid, gedaante, enz. Te Delft: by Reinier Boitet, 1746.

Ehrenreich, P. Beiträge zur Völkerkunde Brasiliens. Königliche Museen zu Berlin. Berlin: Verlag von W. Speman, 1891.

Elwin, Verrier. The Nagas in the Nineteenth Century. Oxford: Oxford University Press, 1969.

Emory, Kenneth P. Hawaiian Tattooing. Occasional Papers of the Bernard Pauahi Bishop Museum Bulletin 18:235–70. Honolulu: B.P.B. Museum, 1946.

Erdland, P.A. Die Marshall Insulaner. Anthropos (2). Münster: Aschendorffsche Verlagsbuchhandlung, 1914.

Erikson, Philippe. Altérité, Tatouage et Anthropophagie chez les Pano: La Belliqueuse quête du soi. Journal de la Société des Américanistes (72). Paris: Musée de L'Homme, 1986.

Eschwege, W.G. von. Journal von Brasilien. Weimar: Internationaler Verlag, 1818.

Evans, Ivor H.N. The Negritos of Malaya. Cambridge: Cambridge University Press, 1937.

Evans, Ivor H.N. Papers on the Ethnology & Archaeology of the Malay Peninsula. Cambridge: Cambridge University Press, 1927.

F

Falla, Jonathan. True Love and Bartholomew. Rebels on the Burmese Border. Cambridge: Cambridge University Press, 1991.

Fawcett, F. Notes on the Dombs of Jeypur. MAN (1):36–37. London: The Anthropological Institute of Great Britain and Ireland, 1901.

Feiler, Saymour. Tattooing Among the Arkansas Indians by Jean Bernard Bossu (1720–1792) from Travels in the Interior of North America. Norman: Oklahoma Press, 1962.

Ferret and Galinier. Voyage en Abyssinie. Paris: Paulin, Libraire-Éditeur, 1847.

Fiedler, Hermann. Die Insel Timor. Friedrichssegen: Folkwang – Auriga – Verlag, 1929.

Field, Henry. Body-Marking in Southwestern Asia. Papers of the Peabody Museum of Archaelogy and Ethnology, Harvard University. Cambridge (USA): Peabody Museum, 1958.

Field, Henry. Anthropology of Iran. Publications of the Field Museum of Natural History (29). Chigaco: Field Museum of Natural History, 1939.

Field, Henry. Arabs of Central Iraq: Their History, Ethnology, and Physical Characters. Anthropology, Memoirs (4). Chicago: Field Museum of Natural History, 1935.

Finsch, Otto. Hautverzierungen der Gilbert-Insulaner. Globus (65): 265 ff. Braunschweig: Verlag von Friedrich Vieweg und Sohn, 1894.

Finsch, Otto. Samoafahrten. Leipzig: Ferdinand Hirt & Sohn, 1888.

Finsch, Otto. Notices sur les Vêtements, les Parures et les Tatouages des Papouas des côtes sud-est de la Nouvelle-Guinée. Revue D'Ethnographie (5):97–116. Paris: Ernest Leroux, 1886.

Finsch, Otto. Ueber die Bewohner von Ponapé. Zeitschrift für Ethnologie 12:301–32. Berlin: Verlag von Paul Parey, 1880.

Fisch, Maria. Tattoos and Cicatrizations Among the Namibian Peoples. Journal of the Namibia Scientific Society (43). Windhoek: Namibia Scientific Society, 1991.

Fischer, H.Th. Van Verre Volken. Utrecht: Uitgeversmaatschappij W. De Haan, 1943.

Fisher, Angela. Africa Adorned. London: Collins Harvill, 1987.

Fletcher, Alice C. and Francis La Flesche. The Omaha Tribe. Twenty-Seventh Annual Report of the Bureau of American Ethnology 1905–1906. Washington: U.S. Government Printing Office, 1911.

Fletcher, Robert. Tattooing Among Civilized People. Washington: Judd & Detweiler, 1882.

Forde, Daryll. Ethnography of the Yuma Indians. American Archaeologie and Ethnologie (28). Berkeley: University of California Press, 1931.

Forster, Johann Reinhold. Observations Made During a Voyage Round the World. Honolulu: University of Hawai'i Press, 1996.

Fortune, R.F. Omaha Secret Society. New York: Columbia University Press, 1932.

Foster, Robert John. Social Reproduction and History in Melanesia. Mortuary Ritual, Gift Exchange and Custom in the Tanga Islands. Cambridge: Cambridge University Press, 1995.

Fouquet. Le tatouage médical en Égypte dans l'antiquité et à l'époque actuelle. L'Anthropologie (10):99. Paris: Masson et Cie, 1899.

Frazer, J.G. Adonis Attis Osiris. Studies in the History of Oriental Religion. London: MacMillan & Co., 1914.

Frazer, J.G. Totemism and Exogamy. London: MacMillan & Co., 1910.

Friedenthal, Albert. Das Weib im Leben der Völker. Berlin: Verlagsanstalt für Literatur und Kunst, 1910.

Friederici, Georg. Ein Beitrag zur Kenntnis der Tuamotu-Inseln. Berlin: Mittler, 1910.

Frobenius, Leo. Aus den Flegeljahren der Menschheit: Bilder des Lebens, Treibens und Denkens der Wilden. Hannover: Jänecke, 1901.

Frobenius, Leo. Ethnographische Notizen aus den Jahren 1905 und 1906. Wiesbaden: Steiner, 1985.

Frobisher, Martin. Drie seldsame scheeps-togten. Leyden: Pieter van der Aa, 1706.

Fuchs, Stephen. The Gond and Bhumia of Eastern Mandla. London: Asia Publishing House, 1960.

Fürer-Haimendorf, Christoph von. The Apa Tanis and Their Neighbours. London: Routledge & Kegan Paul, 1962.

Fürer-Haimendorf, Christoph von. Die Nackten Nagas. Leipzig: F. A. Brockhaus, 1939.

Furness, W.H. The Island of Stone Money: UAP of The Carolines. London: J.B. Lippincott, 1910.

Furness, W.H. The Home-Life of Borneo Head-Hunters. Philadelphia: J.B. Lippincott, 1902.

Furness, W.H. Life in the Luchu Islands. Free Museum of Science and Art 1(2):1–27. Philadelphia: University of Pennsylvania, 1899.

Füssli, Orell. Frauen des Morgenlandes. Zürich: Orell Füssli Verlag, 1929.

Fytche, Albert. Burma: Past and Present. London: C. Kegan Paul & Co., 1878.

G

Galis, Klaas Wilhelm. Papua's van de Humboldt-Baai. Den Haag: J. N. Voorhoeve, 1955.

Gallardo, Carlos R. Los Onas. Buenos Aires: Cabaut y Cía, 1910.

Gatschet, Albert S. The Karankawa Indians. Archaeological and Ethnological Papers of the Peabody Museum 1(2). Cambridge: Peabody Museum, 1891.

Gaudry, Mathéa. La Femme Chaouia de L'Aures. Étude de Sociologie Berbères (7). Paris: Librairie Orientaliste Paul Geuthner, 1928.

Geiseler, Wilhelm. Die Oster-Insel. Berlin: Ernst Siegfried Mittler und Sohn, 1883.

Gelfand, Michael. The Nyora. NADA 1953(30):5–11. Salisbury: The Rhodesian Printing & Publishing Co., 1953.

Gell, Alfred. Wrapping in Images: Tattooing in Polynesia. Oxford: Clarendon Press, 1993.

Gennep, A. van. Tätowieren in Nordafrika. Zeitschrift für Ethnologie 36:749–50. Berlin: Verlag von A. Asher & Co., 1904.

Gerdes, Paulus. Women and Geometry in Southern Africa. Moçambique: Unversidade Pedagógica, 1995.

Gifford, E. W. Northeastern and Western Yavapai. Berkeley: University of California Publications, 1936.

Gifford, E. W. The Southeastern Yavapai. Berkeley: University of California Publications, 1932.

Gifford, E. W. The Kamia of Imperial Valley. Washington: U.S. Government Printing Office, 1931.

Glück, Leopold. Die Tätowirung der Haut bei den Katholiken Bosniens und der Hercegovina. Wissenschaftliche Mittheilungen aus Bosnien und der Hercegovinia, Band II. Wien: Bosnisch-Hercegovinischen Landesmuseum, 1894.

Gobert, E. Notes sur les Tatouages des Indigènes Tunisiens. L'Anthropologie (34):58–90. Paris: Masson et Cie, 1924.

Goeje, C. H. de. Bijdrage tot de Ethnographie der Surinaamsche Indianen. Supplement zu Band XVII von 'Internationales Archiv für Ethnographie'. Leiden: E.J. Brill, 1906.

Graebner, F. Völkerkunde der Santa-Cruz-Inseln. Ethnologica (1). Leipzig: Verlag Von Karl W. Hiersemann, 1909.

Graff, F. W. Up de. Bei den Kopfjägern des Amazonas. Leipzig: F. A. Brockhaus, 1924.

Graham, Pita. Maori Moko or Tattoo. Auckland: The Bush Press, 1994.

Greiner, Ruth H. Polynesian Decorative Designs. Bernice Pauahi Bishop Museum Bulletin 7. Honolulu: B.P.B. Museum, 1923.

Gudgeon, Lieut.-Col. The Origin of the Ta-Tatau or Heraldic Marks at Aitutaki Island. Journal of the Polynesian Society (2). Wellington: The Polynesian Society, 1905.

Guillemard, F. H. H. The Cruise of the Marchesa to Kamschatka and New Guinea. London: John Murray, 1889.

Gulik, Willem Robert van. Irezumi. Leiden: E.J. Brill, 1982.

Gunn, Harold D. Peoples of the Middle Niger Region Northern Nigeria. London: International African Institute, 1960.

Guppy, H. B. The Solomon Islands and Their Natives. London: Swan Sonnenschein, Lowrey & Co., 1887.

Gupte, B. A. Female Tattooing at Vindhyachai. The Indian Antiquary (33):117 ff. Bombay: Bombay Education Society's Press, 1904.

Gupte, B. A. Notes of Female Tattoo Designs in India. The Indian Antiquary (31):293–98. Bombay: Bombay Education Society's Press, 1902.

Gusinde, Martin. Die Feuerland Indianer. Mödling bei Wien: Verlag der Internationalen Zeitschrift 'Anthropos', 1937.

H

Haddon, A. C. Tatuing at Hula, British New Guinea. MAN (5): 86–87. London: The Anthropological Institute of Great Britain and Ireland, 1905.

Haddon, A. C. (ed.). Reports of the Cambridge Anthropological Expedition to Torres Straits. Cambridge: Cambridge University Press, 1901.

Haddon, Ernest B. The Dog-Motive in Bornean Art. Journal of the Anthropological Institute (35):113–25. London: The Anthropological Institute of Great Britain and Ireland, 1905.

Hadfield, E. Among the Natives of the Loyalty Group. London: MacMillan & Co., 1920.

Hambly, W. D. The History of Tattooing and its Significance. London: H.E. & G. Witherby, 1925.

Hambly, W. D. Ancient and Modern Tattooing. Nautical Magazine (105):420–29. Glasgow: James Brown & Son, 1921.

Hamer, C. den. Iets over het Tatoueeren of Toetang bij de Biadjoe-stammen. Tijdschrift voor Indische Taal, Land en Volkenkunde (30):451–58. Batavia: Albrecht & Co., 1885.

Hamilton, Augustus. Maori Art. Wellington: The New Zealand Institute, 1941.

Handy, W. C. Tattooing in the Marquesas. Bernice Pauahi Bishop Museum Bulletin 1. Honolulu: B.P.B. Museum, 1922.

Hansen, Jens Pedes, Jorgen Meldgaard & Jorgen Nordquist. De mummies van Qilakitsoq. Maastricht: Natuur & Techniek, 1987.

Hansen, Walter. Die Reise des Prinzen Wied zu den Indianern. München: Verlag Droemer-Knaur, 1977.

Hariot, Thomas. Narrative of The First English Plantation of Virginia. London: Bernard Quaritch, 1893.

Hassrick, Royal B. The Colourful Story of North American Indians. London: Octopus Books, 1974.

Hassrick, Royal B. The Sioux. Life and Customs of a Warrior Society. Norman: University of Oklahoma Press, 1964.

Hauff, Walter von. Pater Dobrizhoffer S.J: Auf Verlorenem Posten bei den Abiponen. Leizig: F.A. Brockhaus, 1928.

Hawkesworth, John. An Account of the Voyages Undertaken by the Order of His Present Majesty for Making Discoveries in the Southern Hemisphere, and Successively Performed by Commodore Byron, Captain Wallis, Captain Carteret and Captain Cook, in the Dolphin, the Swallow, and the Endeavour. London, 1773.

Hawtrey, H. C. The Lengua Indians of the Paraguayan Chaco. Journal of the Anthropological Institute of Great Britain and Ireland (31): 280–99. London: The Anthropological Institute of Great Britain and Ireland, 1901.

Hayavadana Rao, C. Note on Tattooing in India and Burma. Anthropos (37):175–79. Freiburg: Paulusdruckerei, 1942.

Hearne, Samuel. A Journey from Prince of Wales's Fort in Hudson's Bay to the Northern Ocean. London: A. Strahan and T. Cadell, 1795.

Hebert, J. C. Les tatouages Sakalava dans l'ethnie culturelle Malgache. Civilisation Malgache (1):115–63. Antananarivo: Université de Madagascar, 1964.

Held, G. J. Papoea's van Waropen. Leiden: E. J. Brill, 1947.

HellWald, Friedrich von. Natuurlijke Geschiedenis van den Mensch. Trans. Paul Harting. Haarlem: H. D. Tjeenk Willink, 1885.

Henderson, Isabel. The Picts. London: Thames and Hudson, 1967.

Henry, B. C. Ling-Nam or Interior Views of Southern China. London: S. W. Partridge & Co., 1886.

Herber, J. Les Tatouages des bras de la Marocaine. Hespéris (38): 299–325. Paris: Librairie Larose, 1951.

Herber, J. Les Tatouages du cou, de la poitrine et du genou chez la Marocaine. Hespéris (36):333–45. Paris: Librairie Larose, 1949.

Herber, J. Peintures Corporelles au Maroc. Les Peintures au Harqus. Hespéris (9): 59–77. Paris: Librairie Larose, 1929.

Herber, J. Origine et Signification des Tatouages Marocains. L'Anthropologie (37):517–25. Paris: Masson et Cie, 1927.

Herber, J. Les Tatouages du pied au Maroc. L'Anthropologie (33): 87–102. Paris: Masson et Cie, 1923.

Herber, J. Tatouages du pubis au Maroc. Revue d'Ethnographie 3(9): 37–47: Paris: Société Française D'Ethnographie, 1922.

Hickey, Gerald Cannon. Sons of the Mountains. London: Yale University Press, 1981.

Hiekisch, Carl. Die Tungusen. Oosterhout (NL): Anthropological Publications, 1966.

Hilger, M. Inez. Arapaho Child Life and It's Cultural Background. Washington: Government Printing Ofiice, 1952.

Hilger, M. Inez. Chippewa Child Life and It's Cultural Background. Washington: Government Printing Ofiice, 1951.

Hill-Tout, C. The Native Races of the British Empire. British North America part 1: The Far West. London: Archibald Constable & Co., 1907.

Hodge, Frederick Webb. Handbook of American Indians North of Mexico, part 2. New York: Pageant Books, 1960.

Hodson, T. C. The Nagas Tribes of Manipur. London: MacMillan & Co., 1911.

Hoefer, M. F. Afrique Australe, Afrique Orientale, Afrique Centrale, Empire de Maroc. Paris: Firmin Didot Frères, 1848.

Hogbin, Ian. Transition Rites at Ontong Java (Solomon Islands). The Journal of the Polynesian Society (39):94 ff. New Plymouth: The Polynesian Society, 1930.

Hooper, W. H. The Tents of the Tuski. London: John Murray, 1853.

Horton, Donald. The Mundurucu. Handbook of South American Indians (3):275 ff. Washington: U.S. Government Printing Office, 1948.

Hose, Charles & William McDougall. The Pagan Tribes of Borneo. London: MacMillan & Co., 1912.

Hose, Charles & R. Shelford. Materials for a Study of Tatu in Borneo. Journal of the Anthropological Institute (36):60–91. London: The Anthropological Institute of Great Britain and Ireland, 1906.

Hrdlicka, Ales. The Eskimo Child. Washington: Smithsonian Institute, 1941.

Huizinga, J. Herfsttij Der Middeleeuwen. Haarlem: H. D. Tjeenk Willink & Zoon, 1919.

Hukom, Christien. Amaone. Molukse handvaardigheid in de praktijk. Hoevelaken: Christelijk Pedagogisch Studiecentrum, 1985.

Humphreys, C. B. The Southern New Hebrides. Cambridge: Cambridge University Press, 1926.

Hutchinson, H. N, Gregory, J. W. & Lydekker, R. The Living Races of Mankind. London: Hutchinson, 1901.

Hutchinson, Walter. Customs of the World: A Popular Account of the Manners, Rites and Ceremonies of Men and Women in all Countries. London: Hutchinson, 1913.

I

Iden-Zeller, Oskar. Ethnographische Beobachtungen bei den Tschuktschen. Zeitschrift für Ethnologie 41:840 ff. Berlin: Behrend & Co., 1911.

Ides, Evert Ysbrants. Drie-Jarige Reize naar China. Amsterdam: François Halma, 1704.

Ivens, Walter G. The Island Builders of the Pacific. London: Seeley, 1930.

Ivens, Walter G. Melanesians of the South-east Solomon Islands. London: Kegan Paul, Trench, Trubner & Co., 1927.

J

Jacobs, Julian. The Nagas. London: Thames & Hudson, 1990.

Jacquot, Lucien. Étude sur les tatouages des indigènes d'Algérie. L'Anthropologie (10): 431–38. Paris: Masson et Cie, 1899.

Jammes, L. Le tatouage chez les peuples de L'Indo-Chine. Hanoi: Revue Indo-Chinoise, 1900.

Jenkins, John S. Voyage of the U.S. Exploring Squadron, Commanded by Captain Charles Wilkes, of the United States Navy, in 1838–1842, Together with Explorations and Discoveries made by Admiral D'Urville. New York: Auburn, 1850.

Jenness, D. The Indians of Canada. Anthropological series (15). Ottawa: National Museum of Canada, 1955.

Jenness, D & Ballantyne, A. The Northern D'Entrecasteaux. Oxford: Clarendon Press, 1920.

Jensen, Ad. E. Die Drei Ströme. Leipzig: Otto Harrassowitz, 1948.

Jensen, Ad. E. Hainuwelle. Frankfurt: Vittorio Klostermann, 1939.

Jochelson, Waldemar. The Koryak. In: Frans Boas (ed.), The Jesup North Pacific Expedition. Memoir of the American Museum of Natural History (6). Leiden: E.J. Brill, 1908.

Joest, Wilhelm. Tätowiren, Narbenzeichnen und Körperbemalen. Berlin: Verlag von A. Asher & Co., 1887.

Jones, C. P. Stigma: Tattooing and Branding in Graeco-Roman Antiquity. The Journal of Roman Studies, vol. LXXVII. London: The Society for the Promotion of Roman Studies, 1987.

Josephy, Alvin M. (ed.). The American Heritage Book of Indians. New York: American Heritage Publications Co., 1961.

Joyce, T. A. Mexican Archaeology. London: Philip Lee Warner, 1914.

Joyce, T. A. South American Archaeology. London: Philip Lee Warner, 1912.

K

Karsten, Rafael. Indian Tribes of the Argentine and Bolivian Chaco. Helsingfors: Bokhandeln, 1932.

Karsten, Rafael. The Civilization of the South American Indians. London: Kegan Paul, Trench, Trubner & Co., 1926.

Kaudern, Walter. Art in Central Celebes. Gothenborg: Elander, 1944.

Keate, George. Nachrichten von den Pelew-Inseln. Hamburg: Benjamin Rottlob Hoffmann, 1789.

Keimer, Louis. Remarques sur le Tatouage dans L'Égypte Ancienne. Mémoires (53). Le Caire: L'Institut Français D'Archéologie Orientale, 1948.

Kennedy, M. S. (ed.) The Assiniboines. Norman: University of Oklahoma Press, 1961.

Kennedy, Raymond. Islands of the Indies. War Background Studies, no.14. Washington: Smithsonian Institute, 1943.

Kersten, Ludwig. Die Indianerstämme des Gran Chaco. Internationales Archiv für Ethnographie (17) Leiden E.J. Brill, 1905.

Kesteren, C. E. van. Tatoeëeren in Europa. De Indische Gids (20)1. Amsterdam: J.H. de Bussy, 1898.

King, Michael. Moko, Maori Tattooing in the 20th Century. Auckland: David Bateman, 1992.

Kinietz, W. Vernon. The Indians of the Western Great Lakes 1515–1760. Ann Arbor: University of Michigan Press, 1940.

Kirchoff, Paul. The Caribbean Lowland Tribes. Handbook of South American Indians (3):219 ff. Washington: U.S. Government Printing Office, 1946.

Kirchoff, Paul. The Warrau. Handbook of South American Indians (3):871 ff. Washington: U.S. Government Printing Office, 1946.

Kirkland Lothrop, S. Indians of Tierra del Fuego. New York: Museum of the American Indian, 1928.

Knibbs, S. G. C. The Savage Solomons, As They Were & Are. London: Seeley, 1930.

Knowles, Nathaniel. The Torture of Captives by the Indians of Eastern North America. Proceedings of the American Philosophical Society (82):151–225. Philadelphia, 1940.

Koch, Theodor. Vom Roroima zum Orinoco. Stuttgart: Verlag Strecker und Schröder, 1923.

Koch, Theodor. Zwei Jahre unter den Indianern. Berlin: Verlegt bei Ernst Wasmuth, 1910.

Koch, Theodor. Die Indianerstämme am oberen Rio Negro und Yapurá und ihre sprachliche Zugehörigkeit. Zeitschrift für Ethnologie 38:166 ff. Berlin: Verlag von A. Asher & Co., 1906.

Koch, Theodor. Die Apiaka-Indianer. Zeitschrift für Ethnologie 34: 350–59. Berlin: Verlag von A. Asher & Co., 1902.

Koch, Theodor. Die Guaikurú-Gruppe. Wien: Verlag Der Anthropologischen Gesellschaft, 1902.

Kooijman, S. Ornamented Bark-Cloth in Indonesia. Leiden: E. J. Brill, 1963.

Kossiakov, Nadia. Un Répertoire-Modèle de Tatouage Égyptien. Objets et Mondes (6):263–77. Paris: Muséum National D'Histoire Naturelle, 1966.

Kotzebue, Otto von. A Voyage of Discovery into the South Sea and Beering's Straits. London: Longman, Hurst, Rees, Orme, and Brown, 1821.

Krämer, Augustin. Palau. In: Dr. G. Thilenius (ed.), Ergebnisse der Südsee Expedition 1908–1910. Ethnografie Mikronesien (3). Hamburg: Friederichsen, De Gruyter & Co., 1926.

Krämer, Augustin. Zur Tatauierung der Mentawei Insulaner. Archiv für Anthropologie (6):36 ff. Braunschweig: Verlag von Friedrich Vieweg und Sohn, 1907.

Krämer, Augustin. Anthropologische Notizen über die Bevolkerung von Sierra Leone. Globus (90):13–16. Braunschweig: Verlag von Friedrich Vieweg und Sohn, 1906.

Krämer, Augustin. Hawaii, Ostmikronesien und Samoa. Stuttgart: Verlag von Strecker & Schröder, 1906.

Krämer, Elisabeth. Bei Kunstsinnigen Kannibalen der Südsee. Berlin: Dietrich Reimer, 1916.

Krause, Aurel. Die Tlinkit-Indianer. Jena: Hermann Costenoble, 1885.

Krause, Aurel. Zur Tschuktschen-Halbinsel und zu den Tlinkit-Indianern 1881/82. Berlin: Dietrich Reimer, 1984.

Krause, Fritz. In den Wildnissen Brasiliens. Bericht und Ergebnisse der Leipziger Araguana-Expedition 1908. Leipzig: Voigtländer's Verlag, 1911.

Krause, Fritz. Tatuagem de Unha de Dedo de um Indio Yamarikuma. Revista do Museu Paulista. n.s. (6):465–67. Sao Paulo: Museu Paulista, 1952.

Kroeber, A. L. (ed.). Walapai Ethnography. Memoirs of the Ameri-can Anthropological Association (42). Menasha: American Anthropological Association, 1935.

Kroeber, A. L. Native Culture of the Southwest. Berkeley: University of California Press, 1928.

Kroeber, A. L. Handbook of the Indians of California. New York: Dover Publications, 1925.

Kroeber, A. L. Peoples of the Philippines. Westport: Greenwood Press, Publishers, 1919.

Krusenstern, Adam Johann von. Reise um die Welt in den Jahren 1803, 1804, 1805 und 1806 auf Befehl Seiner Kaiserl. Majestät Alexander des Erstes. Berlin: Haude und Spener, 1811.

Kruyt, J. Het Ma'Boea en de Tatouage in Seko, (Midden-Celebes). Bijdragen tot de Taal-, Land- en Volkenkunde van Nederlandsch-Indië (76):236–57. Leiden: KITLV, 1920.

Kubary, J. S. Ethnographische Beiträge zur Kenntnis des Karolinen Archipels. Leiden: P.W.M. Trap, 1889.

Kuper, Henry. Tapitapi or the Tattooing of Females on Santa Anna and Santa Catalina (Solomon Group). The Journal of the Polynesian Society (35): 2 ff. New Plymouth: The Polynesian Society, 1926.

Kurzman, Steve. Pantang Iban: A Description and Analysis of Iban Tattooing. The Sarawak Museum Journal 44(65):69–76. Kuchin: The Sarawak Museum, 1993.

L

Lacassagne, A. Les Tatouages Étude Anthropologique et Médico-Légale. Paris: Librairie J.B. Baillière et Fils, 1881.

Lafond, G. Voyages Autour Du Monde et Naufrages Célèbres. Paris: E. Lachaud, Libraire-Éditeur, 1870.

Lane, Edward William. An Account of the Manners and Customs of the Modern Egyptians. London: Charles Knight & Co., 1895.

Langsdorff, G. H. von. Bemerkungen auf einer Reise um die Welt in den Jahren 1803 bis zu 1807. Frankfurt: Wilmans, 1812.

Lasch, Richard, Walter Krickeberg, and Artur Haberlandt. Vergleichende Völkerkunde Amerika-Afrika. Stuttgart: Verlegt von Strecker und Schröder, 1922.

Lauer, Peter K. Fieldnotes on Tattooing from Goodenough Island. S.l: Anthropology Museum, University of Queensland, 1975.

Layard, John. Treshold and Tattoo Designs. Folk-Lore (48):118 ff. London: William Glaisher, 1937.

Lehman, F. K. The Structure of Chin Society. Urbana: The University of Illinois Press, 1963.

Leith-Ross, Sylvia. African Women. A Study of the Ibo of Nigeria. London: Routledge & Kegan Paul, 1965.

Lerius, Johannes. Seer Aanmerklijke en vermaarde reys van Johannes Lerius na Brazil. Leiden: Pieter van de Aa., 1555.

Lesson, R. P. Voyage autour du monde. Paris: P. Pourrat Frères, Éditeurs, 1839.

Lesson, R. P. Du Tatouage chez les différents peuples de la terre. Annales Maritimes et Coloniales (2):280–92. Paris: De L'Imprimerie Royale, 1820.

Leupe, P. A. Reis naar de eilanden ten Noorden en Oosten van Japan door Gerr. Vries in 1643. In: Werken van het Koninklijk Instituut voor Taal-, Land- en Volkenkunde. Amsterdam: Frederik Muller, 1858.

Lévi-Strauss, Claude. The Tribes of the Upper Xingu River. Handbook of South American Indians (3):307 ff. Washington: U.S. Government Printing Office, 1948.

Lévi-Strauss, Claude. The Tupi-Cawahib. Handbook of South American Indians (3):302. Washington: U.S. Government Printing Office, 1948.

Lévy, Paul. Les tatouages Laotiens. Hanoi: Bulletin de L'Institut Indochinois pour L'Etude de l'Homme, 1941.

Levy, Robert I. Tahitians: Mind and Experience in the Society Islands. Chigaco: University of Chigaco Press, 1973.

Lhote, Henri. The Search for the Tassili Frescoes. London: Hutchinson, 1973.

Ligget, John. The Human Face. London: Constable, 1974.

Light, D. W. Tattooing Practices of the Cree Indians. Calgary: Glenbow Alberta Institute, 1972.

Lima, Mequitela. Tatuagens da Lunda. Luanda: Museu de Angola, 1956.

Ling Roth, Henry. Tonga Islanders' Skin-Marking. MAN (6): 6–7. London: The Anthropological Institute of Great Britain and Ireland, 1906.

Ling Roth, Henry. Tunis: Tatu. MAN (72):129–31. London: The Anthropological Institute of Great Britain and Ireland, 1905.

Ling Roth, Henry. Tatu in the Society Islands. Journal of the Anthropological Institute (35):283–94. London: The Anthropological Institute of Great Britain and Ireland, 1905.

Ling Roth, Henry. Maori Tatu and Moko. Journal of the Anthropological Institute of Great Britain and Ireland (31): 29–64. London: The Anthropological Institute of Great Britain and Ireland, 1901.

Ling Roth, Henry. The Fijian Collection. Bankfield Museum Notes (1). Halifax: F.Kings & Sons, 1900.

Ling Roth, Henry. Burma. Note on a Hkoung Beht Set. Anthropological Reviews and Miscellanea, 66–67. London: Anthropological Institute of Great Britain and Ireland, 1900.

Ling Roth, Henry. The Natives of Sarawak & British North Borneo. London: Truslove & Hanson, 1896.

Linker, Tom. On Micronesian Artistic Traditions: A Survey of Tattooing in the Marianas, Carolines, and Marshalls Islands. Honolulu: University of Hawaii, 1980.

Linschoten, Jan Huygen van. Itinerario: Voyage ofte Schipvaert van Jan Huygen van Linschoten naer Oost ofte Portugaels Indien. Amsterdam: Cornelis Claesz, 1605.

Linton, Ralph. The Tanala, A Hill Tribe of Madagascar. Anthropological series (22). Chicago: Field Museum of Natural History, 1933.

Lithgow, William. Discourse of a Peregrination in Europa, Asia and Affricke. London: Nicholas Ores, 1614.

Liu, H. Chingshee. Study on the Tattooing Custom Among the Li of Hainan Island. L'Anthropologie (48):141–42. Paris: Masson et Cie, 1938.

Lorant, Stefan. The New World. The First Pictures of America. New York: Duell, Sloan and Pearce, 1946.

Lorenz, Carol Ann. Ishan Sculpture: Nigerian art at a crossroads of culture. New York: Columbia University, 1995.

Lothrop, Samuel K. The Tribes West and South of the Panama Canal. Handbook of South American Indians (3):253–56. Washington: U.S. Government Printing Office, 1946.

Lowie, Robert H. The Crow Indians. New York: Holt, Rinehart and Winston, 1935.

Lowis, C. C. The Tribes of Burma. Ethnographical Survey of India, Burma, no. 4. Rangoon (Burma): Government Printing, 1910.

Luard, C. E. Tattooing in Central India. The Indian Antiquary (33): 219–308. Bombay: Bombay Education Society's Press, 1904.

Lubbock, Sir John. The Origin of Civilisation and the Primitive Condition of Man. London: Longmans, Green & Co., 1889.

Lubbock, Sir John. Pre-Historic Times. London: Williams and Norgate, 1872.

Luedecke-Zwickau, Hugo Ernest. Erotische Tätowierungen. Jahrbuecher fuer Anthropophyteia, Band IV. Leipzig: Deutsche Verlagactiengesellschaft, 1907.

Luschan, F von. Die ethnographischen Ergebnisse der Deutschen Pilcomayo Expedition. Zeitschrift für Ethnologie 38:120 ff. Berlin: Verlag von A. Asher & Co., 1906.

Luschan, F. von. Beitrag zur Kenntniss der Tättowirung in Samoa. Verhandlungen der Berliner Gesellschaft für Anthropologie, Ethnologie und Urgeschichte (10): 551–64. Berlin: Verlag von A. Asher & Co., 1896.

M

Maass, Alfred. Die primitive Kunst der Mentawai-Insulaner. Zeitschrift für Ethnologie 38:433–40. Berlin: Behrend & Co., 1906.

MacCurdy, George Grant. Human Origins. A Manual of Prehistory. London: D. Appleton and Company, 1924.

Maclean, John. Canadian Savage Folk. Toronto: W. Briggs, 1896.

MacMillan Brown, J. Peoples & Problems of the Pacific. London: T. Fisher Unwin Ltd., 1927.

MacMillan Brown, J. The Riddle of the Pacific. London: T. Fisher Unwin Ltd., 1924.

Mails, Thomas E. The Mystic Warriors of the Plains. New York: Doubleday & Company, 1972.

Majumdar, Dhirendra Nath. The Affairs of a Tribe. A Study in Tribal Dynamics. Lucknow (India): Universal Publishers, 1950.

Malaurie, Jean. The Last Kings of Thule. Trans. Adrienne Foulke. London: Jonathan Cape, 1982.

Mallery, Garrick. Picture-Writing of the American Indians. Tenth Annual Report of the Bureau of Ethnology. Washington: U.S. Government Printing Office, 1893.

Man, E.H. On the Aboriginal Inhabitants of the Andaman Islands. Journal of the Anthropological Institute of Great Britain and Ireland (12):331–35. London: The Anthropological Institute of Great Britain and Ireland, 1883.

Marcoy, M. Paul. Voyage de L'Océan Pacifique a L'Océan Atlantique, a Travers L'Amérique du Sud. In: Le Tour du Monde (5). Paris: Librairie de L. Hachette et Cie, 1864.

Marcy, G. Origine et signification des tatouages de tribus Berbères. Revue de L'Histoire des Religions (102):1–66. Paris: Ernest Leroux, 1931.

Marmier, Xavier. En Divers Pays. Paris: Librairie de Firmin-Didot et Cie, 1891.

Marquardt, Carl. Die Tätowierung Beider Geschlechter in Samoa. Berlin: Dietrich Reimer, 1899.

Martin, Henry Byam. The Polynesian Journal of Captain Henry Byam Martin. Salem: Peabody Museum of Salem, 1981.

Martin, K. Bericht über eine Reise nach Niederländisch West-Indien und darauf gegründete Studien. Leiden: E.J. Brill, 1888.

Martius, Spix e. Viagem Pelo Brasil 1817–1820. Sao Paulo: Melhoramentos, 1968.

Mathews, John Joseph. The Osages. Children of the Middle Waters. Norman: University of Oklahoma Press, 1963.

Mathias, André. Les tatouages chez les Nord-Africains. S.l., 1950.

Mead, Margaret. The Changing Culture of an Indian Tribe. New York: Columbia University Press, 1932.

Mead, Margaret. The Tattooing Complex. An Inquiry into the Question of Cultural Stability in Polynesia, 71–81. New York: AMS Press, 1928.

Meek, C. K. The Northern Tribes of Nigeria. London: Oxford University Press, 1921.

Meijer, Hans. Eine Weltreise. Leipzig: Verlag des Bibliographischen Instituts, 1885.

Metraux, Alfred. Easter Island. A Stone-Age Civilization of the Pacific. Trans. Michael Bullock. London: Andre Deutsch, 1957.

Métraux, Alfred. The Purí-Coroada Linguistic Familiy. Handbook of South American Indians (2):523 ff. Washington: U.S. Government Printing Office, 1948.

Métraux, Alfred. The Tupinamba. Handbook of South American Indians (3):657 ff. Washington: U.S. Government Printing Office, 1948.

Métraux, Alfred. Tribes of the Jurua-Purus Basins. Handbook of South American Indians (3):95 ff. Washington: U.S. Government Printing Office, 1948.

Métraux, Alfred. Ethnographie of the Chaco. Handbook of South American Indians (1):197 ff. Washington: U.S. Government Printing Office, 1946.

Middendorff, A. von. Reise in den Äussersten Norden und Osten Sibiriens, Vierter Band. Theil 2. St. Petersburg: Kaiserliche Akademie der Wissenschaften, 1875.

Miklucho-Maclay N. von. Anthropologische Notizen, gesammelt auf einer Reise in West-Mikonesien und Nord-Melanesien im Jahre 1876. Zeitschrift für Ethnologie (10):106–08. Berlin: Verlag von Wiegandt, Hempel & Parey, 1878.

Mills, J. P. The Ao Nagas. Bombay: Oxford University Press, 1973.

Milne, Leslie. The Home of an Eastern Clan. Oxford: Clarendon Press, 1924.

Miner, W. H. The American Indians North of Mexico. Cambridge: University Press, 1917.

Molesworth Sykes, P. Notes on Tattooing in Persia. MAN (9):177–78. London: The R.A.I., 1909.

Mooney, James. The Calendar History of the Kiowa Indians. Seventeenth Annual Report of the Bureau of American Ethnology, 141 ff. Washington: U.S. Government Printing Office, 1898.

Mooney, James. The Siouan Tribes of the East. Washington: U.S. Government Printing Office, 1894.

Morice, A. G. Notes on the Western Dénés. Transactions of The Canadian Institute Session 1892–93. Toronto: Canadian Institute, 1893.

Moseley, H. N. Inhabitants of the Admiralty Islands. Journal of the Anthropological Institute of Great Britain and Ireland (6):379 ff. London: The Anthropological Institute of Great Britain and Ireland, 1877.

Murdoch, John. The Point Barrow Eskimo. Ninth Annual Report of the Bureau of Ethnology: 138 ff. Washington: U.S. Government Printing Office, 1892.

Murphy, Robert F. Headhunter's Heritage. New York: Octagon Books, 1978.

Musil, Alois. The Manners and Customs of the Rwala Bedouins. New York: 1928.

Musters, George Chaworth. On the Races of Patagonia. Journal of the Anthropological Institute of Great Britain and Ireland (1): 194 ff. London: The Anthropological Institute of Great Britain and Ireland, 1872.

Myers, Charles S. Contributions to Egyptian Anthropology: Tatuing. The Journal of the Anthropological Institute of Great Britain and Ireland (33): 82–91. London: The Anthropological Institute of Great Britain and Ireland, 1903.

N

Negri, Eve de. Nigerian Body Adornment. Lagos: Nigeria Magazine, Federal Ministry of Information, 1976.

Negri, Eve de. Tribal Marks – Decorative Scars and Painted Patterns. Nigeria Magazine (80):107–20. Lagos: Government of Nigeria, 1964.

Nesbitt, L. M. Desert & Forest: The Exploration of Abyssinian Danakil. London: Jonathan Cape, 1934.

Neumann, Wolfgang. Die Berber. Köln: DuMont Verlag, 1983.

Nevermann, Hans. Admiralitäts-Inseln. Hamburg: Friederichsen, De Gruyter & Co., 1934.

Nevermann, Hans. Bei Sumpfmenschen und Kopfjägern. Stuttgart: Union Deutsche Verlagsgesellschaft, 1935.

Newcomb, W. W. The Indians of Texas. Austin: University of Texas Press, 1961.

Nguyen-Xuan-Nguyen. Contribution à l'Étude des tatouages au Laos. S.l., 1941.

Nieuwenhuis, A.W. In Centraal Borneo. Leiden: E. J. Brill, 1900.

Nimuendajú, Curt. The Cayabi, Tapanyuna, and Apiaca. Handbook of South American Indians (3):321 ff. Washington: U.S. Government Printing Office, 1948.

Nimuendajú, Curt. The Tucuna. Handbook of South American Indians (3):713 ff. Washington: U.S. Government Printing Office, 1948.

Nimuendajú, Curt. Tribes of the Lower and Middle Xingú River. Handbook of South American Indians (3):225 ff. Washington: U.S. Government Printing Office, 1948.

Noel, P. Tatouages et leur technique au Cameroun central. Revue d'Ethnographie 3(11):241–44. Paris: Société Française D'Ethnographie, 1922.

Nordenskiöld, Erland. Eine Geographische und Ethnographische Analyse der Materiellen Kultur zweier Indianerstämme in El Gran Chaco (Südamerika). Vergleichende Ethnographische Forschungen (2). Göteborg: Elander, 1918.

Nordenskiöld, Erland. Indianerleben. Leipzig: Albert Bonnier, 1912.

O

O'Reilly, S. F. Tattooing Machine. Patent No. 464,801, 8 December 1891. Washington: United States Patent Office.

Obrenan, Regine van den Broek d'. Notes sur l'île Rennel et ses tatouages. Journal de la Société des Oceanistes (3):23–33. Paris: Musee de L'Homme, 1947.

Odijk, A. van. Ethnographische Gegevens over de Manobo's van Mindanao, Philippijnen. Anthropos (20):981–92. Wien: St. Gabriel-Mödling, 1925.

Oliver, Douglas L. Ancient Tahitian Society. Vol. 2, Social Relations. Honolulu: The University Press of Hawaii, 1974.

Opler, Morris Edward. An Appache Life-Way. Chicago: The University of Chicago Press, 1941.

Oppenheim, Victor. Sobre os restos da cultura neolitica dos indios 'Panos' do alto Amazonas. Anneas da Academia Brasileira de Sciencias 8. Rio de Janeiro: Academia Brasileira de Sciencias, 1936.

Orbigny, Alcide d'. Voyage dans l'Amérique Meridionale. Paris: Pitois-Levrault, 1846.

Oviedo y Valdés, Gonzalo Fernández de. Historia general y natural de las Indias. Madrid: Primer Cronista del Nuevo Mundo, 1851.

P

Pales, Léon. Les Mutilations Tégumentaires en Afrique Noire. Journal de la Société des Africanistes (16):1–8. Paris: Musée de L'Homme, 1946.

Pales, Léon. Contribution a l'étude anthropologique des Babinga de L'Afrique Équatoriale Francaise. L'Anthropologie (48):503–19. Paris: Masson et Cie, 1938.

Panhuys, L. C. van. Mitteilungen über Surinamische Ethnographie u. Kolonisationgeschichte; Trommelsprache; Tätowieren; Zauber- u. Heilmittel; Kurze Bemerkungen über Zahlmittel und ein merkwürdiges Buch über das Geistesleben der Indianer. Wien: A. Hartleben's Verlag, 1909.

Parkinson, R. Dreissig Jahre in der Südsee. Stuttgart: Verlag von Streder und Schröder, 1926.

Parkinson, R. Tätowierung der Mogemokinsulaner. Globus (86): 16–18. Braunschweig: Verlag von Friedrich Vieweg und Sohn, 1904.

Parkinson, R. Zur Ethnographie der Ongtong Java- und Tasman-Inseln. Internationales Archiv für Ethnographie (10):104–51. Leiden: E. J. Brill, 1898.

Parkinson, R. Über Tättowierung der Eingebornen im District Siarr. Internationales Archiv für Ethnographie (5):76–78. Leiden: P.W.M. Trap, 1892.

Parkinson, R. Beiträge zur Ethnologie der Gilbertinsulaner. Internationales Archiv für Ethnographie (2):31 ff. Leiden: P. W. M. Trap, 1889.

Parkyns, Mansfield. Life in Abyssinia. London: John Murray, 1868.

Parrinder, G. Yoruba-Speaking Peoples in Dahomey. Africa (17): 122–27. London: Oxford University Press, 1947.

Parry, William Edward. Journal of a second voyage for the discovery of a North-West passage from the Atlantic to the Pacific. London: John Murray, 1824.

Paucke, P. Florian. Zwettler-Codex 420. Wien: Wilhelm Braumüller, 1959.

Paulitschke, Philipp. Die Geistige Cultur der Danakil, Galla und Somal. Ethnographie Nordost-Afrikas. Berlin: Dietrich Reimer, 1896.

Paulitschke, Philipp. Die Materielle Cultur der Danakil, Galla und Somal. Ethnographie Nordost-Afrikas. Berlin: Dietrich Reimer, 1896.

Pendergrast, Mick. Tikopian Tattoo. Bulletin of the Auckland Museum 18. Auckland: Auckland Museum, 2000.

Percival, Robert. An Account of The Island of Ceylon. London: C. & R. Baldwin, 1805.

Pham Cong Suu, Augustin. Le tatouage dans la région de Vientiane. Bulletin des Amis du Royaume Lao (3): 117–24. Paris: Université de Paris-Sorbonne, 1970.

Philby, H. B. Arabia of the Wahhabis. London: Constable & Co., 1928.

Pinkerton, John. Voyages & Travels. London: Longman, Hurst, Rees, Orme and Brown, 1811.

Ploss, H. Das Weib in der Natur und Völkerkunde. Leipzig: Th. Grieben's Verlag, 1895.

Ploss, H. Das Kind in Brauch und Sitte der Völker. Leipzig: Th. Grieben's Verlag, 1884.

Powell, T. G. E. The Celts. London: Thames and Hudson, 1958.

Powers, Stephen. Tribes of California. Contributions to North American Ethnology, vol. 3. Washington: U.S. Government Printing Press, 1877.

Price, Sally & Richard. Maroon Arts: Cultural Vitality in the African Diaspora. Boston: Beacon Press, 1999.

R

Reed, Carrie E. Early Chinese Tattoo. Sino-Platonic Papers (103). Philadelphia: University of Pennsylvania, 2000.

Rengger, J. R. Reise nach Paraguay. Aarau: Im Verlag bei H. R. Sauerländer, 1835.

Reyes, D. Isabelo de los. Die Tinguianen. Trans. F. Blumentritt. Mitteilungen der Geographischen Gesellschaft (30):5–14. Wien: Verlag von Eduard Hölzel, 1887.

Ribbe, Carl. Zwei Jahre unter den Kannibalen der Salomo-Inseln. Dresden: Elbgau-Buchdruckerei, 1903.

Rice, Tamara Talbot. The Scythians. London: Thames and Hudson, 1958.

Richardson, John. Arctic Searching Expedition. A Journal of a Boat-voyage Through Ruperts Land and the Arctic Sea. London: Longman, Brown, Green and Longmans, 1851.

Riedel, J. G. F. De Sluik- en Kroesharige Rassen tusschen Selebes en Papua. 's Gravenhage: Martinus Nijhoff, 1886.

Risley, H. H. Note on Some Indian Tatu-Marks. MAN (2):97–101. London: The Anthropological Institute of Great Britain and Ireland, 1902.

Rita-Ferreira, A. Tattooing, Mutilations, Ornamentation and Dress in the Makua Country. African Abstracts (15):35. London: International African Institute, 1964.

Ritzenthaler, Robert E. Native Money of Palau. Publications in Anthropology (1). Milwaukee: Milwaukee Public Museum, 1954.

Ritzenthaler, Robert E. The Woodland Indians of the Western Great Lakes. New York: Garden City, 1970.

Rivers, W. H. R. The History of Melanesian Society. Cambridge: Cambridge University Press, 1914.

Rivers, W. H. R. The Todas. London: MacMillan & Co, 1906.

Rivière, T. and J. Faublée. Les Tatouages des Chaouia de L'Aurès. Journal de la Société des Africanistes (12):67–82. Paris: Musée de L'Homme, 1942.

Robley, Horatio Gordon. Moko & Maori Tattooing. London: Chapman and Hall, 1896.

Rolle, Renate. Die Welt der Skythen. Luzern: Verlag C.J. Bucher, 1980.

Rosenberg, H. von. Bewoners der Mentawei-Eilanden. Internationales Archiv für Ethnographie (I):218 ff. Leiden: P.W.M. Trap, 1888.

Roth, Kingsley. Tatuing. Some Unrecorded Details on Tattooing on Fiji. MAN (33):162–63. London: The Royal Anthropological Institute of Great Britain and Ireland, 1933.

Roth, Walter Edmund. An Introductory Study of the Arts, Crafts, and Customs of the Guiana Indians. Thirty-Eight Annual Report of the Bureau of American Ethnology. Washington: U.S. Government Printing Office, 1924.

Rouse, Irving. The Arawak. Handbook of South American Indians (3):507 ff. Washington: U.S. Government Printing Office, 1946.

Ruby, Robert H. and John A. Brown. The Chinook Indians. Norman: University of Oklahoma Press, 1976.

Rudenko, Sergei. The Frozen Scythian. Berkeley: University of California Press, 1970.

Rugendas, Joao Maurício. Malerische Reise in Brasilien. Stuttgart: Daco-Verlag Bläse, 1835.

Russell, Frank. The Pima Indians. Twenty-Sixth Annual Report of the Bureau of American Ethnology, 1904–1905. Washington: U.S. Government Printing Office, 1908.

Rutland, Joshua. On the Survivals of Ancient Customs in Oceania. The Journal of the Polynesian Society (13):99–103. Wellington: The Polynesian Society, 1904.

S

Sahai, Ganga. Female Tattooing Amongst Ghilzais. The Indian Antiquary (33):147 ff. Bombay: Bombay Education Society's Press, 1904.

Sanchez, Orlanda. Los Tobas. Buenos Aires: Ediciones Busquenda, 1986.

Sande, G. A. J. van der. Nova Guinea. Uitkomsten der Nederlandsche Nieuw-Guinea-Expeditie in 1903. Leiden: E.J. Brill, 1907.

Sandin, Benedict. The Sea Dayaks of Borneo. London: MacMillan & Co., 1967.

Sandys George. Sandys Voyagien, behelsende een historie van de oorspronckelijcke ende tegenwoordige standt des Turcksen Rijcks. Amsterdam: Jacob Benjamin, 1653.

Santos, Bahia. Native Ethnographical Notes: Tattooing and Ethnic Mutilations. African Abstracts (4):86. London: International African Institute, 1953.

Sapir, Edward. Hupa Tattooing. In: Essays in Anthropology, 273–77. Berkeley: University of California Press, 1936.

Sarfert, E. Kusae. In: Dr. G. Thilenius (ed.), Ergebnisse der Südsee Expedition 1908–1910. Ethnografie Mikronesien (4). Hamburg: Friederichsen, De Gruyter & Co., 1919.

Schadenberg, Alex. Beitrage zur Kenntniss der im Innern Nordluzons lebenden Stämme. Zeitschrift für Ethnologie 20:34 ff. Berlin: Verlag von A. Asher & Co., 1888.

Schadenberg, Alex. Beitrage zur Kenntniss der Banao-Leute und der Guinanen, Gran Cordillera Central, Insel Luzon, Philippinen.

Zeitschrift für Ethnologie 19:145 ff. Berlin: Verlag von A. Asher & Co., 1887.
Schefold, Reimar. Lia: Das große Ritual auf den Mentawai-Inseln (Indonesien). Berlin: Dietrich Reimer, 1988.
Schellhas, Paul. Mexican and Central American Antiquities, Calendar Systems, and History. Bureau of American Ethnology Bulletin 28. Washington: U.S. Government Printing Office, 1904.
Schindler, Helmut. Die Reiterstämme des Gran Chaco. Berlin: Dietrich Reimer, 1893.
Schlagintweit, Emil. Indien in Wort und Bild. Leipzig: Heinrich Schmidt & Carl Günther, 1880.
Schlesier, Erhard. Die Melanesischen Geheimkulte. Göttingen: Musterschmidt, 1958.
Schmidel, Ulrich. The Conquest of The River Plate. London: Hakluyt Society, 1841.
Schmidel, Ulrich. Gedenkwaardige Scheeps-Togten na Rio de la Plata. Leiden: Pieter van der Aa, 1706.
Schomburgk, Richard. Reisen in Britisch-Guiana in den Jahren 1840–1844. Leipzig: Verlagsbuchhandlung von J. J. Weber, 1847.
Schönfeld, W. Der Sinn des Brandmarkens und Tätowierens in der griechischen und römischen Antike. Heidelberg: Johann Ambrosius Barth Verlag, 1963.
Schwaner, C.A.L.M. Beschrijving van het Stroomgebied van de Barito. Amsterdam: P.N. van Kampen, 1854.
Scott, J. George. Gazetteer of Upper Burma and the Shan States, part 1, vols. 1 & 2. Rangoon (Burma): Government Printing, 1900.
Searight, Susan. Le Tatouage chez la femme berbère Marocaine, Moyen Atlas et Pays Zemmour. Études et Documents Berbères (10):31–45. Paris: La Boite à Documents, 1993.
Searight, Susan. The Use and Function of Tattooing on Moroccan Women. New Haven: Human Relations Area Files, Inc., 1984.
Seligmann, C. G. The Melanesians of British New Guinea. Cambridge: University Press, 1910.
Seligmann, C. G. The Medicine, Surgery and Midwifery of the Sinaugolo. Journal of the Anthropological Institute (32):298–300. The Anthropological Institute of Great Britain and Ireland, 1902.
Semper, Carl. Die Philippinen und ihre Bewohner. Würzburg: A. Stuber's Buchhandlung, 1869.
Senfft, Arno. Über die Tätowierung der Westmikronesier. Globus (87):174. Braunschweig: Verlag von Friedrich Vieweg und Sohn, 1905.
Serrano, Antonio. The Charrua. The Handbook of South American Indians (1):191 ff. Washington: U.S. Government Printing Office, 1946.
Sharon, Thomas. Women's Tattoos of the Upper Rajang. The Sarawak Museum Journal (16):209–34. Sarawak: The Sarawak Museum, 1986.
Sharp, Andrew. The Discovery of the Pacific Islands. Oxford: Clarendon Press, 1960.
Shufeldt, R. W. Indian Types of Beauty. Washington: Smithsonian Institute, 1891.
Shway, Yoe. The Burman. His Life and Notions. London: MacMillan & Co., 1896.
Sibree, James. The Great African Island. Chapters on Madagascar. London: Trübner & Co., 1880.
Sibree, James. Madagascar and its People. Piccadilly: The Religious Tract Society, 1870.
Siebold, Fr. von. Nippon. Archiv zur Beschreibung von Japan, vols. 1 & 2. Tokyo: Japanisch-Deutsche Gesellschaft, 1965.
Silberbauer, G. B. Hunter and habitat in the central Kalahari Desert. Cambridge: University Press, 1981.
Silberbauer, G. B. Marriage and the Girl's Puberty Ceremony of the G/WI Bushmen. Africa (33):12–22. London: Oxford University Press, 1963.
Simmons, D. R. Ta Moko, The Art of Maori Tattoo. Auckland: Reed Books, 1986.
Simon, Edmund M. H. Beiträge zur Kenntnis der Riukiu-Inseln. Leipzig: Voigtländer's Verlag, 1913.
Sinclair, A. T. Tattooing of the North American Indians. American Anthropologist (11):362–96. Lancaster: The American Anthropological Association, 1909.
Sinclair, A. T. Tattooing-Oriental and Gypsy. American Anthropologist (10):361–86. Lancaster: The American Anthropological Association, 1908.
Singer, Noel F. Tattoo Weights from Burma. In. Tuyet Nhuyet (ed.). Arts of Asia Magazine. Hong Kong, 1988.
Skeat, Walter William & Charles Otto Bladgen. Pagan Races of the Malay Peninsula (1). London: Frank Cass & Co., 1966.
Smeaton, Winifred. Tattooing Among the Arabs of Iraq. American Anthropologist (39):53–57. Menasha: The American Anthropological Association, 1937.
Smith, George S & Michael R. Zimmerman. Tattooing Found on a 1600 Year Old Frozen, Mummified Body from St. Lawrence Island, Alaska. American Antiquity 40(1):433–37. Washington: Society for American Archaeology, 1975.
Smith, Marian W. The Puyallup-Nisqually. New York: Columbia University Press, 1940.
Smith, P. Futuna or Horne Island and its People. The Journal of the Polynesian Society (1):33–52. Wellington: The Polynesian Society, 1892.
Speiser, Felix. Ethnology of Vanuatu. Trans. D. Q. Stephenson. Bathurst: Crawford House Press, 1990.
Speiser, Felix. Südsee-Urwald Kannibalen. Leipzig: Voigtländer's Verlag, 1924.
Speiser, Felix. Ethnographische Materialien aus den Neuen Hebriden und den Banks-Inseln. Berlin: C. W. Kreidel's Verlag, 1923.
Spier, Leslie. Yuman Tribes of the Gila River. New York: Cooper Square Publishers, 1970.

Spier, Leslie. Klamath Ethnographie. American Archaeologie and Ethnologie (30). Berkeley: University of California Press, 1930.

Stedman, J. G. Reize naar Surinamen, en door de binnenste gedeelten van Guiana. Amsterdam: Johannes Allart, 1799.

Steinen, Karl von den. Die Marquesaner und Ihre Kunst, Band I: Tatauierung. In. Studien über Entwicklung primitiver Südsee-ornamentik nach eigenen Reiseergebnissen und dem Material der Musseen. Berlin: Dietrich Reimer, 1925.

Steinen, Karl von den. Unter den Naturvölkern Zentral-Brasiliens. Berlin: Dietrich Reimer, 1897.

Stenning, Derrick J. Savannah Nomads. London: Oxford University Press, 1959.

Stephan, Emil. Südseekunst. Beiträge zur Kunst des Bismarck-Archipels und zur Urgeschichte der Kunst überhaupt. Berlin: Dietrich Reimer, 1907.

Stern, Theodore. The Klamath Tribe. Seattle: University of Washington Press, 1965.

Stetson, G. R. Tattooing in Tunis. The American Anthropologist (6): 282. Washington: Anthropological Society of Washington, 1893.

Stevenson, H. N. C. The Hill Peoples of Burma. Burma Pamphlets. London: Longmans, Green & Co., 1944.

Stirling, Matthew W. National Geographic on Indians of the America's. Washington: The National Geographic Society, 1955.

Stirling, Matthew W. The Native Peoples of New Guinea. War Background Studies, no. 9. Washington: Smithsonian Institute, 1943.

Stirn, Aglaja & Peter van Ham. The Seven Sisters of India. Munich: Prestel, 2000.

Stoll, Otto. Das Geschlechtsleben in der Völkerpsychologie. Leipzig: Verlag von Veit & Comp., 1908.

Stoll, Otto. Die Ethnologie der Indianerstämme von Guatemala. Supplement zu Band I von 'Internationales Archiv für Ethnographie'. Leiden: Verlag von P. W. M. Trap, 1889.

Stolpe, H. Über die Tätowirung der Oster-Insulaner. Abhandlungen und Berichte des Königlichen Zoologischen und Anthropologisch-Ethnographischen Museums zu Dresden, Festschrift Nr. 6. Berlin: Verlag von R. Friedländer & Sohn, 1899.

Stout, David B. The Cuna. Handbook of South American Indians (3): 257 ff. Washington: U.S. Government Printing Office, 1946.

Stratmann, S. V. D. Afrika. Anthropos (6):210–11. Wien: Österreichischen Leo-Gesellschaft, 1911.

Strong, William Duncan. Aboriginal Society in Southern California. American Archaeologie and Ethnologie (26). Berkeley: University of California Press, 1929.

Stuart, Martinus. De Mensch zoo als hij voorkomt op den Bekenden Aardbol. Amsterdam: Allart, 1802.

Stübel, H. Die Li-Stämme der Insel Hainan. Berlin: Klinkhardt & Biermann, 1937.

Sugamata, K. Notes ethnographiques sur le Aïnos. L'Anthropologie (10):97–99. Paris: Masson et Cie, 1899.

Swan, James G. Tattoo Marks of the Haida Indians of Queen Charlotte Islands. The Miscellaneous Documents of the House of Representatives (17):66 ff. Washington: Government Printing Office, 1885.

Swan, James G. Tattoo Marks of the Haida Indians of Queen Charlotte Islands B.C. and the Prince of Wales Archipelago Alaska Territory. Clerk's copy of a letter to Major Powell. Neah Bay, Washington Territory, 7 December 1880.

Swanton, John R. The Indian Tribes of North America. Washington: Smithsonian Institute Press, 1952.

Swanton, John R. The Indians of the Southeastern United States. Bureau of American Ethnology Bulletin 137. Washington: U.S. Government Printing Office 1946.

Swanton, John R. Source Material on the Caddo Indians. Bureau of American Ethnology Bulletin 32. Washington: U.S. Government Printing Office, 1942.

Swanton, John R. Source Material for the Social and Ceremonial Life of the Choctaw Indians. Bureau of American Ethnology Bulletin 103. Washington: U.S. Government Printing Office, 1931.

Swanton, John R. Early history of the Creek Indians. Bureau of American Ethnology Bulletin 73. Washington: U.S. Government Printing Office, 1922.

Swanton, John R. Indian Tribes of the Lower Mississippi Valley. Bureau of American Ethnology Bulletin 43. Washington: U.S. Government Printing Office, 1911.

Swanton, John R. Contributions to the Ethnology of the Haida. In: Frans Boas (ed.), The Jesup North Pacific Expedition. Memoir of the American Museum of Natural History (5). Leiden: E. J. Brill, 1905.

T

Tannenbaum, Nicola. Tattoos: Invulnerability and Power in Shan Cosmology. American Ethnologist (14):693–710. Washington: American Anthropological Association, 1987.

Tauern, Odo Deodatus. Patasiwa und Patalima. Leipzig: Voigtländer's Verlag, 1918.

Taylor, Edith and William Wallace. Mohave Tattooing and Face-Painting. Southwest Museum Leaflet (20). Los Angeles: Southwest Museum, 1947.

Te Rangi Hiroa, M. B. Aitutaki Moko: Some Tattoo Patterns From Aitutaki & Mangaia. Colonial Museum Bulletin (3):95–98. Wellington: John Mackay, Government Printer, 1911.

Teit, James A. Tattooing and Face and Body Painting of the Thompson Indians, British Columbia. Forty-Fifth Annual Report of the Bureau of American Ethnology 1927–1928, 403 ff. Washington: U.S. Government Printing Office, 1930.

Teit, James A. The Salishan Tribes of the Western Plateaus. Forty-Fifth Annual Report of the Bureau of American Ethnology 1927–1928, 37 ff. Washington: U.S. Government Printing Office, 1930.

Terwiel, B. J. Broektatoeage in Zuidoost-Azië. Etnofoor 1(2):39–60. Amsterdam: University of Amsterdam, 1988.

Terwiel, B. J. A History of Modern Thailand, 1767–1942. London: University of Queensland Press, 1983.

Terwiel, B. J. Tattooing in Thailand's History. Journal of the Royal Asiatic Society (2):156–66. Cambridge: University Press, 1979.

Tessmann, Günter. Die Indianer Nordost-Perus. Hamburg: Friederichsen, De Gruyter & Co., 1930.

Thesiger, Wilfred. The Danakil Diary. Journeys Through Abyssinia, 1930–34. London: Harper Collins Publishers, 1996.

Thompson, Eric S. Tattooing and Scarification Among the Maya. Notes on Middle American Archaeology and Ethnology (63): 18–25. Washington: Carnegie Institution of Washington, 1946.

Thompson, Eric S. Archaeology of South America. Anthropology Leaflet 33. Chicago: Field Museum of Natural History, 1936.

Thomson, Basil. The Fijians. London: William Heineman, 1908.

Thurston, Edgar. Castes and Tribes of Southern India. Madras: Government Press, 1909.

Thurston, Edgar. Ethnographic Notes in Southern India. Madras: Government Press, 1906.

Thurston, Edgar. Malaialis of Shevaroys. Madras Government Museum. Bulletin 2, no.3:152 ff. Madras: Government Press, 1899.

Thurston, Edgar. Note on Tattooing. Madras Government Museum Bulletin 2, no.2:115–18. Madras: Government Press, 1898.

Thurston, Edgar. The Badagas und Irulas of the Nilgiris. Madras Government Museum. Bulletin 2, no.1. Madras: Government Press, 1897.

Thurston, Edgar. Anthropology of the Todas and Kotas of the Nilgiri Hills. Madras Government Museum Bulletin 1, no.4. Madras: Government Press, 1896.

Tichelman, G. L. Tooverteekens en Symbolen van Indonesië. 's Gravenland: De Driehoek, 1942.

Tickle, Les. Taukuka: A Tattooing of the People of Bellona Island. S.l. Cultural Association of the Solomon Islands, 1977.

Ting-Jui, Ho. A study on tattooing customs among the Formosan Aborigines. S.l. 1960.

Torday, E. Note on Unusual form of Tatu. MAN 13:3. London: The Royal Anthropological Institute of Great Britain and Ireland, 1913.

Träger, Paul. Das Handwerkszeug eines Tunesischen Tätowierers. Zeitschrift für Ethnologie 36:469–77. Berlin: Verlag von A. Asher & Co., 1904.

Tremearne, Major A. J. N. Hausa Superstitions and Customs. London: John Bale, Sons & Danielsson, 1913.

Trench, D. Rennell Island Tattoo Markings. Oceania (11):202–04. Sydney: Oceania Publications, 1940.

Truhelka, Ciro. Die Tätowirung der Haut bei den Katholiken Bosniens und der Hercegovina. Wissenschaftliche Mittheilungen aus Bosnien und der Hercegovinia, Band IV. Wien: Bosnisch-Hercegovinisches Landesmuseum, 1896.

Turnbull, Colin M. Wayward Servants. The Two Worlds of the African Pygmies. New York: The National History Press, 1965.

Turner, William Y. The Ethnology of the Motu. Journal of the Anthropological Institute of Great Britain and Ireland (7):470 ff. London: The Anthropological Institute of Great Britain and Ireland, 1878.

U

Umemoto, Diane L. Tattooed Charms. In: D. E. Hardy (ed.), Tattootime, no. 2, 22–26. Honolulu: HardyMarks Publications, 1988.

Underhill, R. Red Man's America. Chicago: University of Chicago Press, 1953.

Urville, Dumont M d'. Voyage Pittoresque Autour du Monde. Paris: Furne et Cie, 1842.

V

Vancouver, George. Voyage de Découvertes a l'Océan Pacifique du Nord, et Autour du Monde. Paris: De L'Imprimerie de la République, 1799.

VanStone, James W & Charles V. Lucier. An Early Archaelogical Example of Tattooing from Northwestern Alaska. Fieldiana Anthropology 66(1):1–9. Chicago: Fieldmuseum of Natural History, 1974.

Vatter, Ernst. Ata Kiwan: Unbekannte Bergvölker im Tropischen Holland. Leipzig: Bibliografisches Institut AG., 1932.

Verneau, R. L'homme: races et coutumes. Paris: Larousse, 1931.

Verneau, R. Les races humaines. Paris: J.B. Baillière et Fils, 1890.

Vervaeck, L. Le Tatouage en Belgique. Bruxelles: Hayez, 1906.

Veyre, P. Du tatouage chez les Annamites. Bulletin de L'Institut Indochinois pour L'Etude de l'Homme. Hanoi, 1938.

Villiers de Terrage, Baron Marc de. Codex Canadiensis. Paris: M. Chamonal, 1930.

W

Wallace, Ernest & Adamson Hoebel. The Comanches: Lords of the South Plains. Norman: University of Oklahoma Press, 1954.

Wallis Budge, Ernest Alfred. Amulets and Talismans. New York, University Books, 1961.

Webb, Spider. Pushing Ink. The Fine Art of Tattooing. New York: Simon & Schuster, 1979.

Weber, Max. Ethnographische Notizen über Flores und Celebes. Supplement zu Band III von 'Internationales Archiv für Ethnographie'. Leiden: P. W. M. Trap, 1890.

Werner, H. Anthropologische, ethnologische und ethnographische Beobachtungen über die Heikum- und Kungbuschleute. Zeitschrift für Etnologie 38:16 ff. Berlin: Behrend & Co., 1906.

Westermarck, Edward. Ritual and Belief in Morocco (1). London: MacMillan & Co., 1926.

Westermarck, Edward. The History of Human Marriage. New York: Allerton, 1921.

Westphal-Hellbusch, Sigrid. Die Ma'dan: Kultur und Geschichte der Marschenbewohner im Süd-Iraq. Berlin: Duncker & Humblot, 1962.

Wetering, F. H. Het tatoueeren op Rote. Bijdragen tot de Taal-, Land en Volkenkunde van Nederlandsch-Indië (80):23 ff. Leiden: KITLV, 1924.

Weyer, Edward. Primitive Peoples Today. London: Hamish Hamilton, 1959.

Whiton, C. Louis, Greene, H. Bruce and Richard P. Momsen. The Isconahua of the Remo. Journal de la Société des Américanistes (53). Paris, Musée de L'Homme, 1964.

Williams, F. E. Papuan Petrographs. The Journal of the Royal Anthropological Institute of Great Britain (61):121 ff. London: The Royal Anthropological Institute of Great Britain and Ireland, 1931.

Williamson, R. W. The Ways of the South Sea Savage. London: Seeley, 1914.

Wood, J. G. The Natural History of Man; Being an Account of the Manners and Customs of the Uncivilized Races of Men. London: George Routledge and Sons, 1870.

Woodford, Charles Morris. Notes on Rennell Island. MAN (7): 33 ff. London: The Royal Anthropological Institute of Great Britain and Ireland, 1907.

Woodford, Charles Morris. Some account of Sikaiana or Stewarts Island in the British Solomon Islands Protectorate. MAN (6): 164–69. London: The Anthropological Institute of Great Britain and Ireland, 1906.

Woodford, Charles Morris. Note on Tatu-patterns Employed on Lord Howe's Island. MAN (1):40. London: The Anthropological Institute of Great Britain and Ireland, 1901.

Woodford, Charles Morris. A Naturalist Among The Head-Hunters. London: George Philip & Son, 1890.

Woodthorpe, R. G. Notes on the Wild Tribes Inhabiting The So-Called Naga Hills part 2. The Journal of the Anthropological Institute of Great Britain and Ireland (11):196–214. London: The Anthropological Institute of Great Britain and Ireland, 1882.

Wright, M. H. A Guide to the Indian Tribes of Oklahoma. Norman: University of Oklahoma Press, 1951.

INDEX